愿此书有助于读者了解中

（第26版）

2022年

中国税制概览

CHINA TAXATION

刘 佐／著

中国财经出版传媒集团

经济科学出版社
Economic Science Press

前言

　　本书以全国人民代表大会及其常务委员会、国务院、财政部、国家税务总局、海关总署和国务院关税税则委员会发布的现行有效的税收法律、行政法规、部门规章、规范性文件和有关权威性资料为依据，比较全面地概述了中国现行税收制度的基本情况，包括税制发展的历史，各种税的纳税人、征税机关、税目、税率、计税依据、计税方法、减免税规定、纳税期限和纳税地点，税收征收管理制度，税务机构等内容，并配有适当的计算举例和图表，简明扼要，通俗易懂，查阅方便。愿本书能够有助于读者便捷地了解中国税制的概况。

　　在本书的写作过程中，我得到了全国人民代表大会、国务院、财政部、国家税务总局、海关总署、有关高等院校和科研单位、经济科学出版社的诸多领导、老师、专家、同事、朋友以及我的亲人的关怀、支持和鼓励，在此特向他们表示衷心的感谢。

　　本书自1996年首次由经济科学出版社出版以后，

原则上每年修订再版（本版为第 26 版），并由经济科学出版社与香港贸易发展局联合在香港 11 次出版境外中文繁体字版，新加坡汤姆森亚洲私人有限公司出版英文版，日本大藏协会出版日文版，受到国内外许多读者的欢迎和支持，在此我也要向他们致以诚挚的谢意。

　　由于本人的能力、水平和某些客观条件所限，本书中必然存在一些不足之处，恳请读者原谅，并批评指正。

刘　佐

2022 年 2 月 1 日

目录

Contents

十、房产税

十一、城镇土地使用税

十二、房地产税

十三、耕地占用税

二十二、环境保护税

二十三、主要税收优惠

二十四、税收征收管理制度

中国税制的发展

税收是中国政府财政收入的主要来源，也是中国用以加强宏观调控的重要经济杠杆，对于中国的经济、社会发展具有十分重要的影响。

自1949年中华人民共和国成立以来，中国税制改革的发展大体经历了两个历史时期：第一个时期是1949年至1978年中国共产党第十一届中央委员会第三次全体会议召开以前的29年，即计划经济时期，这是新中国成立以后税制建设起步和曲折发展的时期。第二个时期是1978年中共十一届三中全会召开以来的44年，即改革开放时期，这是中国税制改革随着改革开放逐步展开和深化的时期，初步建立了适应社会主义市场经济体制和新时代需要的新税制。

在上述两个历史时期内，中国税收制度先后经历了五次重大改革：第一次是新中国成立之初的1950年，在清理旧中国税制和总结革命根据地税制建设经验的基础上建立了新中国的税制。第二次是1958年税制改革，其主要内容是简化税制，以适应社会主义改造基本完成、经济管理体制改革以后的新形势。第三次是1973年税制改革，其主要内容仍然是简化税制，这是"文化大革命"的产物。第四次是1984年税制改革，其主要内容是普遍实行国营企

业"利改税"和全面改革税收制度，以适应发展有计划的社会主义商品经济的要求。第五次是 1994 年税制改革，其主要内容是全面改革税收制度，以适应建立社会主义市场经济体制的要求。

（一）改革开放以前的税制状况（1949～1978 年）

自 1949 年至 1978 年的 29 年间，中国税制建设的发展历程十分坎坷。

中华人民共和国成立以后，立即着手建立新税制。1950 年 1 月 30 日，中央人民政府政务院公布《关于统一全国税政的决定》，附发《全国税政实施要则》，规定全国统一设立 14 种税收，即货物税、工商业税（包括营业税和所得税两个部分）、盐税、关税、薪给报酬所得税、存款利息所得税、印花税、遗产税、交易税、屠宰税、房产税、地产税、特种消费行为税和使用牌照税。其他税种一般由各省、市或者大行政区根据习惯拟订办法，报经大行政区或者中央批准以后征收（当时主要有农业税、牧业税和契税，其中牧业税始终没有全国统一立法）。当时的税收法规，以政务院（后为国务院）发布的暂行条例等为主。

在执行中，税制作了一些调整。例如，先后增加契税、船舶吨税和文化娱乐税为全国性税种，其中契税自 20 世纪 50 年代中期以后基本停征；将房产税和地产税合并为城市房地产税；将特种消费行为税改为文化娱乐税（1956 年由全国人民代表大会常务委员会立法），部分税目并入工商业税；将使用牌照税确定为车船使用牌照税；试行商品流通税；在农业税方面作出了一些统一的规定，将交易税确定为牲畜交易税，但是上述两种税收都没有全国统一立法；薪给报酬所得税和遗产税始终没有开征。

总体来看，自 1950 年至 1957 年，中国根据当时的政治、经济状况，在原有税制的基础上，建立了一套以多种税、多次征为特征的复合税制。这套新税制的建立和实施，对于保障财政收入，稳定经济，保证革命战争的胜利，实现全国财政经济状况的根本好转，促进国民经济的恢复和发展，配合农业、手工业和资本主义工商业的社会主义改造，建立、巩固和发展社会主义经济制度，发挥了重要的作用。

1958 年，实施了中华人民共和国成立以后第二次大规模的税制改革，其主要内容是简化税制，试行工商统一税，建立全国统一的农业税制度，全国人民代表大会常务委员会通过了关于工商统一税、农业税的立法。至此，中国的税制设有 14 种税收，即工商统一税、盐税、关税、工商所得税、利息所得税（1959 年停征）、城市房地产税、契税、车船使用牌照税、船舶吨税、屠宰税、牲畜交易税、文化娱乐税（1966 年停征）、农业税和牧业税。

1962 年，为了配合加强集贸市场管理，开征了集市交易税，1966 年以后基本停征。

在 1966 年至 1976 年的"文化大革命"时期，已经简化的税制仍然被批判为"烦琐哲学"。1973 年，实施了中华人民共和国成立以后第三次大规模的税制改革，其主要内容是简化税制，试行工商税。至此，中国的税制设有 13 种税收，即工商税、工商统一税（工商税开征以后此税基本停征）、关税、工商所得税、城市房地产税、契税、车船使用牌照税、船舶吨税、屠宰税、牲畜交易税、集市交易税、农业税和牧业税。此外，盐税名义上包含在工商税内，实际上仍然按照原来的办法征收。在一般情况下，国营工商企业只需要缴纳工商税，集体企业只需要缴纳工商税和工商所得税，农业生产单位（主要是人民公社和国营农场）一般只需要缴纳农业税，个人缴纳的税收微乎其微。

总的来看，自 1958 年至 1978 年，由于极左思想的作用和苏联经济理论、财税制度的某些影响，中国的税制建设受到了极大的干扰。税制几经变革，走的都是一条片面简化的路子。同时，税务机构被大量撤并，大批税务人员被迫下放、改行。结果是税种越来越

少，税制越来越简单，从而极大地缩小了税收在经济领域中的活动范围和税收在社会政治、经济生活中的影响，严重地妨碍了税收职能作用的发挥。

1952 年，中国的国内生产总值为 679.1 亿元，财政收入、税收收入分别为 173.9 亿元、97.7 亿元，税收收入占财政收入、国内生产总值的比重分别为 56.2%、14.4%。在税收收入中，货物和劳务税收入为 47.6 亿元，占 48.7%；所得税收入为 10.5 亿元，占 10.7%；财产税收入为 1.4 亿元，占 1.4%。此外，农业税、牧业税收入为 27.4 亿元，占全国税收收入的 28%。

1978 年，中国的国内生产总值为 3 678.7 亿元，财政收入、税收收入分别为 1 132.3 亿元、519.3 亿元，税收收入占财政收入、国内生产总值的比重分别为 45.9%（比 1952 年下降了 10.3 个百分点）、14.2%，政府财政收入的主要来源是国营企业上缴的利润。在税收收入中，货物和劳务税收入为 434.3 亿元，占 83.6%，比 1952 年上升了 34.9 个百分点；所得税收入为 54 亿元，占 10.4%；财产税收入为 1.2 亿元，占 0.2%；农业税、牧业税收入为 28.4 亿元，占 5.5%，比 1952 年下降了 22.5 个百分点。

1978 年底中共十一届三中全会召开以后，中国的社会主义革命和社会主义建设进入了一个崭新的历史时期。随着国家政治、经济的不断发展和改革的逐步深入，中国的税制改革不断前进，取得了一系列的重大成果。从时间和内容上来看，这个时期中国税制的改革进程大体可以划分为 3 个阶段：第一个阶段是 1978 年至 1992 年（中国共产党第十四次全国代表大会召开以前），即经济转轨时期，这是中国改革开放以后税制改革的起步阶段，以建立涉外税收制度为起点，继而实行了国营企业"利改税"和工商税制的全面改革。第二个阶段是 1992 年至 2012 年（中共十四大至中国共产党第十八次全国代表大会召开以前），即建立社会主义市场经济体制时期，这是中国改革开放以后税制改革深化的阶段，逐步建立了适应社会主义市场经济体制需要的新税制。第三个阶段从 2012 年

（中共十八大）开始，即全面深化改革时期，这是中国改革开放以后税制改革完善的阶段，改革的目标是建立适应新时代要求的现代税收制度。

（二）经济转轨时期的税制改革（1978～1992年）

　　1978年至1982年，中共十一届三中全会明确地提出了改革经济体制的任务；中国共产党第十二次全国代表大会进一步提出要抓紧制定改革的总体方案和实施步骤，在第七个五年计划期间（1986～1990年）逐步推开。这些重要的会议及其所作的一系列重大决策，对于这一期间中国的经济体制改革和税制改革具有极为重要的指导作用。

　　这一时期是中国税制建设的恢复时期和税制改革的准备、起步时期，从思想、理论、组织和税制等方面为后来的改革做了大量的准备工作，打下了良好的基础，税制改革取得了改革开放以后的第一次重大突破。

　　从思想、理论方面看，这一时期中国财税部门全面贯彻中共十一届三中全会所制定的路线、方针和政策，实事求是，解放思想，认真总结中华人民共和国成立以来税制建设的历史经验和教训，纠正了一系列轻视税收工作、扭曲税收作用的错误思想，正确地提出了从中国国情出发，按照经济规律办事，扩大税收在财政收入中的比重，充分发挥税收的经济杠杆作用，为社会主义现代化建设服务的指导思想。

　　从组织方面看，各级税务机构迅速恢复和加强，税务干部队伍很快得到了大力充实。到1982年底，各地各级税务机构普遍建立，省级税务机构的地位得以提高，省以下税务机关实行地方政府和上级税务机关双重领导的体制得以恢复，全国税务系统的人员从1979年的17.9万人增至28.6万人，其中1981年国务院一次批准

增加税务干部8万人。

从税制方面看，财税部门自1978年底开始研究税制改革问题，先后提出了包括开征国营企业所得税、个人所得税等内容的初步设想和实施步骤，并确定，为了配合贯彻国家的对外开放政策，第一步先行解决对外征税的问题。

自1980年至1981年，第五届全国人民代表大会先后公布了《中华人民共和国中外合资经营企业所得税法》《中华人民共和国个人所得税法》《中华人民共和国外国企业所得税法》。同时，对中外合资企业、外国企业和外国人沿用20世纪50年代制定的税收法规，继续征收工商统一税、城市房地产税和车船使用牌照税。这样，就初步形成了一套大体适用的涉外税收制度，适应了中国对外开放初期引进外资和对外经济、技术合作的需要。

在建立涉外税制的同时，财税部门就改革税制和国营企业利润分配制度做了大量的调研工作，并选择部分地区和企业试点。在此基础上，财政部于1981年向国务院报送了关于税制改革的设想，并很快得到批准。

1982年，国务院在第五届全国人民代表大会第五次会议提交的《关于第六个五年计划的报告》提出了之后3年税制改革的任务，并得到了会议的批准。

同年，国务院批转了《财政部关于征收烧油特别税的试行规定》，发布了《牲畜交易税暂行条例》。

20世纪80年代中期，中国的社会主义经济理论的发展有了重大突破，提出了发展有计划的社会主义商品经济，自觉运用价值规律，充分发挥税收等经济杠杆的作用，搞活经济，加强宏观调节。在所有制理论上，提出了所有权与经营权分离的论点，并肯定了集体经济、个体经济和私营经济存在的必要性和重要性。这一切，分别写进了1984年中国共产党第十二届中央委员会第三次全体会议通过的《中共中央关于经济体制改革的决定》、1987年中国共产党第十三次全国代表大会上通过的报告和1988年第七届全国人民代表大会第一次会议通过的宪法修正案等一系列重要文献，从而为这一时期的税制改革提供了强大的理论武器和法律、政策依据。

这一时期是中国税制改革全面展开的时期，取得了改革开放以后的第二次重大突破。

作为国营企业改革和城市改革的一项重大措施，1983 年，国务院决定在全国试行国营企业"利改税"，即将新中国成立以后实行了三十多年的国营企业向政府上缴利润的制度改为缴纳企业所得税等税收的制度，并取得了初步的成功。这一改革从理论上和实践上突破了国营企业只能向政府缴纳利润，政府不能向国营企业征收所得税的禁区。这是政府与国营企业分配关系改革的一个历史性转变。

为了加快城市经济体制改革的步伐，1984 年 9 月，经全国人民代表大会批准和全国人民代表大会常务委员会授权，国务院决定自当年 10 月起在全国实施国营企业"利改税"的第二步改革和工商税收制度的全面改革，发布了《中华人民共和国产品税条例（草案）》《中华人民共和国增值税条例（草案）》《中华人民共和国盐税条例（草案）》《中华人民共和国营业税条例（草案）》《中华人民共和国资源税条例（草案）》《中华人民共和国国营企业所得税条例（草案）》《国营企业调节税征收办法》。

1985 年，第六届全国人民代表大会第三次会议通过了《全国人民代表大会关于授权国务院在经济体制改革和对外开放方面可以制定暂行的规定或者条例的决定》。此后，国务院据此陆续制定了一系列的税收法规。

自 1985 年至 1989 年，国务院先后发布了《中华人民共和国城市维护建设税暂行条例》《中华人民共和国进出口关税条例》《中华人民共和国集体企业所得税暂行条例》《国营企业奖金税暂行规定（修订）》《国营企业工资调节税暂行规定》《集体企业奖金税暂行规定》《事业单位奖金税暂行规定》《中华人民共和国城乡个体工商业户所得税暂行条例》《中华人民共和国房产税暂行条例》

《中华人民共和国车船使用税暂行条例》《中华人民共和国个人收入调节税暂行条例》《中华人民共和国耕地占用税暂行条例》《中华人民共和国建筑税暂行条例》（其前身是国务院 1983 年发布的《建筑税征收暂行办法》）《中华人民共和国私营企业所得税暂行条例》《中华人民共和国印花税暂行条例》《中华人民共和国筵席税暂行条例》《中华人民共和国城镇土地使用税暂行条例》，并决定开征特别消费税。

1991 年，第七届全国人民代表大会第四次会议将中外合资企业所得税法与外国企业所得税法合并，制定了《中华人民共和国外商投资企业和外国企业所得税法》。

同年，国务院将建筑税改为固定资产投资方向调节税，发布了《中华人民共和国固定资产投资方向调节税暂行条例》。

至此，中国的税制设有 37 种税收，即产品税、增值税、盐税、特别消费税、烧油特别税、营业税、工商统一税、关税、国营企业所得税、国营企业调节税、集体企业所得税、私营企业所得税、外商投资企业和外国企业所得税、个人所得税、城乡个体工商业户所得税、个人收入调节税、国营企业奖金税、集体企业奖金税、事业单位奖金税、国营企业工资调节税、房产税、城市房地产税、城镇土地使用税、耕地占用税、契税、资源税、车船使用税、车船使用牌照税、印花税、城市维护建设税、固定资产投资方向调节税、屠宰税、筵席税、牲畜交易税、集市交易税、农业税和牧业税。此外，船舶吨税自 1986 年起转为预算外收入项目。

为了加强税收工作，促进税制改革，这一时期的税务干部队伍和税务机构建设进一步加强，税务干部继续大量增加：1983 年和 1985 年，国务院先后批准增加税务干部 4 万人和 10 万人，1992 年全国税务系统的人员增至 54.6 万人；1988 年国务院机构改革时，财政部税务总局（司级机构）升格为国家税务局（财政部管理的副部级机构）；税务系统双重领导、以垂直领导为主的领导体制得到强化。

总体来看，自 1978 年至 1992 年，随着经济的发展和改革的深入，中国对税制改革进行了全面的探索，改革逐步深入，取得了很大的进展，初步建成了一套内外有别、城乡不同，以货物和劳务税、所得税为主体，财产税和其他税收相配合的新的税制体系，大体适应了中国经济体制改革起步阶段的经济状况，税收的职能作用得以全面加强，税收收入随经济发展持续稳定增长，宏观调控作用明显增强，对于贯彻国家的经济政策，调节生产、分配和消费，促进改革开放，起到了积极的促进作用，并为以后税制改革的深入打下了重要的基础。

1992 年，中国的国内生产总值为 27 194.5 亿元，财政收入、税收收入分别为 3 483.4 亿元、3 296.9 亿元；税收收入占财政收入、国内生产总值的比重分别为 94.6%、12.2%，前者比 1978 年上升了 48.7 个百分点，后者比 1978 年下降了 2 个百分点。在税收收入中，货物和劳务税收入为 2 106.8 亿元，占 64%，比 1978 年下降了 19.6 个百分点；所得税收入为 779.3 亿元，占 23.7%，比 1978 年上升了 13.3 个百分点；财产税收入为 137.2 亿元，占 4.2%，比 1978 年上升了 4 个百分点；农业税、牧业税收入为 86.3 亿元，占 2.6%，比 1978 年下降了 2.9 个百分点。

(三)建立社会主义市场经济体制时期的税制改革 (1992~2012 年)

1992 年以后，中国进入了建立社会主义市场经济体制时期，社会主义经济理论和实践取得了重大进展，税制改革随之深化，取得了改革开放以后的第三次重大突破。

1992 年 10 月，中共十四大提出了建立社会主义市场经济体制的战略目标，其中包括税制改革的任务。

1993 年 3 月，第八届全国人民代表大会第一次会议通过《中华人民共和国宪法修正案》，其中规定国家实行社会主义市场经济。

同年11月，中国共产党第十四届中央委员会第三次全体会议通过了《中共中央关于建立社会主义市场经济体制若干问题的决定》，确定了税制改革的基本原则和主要内容。至当年12月底，税制改革的有关法律、行政法规陆续公布，包括《中华人民共和国个人所得税法》（修正）《中华人民共和国增值税暂行条例》《中华人民共和国消费税暂行条例》《中华人民共和国营业税暂行条例》《中华人民共和国企业所得税暂行条例》《中华人民共和国土地增值税暂行条例》《中华人民共和国资源税暂行条例》《全国人民代表大会常务委员会关于外商投资企业和外国企业适用增值税、消费税、营业税等税收暂行条例的决定》，均自1994年起实施。

1994年税制改革的主要内容是：第一，改革货物和劳务税制，形成了以比较规范的增值税为主体，消费税、营业税并行，关税为辅，内外统一的货物和劳务税制。第二，改革企业所得税制，将过去对国营企业、集体企业和私营企业等分别征收的多种企业所得税合并为统一的企业所得税。第三，改革个人所得税制，将过去对外国人征收的个人所得税、对中国人征收的个人收入调节税和城乡个体工商业户所得税合并为统一的个人所得税。第四，大幅度调整其他税收，如扩大了资源税的征收范围，开征了土地增值税，取消了盐税、烧油特别税和集市交易税等12个税种，并将屠宰税、筵席税的管理权下放到省级地方政府，增设了遗产税、证券交易税（这两种税后来没有立法开征）。

至此，中国的税制设有25种税收，即增值税、消费税、营业税、关税、企业所得税、外商投资企业和外国企业所得税、个人所得税、土地增值税、房产税、城市房地产税、遗产税、城镇土地使用税、耕地占用税、契税、资源税、车船使用税、车船使用牌照税、印花税、证券交易税、城市维护建设税、固定资产投资方向调节税、屠宰税、筵席税、农业税、牧业税。

为了进一步加强税收工作，配合税制改革和分税制财政管理体制改革，这一时期的税务机构建设进一步加强，税务干部大量增加：1993 年 4 月，国务院机构改革，国家税务局升格为国务院直属机构，并更名为国家税务总局。同年 12 月，该局升格为部级机构。1994 年，省以下税务机构分设为国家税务局、地方税务局两个系统。1995 年，全国税务系统的人员增至 75.3 万人。

1995 年至 2012 年，根据中国共产党第十五次至第十七次全国代表大会和有关中央委员会全体会议的要求，第九届至第十一届全国人民代表大会先后批准的中国国民经济和社会发展五年计划、规划纲要，为了适应建立完善的社会主义市场经济体制的需要，中国继续完善税制，分步实施了下列重大改革，基本实现了税制的城乡统一、内外统一。

1. 改革农业税制：2000 年，中共中央、国务院发出了《关于进行农村税费改革试点工作的通知》，此后农村税费改革逐步推进。2005 年，全国人民代表大会常务委员会决定自 2006 年起取消农业税。自 2005 年至 2006 年，国务院先后取消了牧业税和屠宰税，对过去征收农业特产农业税的烟叶产品改征烟叶税，公布了《中华人民共和国烟叶税暂行条例》。

2. 完善货物和劳务税制：1998 年以后，经国务院批准，财政部、国家税务总局陆续调整了消费税的部分税目、税率和计税方法。2000 年，国务院公布了《中华人民共和国车辆购置税暂行条例》，自 2001 年起施行。为了适应加入世界贸易组织的需要，逐步降低了进口关税的税率。2003 年，国务院公布了新的关税条例，自 2004 年起施行。2008 年，国务院修订了增值税暂行条例、消费税暂行条例和营业税暂行条例，初步实现了增值税从"生产型"向"消费型"的转变，结合成品油税费改革调整了消费税，自 2009 年起施行。自 2012 年起，经国务院批准，财政部、国家税务总局开始实施营业税改征增值税的试点。

3. 完善所得税制：自 1999 年至 2011 年，全国人民代表大会常务委员会先后 5 次修正个人所得税法，主要内容是调整储蓄存款利息征税的规定，工资、薪金等所得的扣除额和税率。2007 年，

全国人民代表大会将过去对内资企业和外资企业分别征收的企业所得税合并，制定了《中华人民共和国企业所得税法》，自 2008 年起施行。

4. 完善财产税制：1997 年，国务院发布了《中华人民共和国契税暂行条例》，自当年 10 月起施行。自 2001 年起，国务院将船舶吨税重新纳入财政预算管理。2011 年，国务院公布了《中华人民共和国船舶吨税暂行条例》，自 2012 年起施行。2006 年，国务院将对内征收的车船使用税与对外征收的车船使用牌照税合并为车船税，公布了《中华人民共和国车船税暂行条例》，自 2007 年起施行；2011 年，全国人民代表大会常务委员会通过了《中华人民共和国车船税法》，自 2012 年起施行。国务院自 2006 年至 2009 年先后修改了城镇土地使用税暂行条例和耕地占用税暂行条例，将对内征收的城镇土地使用税和耕地占用税改为内外统一征收，分别自 2007 年和 2008 年起施行；自 2009 年起取消了对外征收的城市房地产税，规定中外纳税人统一缴纳房产税。2011 年，国务院修改了资源税暂行条例，自当年 11 月起施行。

此外，国务院于 2008 年宣布筵席税暂行条例失效，自 2010 年 12 月起将外商投资企业和外国企业纳入了城市维护建设税的纳税人的范围，自 2013 年起废止了固定资产投资方向调节税暂行条例。

至 2012 年，中国的税制设有 18 种税收，即增值税、消费税、车辆购置税、营业税、关税、企业所得税、个人所得税、土地增值税、房产税、城镇土地使用税、耕地占用税、契税、资源税、车船税、船舶吨税、印花税、城市维护建设税和烟叶税。

1994 年税制改革是中华人民共和国成立以来规模最大、范围最广泛和内容最深刻的一次税制改革，改革的方案是在中国改革开放以后税制改革的基础上，经过多年的理论研究和实践探索，积极借鉴外国税制建设的成功经验，结合中国的国情制定的，推行以后从总体上看取得了很大的成功。经过这次税制改革和后来的逐步完善，中国初步建立了适应社会主义市场经济体制需要的税收制度，税制逐步简化、规范，税负更加公平，对于保证财政收入，加强宏观调控，深化改革，扩大开放，促进经济和社会的发展，起到了重要的作用，并为以后全面深化税制改革奠定了坚实的基础。

2012 年，中国的国内生产总值为 538 580 亿元，财政收入、税收收入分别为 117 253.5 亿元、100 614.3 亿元；税收收入占财政收入、国内生产总值的比重分别为 85.8% 和 18.7%，前者比 1993 年下降了 12 个百分点，后者比 1993 年上升了 6.8 个百分点。在税收收入中，货物收入和劳务税收入为 59 659.5 亿元，占 57.8%，比 1993 年下降了 13.6 个百分点；所得税收入为 30 547.3 亿元，占 29.6%，比 1993 年上升了 12.1 个百分点；财产税收入为 8 707.4 亿元，占 8.4%，比 1993 年上升了 5 个百分点。

（四）全面深化改革时期的税制改革（2012 年以后）

2012 年 11 月中共十八大召开以后，中国进入了全面深化改革时期，税制改革随之全面深化，并取得了一系列重要进展。

2013 年 11 月，中国共产党第十八届中央委员会第三次全体会议通过了《中共中央关于全面深化改革若干重大问题的决定》，其中确定了深化税制改革的基本原则和主要内容。

2017 年 10 月，中国共产党第十九次全国代表大会提出了深化税制改革的要求。

根据 2015 年中国共产党第十八届中央委员会第五次全体会议通过的《中共中央关于制定国民经济和社会发展第十三个五年规划的建议》、2020 年中国共产党第十九届中央委员会第五次全体会议通过的《中共中央关于制定国民经济和社会发展第十四个五年规划和二〇三五年远景目标的建议》中关于改革、完善税制的要求，2016 年召开的第十二届全国人民代表大会第四次会议、2021 年召开的第十三届全国人民代表大会第四次会议先后批准了《中华人民共和国国民经济和社会发展第十三个五年规划纲要》《中华人民共和国国民经济和社会发展第十四个五年规划和 2035 年远景目标纲要》，其中分别提出了改革和完善税制的任务。

2018 年 9 月公布的第十三届全国人民代表大会常务委员会立法规划，提出了增值税、消费税和房地产税等 10 个税种的立法和修改税收征管法等任务。

这一时期深化税制改革已经采取的主要措施如下：

1. 完善货物和劳务税制：自 2013 年起，经国务院批准，财政部、国家税务总局逐步扩大了营业税改征增值税的试点。其中，自 2016 年 5 月起全面推行此项试点；2017 年废止了营业税暂行条例，修改了增值税暂行条例。此外，调整了增值税的税率、征收率，统一了小规模纳税人的标准。在消费税方面，经国务院批准，财政部、国家税务总局陆续调整了部分税目、税率。在关税方面，进口关税的税率继续逐渐降低。2018 年，全国人民代表大会常务委员会通过了《中华人民共和国车辆购置税法》，自 2019 年 7 月起施行。

2. 完善所得税制：在企业所得税方面，2017 年和 2018 年，全国人民代表大会常务委员会先后修改了企业所得税法的个别条款。经国务院批准，财政部、国家税务总局等单位陆续作出了关于部分重点行业实行固定资产加速折旧的规定；提高企业研究开发费用税前加计扣除比例的规定；购进单位价值不超过 500 万元的设备、器具允许一次性扣除的规定；提高职工教育经费支出扣除比例的规定；小微企业减征企业所得税的规定，而且减征的范围不断扩大，等等。在个人所得税方面，2018 年，全国人民代表大会常务委员会第七次修正个人所得税法，主要内容是调整居民个人、非居民个人的标准，将部分所得合并为综合所得征税，调整部分税前扣除和税率，完善征收管理方面的规定，自 2019 年起实施。此外，经国务院批准，财政部、国家税务总局等单位陆续联合作出了关于上市公司股息、红利差别化个人所得税政策，完善股权激励和技术入股有关所得税政策，科技人员取得职务科技成果转化现金奖励有关个人所得税政策等规定。

3. 完善财产税制：2016年，根据中共中央、国务院的部署，财政部、国家税务总局发出了《关于全面推进资源税改革的通知》，主要内容是扩大资源税的征税范围和从价计税方法的适用范围。2019年，全国人民代表大会常务委员会通过了《中华人民共和国资源税法》，自2020年9月起施行。2017年、2018年和2020年，全国人民代表大会常务委员会先后通过了《中华人民共和国船舶吨税法》《中华人民共和国耕地占用税法》《中华人民共和国契税法》，分别自2018年7月、2019年9月和2021年9月起施行。

此外，2016年、2017年、2020年和2021年，全国人民代表大会常务委员会先后通过了《中华人民共和国环境保护税法》《中华人民共和国烟叶税法》《中华人民共和国城市维护建设税法》《中华人民共和国印花税法》，分别自2018年1月、7月和2021年9月、2022年7月起施行。

通过上述改革，中国的税制进一步简化、规范，税负更加公平并有所减轻，税收的宏观调控作用进一步增强，在促进经济持续稳步增长的基础上实现了税收收入的持续稳步增长，有力地支持了中国的改革开放和各项建设事业的发展。

2020年，中国的国内生产总值为1 013 567亿元，财政收入、税收收入分别为182 913.9亿元、154 312.3亿元；税收收入占财政收入、国内生产总值的比重分别为84.4%、15.2%，分别比2012年下降了1.4、3.5个百分点。在税收收入中，货物和劳务税收入为75 821亿元，占49.1%，比2012年下降了8.7个百分点；所得税收入为54 462.6亿元，占35.3%，比2012年上升了5.7个百分点；财产税收入为15 972.5亿元，占10.4%，比2012年上升了2个百分点。

另据初步统计，2021年，中国的国内生产总值、财政收入和税收收入分别为1 143 670亿元、202 539亿元和172 731亿元，

税收收入占当年中国财政收入、国内生产总值的比重分别为 5.3%、15.1%。

在机构改革方面，2018年，为了理顺职责关系，降低征纳成本，提高征管效率，为纳税人提供更加优质、高效和便利的服务，根据中共中央、全国人民代表大会和国务院关于机构改革的决定，省级以下国家税务局、地方税务局合并，具体承担所辖区域以内各项税收、非税收入征管等职责，实行以国家税务总局为主与省级党委和人民政府双重领导的管理体制。

展望未来，中国将继续推进税制改革，主要内容应当包括进一步落实税收法定原则、合理调整宏观税负、优化税制结构和完善各个税种特别是主体税种。近期的主要任务应当包括在完善增值税、消费税和关税制度的基础上制定增值税法、消费税法和关税法，改进企业所得税和个人所得税制度，推进房地产税试点，继续减税降费和提高所得税、财产税在税收总额中的比重，等等。

中国现行税制体系

中国现行税制体系包括 18 个税种，税法体系由税收法律、法规和规章等构成。

(一) 税种设置

目前，中国的税收制度设有 18 种税收，按照其征税对象大致可以分为下列 4 个类别：

1. 货物和劳务税。包括增值税、消费税、车辆购置税和关税 4 种税。这类税收是在生产、流通和服务领域中按照纳税人的销售收入（数量）、营业收入和进出口货物的价格（数量）征收的。

2. 所得税。包括企业所得税、个人所得税和具有所得税性质的土地增值税 3 种税。这类税收是在收入分配环节按照企业取得的利润和个人取得的收入征收的。

3. 财产税。包括房产税、城镇土地使用税、耕地占用税、契税、资源税、车船税和船舶吨税 7 种税。这类税收是对纳税人拥有和使用的财产征收的。

4. 其他税收。包括印花税、城市维护建设税、烟叶税和环境保护税 4 种税。

除了税收以外，政府规定统一由税务部门征收的非税财政收入项目有社会保险费（目前包括基本养老保险费、基本医疗保险费、失业保险费、工伤保险费和生育保险费 5 项），教育费附加，地方教育费附加，文化事业建设费，国家重大水利工程建设基金，水利建设基金，农网还贷资金，可再生能源发展基金，中央水库移民扶持基金，三峡电站水资源费，核电站乏燃料处理处置基金，免税商品特许经营费，油价调控风险准备金，核事故应急准备专项收入，国家留成油收入，石油特别收益金，水土保持补偿费，地方水库移民扶持基金，排污权出让收入，防空地下室易地建设费，土地闲置费，城镇垃圾处理费，国有土地使用权出让收入，矿产资源专项收入，海域使用金，无居民海岛使用金；残疾人就业保障金由税务机关和有关省、自治区、直辖市规定的其他机关征收；废弃电器电子产品处理基金由税务机关、海关分别征收。

（二）税收立法

根据全国人民代表大会制定的《中华人民共和国宪法》《中华人民共和国立法法》《全国人民代表大会关于授权国务院在经济体制改革和对外开放方面可以制定暂行的规定或者条例的决定》等法律和国务院制定的《行政法规制定程序条例》《规章制定程序条例》等行政法规，中国的税收立法由下列层次、形式构成：

1. 法律。税收的基本制度由法律规定。税收法律由全国人民代表大会制定，如《中华人民共和国个人所得税法》；或者由全国人民代表大会常务委员会制定，如《中华人民共和国税收征收管理法》。车辆购置税、企业所得税、个人所得税、耕地占用税、契税、资源税、车船税、船舶吨税、印花税、城市维护建设税、烟叶税和环境保护税 12 种税收已经分别由全国人民代表大会及其常务委员会制定法律。

2. 行政法规。有关税收的行政法规由国务院根据有关法律制定，如根据《中华人民共和国税收征收管理法》制定的《中华人民共和国税收征收管理法实施细则》；或者根据全国人民代表大会及其常务委员会的授权制定，如根据全国人民代表大会授权制定的《中华人民共和国增值税暂行条例》。增值税、消费税、关税、土地增值税、房产税和城镇土地使用税 6 种税收已经由国务院制定行政法规。

中国政府签署的国际税收公约，中国政府与外国政府签订的国际税收协定、协议，内地与香港、澳门签订的税收安排，大陆与台湾签订的税收协议，也是中国税法体系的重要组成部分。

3. 地方性法规。省、自治区和直辖市的人民代表大会及其常务委员会根据本行政区域的具体情况和实际需要，在不同宪法、法律和行政法规抵触的前提下，可以制定地方性税收法规，如山西省人民代表大会常务委员会根据《中华人民共和国资源税法》制定的《关于资源税具体适用税率等有关事项的决定》。

4. 自治条例和单行条例。民族自治地方（包括自治区、自治州和自治县，下同）的人民代表大会有权依照当地民族的政治、经济和文化的特点，制定自治条例和单行条例，按照规定报批以后生效。上述条例可以根据当地民族的特点，对法律、行政法规作出变通规定，但是不得违背法律、行政法规的基本原则，不得对宪法、民族区域自治法的规定和其他有关法律、行政法规专门就民族自治地方所作的规定作出变通规定。

5. 部门规章。有关税收的部门规章由财政部、国家税务总局、海关总署和国务院关税税则委员会等部门、机构根据有关法律、行政法规制定，如财政部、国家税务总局根据《中华人民共和国增值税暂行条例》制定的《中华人民共和国增值税暂行条例实施细则》，国家税务总局根据《中华人民共和国税收征收管理法》及其实施细则制定的《税务登记管理办法》，海关总署根据《中华人民共和国海关法》《中华人民共和国进出口关税条例》等法律、行政法规制定的《中华人民共和国海关进出口货物征税管理办法》。

6. 地方政府规章。省、自治区和直辖市的人民政府，可以根据法律、行政法规和本省（自治区、直辖市）的地方性法规，制定地方政府税收规章。例如，根据国务院发布的《中华人民共和国城镇土地使用税暂行条例》，各省、自治区和直辖市人民政府可以制定本地区实施该条例的具体办法，如北京市人民政府公布的《北京市实施〈中华人民共和国城镇土地使用税暂行条例〉办法》。

7. 立法程序。法律、地方性法规、自治条例和单行条例的制定要经过提出立法议案、审议、表决通过和公布四道程序，行政法规、部门规章和地方政府规章的制定要经过立项、起草、审查、决定和公布五道程序。

此外，根据中国法律的规定，中央政府不在香港和澳门两个特别行政区征税，这两个特别行政区实行独立的税收制度。

(三) 税收基本法规

中国现行税收基本法规的发布、实施情况，详见《中国现行税收基本法规目录》。

中国现行税收基本法规目录

1. 《中华人民共和国增值税暂行条例》，1993 年 12 月 13 日中华人民共和国国务院令第 134 号发布，自 1994 年 1 月 1 日起施行；2017 年 11 月 19 日中华人民共和国国务院令第 691 号第三次修改并公布施行。

《中华人民共和国增值税暂行条例实施细则》，1993 年 12 月 25 日财政部文件（93）财法字第 38 号发布，2011 年 10 月 28 日中华人民共和国财政部令第 65 号第二次修改并公布。

2016 年 3 月 23 日，经国务院批准，财政部、国家税务总局发出《关于全面推开营业税改征增值税试点的通知》，自当年 5 月 1 日起执行。

2.《中华人民共和国消费税暂行条例》，1993 年 12 月 13 日中华人民共和国国务院令第 135 号发布，自 1994 年 1 月 1 日起施行；2008 年 11 月 10 日中华人民共和国国务院令第 539 号修订并公布，自 2009 年 1 月 1 日起施行。

《中华人民共和国消费税暂行条例实施细则》，1993 年 12 月 25 日财政部文件（93）财法字第 39 号发布，2008 年 12 月 15 日中华人民共和国财政部、国家税务总局令第 51 号修订并公布。

3.《中华人民共和国车辆购置税法》，2018 年 12 月 29 日第十三届全国人民代表大会常务委员会第七次会议通过，当日中华人民共和国主席令第十九号公布，自 2019 年 7 月 1 日起施行。

4.《中华人民共和国海关法》（其中第五章为《关税》），1987 年 1 月 22 日第六届全国人民代表大会常务委员会第十九次会议通过，当日中华人民共和国主席令第五十一号公布，自当年 7 月 1 日起施行；2021 年 4 月 29 日第十三届全国人民代表大会常务委员会第二十八次会议第六次修正，当日中华人民共和国主席令第八十一号公布施行。

《中华人民共和国进出口关税条例》，2003 年 11 月 23 日中华人民共和国国务院令第 392 号公布，自 2004 年 1 月 1 日起施行，2017 年 3 月 1 日中华人民共和国国务院令第 676 号第四次修改。

5.《中华人民共和国企业所得税法》，2007 年 3 月 16 日第十届全国人民代表大会第五次会议通过，当日中华人民共和国主席令第六十三号公布，自 2008 年 1 月 1 日起施行；2018 年 12 月 29 日第十三届全国人民代表大会常务委员会第七次会议第二次修正，当日中华人民共和国主席令第二十三号公布施行。

《中华人民共和国企业所得税法实施条例》，2007 年 12 月 1 日中华人民共和国国务院令第 512 号公布，2019 年 4 月 23 日中华人民共和国国务院令第 714 号修改。

6.《中华人民共和国个人所得税法》，1980 年 9 月 10 日第五届全国人民代表大会第三次会议通过，当日全国人民代表大会常务委员会委员长令第十一号公布，自当日起施行；2018 年 8 月 31 日第十三届全国人民代表大会常务委员会第五次会议第七次修正，当日中华人民共和国主席令第九号公布，自 2019 年 1 月 1 日起施行。

《中华人民共和国个人所得税法实施条例》，1994 年 1 月 28 日中华人民共和国国务院令第 142 号发布，2018 年 12 月 18 日中华人民共和国国务院令第 707 号第四次修改并公布。

7.《中华人民共和国土地增值税暂行条例》，1993 年 12 月 13 日中华人民共和国国务院令第 138 号发布，自 1994 年 1 月 1 日起施行，2011 年 1 月 8 日中华人民共和国国务院令第 588 号修改。

《中华人民共和国土地增值税暂行条例实施细则》，1995 年 1 月 27 日财政部文件财法字〔1995〕6 号发布。

8.《中华人民共和国房产税暂行条例》，1986 年 9 月 15 日国务院文件国发〔1986〕90 号发布，自当年 10 月 1 日起施行，2011 年 1 月 8 日中华人民共和国国务院令第 588 号修改。

上述暂行条例的实施细则由各省、自治区和直辖市人民政府自行制定，送财政部备案。

9.《中华人民共和国城镇土地使用税暂行条例》，1988 年 9 月 27 日中华人民共和国国务院令第 17 号发布，自当年 11 月 1 日起施行；2019 年 3 月 2 日中华人民共和国国务院令第 709 号第四次修改。

上述暂行条例的实施办法由各省、自治区和直辖市人民政府自行制定。

10.《全国人民代表大会常务委员会关于授权国务院在部分地区开展房地产税改革试点工作的决定》，2021 年 10 月 23 日第十三届全国人民代表大会常务委员会第三十一次会议通过。

11.《中华人民共和国耕地占用税法》，2018 年 12 月 29 日第十三届全国人民代表大会常务委员会第七次会议通过，当日中华人民共和国主席令第十八号公布，自 2019 年 9 月 1 日起施行。

《中华人民共和国耕地占用税法实施办法》，2019 年 8 月 29 日财政部、国家税务总局、自然资源部、农业农村部、生态环境部公告 2019 年第 81 号发布，自 2019 年 9 月 1 日起施行。

12.《中华人民共和国契税法》，2020 年 8 月 11 日第十三届全国人民代表大会常务委员会第二十一次会议通过，当日中华人民共和国主席令第五十二号公布，自 2021 年 9 月 1 日起施行。

13. 《中华人民共和国资源税法》，2019 年 8 月 26 日第十三届全国人民代表大会常务委员会第十二次会议通过，当日中华人民共和国主席令第三十三号公布，自 2020 年 9 月 1 日起施行。

14. 《中华人民共和国车船税法》，2011 年 2 月 25 日第十一届全国人民代表大会常务委员会第十九次会议通过，当日中华人民共和国主席令第四十三号公布，自 2012 年 1 月 1 日起施行；2019 年 4 月 23 日第十三届全国人民代表大会常务委员会第十次会议修正，当日中华人民共和国主席令第二十九号公布施行。

《中华人民共和国车船税法实施条例》，2011 年 12 月 5 日中华人民共和国国务院令第 611 号公布，2019 年 3 月 2 日中华人民共和国国务院令第709 号修改。

15. 《中华人民共和国船舶吨税法》，2017 年 12 月 27 日第十二届全国人民代表大会常务委员会第三十一次会议通过，当日中华人民共和国主席令第八十五号公布，自 2018 年 7 月 1 日起施行；2018 年 10 月 26 日第十三届全国人民代表大会常务委员会第六次会议修正，当日中华人民共和国主席令第十六号公布施行。

16. 《中华人民共和国印花税暂行条例》，1988 年 8 月 6 日中华人民共和国国务院令第 11 号发布，自当年 10 月 1 日起施行，2011 年 1 月 8 日中华人民共和国国务院令第 588 号修改。

《中华人民共和国印花税暂行条例施行细则》，1988 年 9 月 29 日财政部文件（88）财税字第 255 号发布。

《中华人民共和国印花税法》，2021 年 6 月 10 日第十三届全国人民代表大会常务委员会第二十九次会议通过，当日中华人民共和国主席令第八十九号公布，自 2022 年 7 月 1 日起施行。

17. 《中华人民共和国城市维护建设税法》，2020 年 8 月 11 日第十三届全国人民代表大会常务委员会第二十一次会议通过，当日中华人民共和国主席令第五十一号公布，自 2021 年 9 月 1 日起施行。

续表

18.《中华人民共和国烟叶税法》，2017 年 12 月 27 日第十二届全国人民代表大会常务委员会第三十一次会议通过，当日中华人民共和国主席令第八十四号公布，自 2018 年 7 月 1 日起施行。

19.《中华人民共和国环境保护税法》，2016 年 12 月 25 日第十二届全国人民代表大会常务委员会第二十五次会议通过，当日中华人民共和国主席令第六十一号公布，自 2018 年 1 月 1 日起施行；2018 年 10 月 26 日第十三届全国人民代表大会常务委员会第六次会议修正，当日中华人民共和国主席令第十六号公布施行。

《中华人民共和国环境保护税法实施条例》，2017 年 12 月 25 日中华人民共和国国务院令第 693 号公布。

20.《全国人民代表大会常务委员会关于外商投资企业和外国企业适用增值税、消费税、营业税等税收暂行条例的决定》，1993 年 12 月 29 日第八届全国人民代表大会常务委员会第五次会议通过，当日中华人民共和国主席令第十八号公布，自当日起施行。

《国务院关于外商投资企业和外国企业适用增值税、消费税、营业税等税收暂行条例有关问题的通知》，1994 年 2 月 22 日国务院文件国发〔1994〕10 号发布，自当年 1 月 1 日起施行。

21.《中华人民共和国税收征收管理法》，1992 年 9 月 4 日第七届全国人民代表大会常务委员会第二十七次会议通过，当日中华人民共和国主席令第六十号公布，自 1993 年 1 月 1 日起施行；2001 年 4 月 28 日第九届全国人民代表大会常务委员会第二十一次会议修订，当日中华人民共和国主席令第四十九号公布，自当年 5 月 1 日起施行；2015 年 4 月 24 日第十二届全国人民代表大会常务委员会第十四次会议第三次修正，当日中华人民共和国主席令第二十三号公布施行。

《中华人民共和国税收征收管理法实施细则》，2002 年 9 月 7 日中华人民共和国国务院令第 362 号公布，2016 年 2 月 6 日中华人民共和国国务院令第 666 号第三次修改。

续表

22.《中华人民共和国发票管理办法》，1993 年 12 月 12 日国务院批准，当年 12 月 23 日中华人民共和国财政部令第 6 号发布，自当日起施行；2019 年 3 月 2 日中华人民共和国国务院令第 709 号第二次修改。 《中华人民共和国发票管理办法实施细则》，2011 年 2 月 14 日国家税务总局令第 25 号公布，2019 年 7 月 24 日国家税务总局令第 48 号第三次修改并公布。
23.《全国人民代表大会常务委员会关于惩治虚开、伪造和非法出售增值税专用发票的决定》，1995 年 10 月 30 日第八届全国人民代表大会常务委员会第十六次会议通过，当日中华人民共和国主席令第五十七号公布施行。
24.《税务行政复议规则》，2010 年 2 月 10 日国家税务总局令第 21 号公布，自当年 4 月 1 日起施行；2018 年 6 月 15 日国家税务总局令第 44 号第二次修改并公布施行。
25.《中华人民共和国海关进出口货物征税管理办法》，2005 年 1 月 4 日中华人民共和国海关总署令第 124 号公布，自当年 3 月 1 日起施行；2018 年 5 月 29 日中华人民共和国海关总署令第 240 号第四次修改并公布，自当年 7 月 1 日起施行。

此外，为了更好地实行对外开放政策，促进对外经济、技术、人才交流与合作，截至 2021 年 2 月 1 日，中国已经先后同日本、美国、法国、英国、比利时、德国、马来西亚、挪威、丹麦、新加坡、加拿大、芬兰、瑞典、新西兰、泰国、意大利、荷兰、捷克斯洛伐克、波兰、澳大利亚、南斯拉夫联邦、保加利亚、巴基斯坦、科威特、瑞士、塞浦路斯、西班牙、罗马尼亚、奥地利、巴西、蒙古国、匈牙利、马耳他、阿联酋、卢森堡、韩国、俄罗斯、巴布亚新几内亚、印度、毛里求斯、克罗地亚、白俄罗斯、斯洛文尼亚、以色列、越南、土耳其、乌克兰、亚美尼亚、牙买加、冰岛、立陶宛、拉脱维亚、乌兹别克斯坦、孟加拉国、南斯拉夫联盟、苏丹、

马其顿（目前国名为北马其顿）、埃及、葡萄牙、爱沙尼亚、老挝、塞舌尔、菲律宾、爱尔兰、南非、巴巴多斯、摩尔多瓦、卡塔尔、古巴、委内瑞拉、尼泊尔、哈萨克斯坦、印度尼西亚、阿曼、尼日利亚、突尼斯、伊朗、巴林、希腊、吉尔吉斯斯坦、摩洛哥、斯里兰卡、特立尼达和多巴哥、阿尔巴尼亚、文莱、阿塞拜疆、格鲁吉亚、墨西哥、沙特阿拉伯、阿尔及利亚、塔吉克斯坦、埃塞俄比亚、捷克、土库曼斯坦、赞比亚、叙利亚、乌干达、博茨瓦纳、厄瓜多尔、智利、津巴布韦、柬埔寨、肯尼亚、加蓬、刚果（布）、安哥拉、阿根廷、卢旺达108个国家签订了关于避免对所得双重征税和防止偷漏税的协定，其中同101个国家（上述国家均不包括已经不存在，而且有关协定已经失效的国家）签订的协定已经生效并且执行。其中，同捷克斯洛伐克签订的协定目前适用于斯洛伐克，同南斯拉夫联邦签订的协定目前适用波斯尼亚和黑塞哥维那，同南斯拉夫联盟签订的协定目前适用于塞尔维亚、黑山。

在多边国际税收合作方面，2015年7月1日，第十二届全国人民代表大会常务委员会第十五次会议决定批准2013年8月27日中国政府代表在巴黎签署的《多边税收征管互助公约》。该公约2016年2月1日对中国生效，自2017年1月1日起执行。此外，中国先后签署了《金融账户涉税信息自动交换多边主管当局间协议》《实施税收协定相关措施以防止税基侵蚀和利润转移的多边公约》。

增 值 税

增值税以货物和劳务为征税对象，是目前各国普遍征收的一种税收（有些国家称为货物和劳务税）。1993 年 12 月 13 日，国务院发布《中华人民共和国增值税暂行条例》，自 1994 年 1 月 1 日起施行。2017 年 11 月 19 日，国务院第三次修改该条例，当日公布施行。1993 年 12 月 25 日，财政部发布《中华人民共和国增值税暂行条例实施细则》；2011 年 10 月 28 日，财政部、国家税务总局对该细则作了第二次修改。

增值税由税务机关负责征收管理，进口环节的增值税由海关代为征收管理；所得收入由中央政府与地方政府共享，是中央政府财政收入最主要的来源，也是地方政府税收收入的主要来源之一。2020 年，增值税收入为 57 094.1 亿元，占当年中国税收总额的 37%，居各税之首。

（一）纳税人

增值税的纳税人，包括在中国境内销售货物，加工、修理和修配劳务（以下简称劳务），服务，无形资产，不动产和进口货物的

企业、行政单位、事业单位、军事单位、社会团体、其他单位、个体工商户和其他个人。

销售货物，指有偿转让货物的所有权；销售劳务，指有偿提供劳务，但是不包括单位、个体工商户聘用的员工为本单位、雇主提供劳务；销售服务、无形资产和不动产，指有偿提供服务、转让无形资产和不动产，但是不包括非营业活动中的服务（如行政单位按照规定收取政府性基金、行政事业性收费，单位、个体工商户聘用的员工为本单位、雇主提供取得工资的服务，单位、个体工商户为聘用的员工提供服务）。

在中国境内销售货物、劳务、服务、无形资产和不动产（以下统称应税销售行为），分别指销售货物的起运地或者所在地在中国境内；销售的劳务发生在中国境内；服务（租赁不动产除外）、无形资产（自然资源使用权除外）的销售方或者购买方在中国境内，销售、租赁的不动产在中国境内，销售自然资源使用权的自然资源在中国境内等情况。

中国境外单位、个人向中国境内单位、个人销售完全在中国境外发生的服务、使用的无形资产和出租完全在中国境外使用的有形动产等情形，不属于在中国境内销售服务和无形资产。

单位、个体工商户的下列行为，视同销售货物：将货物交付其他单位、个人代销；销售代销货物；设有两个机构并实行统一核算的纳税人，将货物从一个机构移送其他机构用于销售（相关机构设在同一县、市的除外）；将自己生产、委托加工的货物用于非增值税应税项目、集体福利和个人消费；将自产、委托加工和购买的货物作为投资，提供给其他单位、个体工商户，分配给股东、投资者，无偿赠送其他单位、个人。

以下情形视同销售服务、无形资产和不动产：单位、个体工商户向其他单位、个人无偿提供服务，向其他单位、个人无偿转让无形资产和不动产，用于公益事业和以公众为对象的除外；财政部、国家税务总局规定的其他情形。

如果一项销售行为既涉及货物，又涉及服务，称为混合销售行为。从事货物生产、批发和零售的单位、个体工商户（包括以从事货物生产、批发和零售为主，兼营销售服务的单位、个体工商户）的混合销售行为，按照销售货物缴纳增值税；其他单位、个体工商户的混合销售行为，按照销售服务缴纳增值税。

单位以承包、承租和挂靠方式经营的，承包人、承租人和挂靠人（以下统称承包人）以发包人、出租人和被挂靠人（以下统称发包人）名义对外经营，并由发包人承担相关法律责任的，以发包人为纳税人，否则以承包人为纳税人。

增值税的纳税人分为一般纳税人和小规模纳税人，以年应征增值税销售额为标准，超过 500 万元的为一般纳税人，不超过 500 万元的为小规模纳税人。

小规模纳税人的标准，由财政部、国家税务总局规定。

符合一般纳税人标准的纳税人，应当在税务机关办理一般纳税人资格登记。除了国家税务总局另有规定以外，纳税人登记为一般纳税人以后，不能转为小规模纳税人。

销售额达到上述标准的其他个人，按照小规模纳税人缴纳增值税；非企业性单位，不经常发生应税销售行为的单位、个体工商户，可以选择按照小规模纳税人缴纳增值税。

小规模纳税人会计核算健全，能够提供准确税务资料的，可以向税务机关办理一般纳税人资格登记。

中国境外的单位、个人在中国境内发生应税销售行为，没有在中国境内设立经营机构的，其应纳增值税以其中国境内的代理人为扣缴义务人；在中国境内没有代理人的，以购买方为扣缴义务人。

目前，中国的增值税收入主要来自采矿业、制造业、电力生产和供应业、批发和零售业、软件和信息技术服务业、金融业、房地产业、商务服务业、建筑业等行业的国有企业、私营企业、股份制

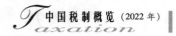

企业、外商投资企业和进口货物。

(二) 税目、税率

　　增值税设有 24 个税目，根据不同的货物、劳务和服务等征税对象分别采用差别比例税率和零税率，详见《增值税税目、税率表》。

增值税税目、税率表

税　目	征　收　范　围	税率(%)
1. 出口货物	不包括国家禁止出口的货物（如天然牛黄、麝香、铜和铜基合金等）和国家限制出口的部分货物（如矿砂及精矿、钢铁初级产品、原油、车用汽油、煤炭、原木、尿素产品、山羊绒、鳗鱼苗和某些援外货物）	0
2. 农业产品	包括粮食、蔬菜、烟叶（不包括复烤烟叶）、茶叶（包括各种毛茶）、园艺植物、药用植物、油料植物、纤维植物、糖料植物和其他植物，林业产品，水产品，畜牧产品，动物皮张、动物毛绒和其他动物组织	9
3. 食用植物油	包括芝麻油、花生油、豆油、菜籽油、葵花籽油、棉籽油、玉米胚油、茶油、胡麻油、核桃油和以上述油为原料生产的混合油	9
4. 食用盐		9
5. 自来水		9
6. 暖气、冷气和热水	含利用工业余热生产、回收的暖气、热水	9

续表

税　　目	征 收 范 围	税率(%)
7. 煤气	包括焦炉煤气、发生炉煤气和液化煤气	9
8. 石油液化气		9
9. 天然气	包括气田天然气、油田天然气、煤田天然气和其他天然气	9
10. 二甲醚		9
11. 沼气	包括天然沼气、人工生产的沼气	9
12. 居民用煤炭制品	包括煤球、煤饼、蜂窝煤和引火炭	9
13. 图书、报纸、杂志、音像制品和电子出版物		9
14. 饲料	包括单一饲料、混合饲料和配合饲料，不包括直接用于动物饲养的粮食、饲料添加剂	9
15. 化肥	包括化学氮肥、磷肥、钾肥、复合肥料、微量元素肥和其他化肥	9
16. 农药	包括杀虫剂、杀菌剂、除草剂、植物生长调节剂、植物性农药、微生物农药、卫生用药和其他农药原药、农药制剂	9
17. 农业机械	包括拖拉机、土壤耕整机械、农田基本建设机械、种植机械、植物保护管理机械、收获机械、场上作业机械、排灌机械、农副产品加工机械、农业运输机械（不包括三轮农用运输车以外的农用汽车）、畜牧业机械、渔业机械（不包括机动渔船）、林业机械（不包括森林砍伐机械和集材机械）、小农具（不包括农业机械零部件）、农用挖掘机、养鸡和养猪设备系列产品	9

续表

税　目	征 收 范 围	税率(%)
18. 农用塑料薄膜		9
19. 原油	包括天然原油、人造原油	13
20. 其他货物	包括纳税人销售、进口的上述货物以外的货物	13
21. 加工、修理和修配劳务		13
22. 销售服务		
（1）交通运输服务	包括陆路运输服务、水路运输服务、航空运输服务、航天运输服务和管道运输服务，无运输工具承运业务	9
（2）邮政服务	包括邮政普遍服务、邮政特殊服务和其他邮政服务	9
（3）电信服务		
① 基础电信服务		9
② 增值电信服务		6
（4）建筑服务	包括工程服务、安装服务、修缮服务、装饰服务和其他建筑服务	9
（5）金融服务	包括贷款服务、直接收费金融服务、保险服务和金融商品转让	6
（6）现代服务		
① 不动产租赁服务		9
② 有形动产租赁服务		13
③ 其他服务	包括研发和技术服务、信息技术服务、文化创意服务、物流辅助服务、融资租赁服务、鉴证咨询服务、广播影视服务、商务辅助服务和其他现代服务	6

税　　目	征　收　范　围	税率(%)
（7）生活服务	包括文化体育服务、教育医疗服务、旅游娱乐服务、餐饮住宿服务、居民日常服务和其他生活服务	6
（8）中国境内单位、个人跨境提供应税服务	包括国际运输服务、航天运输服务、规定的向中国境外单位提供的完全在中国境外消费的服务等	0
23. 销售无形资产 （1）转让土地使用权 （2）转让其他无形资产 （3）中国境内单位、个人跨境转让无形资产	转让技术、商标、著作权、商誉、自然资源和其他权益性无形资产使用权、所有权	9 6 0
24. 销售不动产	转让建筑物、构筑物等不动产所有权	9

　　如果纳税人发生应税销售行为，适用不同的增值税税率、征收率，应当分别核算适用不同税率、征收率的销售额；没有分别核算的，应当按照下列方法适用税率、征收率：（1）兼有适用不同税率的应税销售行为的，从高适用税率。（2）兼有适用不同征收率的应税销售行为的，从高适用征收率。（3）兼有适用不同税率、征收率的应税销售行为的，从高适用税率。

（三）计税方法

　　增值税的计税方法包括一般计税方法、简易计税方法、扣缴税款计税方法和进口货物计税方法。

1. 一般计税方法

　　一般纳税人发生应税销售行为，适用一般计税方法计税。

一般纳税人在计算应纳增值税税额的时候，应当先分别计算其当期销项税额和进项税额，然后以销项税额扣除进项税额之后的余额为应纳税额。

应纳税额计算公式：

☞　　　应纳税额 = 当期销项税额 – 当期进项税额

[实例]

某商场本月增值税销项税额为 130 万元，进项税额为 104 万元，该商场本月应纳增值税税额的计算方法如下：

应纳税额 = 130 万元 – 104 万元

　　　　 = 26 万元

纳税人在计算其应纳增值税税额的时候，如果当期销项税额小于当期进项税额，不足扣除，其不足部分可以结转下期继续扣除；符合规定的，可以退税。

纳税人发生应税销售行为，按照销售额和法定税率计算并向购买方收取的增值税，称为销项税额。

销项税额计算公式：

☞　　　当期销项税额 = 当期销售额 × 适用税率

[实例]

某钢铁公司向某机械公司出售一批钢材，销售价格为 500 万元，增值税适用税率为 13%，该钢铁公司应当向上述机械公司收取的增值税销项税额的计算方法如下：

销项税额 = 500 万元 × 13%

　　　　 = 65 万元

当期销售额，包括纳税人当期发生应税销售行为的时候从购买方取得的全部价款和价外费用，纳税人应当按此计算当期销项税额，在向购买方收取货款等收入以外同时收取。

上述价外费用，包括纳税人在价外向购买方收取的各种费用，但是不包括下列项目：

（1）受托加工应征消费税的消费品代收代缴的消费税。

（2）同时符合下列条件代为收取的政府性基金和行政事业性收费：由国务院或者财政部批准设立的政府性基金，由国务院或者省级人民政府及其财政、价格主管部门批准设立的行政事业性收费；收取时开具省级以上财政部门监（印）制的财政票据；所收款项全额上缴财政部门。

（3）销售货物的同时代办保险向购买方收取的保险费，向购买方收取的代购买方缴纳的车辆购置税、车辆牌照费。

（4）以委托方名义开具发票，代委托方收取的款项。

纳税人发生应税销售行为，采用销售额与销项税额合并定价方法的，应当按照下列公式计算不含增值税的销售额：

☞

$$不含增值税销售额 = \frac{含增值税销售额}{1 + 增值税适用税率}$$

[实例]

某运输公司本月取得含增值税的运输收入 109 万元，增值税适用税率为 9%，该公司本月不含增值税的销售额和销项税额的计算方法如下：

不含增值税销售额 = 109 万元 ÷（1 + 9%）

= 100 万元

销项税额 = 100 万元 × 9%

= 9 万元

纳税人采取折扣方式销售货物、服务、无形资产和不动产，价款和折扣额在同一张发票上注明的，以折扣之后的金额为销售额；没有在同一张发票上注明的，以折扣之前的金额为销售额。

在特定情况下，可以扣除某些项目以后确定销售额，如金融商品转让，以卖出价扣除买入价以后的余额为销售额；经纪代理服

务，以纳税人取得的全部价款和价外费用扣除向委托方收取并代为
支付的政府性基金、行政事业性收费以后的余额为销售额；航空运
输企业的销售额，不包括代收的民航发展基金和代售其他航空运输
企业客票代收转付的价款；航空运输销售代理企业提供中国境内机
票代理服务，以取得的全部价款和价外费用扣除向客户收取并支付
给航空运输企业和其他航空运输销售代理企业的中国境内机票净结
算款和相关费用以后的余额为销售额；纳税人提供客运场站服务，
以其取得的全部价款和价外费用扣除支付给承运方运费以后的余额
为销售额；纳税人提供旅游服务，可以选择以取得的全部价款和价
外费用扣除向旅游服务购买方收取并支付给其他单位、个人的住宿
费、餐饮费、交通费、签证费、门票费和支付给其他接团旅游企业
的旅游费用以后的余额为销售额；纳税人销售其开发的房地产项目
（选择简易计税方法者除外），以取得的全部价款和价外费用扣除
受让土地的时候向政府部门支付的土地价款以后的余额为销售额，
等等。

纳税人发生固定资产视同销售行为，使用过的固定资产无法确
定销售额的，以固定资产净值为销售额。

销售额以人民币计算。纳税人以其他货币结算销售额的，可以
选择销售额发生当日或者当月1日的人民币汇率中间价折算成人民
币。纳税人应当事先确定采用何种折算率，而且确定以后1年之内
不能改变。

如果纳税人发生应税销售行为的价格明显偏低或者偏高，且不
具有合理的商业目的；或者有规定的视同发生应税销售行为没有销
售额，税务机关可以按照下列顺序确定其销售额。

（1）按照纳税人最近时期销售同类货物的平均价格、发生同
类应税销售行为的平均价格确定。

（2）按照其他纳税人最近时期销售同类货物的平均价格、发
生同类应税销售行为的平均价格确定。

（3）按照组成计税价格确定。

组成计税价格计算公式：

☞　　　组成计税价格 = 成本 × (1 + 成本利润率)

上述公式中的成本，销售自产货物的为实际生产成本，销售外购货物的为实际采购成本；成本利润率由国家税务总局确定，目前规定为 10%。

应当征收消费税的货物，其组成计税价格中还应当加计应纳消费税税额。

纳税人发生应税销售行为，应当向购买方开具增值税专用发票，并在上面分别注明销售额和销项税额。但是，购买方为消费者的，发生应税销售行为适用增值税免税规定的，小规模纳税人销售货物，不能向购买方开具增值税专用发票，只能开具不分别注明销售额和增值税税额的普通发票。

小规模纳税人需要开具增值税专用发票的，可以向主管税务机关申请代开。住宿业、鉴证咨询业、建筑业、工业、信息传输、软件和信息技术服务业，租赁和商务服务业，科学研究和技术服务业，居民服务、修理和其他服务业小规模纳税人，可以按照规定自行开具增值税专用发票。

纳税人购进货物、劳务、服务、无形资产和不动产的时候支付或者负担的增值税税额，称为进项税额。

下列进项税额可以抵扣销项税额：

（1）纳税人从销售方取得的增值税专用发票上注明的增值税税额。

（2）纳税人进口货物，从海关取得的海关进口增值税专用缴款书上注明的增值税税额。

（3）纳税人购进农产品，除了取得增值税专用发票、海关进口增值税专用缴款书和另有规定者以外，按照农产品收购发票、销售发票上注明的农产品买价和 9% 的扣除率计算的进项税额。

进项税额计算公式：

☞ $$进项税额 = 买价 × 9\%$$

纳税人购进用于生产、委托加工13%税率货物的农产品，可以按照10%的扣除率计算进项税额。

自2019年4月1日至2021年12月31日，提供邮政服务、电信服务和现代服务取得的销售额占全部销售额比重超过50%的纳税人，可以按照当期可抵扣进项税额加计10%，抵减应纳税额。

自2019年10月1日至2021年12月31日，从事生活性服务业的纳税人可以按照当期可抵扣进项税额加计15%（2019年4月1日至9月30日加计10%），抵减应纳税额。

（4）从中国境外单位、个人购进劳务、服务、无形资产和中国境内的不动产，从税务机关、扣缴义务人取得的代扣代缴税款的完税凭证上注明的增值税税额。

如果纳税人符合一般纳税人的标准，但是没有按照规定在税务机关办理一般纳税人资格登记；一般纳税人会计核算不健全，或者不能提供准确的税务资料，应当按照销售额和增值税适用税率计算应纳增值税税额，不能抵扣进项税额，也不能使用增值税专用发票。

纳税人购进货物、劳务、服务、无形资产和不动产，取得的增值税专用发票、海关进口增值税专用缴款书、农产品收购发票、农产品销售发票和完税凭证不符合法律、行政法规和国家税务总局有关规定的，其进项税额不能抵扣销项税额。

纳税人凭完税凭证抵扣销项税额的，应当具备书面合同、付款证明和中国境外单位的对账单或者发票。资料不全的，其进项税额不能抵扣销项税额。

下列项目的进项税额不能抵扣销项税额：

（1）用于适用简易计税方法的计税项目，免征增值税项目，集体福利、个人消费的购进货物、劳务、服务、无形资产和不动产。其中涉及的固定资产、无形资产（另有规定者除外）和不动产，仅指专用于上述项目者。

固定资产，指使用期限超过 12 个月的机器、机械、运输工具和其他与生产、经营有关的设备、工具、器具等有形动产。

纳税人租入固定资产、不动产，既用于一般计税方法计税项目，又用于简易计税方法计税项目、免征增值税项目、集体福利和个人消费的，其进项税额可以抵扣销项税额。

（2）非正常损失的购进货物和相关的劳务、交通运输服务。

（3）非正常损失的在产品、产成品耗用的购进货物（不包括固定资产）、劳务和交通运输服务。

（4）非正常损失的不动产及其耗用的购进货物、设计服务和建筑服务。

（5）非正常损失的不动产在建工程耗用的购进货物、设计服务和建筑服务。

非正常损失，指由于管理不善造成货物被盗、丢失和霉烂变质，因违反法律、法规造成货物、不动产被依法没收、销毁或拆除的情形。

（6）购进的贷款服务、餐饮服务、居民日常服务和娱乐服务。

（7）国务院规定的其他项目。

已经抵扣进项税额的购进货物（不包括固定资产）、劳务、服务、无形资产和不动产，发生上述情形（简易计税方法计税项目、免征增值税项目除外）的，应当从当期进项税额中扣减该进项税额；无法确定该进项税额的，按照当期实际成本计算应当扣减的进项税额。

已经抵扣进项税额的固定资产、无形资产发生上述情形的，应当按照下列公式计算不得抵扣的进项税额：

☞ $\dfrac{\text{不得抵扣的}}{\text{进项税额}} = \text{固定资产、无形资产净值} \times \text{适用税率}$

已经抵扣进项税额的不动产，发生非正常损失、改变用途，专用于简易计税方法计税项目、免征增值税项目、集体福利和个人消

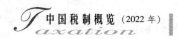

费的，按照下列公式计算不得抵扣的进项税额，并从当期进项税额中扣减：

☞ 　不得抵扣的进项税额 = 已抵扣进项税额 × 不动产净值率
　　不动产净值率 = 不动产净值 ÷ 不动产原值 × 100%

按照规定不得抵扣进项税额的不动产用途改变，用于允许抵扣进项税额项目的，按照下列公式在改变用途的次月计算可抵扣进项税额：

☞ $\dfrac{可抵扣}{进项税额} = \dfrac{增值税扣税凭证注明}{或者计算的进项税额} × \dfrac{不动产}{净值率}$

适用一般计税方法的纳税人，兼营简易计税方法计税项目、免征增值税项目，无法划分不能抵扣的进项税额的，应当下列公式计算不能抵扣的进项税额：

☞ 　不得抵扣的进项税额 = 当期无法划分的全部进项税额 ×（当期简易计税方法计税项目销售额 + 免征增值税项目销售额）÷ 当期全部销售额

税务机关可以按照上述公式和年度数据，清算不能抵扣的进项税额。

纳税人由于销售折让、中止和退回退还购买方的增值税税额，应当从当期的销项税额中扣减；由于销售折让、中止和退回从销售方收回的增值税税额，应当从当期的进项税额中扣减。

2. 简易计税方法

简易计税方法，指按照销售额和法定征收率计算应纳增值税税额。

应纳税额计算公式：

☞ 　　　　应纳税额 = 销售额 × 适用征收率

简易计税方法应纳税额计算公式中的销售额，不包括应纳增值税税额。纳税人采用销售额与应纳增值税税额合并定价方法的，应当按照下列公式计算不含应纳增值税的销售额：

☞ 不含增值税销售额＝含增值税销售额÷（1＋适用征收率）

在特定情况下，可以扣除某些项目以后确定销售额，如建筑服务，以纳税人取得的全部价款和价外费用扣除支付的分包款以后的余额为销售额；销售2016年4月30日以前取得（不包括自建）的不动产（不包括个体工商户销售购买的住房和其他个人销售不动产），以纳税人取得的全部价款和价外费用扣除该项不动产购置原价或者取得该项不动产时的作价以后的余额为销售额；小规模纳税人出售其取得的（不包括自建）的不动产（不包括个体工商户销售购买的住房和其他个人销售不动产），以取得的全部价款和价外费用扣除该项不动产购置原价或者取得该项不动产时的作价以后的余额为销售额。

由于销售折让、中止和退回退还购买方的销售额，应当从当期销售额中扣减；扣减以后仍有余额造成多缴的税款，可以从以后应纳的增值税中扣减。

小规模纳税人发生应税销售行为，适用简易计税方法计税，在计算应纳增值税税额的时候，应当以发生应税销售行为取得的销售额为计税依据，按照3%（国务院另有规定者除外）的征收率计算应纳税额，连同销售价款一并向购买方收取，然后上缴税务机关。

[实例]

个体经营者张某经营的商店本月含增值税的销售额为123 600元，该商店本月不含增值税的销售额和应纳增值税税额的计算方法如下：

不含增值税销售额＝123 600元÷（1＋3%）

＝120 000元

应纳税额＝120 000元×3%

＝3 600元

属于一般纳税人的药品经营企业销售生物制品，一般纳税人销售自产的下列货物，可以选择适用简易计税方法，按照销售额和3%的征收率计算缴纳增值税，而且计税方法选定以后3年之内不能改变：

（1）县以下小型水力发电单位生产的电力；

（2）用于建筑和生产建筑材料的砂、土、石料；

（3）以自己采掘的砂、土、石料和其他矿物连续生产的砖、瓦、石灰（不包括黏土实心砖、瓦）；

（4）用微生物，微生物代谢产物，动物毒素，人、动物的血液、组织制成的生物制品；

（5）自来水；

（6）商品混凝土（仅限于以水泥为原料生产的水泥混凝土）。

属于一般纳税人的自来水公司销售自来水按照上述办法计算缴纳增值税，不能抵扣其购进自来水取得增值税扣税凭证上注明的增值税税额。

从事再生资源回收的增值税一般纳税人销售其收购的再生资源，可以选择适用简易计税方法，按照销售额和3%的征收率计算缴纳增值税。

纳税人销售货物属于下列情形之一的，暂时可以采用简易计税方法，按照销售额和3%的征收率计算缴纳增值税：

（1）寄售商店代销寄售物品；

（2）典当业销售死当物品。

一般纳税人发生财政部、国家税务总局规定的特定应税销售行为，可以选择适用简易计税方法计算缴纳增值税，但是选择以后36个月之内不能改变。上述特定应税销售行为，包括公共交通运输服务；经认定的动漫企业为开发动漫产品提供的动漫脚本编撰、形象设计、背景设计、动画设计、分镜、动画制作、摄制、描线、上色、画面合成、配音、配乐、音效合成、剪辑、字幕制作、压缩转码服务和在中国境内转让动漫版权；电影放映服务、仓储服务、装卸搬运服务、收派服务、文化体育服务、非学历教育服务和人力资源外包服务；以营业税改征增值税以前取得的有形动产为标的物提供的经营租赁服务；在营业税改征增值税以前签订的没有执行完毕的有形动产租赁合同；以清包工方式提供的建筑服务；为甲供工程提供的建筑服务；为 2016 年 4 月 30 日以前开工的建筑工程项目的建筑服务；销售 2016 年 4 月 30 日以前取得、自建的不动产；出租 2016 年 4 月 30 日以前取得的不动产；房地产开发企业销售、出租自行开发的房地产老项目；2016 年 4 月 30 日以前签订的不动产融资租赁合同、以 2016 年 4 月 30 日以前取得的不动产提供的融资租赁服务；非企业性单位中的一般纳税人提供研发和技术服务、信息技术服务、鉴证咨询服务、技术转让、技术开发和与之相关的技术咨询、技术服务，销售技术、著作权等无形资产；提供教育辅助服务，农村信用社等金融机构在县以下地区的农村合作银行和农村商业银行提供金融服务取得的收入，等等。其中，纳税人销售其 2016 年 4 月 30 日前取得、自建的不动产，出租 2016 年 4 月 30 日以前取得的不动产，房地产开发企业出租自行开发的房地产老项目，2016 年 4 月 30 日以前签订的不动产融资租赁合同、以 2016 年 4 月 30 日以前取得的不动产提供的融资租赁服务，人力资源外包服务，征收率为 5%；其他项目，征收率为 3%。

一般纳税人、小规模纳税人提供劳务派遣服务，可以选择适用简易计税方法，以取得的全部价款、价外费用扣除代用工单位支付给劳务派遣员工的工资、福利和为其办理社会保险、住房公积金以后的余额为销售额，按照 5% 的征收率计算缴纳增值税。纳税人提供安全保护服务，比照上述规定执行。

纳税人转让 2016 年 4 月 30 日以前取得的土地使用权，可以选择适用简易计税方法，以取得的全部价款、价外费用扣除取得该土地使用权原价以后的余额为销售额，按照 5% 的征收率计算缴纳增值税。

此外，中外合作油（气）田销售原油、天然气；小规模纳税

人销售其取得、自建的不动产（不包括个体工商户销售购买的住房和其他个人销售不动产），小规模纳税人出租其取得的不动产，其他个人出租其取得的不动产；房地产开发企业中的小规模纳税人销售、出租自行开发的房地产项目，等等，也适用 5% 的征收率。

资管产品管理人运营资管产品过程中发生的增值税应税行为，暂时适用简易计税方法和 3% 的征收率。

3. 扣缴税款计税方法

中国境外的单位、个人在中国境内发生应税销售行为，没有在中国境内设立经营机构的，扣缴义务人应当按照下列公式计算应当扣缴的增值税税额：

☞
$$应扣缴税额 = \frac{购买方支付的价款}{1 + 适用税率} \times 适用税率$$

[实例]

中国境外的甲公司向中国境内的乙公司提供 1 项咨询服务，乙公司向甲公司支付咨询费 212 万元，增值税适用税率为 6%。甲公司没有在中国境内设立经营机构，乙公司应当依法代扣代缴甲公司提供上述服务应当缴纳的增值税，应扣缴税额的计算方法如下：

应扣缴税额 = 212 万元 ÷（1 + 6%）× 6%

= 12 万元

4. 进口货物计税方法

纳税人进口应税货物，应当以组成计税价格为计税依据，按照法定税率计算应纳增值税税额。

应纳税额计算公式：

☞
应纳税额 = 组成计税价格 × 增值税适用税率

组成计税价格 = 关税完税价格 + 关税

纳税人进口应当缴纳消费税的货物，在组成计税价格中还应当加计应纳消费税税额。

☞ 组成计税价格＝关税完税价格＋关税＋消费税

[实例]

某外贸公司进口一批农业机械，组成计税价格为1 000万元，增值税适用税率为9%，该公司进口上述农业机械应纳增值税税额的计算方法如下：

应纳税额＝1 000万元×9%

＝90万元

(四) 免税、减税

下列项目可以免征增值税：

1. 种子、种苗、农用塑料薄膜、有机肥产品和规定的农业机械、农药、饲料等农业生产资料，农业（包括种植业、养殖业、林业、牧业和水产业）生产单位和个人销售的自产初级农业产品。

农民专业合作社销售本社成员生产的农业产品，可以视同农业生产者销售自产农业产品免征增值税。

农民专业合作社向本社成员销售的种子、种苗、农药、农用塑料薄膜和农业机械，可以免征增值税。

从事蔬菜和部分鲜活肉蛋产品批发、零售的纳税人销售的蔬菜和部分鲜活肉蛋产品，也可以免征增值税。

2. 来料加工复出口的货物。

3. 企业为生产中国科学技术部制定的《国家高新技术产品目录》中所列的产品进口的规定的自用设备和按照合同随同设备进口的配套技术、配件和备件。

4. 符合规定条件的国内企业为生产国家支持发展的重大技术

装备、产品确有必要进口部分关键零部件、原材料。

5. 企业为引进中国科学技术部制定的《国家高新技术产品目录》中所列的先进技术向中国境外支付的软件费。

6. 避孕药品和用具。

7. 向社会收购的古旧图书。

8. 直接用于科学研究、科学试验和教学的进口仪器、设备。

9. 外国政府、国际组织无偿援助、赠送的进口物资和设备，外国政府、国际组织无偿援助项目在中国境内采购的货物。

10. 中国境外的自然人、法人和其他组织按照规定向受赠人捐赠进口的直接用于慈善事业的物资。

11. 中国境外的捐赠人按照规定捐赠的直接用于各类职业学校、高中、初中、小学、幼儿园教育的教学仪器、图书、资料和一般学习用品。

12. 符合规定的进口供残疾人专用的物品。

13. 政府批准的免税品经营企业销售给免税店的进口免税货物。

14. 个人销售自己使用过的物品。

15. 承担粮食收储任务的国有粮食购销企业销售的粮食，其他粮食企业经营的军队用粮、救灾救济粮和水库移民口粮，销售政府储备食用植物油。

16. 军事工业企业、军队和公安、司法等部门所属企业和一般企业生产的规定的军、警用品。

17. 专供残疾人使用的假肢、轮椅和矫形器。

18. 残疾人个人提供的劳务、服务。

19. 销售自产的以建（构）筑废物、煤矸石为原料生产的建筑砂石骨料，再生水；垃圾、污泥和污水处理劳务。

20. 血站供给医疗机构的临床用血。

21. 非营利性医疗机构自产自用的制剂。营利性医疗机构取得的收入直接用于改善医疗卫生条件的，自其取得执业登记之日起

3 年以内，自产自用的制剂也可以免征增值税。

22. 小规模纳税人出口的货物，规定不予退（免）增值税的货物除外。

23. 边境居民通过互市贸易进口规定范围以内的生活用品，每人每日价值人民币 8 000 元以下的部分，可以免征进口环节的增值税。

24. 托儿所、幼儿园提供的保育、教育服务；从事学历教育的学校提供的教育服务；学生勤工俭学提供的服务；政府举办的从事学历教育的高等学校、中等学校和初等学校（不包括下属单位）举办进修班、培训班取得的全部归本校所有的收入；政府举办的职业学校设立的主要为在校学生提供实习场所、并由学校出资自办、经营管理、经营收入归学校所有的企业，从事规定的现代服务、生活服务业务活动取得的收入。

25. 养老机构提供的养老服务、残疾人福利机构提供的育养服务、婚姻介绍服务和殡葬服务。

26. 医疗机构提供的医疗服务。

27. 农业机耕、排灌、病虫害防治、植物保护、农牧保险和相关的技术培训业务，家禽、牲畜和水生动物的配种、疾病防治，将土地使用权转让给农业生产者用于农业生产。

28. 纪念馆、博物馆、文化馆、文物保护单位管理机构、美术馆、展览馆、书画院和图书馆在自己的场所提供文化服务取得的第一道门票收入。

29. 寺院、宫观、清真寺和教堂举办文化、宗教活动的门票收入。

30. 非行政单位收取的政府性基金和行政事业性收费。

31. 提供技术转让、技术开发和与之相关的技术咨询、技术服务，个人转让著作权。

32. 配合住房制度改革，企业、行政单位和事业单位按照房改成本价、标准价出售住房的收入；个人销售自建自用住房；涉及家庭财产分割的个人无偿转让不动产、土地使用权；土地所有者出让土地使用权，土地使用者将土地使用权归还土地所有者；将土地使用权转让给农业生产者用于农业生产。

33. 县级以上地方人民政府和自然资源行政主管部门出让、转让和收回自然资源使用权（不包括土地使用权）。

34. 台湾航运公司、航空公司从事海峡两岸海上直航、空中直航业务，从大陆取得的运输收入。

35. 纳税人提供的直接、间接国际货物运输代理服务。

36. 规定的债务利息，如国债、地方政府债、人民银行对金融机构贷款、国家助学贷款、住房公积金管理中心用住房公积金在指定的委托银行发放的个人住房贷款和外汇管理部门从事国家外汇储备经营过程中委托金融机构发放的外汇贷款；规定的金融商品转让收入，如证券投资基金管理人运用基金买卖股票、债券和个人转让金融商品收入；金融同业往来利息。

37. 保险公司开办一年期以上返还本利的人寿保险、养老年金保险和健康保险取得的保费。

38. 符合规定条件的担保机构从事中小企业信用担保、再担保业务取得的收入（不包括信用评级、咨询和培训等收入），3年以内免征增值税。

39. 家政服务企业由员工制家政服务员提供家政服务取得的收入。

40. 福利、体育彩票的发行收入。

纳税人初次购买增值税税控系统专用设备支付的费用，缴纳的技术维护费，可以分别凭购买增值税税控系统专用设备取得的增值税专用发票、技术维护服务单位开具的技术维护费发票，在增值税应纳税额中全额抵减，不足抵减的部分可以结转下期继续抵减。

此外，中国共产党和各民主党派、人民代表大会、人民政治协商会议、人民政府、工会、共产主义青年团、妇女联合会、残疾人联合会、科学技术协会、新华社和军事部门的机关报刊，专为少年儿童、老年人出版发行的报刊，中学、小学学生课本，少数民族文字出版物，盲文图书、期刊，经批准在内蒙古、广西、西藏、宁夏和新疆5个自治区注册的出版单位出版的出版物，其他规定的图书、报刊，音像制品，电子出版物，少数民族文字出版物的印刷、制作业务，图书批发、零售，电影企业销售的电影拷贝和转让电影版权、发行电影、在农村放映电影，黄金、铂金，纳税人销售自行开发生产的软件产品、本地化改造以后的进口软件产品，离岸服务外包业务，研发机构采购国产设备，安置残疾人就业的单位、个体工商户，随军家属、军队转业干部、退役士兵和重点群体创业就业，家政服务，资源综合利用产品和劳务，利用太阳能、风力生产的电力，旧货，管道运输服务，公共租赁住房（以下简称公租房），个人出售、出租住房，科普单位的门票收入，金融机构向农户、小型企业、微型企业和个体工商户发放小额贷款取得的利息，农村饮水工程运营管理单位，捐赠的扶贫货物，罕见病药品、国产抗艾滋病病毒药品，边销茶，社会团体收取的会费，外国驻华使（领）馆及其馆员，等等，在增值税方面也可以享受一定的优惠（如先征后退、免税、减税、退税和即征即退等）。

个人纳税人（不包括登记为一般纳税人的个体工商户），销售额没有达到财政部、国家税务总局规定的起征点的，可以免征增值税。目前销售货物，提供应税劳务和应税服务，按期纳税的，起征点为月销售额5 000元至20 000元；按次（日）纳税的，起征点为每次（日）销售额300元至500元。各省、自治区和直辖市财政厅（局）、国家税务局应当在上述规定的幅度以内，根据当地的实际情况，确定本地区适用的起征点，并报财政部、国家税务总局备案。

自2021年4月1日至2022年12月31日，月销售额15万元以下（以一个季度为一个纳税期的，季度销售额45万元以下）的增值税小规模纳税人，可以免征增值税。

如果纳税人兼营免征、减征增值税的项目，应当分别核算免税、减税项目的销售额，否则不能办理免税、减税。

纳税人发生应税销售行为，适用增值税免税、减税规定的，可以放弃上述免税、减税，按照规定纳税，并且放弃上述免税、减税以后36个月之内不能再申请上述免税、减税。

纳税人发生应税销售行为，同时适用增值税免税、零税率规定的，可以选择适用上述规定。

（五）出口退（免）税

纳税人出口货物、劳务增值税退（免）税规定如下：

1. 适用增值税退（免）税规定的出口货物、劳务

（1）出口企业出口货物，包括自营出口货物、委托出口货物。

（2）出口企业和其他单位视同出口货物：出口企业对外援助、对外承包和中国境外投资的出口货物；出口企业经海关报关进入政府批准的出口加工区、保税物流园区、保税港区、综合保税区等特殊区域并销售给特殊区域单位和中国境外单位、个人的货物；免税品经营企业销售的货物，政府规定不允许经营、限制出口的货物等除外；出口企业和其他单位销售给用于国际金融组织、外国政府贷款国际招标建设项目的中标机电产品；生产企业向海上石油、天然气开采企业销售的自产的海洋工程结构物；出口企业和其他单位销售给国际运输企业用于国际运输工具上的货物，暂仅适用于外轮供应公司、远洋运输供应公司销售给外轮、远洋国轮的货物，国内航空供应公司销售给国内和国外航空公司国际航班的航空食品；出口企业和其他单位销售给特殊区域生产企业生产耗用且不向海关报关而输入特殊区域的水（包括蒸汽）、电力和燃气（以下简称输入特殊区域的水、电、气）。

（3）出口企业对外提供劳务，指对进境复出口货物、从事国际运输的运输工具进行的加工、修理和修配。

2. 增值税退（免）税办法

适用增值税退（免）税规定的出口货物、劳务，可以按照下列规定实行免抵退税或者免退税办法：

（1）免抵退税办法。生产企业出口自产货物、视同自产货物，对外提供劳务，列名生产企业出口非自产货物，免征增值税，相应的进项税额抵减应纳增值税税额（不包括适用增值税即征即退、先征后退规定的应纳增值税税额），抵减不完的部分予以退还。

（2）免退税办法。不具有生产能力的出口企业（以下简称外贸企业）和其他单位出口货物、劳务，免征增值税，相应的进项税额予以退还。

中国境内的单位、个人提供适用增值税零税率的服务，适用一般计税方法的，生产企业实行免抵退税办法；外贸企业出口外购研发、设计服务，实行免退税办法；外贸企业出口自己开发的研发、设计服务，视同生产企业，连同其出口货物统一实行免抵退税办法。适用简易计税方法的，实行免税办法。

3. 增值税退税率

（1）除了财政部、国家税务总局根据国务院的规定明确的增值税退税率以外，出口货物的增值税退税率为其增值税适用税率。国家税务总局根据上述规定将增值税退税率通过出口货物、劳务退税率文库发布，供征纳双方执行。上述退税率调整的，除了另有规定者以外，其执行时间以出口货物报关单（出口退税专用）上注明的出口日期为准。

（2）增值税退税率的主要特殊规定：

① 外贸企业购进按简易办法征税的出口货物、从小规模纳税人购进的出口货物，其增值税退税率分别为简易办法实际执行的征

收率、小规模纳税人征收率。上述出口货物取得增值税专用发票的，增值税退税率按照增值税专用发票上的税率和出口货物增值税退税率孰低的原则确定。

② 出口企业委托加工、修理和修配货物，其加工、修理和修配费用的增值税退税率为出口货物的增值税退税率。

③ 中标机电产品，出口企业向海关报关进入特殊区域销售给特殊区域内生产企业生产耗用的列名原材料，输入特殊区域的水、电、气，其增值税退税率为增值税适用税率。

适用不同增值税退税率的货物，应当分开报关、核算并申报退（免）税。没有分开报关、核算或者划分不清的，从低适用增值税退税率。

4. 增值税退（免）税的主要计税依据

出口货物、劳务的增值税退（免）税的计税依据，分别按照出口货物、劳务的出口发票（外销发票），其他普通发票，购进出口货物、劳务的增值税专用发票，海关进口增值税专用缴款书确定。

（1）生产企业出口货物、劳务（不包括进料加工复出口货物）增值税退（免）税的计税依据为出口货物、劳务的实际离岸价。实际离岸价应当以出口发票上的离岸价为准。如果出口发票不能反映实际离岸价，税务机关有权核定。

（2）生产企业进料加工复出口货物增值税退（免）税的计税依据，按照出口货物的离岸价扣除出口货物所含的海关保税进口料件的金额以后确定。

（3）生产企业国内购进无进项税额且不计提进项税额的免税原材料加工以后出口的货物的计税依据，按照出口货物的离岸价扣除出口货物所含的上述原材料的金额以后确定。

（4）外贸企业出口货物（不包括委托加工、修理和修配货物）增值税退（免）税的计税依据，为购进出口货物的增值税专用发票注明的金额或者海关进口增值税专用缴款书注明的完税价格。

（5）外贸企业出口委托加工、修理和修配货物增值税退（免）税的计税依据，为加工、修理和修配费用增值税专用发票注明的金额。

（6）免税品经营企业销售的货物增值税退（免）税的计税依据，为购进货物的增值税专用发票注明的金额或者海关进口增值税专用缴款书注明的完税价格。

（7）中标机电产品增值税退（免）税的计税依据，生产企业为销售机电产品的普通发票注明的金额，外贸企业为购进货物的增值税专用发票注明的金额或者海关进口增值税专用缴款书注明的完税价格。

（8）输入特殊区域的水、电、气增值税退（免）税的计税依据，为作为购买方的特殊区域内生产企业购进水、电、气的增值税专用发票注明的金额。

5. 增值税免抵退税和免退税的计算

（1）生产企业出口货物、劳务增值税免抵退税，按照下列公式计算：

① 当期应纳税额：

☞ $$当期应纳税额 = 当期销项税额 - （当期进项税额 - 当期不得免征和抵扣税额）$$

② 当期免抵退税额：

☞ $$当期免抵退税额 = 当期出口货物离岸价 × 外汇人民币折合率 × 出口货物退税率 - 当期免抵退税额抵减额$$

③ 当期应退税额和免抵税额。

如果当期期末留抵税额不超过当期免抵退税额，则当期应退税额等于当期期末留抵税额，当期免抵税额为当期免抵退税额与当期应退税额之差。如果当期期末留抵税额超过当期免抵退税额，则当期应退税额等于当期免抵退税额，当期免抵税额为0。

（2）外贸企业出口货物、劳务增值税免退税，按照下列公式计算：

① 外贸企业出口委托加工、修理和修配货物：

☞ $$应退税额 = \frac{委托加工、修理和修配货物的}{退（免）税计税依据} \times \frac{出口货物}{退税率}$$

② 外贸企业出口的其他货物：

☞ $$应退税额 = 退（免）税计税依据 \times 出口货物退税率$$

（3）增值税退税率低于增值税适用税率的，相应计算出的差额部分的税款计入出口货物、劳务成本。

（4）出口企业既有适用增值税免抵退项目，也有增值税即征即退、先征后退项目的，增值税即征即退、先征后退项目不参与出口项目免抵退税计算。

6. 适用增值税免税规定的出口货物、劳务

（1）适用范围。

① 出口企业和其他单位出口规定的货物，包括增值税小规模纳税人出口的货物；避孕药品、用具；古旧图书；软件产品；含黄金、铂金成分的货物，钻石及其饰品；国家计划内出口的卷烟；使用过的设备；非出口企业委托出口的货物；非列名生产企业出口的非视同自产货物；农业生产者自产农产品；油画、花生果仁和黑大豆等财政部、国家税务总局规定的出口免税的货物；外贸企业取得普通发票、废旧物资收购凭证、农产品收购发票和政府非税收入票据的货物；来料加工复出口的货物；特殊区域的企业出口的特殊区域的货物；以人民币现金作为结算方式的边境地区出口企业从所在省（自治区）的边境口岸出口到接壤国家的一般贸易和边境小额贸易出口货物；以旅游购物贸易方式报关出口的货物。

② 出口企业和其他单位视同出口的下列货物、劳务：政府批

准设立的免税店销售的免税货物，特殊区域的企业为中国境外的单位、个人提供的加工、修理和修配劳务，同一特殊区域、不同特殊区域的企业之间销售特殊区域的货物。

③ 出口企业和其他单位没有按照规定申报或者未补齐退（免）税凭证的出口货物、劳务。

对于适用增值税免税规定的出口货物、劳务，出口企业和其他单位可以按照有关规定放弃免税，并按照规定纳税。

（2）进项税额的处理。

除了出口卷烟另有规定以外，适用增值税免税规定的出口货物、劳务，其进项税额不得抵扣和退税，应当转入成本。

适用上述增值税退（免）税、免税规定的出口企业和其他单位应当办理增值税退（免）税认定。

经过上述认定的出口企业和其他单位应当在规定的增值税纳税申报期以内向税务机关申报增值税退（免）税、免税。委托出口的货物，由委托方申报增值税退（免）税、免税。

出口企业和其他单位骗取出口退税的，经省级以上税务机关批准，可以停止其退（免）税资格。

发生不应当退税、免税但是已经退税、免税的，出口企业和其他单位应当补缴已经退还、免征的税款。

（六）跨境应税行为适用零税率和免税规定

1. 中国境内的单位、个人销售的下列服务和无形资产，适用增值税零税率：

（1）国际运输服务；

（2）航天运输服务；

（3）向中国境外的单位提供的完全在境外消费的研发服务、合同能源管理服务、设计服务、广播影视节目（作品）的制作和发行服务、软件服务、电路设计和测试服务、信息系统服务、业务流程管理服务、离岸服务外包业务、转让技术；

（4）财政部、国家税务总局规定的其他服务。

2. 中国境内的单位、个人销售的下列服务和无形资产免征增值税，适用增值税零税率的除外：

（1）工程项目在中国境外的建筑、工程监理服务，工程、矿产资源在中国境外的工程勘察、勘探服务，会议展览地点在中国境外的会议展览服务，存储地点在中国境外的仓储服务，标的物在中国境外使用的有形动产租赁服务，在中国境外提供的广播影视节目（作品）的播映服务，在中国境外提供的文化、体育、教育、医疗和旅游服务。

（2）为出口货物提供的邮政、收派和保险服务。

（3）向中国境外的单位提供的完全在中国境外消费的电信服务，知识产权服务，物流辅助服务（仓储、收派服务除外），鉴证咨询服务，专业技术服务，商务辅助服务，广告投放地在中国境外的广告服务，无形资产。

（4）以无运输工具承运方式提供的国际运输服务。

（5）为中国境外的单位之间的货币资金融通和其他金融业务提供的直接收费金融服务，且该服务与中国境内的货物、无形资产和不动产无关。

（6）财政部、国家税务总局规定的其他服务。

3. 按照规定应当取得相关资质的国际运输服务项目，纳税人取得相关资质的，适用增值税零税率，否则适用增值税免税。

中国境内的单位、个人提供程租服务，租赁的交通工具用于国际运输服务和港澳台运输服务的，出租方按照规定申请适用增值税零税率。

中国境内的单位、个人向中国境内的单位、个人提供期租、湿租服务，承租方利用租赁的交通工具向其他单位、个人提供国际运输服务和港澳台运输服务的，承租方适用增值税零税率。中国境内的单位、个人向中国境外的单位、个人提供期租、湿租服务的，出租方适用增值税零税率。

中国境内的单位和个人以无运输工具承运方式提供国际运输服务的，中国境内的实际承运人适用增值税零税率，无运输工具承运业务的经营者适用增值税免税。

4. 中国境内的单位、个人提供适用增值税零税率的服务、无形资产，适用简易计税方法的，实行免征增值税办法；适用增值税一般计税方法的，生产企业实行免抵退税办法，外贸企业外购服务、无形资产出口实行免退税办法；外贸企业直接出口服务、自行研发的无形资产，视同生产企业，连同其出口货物统一实行免抵退税办法。

服务、无形资产的退税率为规定的增值税适用税率。实行退（免）税办法的服务、无形资产，主管税务机关认定出口价格偏高的，有权按照核定的出口价格计算退（免）税。核定的出口价格低于外贸企业购进价格的，低于部分对应的进项税额不予退税，转入成本。

5. 中国境内的单位、个人销售适用增值税零税率的服务、无形资产的，可以放弃适用增值税零税率，选择增值税免税或者按照规定缴纳增值税。放弃适用增值税零税率以后，36 个月以内不能申请适用增值税零税率。

中国境内单位、个人发生的与香港、澳门和台湾有关的应税销售行为，除了另有规定以外，可以参照上述规定执行。

（七）纳税期限、纳税地点

1. 纳税义务发生时间

（1）纳税人发生应税销售行为，其增值税纳税义务发生时间

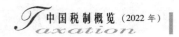

为收讫销售款或者取得索取销售款凭据的当日；先开具发票的，为开具发票的当日。

① 采取直接收款方式销售货物的，不论货物是否发出，均为收到销售款或者取得索取销售款的凭据的当日。

纳税人已经将货物移送对方，并暂估销售收入入账，但是既没有取得销售款或者取得索取销售款的凭据，也没有先开具发票的，其增值税纳税义务发生时间也为取得销售款或者取得索取销售款凭据的当日。

② 采取托收承付和委托银行收款方式销售货物的，为发出货物并办妥托收手续的当日。

③ 采取赊销和分期收款方式销售货物的，为书面合同约定的收款日期的当日；无书面合同或者书面合同没有约定收款日期的，为货物发出的当日。

④ 采取预收货款方式销售货物的，为货物发出的当日；销售生产工期超过 12 个月的大型机械设备、船舶和飞机等货物，为收到预收款或者书面合同约定的收款日期的当日。

⑤ 委托他人代销货物的，为收到代销单位的代销清单或者货款的当日；没有收到代销清单和货款的，为发出代销货物满 180 日的当日。

⑥ 销售租赁服务，采取预收款方式的，为收到预收款的当日。

⑦ 转让金融商品的，为金融商品所有权转移的当日。

⑧ 纳税人发生视同销售货物行为的，除了将货物交付其他单位、个人代销和销售代销货物以外，为货物移送的当日。

⑨ 纳税人发生视同销售服务、无形资产和不动产行为的，为上述行为完成的当日或者不动产权属变更的当日。

（2）纳税人进口货物，其增值税纳税义务发生时间为报关进口的当日。

增值税扣缴义务发生时间为纳税人增值税纳税义务发生的当日。

2. 纳 税 期 限

增值税的纳税期限,由税务机关根据纳税人应纳增值税税额的大小,分别核定为 1 日、3 日、5 日、10 日、15 日、1 个月和 1 个季度。

以 1 个季度为纳税期限的规定适用于小规模纳税人、银行、财务公司、信托投资公司、信用社和财政部、国家税务总局规定的其他纳税人。

小规模纳税人缴纳增值税,原则上按照季度申报;纳税人要求不实行按照季度申报的,由税务机关根据其应纳税额大小核定纳税期限。

以 1 个月、1 个季度为 1 个纳税期的纳税人,应当自期满之日起 15 日以内申报缴纳增值税;以 1 日、3 日、5 日、10 日和 15 日为 1 个纳税期的纳税人,应当自期满之日起 5 日以内预缴增值税,于次月 1 日起 15 日以内申报纳税,并结清上月应纳税额。

纳税人不能按照固定期限缴纳增值税的,可以按次纳税。

扣缴义务人解缴增值税的期限同上。

纳税人进口货物,应当自海关填发海关进口增值税专用缴款书之日起 15 日以内缴纳增值税。

3. 纳 税 地 点

(1)固定业户应当向其机构所在地或者居住地的税务机关申报缴纳增值税。总机构与分支机构在同一省(自治区、直辖市),但是不在同一县(市)的,应当分别向各自所在地的税务机关申报纳税;经本省(自治区、直辖市)财政厅(局)、税务局批准,可以由总机构汇总向总机构所在地的税务机关申报缴纳增值税;不在同一省(自治区、直辖市)的,应当报财政部、国家税务总局审批。

(2)固定业户到外县(市)销售货物、劳务,应当向其机构所在地的税务机关报告外出经营事项，并向该税务机关申报缴纳增值税。需要向购货方开具增值税专用发票的，也应当回其机构所在地补开。上述纳税人没有向其机构所在地的税务机关报告外出经营事项的，应当向销售地的税务机关申报缴纳增值税，否则应当由其机构所在地的税务机关补征增值税。

（3）非固定业户发生应税销售行为，应当向应税销售行为发生地的税务机关申报缴纳增值税，否则应当由其机构所在地或者居住地的税务机关补征增值税。

（4）其他个人销售建筑服务，销售、租赁不动产，转让自然资源使用权，应当向建筑服务发生地、不动产所在地和自然资源所在地的税务机关申报缴纳增值税。

（5）跨地区经营的直营连锁企业，即连锁店的门店均由总部全资或者控股开设，在总部领导之下统一经营的连锁企业，凡是按照规定采取计算机联网，统一采购配送商品，统一核算，统一规范化管理和经营，并符合下列条件的，可以由总店向其所在地的主管税务机关统一申报缴纳增值税：

① 在本省（自治区、直辖市、计划单列市）范围以内连锁经营的企业，报经本省（自治区、直辖市、计划单列市）税务局会同同级财政部门审批同意；

② 在本县（市）范围以内连锁经营的企业，报经本县（市）税务局会同同级财政局审批同意。

（6）进口货物应当由进口人或者其代理人向报关地海关申报缴纳增值税。

扣缴义务人应当向其机构所在地或者居住地的税务机关申报缴纳其扣缴的增值税。

消 费 税

消费税以消费品为征税对象，是目前各国普遍征收的一种税收。1993 年 12 月 13 日，国务院发布《中华人民共和国消费税暂行条例》，自 1994 年 1 月 1 日起施行。2008 年 11 月 10 日，国务院对该条例作了修订，当日公布，自 2009 年 1 月 1 日起施行。1993 年 12 月 25 日，财政部发布《中华人民共和国消费税暂行条例实施细则》；2008 年 12 月 15 日，财政部、国家税务总局对该细则作了修订。

消费税由税务机关负责征收管理，进口环节的消费税由海关代为征收管理；所得收入归中央政府所有，是中央政府财政收入的主要来源之一。2020 年，消费税收入为 12 631.7 亿元，占当年中国税收总额的 8.2%。

（一）纳税人

消费税的纳税人，包括在中国境内生产、委托加工和进口应税消费品的企业、行政单位、事业单位、军事单位、社会团体、其他单位、个体工商户和其他个人，国务院确定的销售规定的消费品的其他单位和个人。

目前，中国的消费税收入主要来自酒制造业、烟草制品业、石油加工业、汽车制造业和批发业的国有企业、股份制企业和外商投资企业。

（二）税目、税率

消费税设有 15 个税目，根据不同的应税消费品分别采用差别比例税率、定额税率和复合税率，详见《消费税税目、税率表》。

消费税税目、税率表

税目	征收范围	税率
1. 烟		
（1）卷烟		
① 甲类卷烟	包括每标准条（200 支）调拨价格在 70 元（不包括增值税）以上的卷烟、进口卷烟和国家规定的其他卷烟	销售额 ×56% + 每支 0.003 元
② 乙类卷烟	包括每标准条（200 支）调拨价格不足 70 元（不包括增值税）的卷烟	销售额 ×36% + 每支 0.003 元
③ 卷烟批发		销售额 ×11% + 每支 0.005 元
（2）雪茄烟		36%
（3）烟丝	包括斗烟、莫合烟、烟末、水烟和黄红烟丝等	30%
2. 酒		
（1）白酒		销售额 ×20% + 每 500 克（500 毫升）0.5 元
（2）黄酒		每吨 240 元
（3）啤酒		
① 甲类啤酒	每吨出厂价格在 3 000 元（不包括增值税）以上的，娱乐业、饮食业自制的	每吨 250 元
② 乙类啤酒	每吨出厂价格不足 3 000 元（不包括增值税）的	每吨 220 元
（4）其他酒	包括糠麸白酒、其他原料白酒、土甜酒、复制酒、果木酒、汽酒和药酒等	10%

税目	征收范围	税率
3. 高档化妆品	包括生产环节销售价格、进口环节完税价格（上述价格均不包括增值税）每毫升（克）10 元或者每片（张）15 元以上的美容、修饰类化妆品和护肤类化妆品，成套化妆品	15%
4. 贵重首饰、珠宝玉石 （1）金、银首饰，钻石、钻石饰品 （2）其他贵重首饰、珠宝玉石	包括各种金银珠宝首饰和经采掘、打磨、加工的各种珠宝玉石	5% 10%
5. 鞭炮、焰火	包括各种鞭炮、焰火，通常分为喷花类、旋转类、旋转升空类、火箭类、吐珠类、线香类、小礼花类、烟雾类、造型玩具类、爆竹类、摩擦炮类、组合烟花类和礼花弹类	15%
6. 成品油 （1）汽油 （2）柴油 （3）航空煤油 （4）石脑油 （5）溶剂油 （6）润滑油 （7）燃料油	包括车用汽油和航空汽油 包括汽油、柴油、航空煤油和溶剂油以外的各种轻质油 包括矿物性润滑油、矿物性润滑油基础油、植物性润滑油、动物性润滑油和化工原料合成润滑油	每升 1.52 元 每升 1.20 元 每升 1.20 元 每升 1.52 元 每升 1.52 元 每升 1.52 元 每升 1.20 元
7. 摩托车 （1）排气量 250 毫升的 （2）排气量超过 250 毫升的	包括轻便摩托车和摩托车（两轮车、边三轮车和正三轮车）	3% 10%

续表

税目	征收范围	税率
8. 小汽车		
（1）乘用车	不超过 9 个座位	
① 排气量不超过 1.0 升的		1%
② 排气量超过 1.0 升，不超过 1.5 升的		3%
③ 排气量超过 1.5 升，不超过 2.0 升的		5%
④ 排气量超过 2.0 升，不超过 2.5 升的		9%
⑤ 排气量超过 2.5 升，不超过 3.0 升的		12%
⑥ 排气量超过 3.0 升，不超过 4.0 升的		25%
⑦ 排气量超过 4.0 升的		40%
（2）中轻型商用客车	10 个座位至 23 个座位	5%
（3）超豪华小汽车	包括每辆零售价格 130 万元（不包括增值税）以上的乘用车和中轻型商用客车	10%
9. 高尔夫球和球具	包括高尔夫球、高尔夫球杆和高尔夫球包（袋）	10%
10. 高档手表	包括每只销售价格（不包括增值税）在 1 万元以上的各类手表	20%
11. 游艇		10%
12. 木制一次性筷子		5%
13. 实木地板	包括各类规格的实木地板、实木指接地板、实木复合地板和用于装饰墙壁、天棚的侧端面为榫、槽的实木装饰板	5%
14. 电池		4%
15. 涂料		4%

上表中所列应税消费品的具体征税范围，由财政部、国家税务总局确定。

如果纳税人兼营适用不同消费税税率的应税消费品，应当分别核算其销售额、销售数量。如果纳税人没有分别核算上述不同的应税消费品的销售额、销售数量，或者将适用不同税率的应税消费品组成成套消费品销售，税务机关在征收消费税的时候适用税率从高。

(三) 计税方法

消费税的计税方法包括一般计税方法、自产自用应税消费品的计税方法、委托加工应税消费品的计税方法、进口应税消费品的计税方法和核定征税。

1. 一般计税方法

消费税一般采用从价计税和从量计税两种方法计算应纳税额：前者应当以应税消费品的销售额为计税依据，按照法定比例税率计税（如高档化妆品、小汽车）；后者应当以应税消费品的销售数量为计税依据，按照法定定额税率计税（如啤酒、汽油）。

应纳税额计算公式：

☞ （1）应纳税额 = 应税消费品销售额 × 适用比例税率

（2）应纳税额 = 应税消费品销售数量 × 适用定额税率

采用复合计税方法计算应纳消费税税额的，将以上两个计算公式结合使用即可（如卷烟、白酒）。

应纳税额计算公式：

☞ $$应纳税额 = 应税消费品销售额 \times 适用比例税率 + 应税消费品销售数量 \times 适用定额税率$$

应税消费品的销售额，指纳税人销售应税消费品向购买方收取的全部价款和价外费用，不包括向购买方收取的增值税。

上述价外费用，包括价外收取的手续费、补贴、基金、集资费、返还利润、奖励费、违约金、滞纳金、延期付款利息、赔偿金、代收款项、代垫款项、包装费、包装物租金、储备费、优质费、运输装卸费和其他价外收费，但是不包括下列项目：

（1）同时符合下列条件的代垫运输费用：承运单位的运输费用发票开具给购买方的，纳税人将该发票转交给购买方的。

（2）同时符合下列条件代为收取的政府性基金和行政事业性收费：由国务院和财政部批准设立的政府性基金，由国务院和省级人民政府及其财政、价格主管部门批准设立的行政事业性收费；收取时开具省级以上财政部门印制的财政票据；所收款项全额上缴财政。

采用从量计税和复合计税方法计算应纳消费税税额的应税消费品连同包装物销售的，无论包装物是否单独计价和会计上如何核算，都应当并入应税消费品的销售额中计算缴纳消费税。

如果包装物不作价随同产品销售，而是收取押金，则此项押金可以不并入应税消费品的销售额中计算缴纳消费税。由于逾期没有收回包装物不再退还的押金和已经收取的时间超过12个月的押金，应当并入应税消费品的销售额中计算缴纳消费税。

既作价随同应税消费品销售，又收取押金的包装物的押金，凡纳税人在规定的期限以内没有退还的，都应当并入应税消费品的销售额中计算缴纳消费税。

纳税人将自产的应税消费品与外购、自产的非应税消费品组成套装销售的，以套装产品的销售额（不包括向买方收取的增值税税款）为计税依据。

如果应税消费品的销售额中没有扣除向购买方收取的增值税，或者由于不能开具增值税专用发票而将价款和增值税合并收取的，应当按照下列公式计算不含增值税的销售额：

☞
$$\frac{\text{不含增值税}}{\text{的销售额}} = \frac{\text{含增值税的销售额}}{1 + \text{适用增值税税率或者征收率}}$$

应税消费品的销售额以人民币计算。纳税人以其他货币结算销售额的，可以选择销售额发生当日或者当月 1 日的人民币汇率中间价折算成人民币。纳税人应当事先确定采用何种折算率，而且确定以后 1 年之内不能改变。

应税消费品的销售数量，指应税消费品的数量。其中：销售应税消费品的，为应税消费品的销售数量；自产自用应税消费品的，为应税消费品的移送使用数量；委托加工应税消费品的，为纳税人收回的应税消费品数量；进口的应税消费品，为海关核定的应税消费品征税数量。

[实例]

（1）某酒厂本月销售白酒 10 000 箱，每箱内装 12 瓶白酒，每瓶白酒的容积为 500 毫升，每瓶白酒的价格为 80 元（不包括增值税），消费税适用定额税率为每 500 毫升 0.5 元，适用比例税率为 20%，该厂销售上述白酒应纳消费税税额的计算方法如下：

应纳税额 = 12 瓶 × 10 000 × 0.5 元/瓶 + 12 瓶 × 10 000

× 80 元/瓶 × 20% = 198 万元

（2）某炼油厂本月销售无铅汽油 3 亿升，消费税适用定额税率为每升 1.52 元，该厂销售上述汽油应纳消费税税额的计算方法如下：

应纳税额 = 3 亿升 × 1.52 元/升

= 4.56 亿元

（3）某汽车制造厂本月销售排气量为 2.0 升的小汽车 5 000 辆，每辆的出厂价格为 8 万元（不包括增值税），消费税适用比例税率为 5%，该厂销售上述汽车应纳消费税税额的计算方法如下：

应纳税额 = 5 000 辆 × 8 万元/辆 × 5%

= 2 000 万元

纳税人用外购、委托加工的已税消费品连续生产的某些应税消费品（如卷烟、实木地板、润滑油、汽油和柴油等），在计征消费税的时候可以扣除外购、委托加工的应税消费品已经缴纳的消费税。

纳税人以外购、进口和委托加工收回的高档化妆品为原料继续生产高档化妆品，可以从后者应当缴纳的消费税中扣除外购、进口和委托加工收回的高档化妆品已经缴纳的消费税。

纳税人销售的应税消费品由于质量等原因被买方退回的时候，经过税务机关审核批准，可以退还已经征收的消费税。

2. 自产自用应税消费品的计税方法

生产者自产自用的应税消费品，用于连续生产应税消费品的（指纳税人将自产自用的应税消费品作为直接材料生产最终应税消费品，自产自用应税消费品构成最终应税消费品的实体），通常不缴纳消费税（但是，用自产汽油生产的乙醇汽油应当按照生产乙醇汽油耗用的汽油数量申报缴纳消费税）；用于其他方面的（包括生产非应税消费品、在建工程、管理部门、非生产机构、提供劳务、馈赠、赞助、集资、广告、样品、职工福利和奖励等），应当在移送使用的时候缴纳消费税。

采用从价计税方法计算应纳消费税税额的，应当以纳税人生产的同类消费品的销售价格为计税依据，按照法定比例税率计税；没有同类产品销售价格的，应当以组成计税价格为计税依据，按照法定比例税率计税。

应纳税额计算公式：

$$应纳税额 = 组成计税价格 \times 适用比例税率$$

$$组成计税价格 = \frac{成本 + 利润}{1 - 适用比例税率}$$

上述同类消费品的销售价格，指纳税人、代收代缴义务人当月销售的同类消费品的销售价格。如果当月同类消费品各期销售价格不同，应当按照销售数量加权平均计算。但是，销售的应税消费品销售价格明显偏低并无正当理由的，无销售价格的，不能加权平均计算。如果当月没有销售或者当月没有完结，应当按照同类消费品上月或者最近月份的销售价格计算纳税。

上述计算公式中的"成本"，指应税消费品的产品生产成本；"利润"，指根据国家税务总局确定的应税消费品全国平均成本利润率计算的利润，从5%至20%不等（如化妆品为5%，小汽车中的乘用车为8%，粮食白酒为10%，高档手表为20%）。

［实例］

某葡萄酒厂本月将本厂生产的1 000瓶葡萄酒发给职工作为福利，该厂本月销售这种葡萄酒的价格为每瓶60元（不包括增值税），消费税适用比例税率为10%，该厂这部分葡萄酒应纳消费税税额的计算方法如下：

应纳税额 = 1 000 瓶 × 60 元/瓶 × 10%
        = 6 000 元

采用复合计税方法计算应纳消费税税额的，组成计税价格计算公式如下：

☞ $$\text{组成计税价格} = \frac{\text{成本} + \text{利润} + \text{自产自用数量} \times \text{适用定额税率}}{1 - \text{适用比例税率}}$$

采用从量计税方法计算应纳消费税税额的，应当以应税消费品的移送使用数量为计税依据，按照法定定额税率计税。

3. 委托加工应税消费品的计税方法

委托加工的应税消费品，指由委托方提供原料和主要材料，受托方只收取加工费和代垫部分辅助材料加工的应税消费品。除了委托方为个人以外，这类应税消费品都应当由受托方在向委托方交货的时候代收代缴消费税。委托方将委托加工的应税消费品用于连续

生产应税消费品的，已经缴纳的消费税可以按照规定抵扣。

委托方将收回的应税消费品以不高于受托方的计税价格出售的，不再缴纳消费税；以高于受托方的计税价格出售的，应当申报缴纳消费税，并且可以在计税的时候扣除受托方已经代收代缴的消费税。

委托个人加工的应税消费品，应当由委托方收回以后缴纳消费税。

采用从价计税方法计算应纳消费税税额的，应当以受托方同类消费品的销售价格为计税依据，按照法定比例税率计税；没有同类消费品销售价格的，应当以组成计税价格为计税依据，按照法定比例税率计税。

应纳税额计算公式：

$$应纳税额 = 组成计税价格 × 适用比例税率$$

$$组成计税价格 = \frac{材料成本 + 加工费}{1 - 适用比例税率}$$

上述同类消费品的销售价格，指纳税人、代收代缴义务人当月销售的同类消费品的销售价格。如果当月同类消费品各期销售价格不同，应当按照销售数量加权平均计算。但是，销售的应税消费品销售价格明显偏低并无正当理由的、无销售价格的，不能加权平均计算。如果当月没有销售或者当月没有完结，应当按照同类消费品上月或者最近月份的销售价格计算纳税。

上述计算公式中的"材料成本"，指委托方所提供加工材料的实际成本；"加工费"，指受托方加工应税消费品向委托方所收取的全部费用（包括代垫辅助材料的实际成本）。

采用复合计税方法计算应纳消费税税额的，组成计税价格计算公式如下：

$$组成计税价格 = \frac{材料成本 + 加工费 + 委托加工数量 × 适用定额税率}{1 - 适用比例税率}$$

采用从量计税方法计算应纳消费税税额的，应当以委托方收回应税消费品的数量为计税依据，按照法定定额税率计税。

4. 进口应税消费品的计税方法

进口的应税消费品，采用从价计税方法计算应纳消费税税额的，应当以组成计税价格为计税依据，按照法定比例税率计税。

应纳税额计算公式：

☞
$$应纳税额 = 组成计税价格 \times 消费税适用比例税率$$
$$组成计税价格 = \frac{关税完税价格 + 关税}{1 - 消费税适用比例税率}$$

[实例]

某公司进口排气量为 3.0 升的小轿车 100 辆，关税完税价格为每辆 10 万元，关税适用税率为 15%，消费税适用税率为 12%，该公司进口上述小轿车应纳消费税税额的计算方法如下：

组成计税价格 = （10 万元 + 10 万元 × 15%）÷（1 − 12%）

≈ 130 681.82 元

应纳税额 = 130 681.82 元/辆 × 12% × 100 辆

= 1 568 181.84 元

进口的应税消费品，采用从量计税方法计算应纳消费税税额的，应当以海关核定的应税消费品进口数量为计税依据，按照法定定额税率计税。

进口的应税消费品，采用复合计税方法计算应纳消费税税额的，组成计税价格计算公式如下：

☞
$$组成计税价格 = \frac{关税完税价格 + 关税 + 应税消费品进口数量 \times 消费税适用定额税率}{1 - 消费税适用比例税率}$$

5. 核定征税

如果纳税人申报的应税消费品的计税价格明显偏低，又没有正当的理由，税务机关和海关可以按照核定的计税价格征收消费税：

（1）卷烟、白酒和小汽车的计税价格由国家税务总局核定，送财政部备案；

（2）其他应税消费品的计税价格由省级税务局核定；

（3）进口的应税消费品的计税价格由海关核定。

（四）免税、减税和退税

除了出口的应税消费品可以退（免）消费税以外，消费税的主要免税、减税和退税规定如下：

1. 下列项目可以免征进口环节的消费税：

（1）外国政府、国际组织无偿赠送的进口物资；

（2）边境居民通过互市贸易进口规定范围以内的生活用品，每人每日价值人民币 8 000 元以下的部分。

2. 下列项目可以免征消费税：

（1）成品油生产企业在生产成品油过程中作为燃料、动力和原料消耗的自产成品油，用外购和委托加工收回的已税汽油生产的乙醇汽油，利用废弃动植物油脂生产的纯生物柴油，2018 年 11 月 1 日至 2023 年 10 月 31 日期间以回收的废矿物油为原料生产的润滑油基础油、汽油和柴油等工业油料；

（2）子午线轮胎；

（3）无汞原电池、金属氢化物镍蓄电池、锂原电池、锂离子蓄电池、太阳能电池、燃料电池和全钒液流电池；

（4）施工状态下挥发性有机物含量每升 420 克以下的涂料；

（5）外国驻华使馆、领馆及其有关人员购买的列名的中国生产的应税消费品。

3. 航空煤油可以暂时缓征消费税。

4. 纳税人销售的应税消费品，由于质量等原因由购买者退回的时候，经机构所在地或者居住地税务机关审核批准，可以退还已经缴纳的消费税。

（五）出口退（免）税

除了国家限制出口的产品以外，纳税人出口的应税消费品可以退（免）消费税。

1. 适用范围

（1）出口企业出口、视同出口适用增值税退（免）税规定的货物，可以免征消费税；购进出口的货物，可以退还上一个环节已经征收的消费税。

（2）出口企业出口、视同出口适用增值税免税规定的货物，可以免征消费税，但是不退还其以前环节征收的消费税，也不能抵扣内销应税消费品应纳的消费税。

2. 退税的计税依据、退税率

出口货物消费税退税的计税依据，按照购进出口货物的消费税专用缴款书和海关进口消费税专用缴款书确定。

从价定率计征消费税的出口货物，退税的计税依据为已经征收且没有在内销应税消费品应纳税额中抵扣的购进出口货物金额；从量定额计征消费税的出口货物，退税的计税依据为已经征收且没有在内销应税消费品应纳税额中抵扣的购进出口货物数量；复合计征消费税的出口货物，退税的计税依据按照从价定率和从量定额的计税依据分别确定。

出口退还消费税的应税消费品的退税率，按照《消费税税目、税率表》规定的适用执行。

办理出口退（免）消费税的企业，应当将其适用税率不同的应税消费品分别核算。否则，税务机关将从低适用税率计算应当退（免）的消费税税额。

3. 退税的计算

☞ 应退税额 =
$$
\frac{\text{从价定率计征消费税的}}{\text{退税计税依据}} \times \frac{\text{适用比}}{\text{例税率}} \\
+ \frac{\text{从量定额计征消费税的}}{\text{退税计税依据}} \times \frac{\text{适用}}{\text{定额税率}}
$$

出口企业和其他单位应当在规定的增值税纳税申报期以内向税务机关申报消费税退（免）税、免税。委托出口的货物，由委托方申报消费税退（免）税、免税。

出口企业和其他单位骗取出口退税的，经省级以上税务机关批准，可以停止其退（免）税资格。

发生不应当退税、免税但是已经退税、免税的，出口企业和其他单位应当补缴已经退还、免征的税款。

（六）纳税期限、纳税地点

消费税一般以应税消费品的生产者和进口者为纳税人，在销售环节和进口环节缴纳，卷烟同时在批发环节纳税；金、银首饰，钻石、钻石饰品，超豪华小汽车，在零售环节纳税。

1. 纳税义务发生时间

（1）纳税人销售应税消费品，其消费税纳税义务发生时间根据结算方式的不同分为下列四种情况：

① 采取赊销和分期收款结算方式的，为书面合同约定的收款日期的当日；书面合同没有约定收款日期或者无书面合同的，为发出应税消费品的当日。

② 采取预收货款结算方式的，为发出应税消费品的当日。

③ 采取托收承付和委托银行收款方式的，为发出应税消费品并办妥托收手续的当日。

④ 采取其他结算方式的，为收讫销售款或者取得索取销售款凭据的当日。

（2）纳税人自产自用应税消费品，其消费税纳税义务发生时间为移送使用的当日。

（3）纳税人委托加工应税消费品，其消费税纳税义务发生时间为纳税人提货的当日。

（4）纳税人进口应税消费品，其消费税纳税义务发生时间为报关进口的当日。

2. 纳税期限

消费税的纳税期限，由税务机关根据纳税人应纳消费税税额的大小，分别核定为 1 日、3 日、5 日、10 日、15 日、1 个月和 1 个季度。

以 1 个季度为纳税期限的增值税纳税人，其取得的消费税应税收入也可以以 1 个季度为纳税期限。纳税人要求不实行按照季度申报的，由税务机关根据其应纳税额大小核定纳税期限。

会计核算不健全的小企业，可以由税务机关根据其应税消费品的产销情况，按季度或者按年核定其应纳消费税税额，分月缴纳。

纳税人不能按照固定期限缴纳消费税的，可以按次纳税。

以 1 个月和 1 个季度为 1 个纳税期的纳税人，应当自期满之日起 15 日以内申报缴纳消费税；以 1 日、3 日、5 日、10 日和 15 日为 1 个纳税期的，应当自期满之日起 5 日以内预缴消费税，于次月 1 日起 15 日以内申报纳税，并结清上月应纳税款。

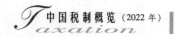

纳税人进口应税消费品，应当自海关填发海关进口消费税专用缴款书之日起 15 日以内缴纳消费税。

3. 纳税地点

（1）纳税人销售的应税消费品和自产自用的应税消费品，除了财政部、国家税务总局另有规定以外，应当向纳税人机构所在地或者居住地的税务机关申报缴纳消费税。总机构与分支机构在同一省（自治区、直辖市），但是不在同一县（市）的，经本省（自治区、直辖市）财政厅（局）、税务局审批同意，报财政部、国家税务总局备案，可以由总机构汇总向总机构所在地的税务机关申报缴纳消费税。

纳税人到外县（市）销售自产应税消费品、委托外县（市）代销自产应税消费品的，应当在应税消费品销售以后向机构所在地或者居住地的税务机关申报缴纳消费税。

纳税人的总机构与分支机构不在同一县（市）的，应当分别向各自机构所在地的税务机关申报缴纳消费税。经财政部、国家税务总局或者其授权的财政、税务机关批准，可以由总机构汇总向总机构所在地的税务机关申报缴纳消费税。

（2）委托加工的应税消费品，由受托方向机构所在地或者居住地的税务机关解缴消费税。委托个人加工的应税消费品，由委托方向其机构所在地或者居住地的税务机关申报缴纳消费税。

（3）进口的应税消费品，由进口人或者其代理人向报关地海关申报缴纳消费税。

车辆购置税

中国的车辆购置税是对购置的车辆征收的一种税收。2018年12月29日，第十三届全国人民代表大会常务委员会第七次会议通过《中华人民共和国车辆购置税法》，当日公布，自2019年7月1日起施行。

车辆购置税由税务机关负责征收管理，所得收入归中央政府所有，专门用于交通事业建设。2020年，车辆购置税收入为3 530.9亿元，占当年中国税收总额的2.3%。

（一）纳税人

车辆购置税的纳税人，包括在中国境内购置汽车、有轨电车、汽车挂车和排气量超过150毫升的摩托车（以下统称应税车辆）的单位和个人。上述购置，包括以购买、进口、自产、受赠、获奖和其他方式取得并自用应税车辆的行为。

（二）计税依据、税率和计税方法

　　车辆购置税以应税车辆的计税价格为计税依据，按照 10% 的税率计算应纳税额，一次性征收。

　　应纳税额计算公式：

☞　　　　　　应纳税额 = 计税价格 × 10%

　　应税车辆的计税价格，根据不同情况，按照下列规定确定：

　　1. 纳税人购买自用应税车辆的计税价格，为纳税人实际支付销售者的全部价款，根据纳税人购车时相关凭证载明的价格确定，不包括增值税。

　　2. 纳税人进口自用应税车辆的计税价格，为关税完税价格加关税和消费税。

　　3. 纳税人自产自用应税车辆的计税价格，按照纳税人生产的同类应税车辆的销售价格确定，不包括增值税；没有同类应税车辆销售价格的，按照组成计税价格确定。

　　组成计税价格：

☞　　　　　组成计税价格 = 成本 × (1 + 成本利润率)

　　应当征收消费税的应税车辆，其组成计税价格中还应当加计消费税税额。

　　上述公式中的成本利润率，由国家税务总局各省、自治区、直辖市和计划单列市税务局确定。

　　4. 纳税人以受赠、获奖和其他方式取得自用应税车辆的计税价格，按照购置应税车辆时相关凭证载明的价格确定，不包括增值税。无法提供相关凭证的，参照同类应税车辆市场平均交易价格确定计税价格。

　　原车辆所有人为车辆生产、销售企业，没有开具机动车销售统一发票的，按照车辆生产、销售企业同类应税车辆的销售价格确定应税车辆的计税价格；无同类应税车辆销售价格的，按组成计税价格确定应税车辆的计税价格。

纳税人申报的应税车辆计税价格明显偏低，又无正当理由的，由税务机关依法核定其应纳税额。

应税车辆价款以人民币计算。纳税人以其他货币结算应税车辆价款的，应当按照申报纳税之日的人民币汇率中间价折算成人民币。

[实例]

某企业购买 1 辆价格为 20 万元的轿车和 1 辆价格为 30 万元的货车（上述价格均为不含增值税的价格），该企业购买上述车辆应纳车辆购置税税额的计算方法如下：

应纳税额 =（20 万元 + 30 万元）× 10%

       = 5 万元

（三）免税、减税

下列车辆可以免征车辆购置税：

1. 按照中国法律应当免税的外国驻华使馆、领馆和国际组织驻华机构及其有关人员自用的车辆；

2. 中国人民解放军和中国人民武装警察部队列入装备订货计划的车辆；

3. 悬挂应急救援专用号牌的国家综合性消防救援车辆；

4. 设有固定装置的非运输专用作业车辆；

5. 城市公交企业购置的公共汽电车辆；

6. 回国服务的在外留学人员用现汇购买 1 辆个人自用国产小汽车、长期来华定居专家进口 1 辆自用小汽车；

7. 防汛、森林消防部门用于指挥、检查、调度、报汛（警）和联络，由指定厂家生产的设有固定装置的指定型号的车辆；

8. 2021 年至 2022 年期间购置的新能源汽车。

2018 年 7 月 1 日至 2023 年 12 月 31 日期间购置的挂车，可以减半征收车辆购置税。

根据国民经济和社会发展的需要，国务院可以规定减征和其他免征车辆购置税的情形，报全国人民代表大会常务委员会备案。

（四）纳税期限、纳税地点

车辆购置税的纳税义务发生时间为纳税人购置应税车辆的当日。其中，购买自用应税车辆的，为购买之日，即车辆相关价格凭证的开具日期；进口自用应税车辆的，为进口之日，即《海关进口增值税专用缴款书》和其他有效凭证的开具日期；自产、受赠、获奖和以其他方式取得并自用应税车辆的，为取得之日，即合同、法律文书和其他有效凭证的生效、开具日期。

纳税人应当自纳税义务发生之日起 60 日以内申报缴纳车辆购置税。

纳税人购置应税车辆，需要办理车辆登记的，应当向车辆登记地的税务机关申报缴纳车辆购置税；不需要办理车辆登记的，应当向纳税人所在地的税务机关申报缴纳车辆购置税，其中单位纳税人为其机构所在地，个人纳税人为其户籍所在地或者经常居住地。

纳税人应当在向公安机关交通管理部门办理车辆注册登记以前缴纳车辆购置税。

公安机关交通管理部门办理车辆注册登记，应当根据税务机关提供的应税车辆完税或者免税电子信息核对纳税人申请登记的车辆信息，核对无误以后依法办理车辆注册登记。

免税、减税车辆因转让、改变用途等原因不再属于免税、减税范围的，纳税人应当在办理车辆转移登记、变更登记以前缴纳车辆购置税。计税价格以免税、减税车辆初次办理纳税申报的时候确定的计税价格为基准，每满 1 年扣减 10%。纳税人、纳税义务发生时间和应纳税额的规定如下：

1. 车辆转让的，受让人为纳税人；没有转让的，所有人为纳税人。

2. 纳税义务发生时间为车辆转让、用途改变等情形发生之日。

3. 应纳税额计算公式：

☞ $$\text{应纳税额} = \text{纳税人初次办理纳税申报时确定的计税价格} \times (1 - \text{使用年限} \times 10\%) \times 10\% - \text{已纳税额}$$

应纳税额不得为负数。

使用年限的计算方法是，自纳税人初次办理纳税申报之日至不再属于免税、减税范围的情形发生之日。

纳税人将已经征收车辆购置税的车辆退回车辆生产企业、销售企业的，可以向税务机关申请退还车辆购置税。退税额以已经缴纳的税款为基准，自缴纳税款之日至申请退税之日，每满 1 年扣减 10%。

应退税额计算公式：

☞ $$\text{应退税额} = \text{已纳税额} \times (1 - \text{使用年限} \times 10\%)$$

应退税额不得为负数。

使用年限的计算方法是，自纳税人缴纳税款之日至申请退税之日。

关　　税

关税以进出国境、关境的货物、物品为征税对象，是目前各国普遍征收的一种税收。1987 年 1 月 22 日，第六届全国人民代表大会常务委员会第十九次会议通过《中华人民共和国海关法》（其中第五章为《关税》），当日公布，自当年 7 月 1 日起施行。2021 年 4 月 29 日，第十三届全国人民代表大会常务委员会第二十八次会议第六次修正该法，当日公布施行。现行的《中华人民共和国进出口关税条例》是国务院 2003 年 11 月 23 日公布，自 2004 年 1 月 1 日起施行，2017 年 3 月 1 日国务院第四次修改的。

关税由海关总署负责征收管理，所得收入归中央政府所有，是中央政府财政收入的主要来源之一。2020 年，关税收入为 2 564.3 亿元，占当年中国税收总额的 1.7%。

（一）纳税人

关税的纳税人，包括进口中国准许进口的货物的收货人、出口中国准许出口的货物的发货人和中国准许进境物品的所有人，他们分别应当依法缴纳进口关税和出口关税。

从中国境外采购进口的原产于中国境内的货物，也应当缴纳进口关税。

进出口货物，除了另有规定的以外，可以由进出口货物收发货人自行办理报关纳税手续，也可以由进出口货物收发货人委托海关准予注册登记的报关企业办理报关纳税手续。

进境物品的所有人可以自行办理报关纳税手续，也可以委托他人办理报关纳税手续。

（二）税率

关税的税率分为进口税率、出口税率两个部分。

1. 进口关税设置最惠国税率、协定税率、特惠税率、普通税率和关税配额税率等多种税率。对于进口货物在一定期限以内可以实行暂定税率。

（1）原产于共同适用最惠国待遇条款的世界贸易组织成员的进口货物，原产于与中国签订含有相互给予最惠国待遇条款的双边贸易协定的国家（地区）的进口货物，原产于中国境内的进口货物，适用最惠国税率。

（2）原产于与中国签订含有关税优惠条款的区域性贸易协定的国家（地区）的进口货物，适用协定税率。

最惠国税率不超过协定税率的时候，协定有规定的，按照相关协定的规定执行；协定没有规定的，二者从低适用。

（3）原产于与中国签订含有特殊关税优惠条款的贸易协定的国家（地区）的进口货物，适用特惠税率。

（4）原产于上述国家和地区以外的国家（地区）的进口货物，原产地不明的进口货物，适用普通税率。

（5）适用最惠国税率的进口货物有暂定税率的，应当适用暂定税率；适用协定税率、特惠税率的进口货物有暂定税率的，应当从低适用税率；适用普通税率的进口货物，不适用暂定税率。

（6）按照国家规定实行关税配额管理的进口货物，在关税配额以内的，适用关税配额税率；在关税配额以外的，其税率的适用按照上述最惠国税率、协定税率、特惠税率、普通税率和暂定最惠国税率的规定执行。

2. 出口关税设置出口税率。对于出口货物在一定期限以内也可以实行暂定税率。

适用出口税率的出口货物有暂定税率的，应当适用暂定税率。

此外，依法对进口货物采取反倾销、反补贴和保障措施的，其税率的适用按照国务院发布的《中华人民共和国反倾销条例》《中华人民共和国反补贴条例》《中华人民共和国保障措施条例》的有关规定执行。

任何国家（地区）违反与中国签订或者共同参加的贸易协定和相关协定，对中国在贸易方面采取禁止、限制、加征关税和其他影响正常贸易的措施的，对原产于该国家（地区）的进口货物可以征收报复性关税，适用报复性关税税率。征收报复性关税的货物、适用国别、税率、期限和征收办法，由国务院关税税则委员会决定并公布。

国务院制定《中华人民共和国进出口税则》《中华人民共和国进境物品进口税税率表》，规定关税的税目、税则号列和税率，作为进出口关税条例的组成部分。

2022年1月1日，中国进出口税则规定的税目有8 930个，其中绝大部分税目采用比例税率（最惠国税率从0至65%不等，普通税率从0至270%不等）；少量税目采用定额税率、复合税率等形式的税率。

目前中国的进口关税税率主要使用最惠国税率，并通过差别税率体现国家的经济、外贸政策。以2022年为例，去骨牛肉的税率为12%，香蕉的税率为10%，小麦的税率为65%，威士忌酒的税率为 10%，烟草制的卷烟的税率为 25%，石油原油的税率为 0，磷肥的税率为 4%，香水的税率为 3%，原木的税率为 0，西服套装的税率为 8%，石油、天然气钻探机的税率为 5%，水稻插秧机的税率为 4%，自助数据处理设备及其部件的税率为 0，小轿车的税率为 15%，竖式钢琴的税率为 10%，玩具的税率为 0，跑步机的税率为 6%。铁、铜、铝、铅、锌、铬、铀等矿砂及其精矿，书籍、报刊，最惠国税率和普通税率均为 0。此外，原产于香港、澳门两个特别行政区的部分进口货物适用零税率，原产于台湾地区的部分进口货物参照适用协定税率。

2022 年 1 月 1 日，中国出口税则规定的出口货物（主要为限制出口的不可再生的资源类产品和国内紧缺的原材料）的税目有 106 个，税率从 20% 至 50% 不等，共有 5 个差别税率。例如，锡矿砂及其精矿的税率为 50%，苯、铬铁的税率为 40%，铅矿砂及其精矿、未精炼铜的税率为 30%，硅铁的税率为 25%，钨矿砂及其精矿、鳗鱼苗和山羊板皮的税率为 20%。

同时，中国对 954 个税目的进口货物实施低于最惠国税率的暂定税率，其中绝大部分税目采用比例税率，从 0 至 20% 不等。例如，航空煤油、氨水、抗癌药原料和尿布的税率为 0，车用汽油、钼铁、肥料和飞机自动驾驶系统的税率为 1%，乳品加工机器、牙齿固定件和洗发剂的税率为 2%，液晶显示屏基板用原板玻璃、聚乙烯和照相机镜头的税率为 3%，挤奶机、天然沥青和宣纸的税率为 4%，依靠可再生能源生产电力的发电机组、棉花采摘机和规定的婴幼儿食用零售包装配方奶粉的税率为 5%，功率 160 马力以上的联合收割机、水果和蔬菜榨汁机、太阳镜的税率为 6%，乳酪的税率为 8%，未曝光的 X 光片、整张生狐皮的税率为 10%，栗子、升功率 50 千瓦以上的轿车用柴油发动机的税率为 20%。

同时，中国对 70 个税目的出口货物实行暂定税率，税率从 0 至 20% 不等，共有 5 个差别税率。例如，苯、精炼铜丝的税率为

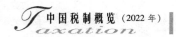
0，黄铜、未锻轧锑的税率为5%，精炼铜的线锭和坯段的税率为10%，未锻轧镍合金、铝废碎料的税率为15%，锡矿砂及其精矿、硅铁的税率为20%。

（三）计税方法

1. 海关应当按照规定以从价计税、从量计税和国家规定的其他方法对进出口货物征收关税，根据进出口货物的税则号列、完税价格、原产地、法定税率和汇率计算应纳税额。

关税以进出口货物的价格、数量为计税依据，税率分为比例税率和定额税率两种。

应纳税额计算公式：

☞　（1）应纳税额＝应税进出口货物完税价格×适用比例税率

（2）应纳税额＝应税进出口货物数量×适用定额税率

采用复合计税方法计算应纳关税税额的，将以上两个公式结合起来使用即可。

应纳税额计算公式：

☞　$\dfrac{应纳}{税额} = \dfrac{应税进出口}{货物完税价格} \times \dfrac{适用比}{例税率} + \dfrac{应税进出口}{货物数量} \times \dfrac{适用定}{额税率}$

［实例］

（1）某企业进口一批塔式起重机，关税完税价格折算人民币200万元，关税最惠国税率为10%，普通税率为30%，该企业进口上述起重机应纳关税税额的计算方法如下：

① 按照最惠国税率计算：

应纳税额＝200万元×10%

　　　　　＝20万元

② 按照普通税率计算：

应纳税额 = 200 万元 × 30%

= 60 万元

（2）某企业进口一批鸡翼（不包括翼尖），关税完价格折算人民币 20 万元，关税最惠国税率为 20%，普通税率为 70%，该企业进口上述鸡翼应纳关税税额的计算方法如下：

① 按照最惠国税率计算：

应纳税额 = 20 万元 × 20%

= 4 万元

② 按照普通税率计算：

应纳税额 = 20 万元 × 70%

= 14 万元

2. 海关应当按照关税条例有关适用最惠国税率、协定税率、特惠税率、普通税率、出口税率、关税配额税率和暂定税率，实施反倾销措施、反补贴措施、保障措施和征收报复性关税等适用税率的规定，确定进出口货物适用的税率。

（1）进出口货物，应当适用海关接受该货物申报进口或者出口之日实施的税率。

① 进口货物到达以前，经海关核准先行申报的，适用装载该货物的运输工具申报进境之日实施的税率。

② 进口转关运输货物，适用指运地海关接受该货物申报进口之日实施的税率；货物运抵指运地以前，经海关核准先行申报的，适用装载该货物的运输工具抵达指运地之日实施的税率。

③ 出口转关运输货物，适用启运地海关接受该货物申报出口之日实施的税率。

④ 经海关批准，实行集中申报的进出口货物，适用每次货物进出口时海关接受该货物申报之日实施的税率。

⑤ 由于超过规定期限没有申报而由海关依法变卖的进口货物，其税款计征适用装载该货物的运输工具申报进境之日实施的税率。

⑥ 由于纳税人违反规定需要追征税款的进出口货物，适用违反规定的行为发生之日实施的税率；违反规定的行为发生之日不能确定的，适用海关发现该行为之日实施的税率。

（2）已经申报进境并放行的保税货物、减免税货物、租赁货物和已经申报进出境并放行的暂时进出境货物，有下列情形之一需缴纳税款的，应当适用海关接受纳税人再次填写报关单申报办理纳税和有关手续之日实施的税率：

① 保税货物经批准不复运出境的；

② 保税仓储货物转入国内市场销售的；

③ 减免税货物经批准转让、移作他用的；

④ 可以暂不缴纳税款的暂时进出境货物，不复运出境或者进境的；

⑤ 租赁进口货物，分期缴纳税款的。

补征、退还进出口货物税款，应当按照上述规定确定适用的税率。

3. 进口货物的完税价格，一般由海关以进口货物的成交价格为基础审查确定，并且应当包括货物运抵中国境内输入地点以前的运输及相关费用、保险费。

进口货物的成交价格，指卖方向中国境内销售该货物时买方为进口该货物向卖方实付、应付的，并且按照规定调整以后的价款总额。

进口货物的成交价格应当符合下列条件：

（1）对买方处置、使用该货物不予限制，但是法律、行政法规规定实施的限制、对货物转售地域的限制和对货物价格无实质性影响的限制除外；

（2）不得受到使该货物成交价格无法确定的条件和因素的影响；

（3）卖方不得获得因买方销售、处置和使用该货物产生的任何收益，或者虽然有收益但是能够按照规定调整；

（4）买卖双方没有特殊关系，或者虽然有特殊关系但是按照规定没有对成交价格产生影响。

以成交价格为基础审查确定进口货物的完税价格的时候，不包括在该货物实付、应付价格中的下列费用或者价值应当计入完税价格：

（1）由买方负担的下列费用：购货佣金以外的佣金和经纪费、与该货物视为一体的容器费用、包装材料费用和包装劳务费用。

（2）与该货物的生产和向中国境内销售有关的，由买方以免费或者以低于成本的方式提供，并且可以按照适当比例分摊的下列货物和服务的价值：该货物包含的材料、部件、零件和类似货物，在生产该货物过程中使用的工具、模具和类似货物，在生产该货物过程中消耗的材料，在中国境外进行的为生产该货物所需的工程设计、技术研发、工艺和制图等相关服务。

（3）买方需要向卖方或者有关方支付特许权使用费，但是符合下列情形之一的除外：特许权使用费与该货物无关，特许权使用费的支付不构成该货物向中国境内销售的条件。

（4）卖方从买方对该货物进口以后销售、处置和使用所得中获得的收益。

纳税人应当向海关提供规定的费用或者价值的客观量化资料。纳税人不能提供的，海关与纳税人磋商以后，一般依次按照下列方法审查确定进口货物的完税价格：

（1）相同货物成交价格估价方法；

（2）类似货物成交价格估价方法；

（3）倒扣价格估价方法；

（4）计算价格估价方法；

（5）其他合理方法。

进口货物的价款中单独列明的下列税收、费用，不计入该货物的完税价格：

（1）厂房、机械和设备等货物进口以后发生的建设、安装、

装配、维修和技术援助费用，但是保修费用除外；

（2）进口货物运抵中国境内输入地点起卸以后发生的运输及其相关费用、保险费；

（3）进口关税、进口环节海关代征税和其他国内税；

（4）为在中国境内复制进口货物支付的费用；

（5）中国境内外技术培训和中国境外考察费用。

运往中国境外修理的机械器具、运输工具和其他货物，出境的时候已经向海关报明，并且在海关规定的期限内复运进境的，应当以境外修理费和料件费为基础审查确定完税价格。

运往中国境外加工的货物，出境的时候已经向海关报明，并且在海关规定的期限以内复运进境的，应当以境外加工费、料件费和该货物复运进境的运输及其相关费用、保险费为基础审查确定完税价格。

经海关批准的暂时进境货物，应当缴纳税款的，由海关按照进口货物完税价格的规定审查确定完税价格。经海关批准留购的暂时进境货物，以海关审查确定的留购价格作为完税价格。

以租赁方式进口的货物，应当按照下列方法审查确定完税价格：

（1）以租金方式对外支付的租赁货物，在租赁期间以海关审查确定的租金作为完税价格，利息应当计入；

（2）留购的租赁货物，以海关审查确定的留购价格作为完税价格；

（3）纳税人申请一次性缴纳税款的，可以选择申请按照相同货物成交价格估价方法等方法确定完税价格，或者按照海关审查确定的租金总额作为完税价格。

减税、免税进口的货物应当补税的时候，应当以海关审查确定的该货物原进口价格，扣除折旧部分价值，作为完税价格。

易货贸易、寄售、捐赠、赠送等不存在成交价格的进口货物，海关与纳税人进行价格磋商以后，按照相同货物成交价格估价方法等方法审查确定完税价格。

同时符合下列条件的进口货物，以合同约定定价公式确定的结算价格为基础确定完税价格：在货物运抵中国境内以前、保税货物内销以前买卖双方已经书面约定定价公式，结算价格取决于买卖双方都无法控制的客观条件和因素，自货物申报进口之日起6个月以内能够根据合同约定的定价公式确定结算价格，结算价格符合中国海关审定进出口货物完税价格办法中成交价格的有关规定。

4. 出口货物的完税价格由海关以该货物的成交价格为基础审查确定，并且应当包括货物运至中国境内输出地点装载以前的运输及其相关费用、保险费。

出口货物的成交价格，指该货物出口销售的时候，卖方为出口该货物应当向买方收取的价款总额。

出口关税，在货物价款中单独列明的货物运至中国境内输出地点装载以后的运输及其相关费用、保险费，不计入出口货物的完税价格。

出口货物的成交价格不能确定的，海关经了解有关情况，并且与纳税人进行价格磋商以后，依次以下列价格审查确定该货物的完税价格：

（1）同时或者大约同时向同一国家（地区）出口的相同货物的成交价格；

（2）同时或者大约同时向同一国家（地区）出口的类似货物的成交价格；

（3）根据中国境内生产相同或者类似货物的成本、利润、一般费用和中国境内发生的运输及其相关费用、保险费计算的价格；

（4）按照其他合理方法估定的价格。

5. 进出口货物的价格和有关费用以人民币计价；以其他货币计价的，海关应当先按照应税货物适用税率之日适用的计征汇率折

算成人民币，然后计算完税价格。完税价格采用四舍五入法计算至分。

(四) 特殊进出口货物的规定

1. 无代价抵偿货物

进口无代价抵偿货物，不征收进口关税；出口无代价抵偿货物，不征收出口关税。

上述无代价抵偿货物，指进出口货物在海关放行以后，由于残损、短少、品质不良和规格不符原因，由进出口货物的发货人、承运人和保险公司免费补偿、更换的与原货物相同或者与合同规定相符的货物。

纳税人应当在原进出口合同规定的索赔期以内，且不超过原货物进出口之日起 3 年，向海关申报办理无代价抵偿货物的进出口手续，并提交买卖双方签订的赔偿协议。海关认为需要时，纳税人还应当提交具有资质的商品检验机构出具的原进出口货物残损、短少、品质不良和规格不符的检验证明书或者其他证明文件。

纳税人申报出口无代价抵偿货物，应当提交买卖双方签订的索赔协议。海关认为需要时，纳税人还应当提交具有资质的商品检验机构出具的原出口货物残损、短少、品质不良和规格不符的检验证明书或者其他证明文件。

纳税人申报进出口的无代价抵偿货物，与退运出境、进境的原货物不完全相同或者与合同规定不完全相符的，应当向海关说明原因。海关经审核认为纳税人所述理由正当，且其税则号列没有改变的，应当按照审定进出口货物完税价格的有关规定和原进出口货物适用的计征汇率、税率，审核确定其完税价格，计算应征关税税额。应征关税税额高于原进出口货物已征关税税额的，应当补征差额部分。应征关税税额低于原进出口货物已征关税税额，且原进出口货物的发货人、承运人和保险公司同时补偿货款的，海关应当退还补偿货款部分的相应关税税额；没有补偿货款的，关税的差额部分不予退还。

纳税人申报进出口的免费补偿、更换的货物，其税则号列与原货物的税则号列不一致的，不适用无代价抵偿货物的有关规定，海关应当按照一般进出口货物征收关税。

纳税人申报进出口无代价抵偿货物，被更换的原进口货物不退运出境且不放弃交由海关处理的，被更换的原出口货物不退运进境的，海关应当按照接受无代价抵偿货物申报进出口之日适用的税率、计征汇率和有关规定，对原进出口货物重新估价，并征收关税。

被更换的原进口货物退运出境时，不征收出口关税；更换的原出口货物退运进境时，不征收进口关税。

2. 租赁进口货物

纳税人进口租赁货物，除了另有规定的以外，应当向其所在地海关办理申报进口和申报纳税手续。申报时，纳税人应当向海关提交租赁合同和其他有关文件。海关认为必要时，纳税人应当提供关税担保。

租赁进口货物自进境之日起至租赁结束办结海关手续之日止，应当接受海关监管。

一次性支付租金的，纳税人应当在申报租赁货物进口的时候办理纳税手续，缴纳关税。分期支付租金的，纳税人应当在申报租赁货物进口的时候按照第一期应当支付的租金办理纳税手续，缴纳相应的关税；其后分期支付租金的时候，纳税人向海关申报办理纳税手续应当不迟于每次支付租金以后的第15日。纳税人没有在规定的期限以内申报纳税的，海关按照纳税人每次支付租金以后第十五日该货物适用的税率、计征汇率征收相应的关税，并加收滞纳金

（比例为 0.5‰，下同）。

纳税人应当自租赁进口货物租期届满之日起 30 日以内向海关申请办结监管手续，将租赁进口货物复运出境。需要留购、续租租赁进口货物的，纳税人向海关申报办理相关手续应当不迟于租赁进口货物租期届满以后的第 30 日。租赁进口货物租赁期未满终止租赁的，其租期届满之日为租赁终止日。

海关对于留购的租赁进口货物，按照审定进口货物完税价格的有关规定和海关接受申报办理留购的相关手续之日该货物适用的计征汇率、税率，审核确定其完税价格，计征关税。

续租租赁进口货物的，纳税人应当向海关提交续租合同，并按照规定办理申报纳税手续。

纳税人没有在规定的期限以内向海关申报办理留购租赁进口货物的相关手续的，海关除了按照审定进口货物完税价格的有关规定和租期届满以后第 30 日该货物适用的计征汇率、税率审核确定其完税价格、计征关税以外，还应当加收滞纳金。

纳税人没有在规定的期限以内向海关申报办理续租租赁进口货物的相关手续的，海关除了按照规定征收续租租赁进口货物应当缴纳的关税以外，还应当加收滞纳金。

3. 暂时进出境货物

暂时进境、出境的下列货物，在进境、出境的时候，纳税人向海关缴纳相当于应纳关税的保证金或者提供其他担保的，可以暂不缴纳关税，并应当自进境、出境之日起 6 个月以内复运出境或者复运进境；需要延长复运出境或者复运进境期限的，纳税人应当根据海关总署的规定向海关办理延期手续：

（1）在展览会、交易会、会议和类似活动中展示、使用的货物；

（2）在文化、体育交流活动中使用的表演、比赛用品；

（3）在新闻报道和摄制电影、电视节目时使用的仪器、设备和用品；

(4) 在科研、教学和医疗活动中使用的仪器、设备和用品；

(5) 在上述活动中使用的交通工具和特种车辆；

(6) 货样；

(7) 在安装、调试和检测设备时使用的仪器、工具；

(8) 盛装货物的容器；

(9) 其他用于非商业目的的货物。

上述暂时进出境货物在规定期限届满以后不再复运出境或者复运进境的，纳税人应当在规定期限届满以前向海关申报办理进出口和纳税手续，海关按照有关规定征收关税。

其他暂时进出境货物，海关按照审定进出口货物完税价格的有关规定和海关接受该货物申报进出境之日适用的计征汇率、税率，审核确定其完税价格，按月征收关税，或者在规定期限以内货物复运出境或者复运进境的时候征收关税。

计征关税的期限为 60 个月。不足 1 个月但是超过 15 日的，按照 1 个月计征；不超过 15 日的免征。计征关税的期限从货物放行之日起计算。

按月征收关税的计算公式：

☞　　　　　*每月关税税额 = 关税总额 ÷ 60*

上述暂时进出境货物在规定期限届满以后不再复运出境或者复运进境的，纳税人应当在规定期限届满以前向海关申报办理进出口和纳税手续，缴纳剩余部分的关税。

暂时进出境货物没有在规定期限以内复运出境或者复运进境，且纳税人没有在规定期限届满以前向海关申报办理进出口和纳税手续的，海关除了按照规定征收关税以外，还应当加收滞纳金。

4. 进出境修理货物和出境加工货物

纳税人在办理进境修理货物进口申报手续的时候，应当向海关提交该货物的维修合同或者含有保修条款的原出口合同，并向海关提供进口关税担保，或者由海关按照保税货物管理。进境修理货物应当在海关规定的期限以内复运出境。

进境修理货物需要进口原材料、零部件的，纳税人在办理原材料、零部件进口申报手续的时候，应当向海关提供进口关税担保，或者由海关按照保税货物管理。进口原材料、零部件只限用于进境修理货物的修理，修理剩余的原材料、零部件应当随进境修理货物一同复运出境。

进境修理货物和剩余进境原材料、零部件复运出境的时候，海关应当办理修理货物和原材料、零部件进境的时候纳税人提供的关税担保的退还手续；海关按照保税货物管理的，按照有关保税货物的管理规定办理。

因正当理由不能在海关规定的期限以内将进境修理货物复运出境的，纳税人应当在规定期限届满以前向海关说明情况，申请延期复运出境。

进境修理货物没有在海关允许的期限以内复运出境的，海关对其按照一般进出口货物的征税管理规定管理，将该货物进境时纳税人提供的关税担保转为关税。

纳税人在办理出境修理货物出口申报手续的时候，应当向海关提交该货物的维修合同或者含有保修条款的原进口合同。出境修理货物应当在海关规定的期限以内复运进境。

纳税人在办理出境修理货物复运进境进口申报手续的时候，应当向海关提交该货物的维修发票等单证。

海关按照审定进口货物完税价格的有关规定和海关接受该货物申报复运进境之日适用的计征汇率、税率，审核确定其完税价格，计征关税。

因正当理由不能在海关规定期限以内将出境修理货物复运进境的，纳税人应当在规定期限届满以前向海关说明情况，申请延期复运进境。

出境修理货物超过海关允许的期限复运进境的，海关对其按照一般进口货物征收关税。

纳税人在办理出境加工货物出口申报手续的时候，应当向海关提交该货物的委托加工合同；出境加工货物属于征收出口关税的商品的，纳税人应当向海关提供出口关税担保。出境加工货物应当在海关规定的期限以内复运进境。

纳税人在办理出境加工货物复运进境进口申报手续的时候，应当向海关提交该货物的加工发票等单证。

海关按照审定进口货物完税价格的有关规定和海关接受该货物申报复运进境之日适用的计征汇率、税率，审核确定其完税价格，计征关税，同时办理解除该货物出境时纳税人提供关税担保的相关手续。

因正当理由不能在海关规定的期限以内将出境加工货物复运进境的，纳税人应当在规定期限届满以前向海关说明情况，申请延期复运进境。

出境加工货物没有在海关允许的期限以内复运进境的，海关对其按照一般进出口货物的征税管理规定管理，将该货物出境的时候纳税人提供的关税担保转为关税；出境加工货物复运进境的时候，海关按照一般进口货物征收关税。

5. 退运货物

因品质、规格原因，出口货物自出口放行之日起 1 年以内原状退货复运进境的，纳税人在办理进口申报手续的时候，应当按照规定提交有关单证和证明文件。经海关确认以后，对复运进境的原出口货物不予征收进口关税。

因品质、规格原因，进口货物自进口放行之日起 1 年以内原状退货复运出境的，纳税人在办理出口申报手续的时候，应当按照规定提交有关单证和证明文件。经海关确认以后，对复运出境的原进口货物不予征收出口关税。

（五）免税、减税和退税

1. 免税、减税

下列进出口货物可以免征关税：

（1）关税税额在人民币50元以下的一票货物；

（2）无商业价值的广告品和货样；

（3）外国政府、国际组织无偿赠送的物资；

（4）在海关放行以前遭受损坏、损失的货物；

（5）进出境运输工具装载的途中必需的燃料、物料和饮食用品。

对于上述在海关放行以前遭受损坏、损失的货物，纳税人应当在申报时或者自海关放行货物之日起15日以内书面向海关说明情况，并提供相关的证明材料。海关认为需要时，可以要求纳税人提供具有资质的商品检验机构出具的货物受损程度的检验证明书。海关可以根据货物的实际受损程度减征、免征关税。

法律规定的其他免征、减征关税的货物（如中国缔结、参加的国际条约规定的减征、免征关税的货物、物品），海关可以根据有关规定免征、减征。

免征、减征关税的上述进口货物，可以同时免征、减征进口环节的增值税和消费税。

特定地区、特定企业和有特定用途的进出口货物免征、减征关税，临时免征、减征关税，按照国务院的有关规定执行。上述免征、减征关税进口的货物只能用于特定地区、特定企业和特定用途，没有经过海关核准并补缴关税，不能移作他用。

企业为生产中国科学技术部制定的《国家高新技术产品目录》中所列的产品而进口的自用设备及其配套技术、配件和备件，企业为引进中国科学技术部制定的《国家高新技术产品目录》中所列的先进技术按照合同规定向境外支付的软件费；符合规定的国内企业为生产国家支持发展的重大技术装备、产品确有必要进口部分关键零部件、原材料；符合规定的集成电路生产企业进口自用的原材料、消耗品；符合规定的进口科研、教学用品，残疾人专用物品，慈善性捐赠物资，可以免征关税。

边境居民通过互市贸易进口规定范围以内的生活用品，每人每日价值人民币 8 000 元以下的部分，可以免征关税。

加工贸易的进口料件按照规定保税进口的，其制成品、进口料件没有在规定的期限以内出口的，海关可以按照规定征收进口关税。

加工贸易的进口料件进境的时候按照规定征收进口关税的，其制成品、进口料件在规定的期限以内出口的，海关可以按照规定退还进境的时候已经征收的关税。

2. 退税

有下列情形之一的，纳税人自缴纳关税之日起 1 年以内可以申请退税，并应当以书面形式向海关说明理由，提供原进口或者出口报关单、税款缴款书、发票等凭证和相关资料：

（1）已经征收进口关税的货物，由于品质、规格原因，原状退货复运出境的；

（2）已经征收出口关税的货物，由于品质、规格原因，原状退货复运进境，并且已经重新缴纳由于出口而退还的国内环节有关税收的；

（3）已经征收出口关税的货物，因故没有装运出口，申报退关的。

散装进出口货物发生短装并已经征税放行的，如果该货物的发货人、承运人和保险公司已经对短装部分退还或者赔偿相应货款，纳税人可以自缴纳税款之日起 1 年以内向海关申请退还进口或者出口短装部分的相应税款，并提供原进口或者出口报关单、税款缴款书、发票等凭证和相关资料。

　　进出口货物由于残损、品质不良和规格不符原因，或者发生其他货物短少的情形，由进出口货物的发货人、承运人和保险公司赔偿相应货款的，纳税人可以自缴纳税款之日起 1 年以内向海关申请退还赔偿货款部分的相应税款，并提供原进口或者出口报关单、税款缴款书、发票等凭证和相关资料。

　　海关收到纳税人的退税申请以后应当审核。纳税人提交的申请材料齐全且符合规定形式的，海关应当受理，并以海关收到申请材料之日作为受理之日；纳税人提交的申请材料不全或者不符合规定形式的，海关应当自收到申请材料之日起 5 个工作日以内一次告知纳税人需要补正的全部内容，并以海关收到全部补正申请材料之日为海关受理退税申请之日。海关认为需要时，可以要求纳税人提供具有资质的商品检验机构出具的原进口或者出口货物品质不良、规格不符、残损和短少的检验证明书或者其他有关证明文件。

　　海关应当自受理退税申请之日起 30 日以内查实并通知纳税人办理退税手续或者作出不予退税的决定。纳税人应当自收到海关准予退税的通知之日起 3 个月以内办理有关退税手续，已经征收的滞纳金不予退还。

（六）纳税期限

　　进口货物的纳税人应当自运输工具申报进境之日起 14 日以内；出口货物的纳税人除了海关特准的以外，应当在货物运抵海关监管区以后、装货的 24 小时以前，向货物的进出境地海关申报。经过海关核准，在进口货物到达以前，纳税人可以先行申报。

　　海关通常应当在货物实际进境，并完成海关现场接单审核工作以后及时填发税款缴款书。需要通过对货物查验确定商品归类、完税价格、原产地的，应当在查验核实以后填发或者更改税款缴款书。

纳税人应当自海关填发税款缴款书之日起 15 日以内向指定的银行缴纳税款。

进出境物品关税的纳税人应当在物品放行以前缴纳税款。

(七) 反倾销税、反补贴税和保障措施关税

1. 反倾销税

倾销,指在正常贸易过程中进口产品以低于其正常价值的出口价格进入中国市场。

根据国务院发布的反倾销条例,国内产业或者代表国内产业的自然人、法人和有关组织可以依法向商务部提出反倾销调查的申请。

商务部应当自收到申请人提交的申请书和有关证据之日起 60 日以内,对申请是否由国内产业或者代表国内产业提出、申请书的内容和所附具的证据等进行审查,并决定立案调查或者不立案调查。

在特殊情形下,商务部没有收到反倾销调查的书面申请,但是有充分证据认为存在倾销和损害以及二者之间有因果关系的,可以决定立案调查。

商务部根据调查结果,就倾销、损害和二者之间的因果关系是否成立作出初裁决定,并予以公告。

初裁决定确定倾销、损害和二者之间的因果关系成立的,商务部应当对倾销及其幅度、损害及其程度继续调查,并根据调查结果作出终裁决定,予以公告。

初裁决定确定倾销成立,并由此对于国内产业造成损害的,可以采取包括征收临时反倾销税在内的临时反倾销措施。

临时反倾销税税额应当不超过初裁决定确定的倾销幅度。

征收临时反倾销税,由商务部提出建议,国务院关税税则委员会根据该部的建议作出征税决定,由该部公告,海关自公告规定实

施之日起执行。

临时反倾销措施实施的期限，自临时反倾销措施决定公告规定实施之日起不超过4个月；在特殊情形下可以延长至9个月。

自反倾销立案调查决定公告之日起60日以内，不能采取临时反倾销措施。

在反倾销调查期间，倾销进口产品的出口经营者可以向商务部作出改变价格或者停止以倾销价格出口的价格承诺。

商务部认为出口经营者作出的价格承诺能够接受并符合公共利益的，可以决定中止或者终止反倾销调查，不采取临时反倾销措施或者征收反倾销税。

出口经营者违反其价格承诺的，商务部可以立即决定恢复反倾销调查；根据可获得的最佳信息，可以决定采取临时反倾销措施，并可以对实施临时反倾销措施以前90日之内进口的产品追溯征收反倾销税，但是违反价格承诺以前进口的产品除外。

终裁决定确定倾销成立，并由此对国内产业造成损害的，可以征收反倾销税。征收反倾销税应当符合公共利益。

征收反倾销税，由商务部提出建议，国务院关税税则委员会根据该部的建议作出决定，由该部公告，海关自公告规定实施之日起执行。

反倾销税适用于终裁决定公告之日以后进口的产品，另有规定的除外。

反倾销税的纳税人为倾销进口产品的进口经营者。反倾销税应当根据不同出口经营者的倾销幅度分别确定。

对于没有包括在审查范围以内的出口经营者的倾销进口产品，需要征收反倾销税的，应当按照合理的方式确定对其适用的反倾销税。

反倾销税税额不能超过终裁决定确定的倾销幅度。

应纳税额计算公式：

☞　　　应纳税额＝应税进口货物完税价格×适用税率

终裁决定确定存在实质损害，并在此以前已经采取临时反倾销措施的，反倾销税可以对已经实施临时反倾销措施的期间追溯征收。

终裁决定确定存在实质损害威胁，在先前不采取临时反倾销措施将会导致后来作出实质损害裁定的情况下已经采取临时反倾销措施的，反倾销税可以对已经实施临时反倾销措施的期间追溯征收。

终裁决定确定的反倾销税，高于已经支付或者应当支付的临时反倾销税或者为担保目的而估计的金额的，差额部分不予收取；低于已经支付或者应当支付的临时反倾销税或者为担保目的而估计的金额的，差额部分应当根据具体情况退还，或者重新计算税额。

下列两种情况并存的，可以对于实施临时反倾销措施之日前90日以内进口的产品追溯征收反倾销税，但是立案调查以前进口的产品除外：

（1）倾销进口产品有对于国内产业造成损害的倾销历史，或者该产品的进口经营者知道或者应当知道出口经营者实施倾销并且倾销对于国内产业将造成损害的；

（2）倾销进口产品在短期内大量进口，并且可能会严重破坏将实施的反倾销税的补救效果的。

终裁决定确定不征收反倾销税的，或者终裁决定没有确定追溯征收反倾销税的，已经征收的临时反倾销税应当退还。

倾销进口产品的进口经营者有证据证明已经缴纳的反倾销税税额超过倾销幅度的，可以向商务部提出退税申请。商务部经审查、核实并提出建议，国务院关税税则委员会根据该部的建议可以作出退税决定，由海关执行。

进口产品被征收反倾销税以后，在调查期内没有向中国出口该产品的新出口经营者，能够证明其与被征收反倾销税的出口经营者无关联的，可以向商务部申请单独确定其倾销幅度。商务部应当迅速审查，并作出终裁决定，审查期间不能对该产品征收反倾销税。

反倾销税的征收期限不超过5年。但是，经复审确定终止征收

反倾销税有可能导致倾销和损害的继续或者再度发生的，反倾销税的征收期限可以适当延长。

反倾销税生效以后，商务部可以在有正当理由的情况下决定复审继续征收反倾销税的必要性；也可以在经过一段合理时间，应利害关系方的请求，并审查利害关系方提供的相应证据以后，决定复审继续征收反倾销税的必要性。

根据复审结果，由商务部提出保留、修改或者取消反倾销税的建议，国务院关税税则委员会根据该部的建议作出决定，由该部公告。

复审期限从决定复审开始之日起不超过 12 个月。在复审期间，复审程序不妨碍反倾销措施的实施。

任何国家（地区）对于中国的出口产品采取歧视性反倾销措施，中国都可以根据实际情况对该国家（地区）采取相应的措施。

2. 反补贴税

补贴，指出口国（地区）政府或者公共机构提供的并为接受者带来利益的财政资助、收入和价格支持。

根据国务院发布的反补贴条例，国内产业或者代表国内产业的自然人、法人和有关组织可以依法向商务部提出反补贴调查的申请。

商务部一般应当自收到申请人提交的申请书和有关证据之日起 60 日以内，对申请是否由国内产业或者代表国内产业提出、申请书的内容和所附具的证据等进行审查，并决定立案调查或者不立案调查。

在特殊情形下，商务部没有收到反补贴调查的书面申请，但是有充分证据认为存在补贴和损害以及二者之间有因果关系的，可以决定立案调查。

商务部根据调查结果，就补贴、损害和二者之间的因果关系是否成立作出初裁决定，并予以公告。

初裁决定确定补贴、损害和二者之间的因果关系成立的，商务部应当对补贴及其金额、损害及其程度继续调查，并根据调查结果作出终裁决定，予以公告。

初裁决定确定补贴成立，并由此对于国内产业造成损害的，可以采取临时反补贴措施。

临时反补贴措施采取以现金保证金或者保函作为担保的征收临时反补贴税的形式。

采取临时反补贴措施，由商务部提出建议，国务院关税税则委员会根据该部的建议作出决定，由该部公告，海关自公告规定实施之日起执行。

临时反补贴措施实施的期限，自临时反补贴措施决定公告规定实施之日起不超过 4 个月。

自反补贴立案调查决定公告之日起 60 日以内，不得采取临时反补贴措施。

在反补贴调查期间，出口国（地区）政府提出取消、限制补贴和其他有关措施的承诺，或者出口经营者提出修改价格的承诺的，商务部应当充分考虑。

商务部认为承诺能够接受并符合公共利益的，可以决定中止或者终止反补贴调查，不采取临时反补贴措施或者征收反补贴税。

对于违反承诺的，商务部可以立即决定恢复反补贴调查；根据可获得的最佳信息，可以决定采取临时反补贴措施，并可以对实施临时反补贴措施以前 90 日之内进口的产品追溯征收反补贴税，但是违反承诺以前进口的产品除外。

终裁决定确定补贴成立，并由此对于国内产业造成损害的，可以征收反补贴税。征收反补贴税应当符合公共利益。

征收反补贴税，由商务部提出建议，国务院关税税则委员会根据该部的建议作出征税决定，由该部公告，海关自公告规定实施之日起执行。

反补贴税适用于终裁决定公告之日以后进口的产品，另有规定的除外。

反补贴税的纳税人为补贴进口产品的进口经营者。反补贴税应当根据不同出口经营者的补贴金额分别确定。

对实际上没有被调查的出口经营者的补贴进口产品，需要征收反补贴税的，应当迅速审查，按照合理的方式确定对其适用的反补贴税。

反补贴税税额不能超过终裁决定确定的补贴金额。

应纳税额计算公式：

☞　　　　应纳税额 = 应税进口货物完税价格 × 适用税率

终裁决定确定存在实质损害，并在此以前已经采取临时反补贴措施的，反补贴税可以对已经实施临时反补贴措施的期间追溯征收。

终裁决定确定存在实质损害威胁，在先前不采取临时反补贴措施将会导致后来作出实质损害裁定的情况下已经采取临时反补贴措施的，反补贴税可以对已经实施临时反补贴措施的期间追溯征收。

终裁决定确定的反补贴税，高于现金保证金或者保函所担保的金额的，差额部分不予收取；低于现金保证金或者保函所担保的金额的，差额部分应当退还。

下列3种情形并存的，必要时可以对于实施临时反补贴措施之日前90日以内进口的产品追溯征收反补贴税：

（1）补贴进口产品在较短的时间内大量增加；

（2）此种增加对国内产业造成难以补救的损害；

（3）此种产品得益于补贴。

终裁决定确定不征收反补贴税的，或者终裁决定没有确定追溯征收反补贴税的，对实施临时反补贴措施期间已经收取的现金保证金应当退还，保函应当解除。

反补贴税的征收期限不超过5年。但是，经复审确定终止征收反补贴税有可能导致补贴和损害的继续或者再度发生的，反补贴税的征收期限可以适当延长。

反补贴税生效以后，商务部可以在有正当理由的情况下决定复审继续征收反补贴税的必要性；也可以在经过一段合理时间，应利害关系方的请求，并审查利害关系方提供的相应证据以后，决定复审继续征收反补贴税的必要性。

根据复审结果，由商务部提出保留、修改或者取消反补贴税的建议，国务院关税税则委员会根据该部的建议作出决定，由该部公告。

复审期限自决定复审开始之日起不超过 12 个月。在复审期间，复审程序不妨碍反补贴措施的实施。

任何国家（地区）对于中国的出口产品采取歧视性反补贴措施，中国都可以根据实际情况对该国家（地区）采取相应的措施。

3. 保障措施关税

在公平贸易条件下，由于关税减让等承诺的存在，可能导致某种产品对某一世界贸易组织成员方的进口增加，从而对该成员方生产同类产品、直接竞争产品的国内产业造成严重损害或者严重损害威胁。在这种情况下，该成员方可以对于这种产品的进口采取数量限制和提高关税等措施，以便国内有关产业进行调整，适应竞争，这类措施就是保障措施。

根据国务院发布的保障措施条例，进口产品数量增加，并对生产同类产品或者直接竞争产品的国内产业造成严重损害或者严重损害威胁（以下除特别指明外，统称损害）的，可以调查，采取保障措施。

与国内产业有关的自然人、法人和其他组织（以下统称申请人），可以按照保障措施条例的规定，向商务部提出采取保障措施的申请。商务部应当及时审查申请人的申请，决定立案调查或者不立案调查。

商务部没有收到采取保障措施的书面申请，但是有充分证据认为国内产业由于进口产品数量增加而受到损害的，也可以决定立案

调查。

商务部根据调查结果，可以作出初裁决定，也可以直接作出终裁决定，并予以公告。

有明确证据表明进口产品数量增加，在不采取临时保障措施将对国内产业造成难以补救的损害的紧急情况下可以作出初裁决定，并采取临时保障措施。临时保障措施采取提高关税的形式。

采取临时保障措施，由商务部提出建议，国务院关税税则委员会根据该部的建议作出决定，由该部公告，海关自公告规定实施之日起执行。

临时保障措施的实施期限，自临时保障措施决定公告规定实施之日起，不超过 200 日。

终裁决定确定进口产品数量增加，并由此对国内产业造成损害的，可以采取提高关税、数量限制等形式的保障措施。实施保障措施应当符合公共利益。

保障措施采取提高关税形式的，由商务部提出建议，国务院关税税则委员会根据该部的建议作出决定，由该部公告，海关自公告规定实施之日起执行。

终裁决定确定不采取保障措施的，已经征收的临时关税应当退还。

保障措施的实施期限不超过 4 年。符合下列条件的，保障措施的实施期限可以适当延长：

（1）按照保障措施条例规定的程序确定保障措施对于防止或者补救严重损害仍然有必要；

（2）有证据表明相关国内产业正在调整；

（3）已经履行有关对外通知、磋商的义务；

（4）延长以后的措施不严于延长以前的措施。

一项保障措施的实施期限及其延长期限，最长不超过 10 年。

保障措施实施期限超过 1 年的，应当在实施期间按照固定时间间隔逐步放宽。

保障措施实施期限超过 3 年的，商务部应当在实施期间对该项措施进行中期复审，复审的内容包括保障措施对于国内产业的影响、国内产业的调整情况等。

保障措施属于提高关税的，商务部应当根据复审结果和保障措施条例的规定提出保留、取消或者加快放宽提高关税措施的建议，国务院关税税则委员会根据该部的建议作出决定，由该部公告。

对同一进口产品再次采取保障措施的，与前次采取保障措施的时间间隔应当不短于前次采取保障措施的实施期限，并且至少为 2 年。符合下列条件的，对一产品实施的期限不超过 180 日的保障措施不受上述限制：

（1）自对该进口产品实施保障措施之日起，已经超过 1 年；

（2）自实施该保障措施之日起 5 年以内，没有对同一产品实施两次以上保障措施。

任何国家（地区）对于中国的出口产品采取歧视性保障措施，中国都可以根据实际情况对该国家（地区）采取相应的措施。

（八）进境物品进口税

进境物品的关税和进口环节海关代征的增值税、消费税合并为进口税，由海关依法征收。

海关总署规定数额以内的个人自用进境物品，免征进口税。超过海关总署规定数额，但是仍然在合理数量以内的个人自用进境物品，由进境物品的纳税人在进境物品放行以前按照规定缴纳进口税。超过合理、自用数量的进境物品，应当按照进口货物依法办理相关手续。

国务院关税税则委员会规定按照货物征税的进境物品，按照进出口关税条例的有关规定征收关税。

进境物品的纳税人，包括携带物品进境的入境人员、进境邮递

物品的收件人和以其他方式进口物品的收件人。

进境物品的纳税人可以自行办理纳税手续，也可以委托他人办理纳税手续。接受委托的人应当遵守进出口关税条例对纳税人的有关规定。

进口税从价计征。

应纳税额计算公式：

☞ 应纳税额 ＝ 应税进境物品数量 × 完税价格 × 适用税率

海关应当按照国务院制定的《中华人民共和国进境物品进口税税率表》和海关总署制定的《中华人民共和国进境物品归类表》《中华人民共和国进境物品完税价格表》，对进境物品进行归类、确定完税价格和适用税率。目前进境物品进口税的税目、税率详见下表：

进境物品进口税税目、税率表

税目	物品名称	税率（%）
1	书报、刊物和教育用影视资料，计算机、视频摄录一体机和数字照相机等信息技术产品，食品、饮料，金银，家具，玩具、游戏品、节日和其他娱乐用品，药品	13
2	运动用品（不包括高尔夫球和球具），钓鱼用品，纺织品及其制成品，电视摄像机和其他电器用具，自行车，税目 1、3 中未包含的其他商品	20
3	烟、酒，贵重首饰、珠宝玉石，高尔夫球和球具，高档手表、化妆品	50

注：1. 减按 3% 征收进口环节增值税的药品按照货物税率征税。

2. 税目 3 所列商品的范围与消费税征收范围一致。

进境物品依次按照下列方法归类：归类表中已经列名的物品，归入其列名类别；归类表中没有列名的物品，按照其主要功能或者用途归入相应类别；不能按照上述方法归入相应类别的物品，归入其他物品类别。

进境物品的完税价格，由海关按照下列方法确定：

1. 完税价格表已经列明完税价格的物品，按照完税价格表确定。例如，参每公斤 2 000 元（人民币，下同），奶粉每公斤 200 元，白兰地每瓶（不超过 750 毫升）500 元，卷烟每支 0.5 元，外衣每件 300 元，皮大衣每件 2 000 元，皮鞋每双 300 元，电子表每只 200 元，香水每瓶 300 元，血压计每个 500 元，微波炉每台 600 元，电动剃须刀每个 200 元，键盘式手持移动电话机每台 1 000 元，49 英寸电视机每台 10 000 元，一体式数码照相机每台 2 000 元，视频摄录一体机每台 4 000 元，音箱每个 1 000 元，键盘式笔记本电脑每台 2 000 元，立式钢琴每架 15 000 元，高尔夫球杆每根 1 000 元，自行车每辆 500 元。

2. 完税价格表没有列明完税价格的物品，按照相同物品相同来源地最近时间的主要市场零售价格确定其完税价格。

3. 实际购买价格是完税价格表列明完税价格的 2 倍以上，或者完税价格表列明完税价格的 50% 以下的物品，进境物品所有人应当向海关提供销售方依法开具的真实交易的购物发票或者收据，并承担相关责任。海关可以根据物品所有人提供的上述相关凭证，依法确定应税物品的完税价格。

4. 边疆地区民族特需商品的完税价格，按照海关总署另行审定的完税价格表执行。

纳税人对进境物品的归类、完税价格的确定持有异议的，可以依法提请行政复议。

进境物品适用海关填发税款缴款书之日实施的完税价格和适用税率。

[**实例**]

某出国人员回国时带入中国境内 1 台视频摄录一体机，完税价格规定为 4 000 元，进口税适用税率为 13%，该出国人员所带上述进境物品应纳进口税税额的计算方法如下：

应纳税额 = 4 000 元 × 13%

         = 520 元

进口税的减征、免征、补征、追征和退还，对暂准进境物品征收进口税，参照进出口关税条例对货物征收进口关税的规定执行。

入境旅客行李物品和个人邮递物品进口税的主要免税规定如下：

1. 进境居民旅客携带在境外获取的个人自用进境物品，总值不超过 5 000 元的；非居民旅客携带拟留在中国境内的个人自用进境物品，总值不超过 2 000 元的，可以免税。但是，烟草制品、酒精制品和国家规定应当征税的电视机、摄像机、录像机、放像机、音响设备、空调器、电冰箱（柜）、洗衣机、照相机、复印机、程控电话交换机、微型计算机及外设、电话机、无线寻呼系统、传真机、电子计算器、打印机及文字处理机、家具、灯具和餐料等物品，另按有关规定办理。

进境居民旅客携带超出 5 000 元的个人自用进境物品，经海关审核确属自用的；进境非居民旅客携带拟留在中国境内的个人自用进境物品，超出 2 000 元的，海关仅对超出部分征税，不可分割的单件物品全额征税。

2. 中国常驻境外的外交机构人员、留学人员、访问学者、赴外劳务人员、援外人员和远洋海员，香港、澳门、台湾同胞和华侨，外国驻华使馆、领馆和有关国际机构的人员，可以享受一定的免税待遇。

3. 不超过海关规定的自用合理数量的避孕用具和药品，可以免税。

4. 外国在华常驻人员在华居住超过 1 年者（指工作和留学签证有效期超过 1 年者），在签证有效期以内初次来华携带进境的个人自用的家用摄像机、照相机、便携式收录机、激光唱机和计算机，报经所在地主管海关审核，在每个品种 1 台的数量限制以内，可以免税。其中，外国专家携运进境的图书资料、科研仪器、工具、样品和试剂等教学、科研物品，在自用合理数量范围以内的，可以免税。

上述外国在华常驻人员包括外国企业和其他经济贸易、文化等组织在华常驻机构的常驻人员，外国民间经济贸易、文化团体在华常驻机构的常驻人员，外国在华常驻新闻机构的常驻记者，在华的中外合资经营企业、中外合作经营企业和外资企业的外方常驻人员，长期来华工作的外国专家和华侨专家，长期来华学习的外国留学生和华侨留学生。

此外，应征进口税税额在人民币 50 元以下的，可以免征。

七、

企业所得税

企业所得税以企业的所得为征税对象，是目前各国普遍征收的一种税收。2007 年 3 月 16 日，第十届全国人民代表大会第五次会议通过《中华人民共和国企业所得税法》，当日公布，自 2008 年 1 月 1 日起施行。2018 年 12 月 29 日，第十三届全国人民代表大会常务委员会第七次会议第二次修正该法，当日公布施行。2007 年 12 月 6 日，国务院公布《中华人民共和国企业所得税法实施条例》。2019 年 4 月 23 日，国务院对该条例作了修改。

企业所得税由税务机关负责征收管理，所得收入由中央政府与地方政府共享，是中央政府和地方政府税收收入的主要来源之一。2020 年，企业所得税收入为 36 425.8 亿元，占当年中国税收总额的 23.6%。

(一) 纳税人

企业所得税的纳税人分为下列两类，统称企业：

1. 企业，包括国有企业、集体企业、私营企业、股份制企业、中外合资经营企业、中外合作经营企业、外资企业和外国企业等类企业，但是不包括依照中国法律成立的个人独资企业、合伙企业；

2. 其他取得收入的组织，包括事业单位、社会团体、民办非企业单位、基金会、外国商会和农民专业合作社等。

企业分为居民企业和非居民企业。

居民企业包括下列两类企业：

1. 依法在中国境内成立的企业。

2. 依照外国（地区）法律成立，但是实际管理机构在中国境内的企业。

非居民企业包括下列两类企业：

1. 依照外国（地区）法律成立，实际管理机构不在中国境内，但是在中国境内设立机构、场所的企业。

2. 没有在中国境内设立机构、场所，但是有来源于中国境内所得的企业。

上述实际管理机构，指对企业的生产经营、人员、账务和财产等实施实质性全面管理和控制的机构。

上述机构、场所，指在中国境内从事生产、经营活动的机构、场所，包括管理机构、营业机构（如商场）和办事机构（如办事处），工厂、农场、牧场、林场、渔场和开采自然资源的场所（如矿山、油田等），提供劳务的场所，从事建筑、安装、装配、修理和勘探等工程作业的场所，其他从事生产、经营活动的机构、场所。

非居民企业委托营业代理人在中国境内从事生产、经营活动的，包括委托单位、个人经常代其签订合同，储存、交付货物等，该营业代理人视为非居民企业在中国境内设立的机构、场所。

居民企业应当就其来源于中国境内、境外的所得缴纳企业所得税。

非居民企业在中国境内设立机构、场所的，应当就其在中国境内所设机构、场所取得的来源于中国境内的所得和发生在中国境外

但是与其在中国境内所设机构、场所有实际联系的所得缴纳企业所得税。

非居民企业没有在中国境内设立机构、场所；或者虽然在中国境内设立机构、场所，但是取得的所得与其在中国境内所设机构、场所没有实际联系的，应当就其来源于中国境内的所得缴纳企业所得税。

上述所得，包括销售货物所得，提供劳务所得，转让财产所得，股息、红利等权益性投资所得，利息所得，租金所得，特许权使用费所得，接受捐赠所得，其他所得。

上述来源于中国境内、境外的所得按照下列原则确定：

1. 销售货物所得，按照交易活动发生地（通常为销货企业的营业机构所在地）确定。

2. 提供劳务所得，按照劳务发生地确定。

3. 转让财产所得，不动产转让所得按照不动产所在地确定，动产转让所得按照转让动产的企业和机构、场所所在地确定，权益性投资资产转让所得按照被投资企业所在地确定。

4. 股息、红利等权益性投资所得，按照分配所得的企业所在地确定。

5. 利息所得、租金所得、特许权使用费所得，按照负担、支付所得的企业和机构、场所所在地确定，或者按照负担、支付所得的个人的住所地确定。

6. 其他所得，由财政部、国家税务总局确定。

上述实际联系，指非居民企业在中国境内设立的机构、场所拥有据以取得所得的股权、债权和拥有、管理、控制据以取得所得的财产等。

在香港特别行政区、澳门特别行政区和台湾地区成立的企业，参照关于非居民企业的规定缴纳企业所得税。

目前，中国的企业所得税收入主要来自采矿业，制造业，电力生产和供应业，建筑业，批发和零售业，交通运输业，信息传输、软件和信息技术服务业，金融业，房地产业，商务服务业等行业的国有企业、私营企业、股份制企业和外商投资企业。

（二）计税依据、税率

企业所得税以应纳税所得额为计税依据。

企业应纳税所得额的计算，以权责发生制为原则，即属于当期的收入和费用，不论款项是否收付，均作为当期的收入和费用；不属于当期的收入和费用，即使款项已经在当期收付，均不作为当期的收入和费用，税法另有规定的除外。

1. 企业本纳税年度的收入总额，减除不征税收入、免税收入、各项扣除和允许弥补的以前年度亏损以后的余额，为应纳税所得额；适用税率为25％。符合规定条件的企业，可以减按20％或者15％的税率计算缴纳企业所得税。

（1）纳税年度。纳税年度自公历1月1日起至12月31日止。

企业在一个纳税年度中间开业，或者终止经营活动，使该纳税年度的实际经营期不足12个月的，应当以其实际经营期为一个纳税年度。

企业依法清算的时候，应当以清算期间作为一个纳税年度。

（2）收入总额。企业以货币形式和非货币形式从各种来源取得的收入为收入总额。

上述企业取得收入的货币形式，包括现金、存款、应收账款、应收票据、准备持有至到期的债券投资和债务的豁免等；企业取得收入的非货币形式，包括固定资产、生物资产、无形资产、股权投资、存货、不准备持有至到期的债券投资、劳务和有关权益等。

企业以非货币形式取得的收入，应当按照公允价值即按照市场价格确定的价值确定收入额。

上述收入总额，由下列项目构成：

① 销售货物收入，指企业销售商品、产品、原材料、包装物、低值易耗品和其他存货取得的收入。

② 提供劳务收入，指企业从事建筑安装、修理修配、交通运输、仓储租赁、金融保险、邮电通信、咨询经纪、文化体育、科学研究、技术服务、教育培训、餐饮住宿、中介代理、卫生保健、社区服务、旅游、娱乐、加工和其他劳务服务活动取得的收入。

③ 转让财产收入，指企业转让固定资产、生物资产、无形资产、股权和债权等财产取得的收入。

企业转让股权收入，应当按照转让协议生效、且完成股权变更手续的日期确认收入的实现。转让股权收入扣除为取得该股权发生的成本以后的余额为股权转让所得。在计算股权转让所得的时候，不能扣除被投资企业未分配利润等股东留存收益中按照该项股权所可能分配的金额。

④ 股息、红利等权益性投资收益，指企业因权益性投资从被投资方取得的收入。此类收益应当按照被投资企业股东会或者股东大会作出利润分配或者转股决定的日期确定收入的实现。但是，被投资企业将股权、股票溢价形成的资本公积转为股本的，不作为投资方企业的股息、红利收入，投资方企业也不得增加该项长期投资的计税基础。

⑤ 利息收入，指企业将资金提供他人使用但是不构成权益性投资，因他人占用本企业资金取得的收入，包括存款利息、贷款利息、债券利息和欠款利息等收入。此类收入应当按照合同约定的债务人应付利息的日期确认收入的实现。

金融企业按照规定发放的贷款，属于未逾期贷款的，应当根据先收利息后收本金的原则，按照贷款合同确认的利率和结算利息的期限计算利息，并于债务人应付利息的日期确认收入的实现。属于逾期贷款的，逾期以后发生的应收利息，应当于实际收到的日期；或者虽然没有实际收到，但是会计上确认为利息收入的日期，确认收入的实现。

金融企业已经确认为利息收入的应收利息，逾期 90 日没有收回，且会计上已经冲减当期利息收入的，可以抵扣当期的应纳税所得额；已经冲减利息收入的应收未收利息，在以后年度收回的时候，应当计入当期的应纳税所得额。

⑥ 租金收入，指企业提供固定资产、包装物和其他有形资产的使用权取得的收入。此类收入应当按照合同（协议）约定的承租人应付租金的日期确认收入的实现。

如果交易合同（协议）中规定租赁期限跨年度，且租金提前一次性支付，根据税法规定的收入与费用配比原则，出租人可以将上述已经确认的收入在租赁期以内分期均匀计入相关年度收入。出租方如果为在中国境内设有机构场所且据实申报缴纳企业所得的非居民企业，也按照上述规定执行。

⑦ 特许权使用费收入，指企业提供专利权、非专利技术、商标权、著作权和其他特许权（如连锁店经营的加盟特许权、品牌经营的特许权等）的使用权取得的收入。此类收入应当按照合同约定的特许权使用人应付特许权使用费的日期确认收入的实现。

⑧ 接受捐赠收入，指企业接受的来自其他企业、组织和个人无偿给予的货币性资产与非货币性资产。此类收入，按照实际收到捐赠资产的日期确认收入的实现。

⑨ 其他收入，指企业取得的除了上述 8 项收入以外的其他收入，包括企业资产溢余收入、逾期未退包装物押金收入、确实无法偿付的应付款项、已经作坏账损失处理以后收回的应收款项、债务重组收入、补贴收入、违约金收入和汇兑收益等。

企业发生债务重组，应当按照债务重组合同（协议）生效的日期确认收入的实现。

除了企业所得税法及其实施条例另有规定者外，企业销售收入的确认必须遵循权责发生制原则和实质重于形式原则。

企业的下列生产、经营业务，可以分期确认收入的实现：

① 以分期收款方式销售货物的，按照合同约定的收款日期确

认收入的实现；

② 企业受托加工制造大型机械设备、船舶和飞机，从事建筑、安装、装配工程业务和提供其他劳务等，持续时间超过 12 个月的，按照纳税年度完工进度或者完成的工作量确认收入的实现。

采取产品分成方式取得收入的，按照企业分得产品的日期确认收入的实现，其收入额按照产品的公允价值确定。

企业发生非货币性资产交换，将货物、财产和劳务用于捐赠、偿债、赞助、集资、广告、样品、职工福利和利润分配等用途的，应当视同销售货物、转让财产或者提供劳务，财政部、国家税务总局另有规定的除外。

企业取得财产转让收入、债务重组收入、接受捐赠收入和无法偿付的应付款收入等，不论是否以货币形式体现，除了另有规定的以外，都应当一次性计入确认收入年度的收入，计算缴纳企业所得税。

（3）不征税收入。收入总额中的下列收入为不征税收入：

① 财政拨款，指各级人民政府对纳入预算管理的事业单位、社会团体等组织拨付的财政资金，国务院和财政部、国家税务总局另有规定的除外。

② 依法收取并纳入财政管理的行政事业性收费，指依照法律、行政法规等有关规定，按照国务院规定程序批准，在实施社会公共管理，向公民、法人和其他组织提供特定公共服务的过程中，向特定对象收取并纳入财政管理的费用。

③ 政府性基金，指企业依照法律、行政法规等有关规定，代政府收取的具有专项用途的财政资金。

④ 全国社会保障基金理事会、社会保障基金投资管理人管理的社会保障基金银行存款利息收入和社会保障基金从证券市场取得的收入，包括买卖证券投资基金、股票、债券的差价收入，证券投资基金红利收入，股票的股息、红利收入，债券的利息收入和产业投资基金收益、信托投资收益等其他投资收入。

⑤ 国务院规定的其他不征税收入，指企业取得的，由财政部、国家税务总局规定专项用途，并经国务院批准的财政性资金。例如，软件生产企业增值税即征即退的增值税税款，由企业用于研究开发软件产品和扩大再生产的，不征收企业所得税。

此外，企业从县级以上各级人民政府财政部门及其他部门取得的应计入收入总额的财政性资金，同时符合下列条件的，可以作为不征税收入，在计算企业所得税应纳税所得额的时候从收入总额中减除：企业能够提供规定资金专项用途的资金拨付文件，财政部门和其他拨付资金的政府部门对该资金有专门的资金管理办法或者具体管理要求，企业对该资金和以该资金发生的支出单独核算。

上述不征税收入用于支出形成的费用，不得在计算企业所得税应纳税所得额的时候扣除；用于支出形成的资产，其折旧、摊销不得在计算企业所得税应纳税所得额的时候扣除。

上述财政性资金作不征税收入处理以后，在 5 年以内未发生支出且未缴回财政部门和其他拨付资金的政府部门的部分，应当计入取得该资金第六年的应税收入总额；计入应税收入总额的财政性资金发生的支出，允许在计算企业所得税应纳税所得额的时候扣除。

（4）免税收入。包括企业所得税法规定的免税收入和国务院规定的免税收入（详见后面关于税收优惠的介绍）。

（5）扣除。企业实际发生的与取得收入有关的、合理的支出，包括成本、费用、税金、损失和其他支出，可以在计算企业所得税应纳税所得额的时候按照规定的范围和标准扣除。

上述成本，指企业在生产、经营活动中发生的销售成本、销货成本、业务支出和其他耗费。

上述费用，指企业在生产、经营活动中发生的销售费用、管理费用和财务费用，已经计入成本的有关费用除外。

上述税金，指企业发生的除了企业所得税和允许抵扣的增值税以外的税金及其附加。

上述损失，指企业在生产、经营活动中发生的固定资产和存货的盘亏、毁损、报废损失，转让财产损失，呆账损失，坏账损失，自然灾害等不可抗力造成的损失，其他损失。

企业发生的损失，减除责任人赔偿和保险赔款以后的余额，可以按照税法的规定扣除。

企业已经作为损失处理的资产，在以后纳税年度全部收回或者部分收回的时候，应当计入当期的收入。

上述其他支出，指除了上述成本、费用、税金和损失以外，企业在生产、经营活动中发生的与生产、经营活动有关的、合理的支出。

企业发现以前年度实际发生的、依法应当扣除而没有扣除或者少扣除的支出，作出专项申报和说明以后，可以追补至该项目发生年度计算扣除，但是追补期限不能超过 5 年。企业因此多缴的企业所得税，可以在追补年度应纳企业所得税中抵扣；不足抵扣的，可以在以后年度递延抵扣，或者申请退税。

主要扣除项目如下：

① 工资、薪金。企业发生的合理的工资、薪金支出，可以扣除。

上述工资、薪金，指企业本纳税年度支付给在本企业任职和受雇的职工的所有现金形式与非现金形式的劳动报酬，包括基本工资、奖金、津贴、补贴、年终加薪、加班工资和与职工任职、受雇有关的其他支出。

上述合理的工资、薪金，指企业按照股东大会、董事会、薪酬委员会或者相关管理机构制定的工资、薪金制度规定发给员工的工资、薪金。税务机关确认工资、薪金合理性的时候按照下列原则掌握：企业制定了较为规范的员工工资、薪金制度；企业制定的工资、薪金制度符合行业和地区水平；企业在一定时期发放的工资、薪金相对固定，工资、薪金调整有序；企业在发放工资、薪金的时候已经依法代扣代缴个人所得税；有关工资、薪金的安排不以减少或者逃避纳税为目的。

企业由于雇用季节工、临时工、实习生、返聘离退休人员和接受外部劳务派遣用工发生的费用，应当区分为工资、薪金支出和职工福利费支出，并依法扣除。其中属于工资、薪金支出的部分，可以计入企业的工资、薪金总额。

国有性质的企业，其工资、薪金不得超过政府有关部门限定的数额。

② 社会保险费和住房公积金。企业按照国务院有关主管部门或者省级人民政府规定的范围和标准为职工缴纳的基本养老保险费、基本医疗保险费、失业保险费、工伤保险费、生育保险费等基本社会保险费和住房公积金，可以扣除。

企业按照规定为本企业全体员工支付的补充养老保险费、补充医疗保险费，分别不超过职工工资总额5%的部分；企业参加雇主责任险、公众责任险等责任保险，按照规定缴纳的保险费，也可以扣除。

③ 商业保险。除了企业按照规定为特殊工种职工支付的人身安全保险费（如煤矿企业、建筑施工企业为有关职工支付的意外伤害保险费等）和财政部、国家税务总局规定可以扣除的商业保险费（如企业职工出差乘坐交通工具时支付的人身意外保险费）以外，企业为投资者和职工支付的其他商业保险费，不能扣除。

④ 借款费用。企业在生产、经营活动中发生的合理的、不需要资本化的借款费用，可以扣除。

企业为购置、建造固定资产、无形资产和经过 12 个月以上的建造才能达到预定可销售状态的存货发生借款的，在有关资产购置、建造期间发生的合理的借款费用，应当作为资本性支出计入有关资产的成本，并可以依法扣除。

企业通过发行债券、取得贷款和吸收保户储金等方式融资发生的合理的费用，符合资本化条件的，应当计入相关资产成本；不符合资本化条件的，应当作为财务费用扣除。

⑤ 利息支出。企业在生产、经营活动中发生的下列利息支出，可以扣除：非金融企业向金融企业借款的利息支出、金融企业的各

项存款利息支出和同业拆借利息支出、企业经批准发行债券的利息支出；非金融企业向非金融企业借款的利息支出，不超过按照金融企业同期同类贷款利率计算的数额的部分；企业向内部职工和其他人员（不包括股东和其他与企业有关联关系的自然人）借款的利息支出，不超过按照金融企业同期同类贷款利率计算的数额的部分，但是企业与个人之间的借贷应当真实、合法、有效，不具有非法集资目的和其他违法行为，且企业与个人之间签订了借款合同。

⑥ 汇兑损失。企业在货币交易中，纳税年度终了的时候将人民币以外的货币性资产、负债按照期末即期人民币汇率中间价折算为人民币的时候产生的汇兑损失，除了已经计入有关资产成本和与向所有者分配利润相关的部分以外，可以扣除。

⑦ 职工福利费。企业发生的职工福利费支出，不超过工资、薪金总额14%的部分，可以扣除。

上述职工福利费包括下列内容：没有实行分离办社会职能的企业，其内设福利部门所发生的设备、设施和人员费用，包括职工食堂、职工浴室、理发室、医务所、托儿所、疗养院等集体福利部门的设备、设施和维修保养费用，福利部门工作人员的工资、薪金、社会保险费、住房公积金和劳务费等；为职工卫生保健、生活、住房和交通等所发放的各项补贴和非货币性福利，包括企业向职工发放的因公外地就医费用、未实行医疗统筹企业职工医疗费用、职工供养直系亲属医疗补贴、供暖费补贴、职工防暑降温费、职工困难补贴、救济费、职工食堂经费补贴和职工交通补贴等；按照其他规定发生的其他职工福利费，包括丧葬补助费、抚恤费、安家费和探亲假路费等。

企业发生的职工福利费没有单独设置账册准确核算的，税务机关应当责令企业在规定的期限以内改正；逾期没有改正的，税务机关可以合理核定企业发生的职工福利费。

⑧ 工会经费。企业拨缴的工会经费，不超过工资、薪金总额2%的部分，可以扣除。

⑨ 职工教育经费。企业发生的职工教育经费支出，不超过工资、薪金总额8%的部分，可以扣除；超过工资、薪金总额8%的部分，可以在以后纳税年度结转扣除。

此外，集成电路设计企业和符合条件软件企业的职工培训费用，可以按照实际发生额扣除。航空企业发生的飞行员养成费、飞行训练费、乘务训练费和空中保卫员训练费等空勤训练费用，可以作为运输成本扣除。核力发电企业培养核电厂操纵员发生的培养费用，可以作为发电成本扣除。

[实例]

某企业本纳税年度发生合理的工资、薪金支出200万元，发生职工福利费支出26万元，拨缴的工会经费4万元，发生职工教育经费支出18万元。其中职工福利费和工会经费支出分别没有超过规定的扣除限额28万元（200万元×14% = 28万元）和4万元（200万元×2% = 4万元），所以都可以在计算当年企业所得税应纳税所得额的时候扣除；职工教育经费支出超过规定扣除限额的2万元（18万元 − 200万元×8% = 2万元）则不能在计算当年企业所得税应纳税所得额的时候扣除，但是可以在以后年度结转扣除。

⑩ 业务招待费。企业发生的与生产、经营活动有关的业务招待费支出，可以按照发生额的60%扣除，但是最高不得超过当年销售（营业）收入的5‰。

从事股权投资业务的企业（包括集团公司总部、创业投资企业等）从被投资企业取得的股息、红利和股权转让收入，也可以按照规定的比例计算业务招待费扣除限额。

[实例]

某企业本纳税年度发生与生产、经营活动有关的业务招待费支出10万元，按照60%的比例计算的可以在计算企业所得税应纳税所得额的时候扣除的金额为6万元（10万元×60% = 6万元）。但是，由于该企业当年的销售收入只有 1 000 万元，按照 5‰的比例计算的业务招待费支出的最高限额只有 5 万元（1 000 万元×5‰ = 5 万元）。所以，该企业当年的业务招待费支出在计算企业所得税应纳税所得额的时候只能扣除 5 万元。

企业在筹建期间发生的与筹建活动有关的业务招待费支出，可以按照实际发生额的 60% 计入企业筹办费。

⑪ 广告费、业务宣传费。企业发生的符合条件的广告费、业务宣传费支出，除了财政部、国家税务总局另有规定以外，不超过本纳税年度销售（营业）收入 15% 的部分，可以扣除；超过本纳税年度销售（营业）收入 15% 的部分，可以在以后纳税年度结转扣除。

[实例]

某企业本纳税年度发生符合条件的广告费、业务宣传费支出 400 万元。但是，由于该企业当年的销售收入只有 2 000 万元，按照 15% 的比例计算的广告费、业务宣传费支出的扣除限额只有 300 万元（2 000 万元×15% = 300 万元）。所以，该企业当年的广告费、业务宣传费支出，在计算企业所得税应纳税所得额的时候只能扣除 300 万元，超过扣除限额的 100 万元（400 万元 – 300 万元 = 100 万元）可以在以后年度结转扣除。

企业在筹建期间发生的广告费、业务宣传费，可以按照实际发生额计入企业筹办费。

自 2021 年至 2025 年，化妆品制造、销售，医药、饮料（不包括酒类）制造企业发生的广告费、业务宣传费支出，不超过当年销售（营业）收入 30% 的部分可以扣除，超过的部分可以在以后纳税年度结转扣除。签订广告费、业务宣传费分摊协议的关联企业，其中一方发生的不超过当年销售（营业）收入税前扣除限额比例的广告费、业务宣传费支出可以在本企业扣除，也可以将其中的部分或者全部按照分摊协议归集至另一方扣除。另一方在计算本企业广告费、业务宣传费支出企业所得税税前扣除限额时，可以不将按照上述办法归集至本企业的广告费、业务宣传费计算在内。烟草企业的烟草广告费、业务宣传费支出一律不得扣除。

⑫ 企业发生与生产、经营有关的手续费、佣金支出，不超过下列限额的部分可以扣除：

保险企业：以当年全部保费收入扣除退保金等以后余额的18%为限，超过限额的部分可以结转以后年度扣除。

其他企业：以企业与具有合法经营资格的中介服务机构、个人（不包括交易双方及其雇员、代理人和代表人等）签订服务协议或者合同确认的收入的5%为限。

企业应当与具有合法经营资格的中介服务机构、个人签订代办协议或者合同，并按照有关规定支付手续费、佣金。除了委托个人代理以外，企业以现金等非转账方式支付的手续费、佣金不能在税前扣除。企业为发行权益性证券支付给有关证券承销机构的手续费、佣金不能在税前扣除。

企业不能将手续费、佣金支出计入回扣、业务提成、返利和进场费等费用，也不能直接冲减服务协议或者合同金额。

企业已经计入固定资产、无形资产等资产的手续费、佣金支出，应当通过折旧、摊销等方式分期扣除，不能在发生当期直接扣除。

[实例]

某财产保险企业本纳税年度全部保费收入扣除退保金等以后余额为1 000万元，按照18%的比例计算的可以在计算企业所得税应纳税所得额的时候扣除的手续费、佣金限额为180万元（1 000万元×18% =180万元）。

从事代理服务、主营业务收入为手续费、佣金的企业（如证券、期货和保险代理等企业），为取得上述收入发生的营业成本（包括手续费、佣金支出），可以扣除。

⑬ 专项资金。企业依照法律、行政法规有关规定提取的用于环境保护、生态恢复等方面的专项资金，可以扣除。上述专项资金提取以后改变用途的，不能扣除。

⑭ 财产保险费。企业参加财产保险，按照规定缴纳的保险费，可以扣除。

⑮ 租赁费。企业根据生产、经营活动的需要租入固定资产支付的租赁费，可以按照下列方法扣除：以经营租赁方式租入固定资产发生的租赁费支出，可以按照租赁期限均匀扣除；以融资租赁方式租入固定资产发生的租赁费支出，按照规定构成融资租入固定资产价值的部分应当提取折旧费用，可以分期扣除。

⑯ 劳动保护支出。企业发生的合理的劳动保护支出（如购置工作服、安全保护用品和防暑降温用品等支出），可以扣除。

⑰ 企业之间支付的费用。企业之间支付的管理费、企业内营业机构之间支付的租金和特许权使用费，非银行企业内营业机构之间支付的利息，不能扣除。

非居民企业在中国境内设立的机构、场所，就其中国境外总机构发生的与该机构、场所生产、经营有关的费用，能够提供总机构出具的费用汇集范围、定额、分配依据和方法等证明文件，并合理分摊的，可以扣除。

⑱ 纳税人发生的开（筹）办费，可以在开始经营的当年一次性扣除，也可以按照长期待摊费用处理，但是处理方法选定以后不能改变。

⑲ 政府性基金和行政事业性收费。企业按照规定缴纳的、由国务院或者财政部批准设立的政府性基金，由国务院和省级人民政府及其财政、价格主管部门批准设立的行政事业性收费，可以扣除。

（6）捐赠。企业发生的公益性捐赠支出，在企业按照全国统一会计制度的规定计算的年度会计利润总额 12% 以内的部分，可以在计算企业所得税应纳税所得额的时候扣除；超过 12% 的部分，可以结转以后 3 年之内在计算企业所得税应纳税所得额的时候扣除。

上述公益性捐赠，指企业通过公益性社会组织、县级以上人民政府及其所属部门等国家机关，用于符合法律规定的公益事业、慈善活动的捐赠。

上述公益性社会组织，包括依法设立、登记并按照规定取得公益性捐赠税前扣除资格的慈善组织、其他社会组织和群众团体。

上述公益事业，包括非营利的下列事项：救助灾害、救济贫困、扶助残疾人等困难的社会群体和个人的活动，教育、科学、文化、卫生和体育事业，环境保护、社会公共设施建设，促进社会发展、进步的其他社会公共和福利事业。

上述慈善活动，指自然人、法人和其他组织以捐赠财产、提供服务等方式，自愿开展的下列公益活动：扶贫、济困；扶老、救孤、恤病、助残和优抚；救助自然灾害、事故灾难和公共卫生事件等突发事件造成的损害；促进教育、科学、文化、卫生和体育等事业的发展；防治污染和其他公害，保护和改善生态环境；符合慈善法规定的其他公益活动。

[实例]

某企业本纳税年度向规定的公益性社会组织捐款1 000万元，当年该企业按照国家统一会计制度的规定计算的年度会计利润总额为8 000万元，该企业当年公益性捐赠支出扣除限额为960万元（8 000万元×12% ＝960万元）。所以，该企业当年向规定的公益性社会组织捐款，在计算企业所得税应纳税所得额的时候只能扣除960万元，其余40万元可以按照规定结转以后年度扣除。

自2019年至2025年，企业通过公益性社会组织、县级以上人民政府及其组成部门和直属机构用于国家扶贫开发重点县、集中连片特困地区县和建档立卡贫困村的扶贫捐赠支出，可以在计算企业所得税应纳税所得额的时候据实扣除。在上述地区实现脱贫的，可以继续适用上述规定。

（7）不得扣除项目。企业在计算企业所得税应纳税所得额的时候，下列支出不能扣除：

① 向投资者支付的股息、红利等权益性投资收益款项；

② 企业所得税税款；

③ 税收滞纳金；

④ 罚金、罚款和被没收财物的损失；

⑤ 公益性捐赠支出以外的捐赠支出；

⑥ 赞助支出；

⑦ 不符合财政部、国家税务总局规定的各项资产减值准备、风险准备等准备金支出；

⑧ 与取得收入无关的其他支出。

此外，企业的不征税收入用于支出形成的费用；企业的不征税收入用于支出形成的财产，其固定资产折旧和无形资产摊销，也不能扣除。

（8）亏损。企业本纳税年度发生的亏损，可以用以后纳税年度的所得弥补，但是结转年限最长不能超过 5 年。

上述亏损，指企业依法将本纳税年度的收入总额减除不征税收入、免税收入和各项扣除以后小于零的数额。企业开始生产、经营的年度为开始计算企业损益的年度。

［实例］

某企业 2015 年和 2016 年分别亏损 170 万元和 60 万元。从 2017 年到 2020 年，在没有弥补 2015 年和 2016 年亏损的情况下，该企业的盈利 160 万元。这样，该企业 2015 年的亏损到 2020 年已经连续结转 5 年，只能弥补 160 万元，剩余的 10 万元不能在 2021 年继续结转和弥补。该企业 2016 年的亏损 60 万元，可以用 2021 年的盈利弥补。如果该企业 2021 年的盈利为 50 万元，则只能弥补 50 万元，其余的亏损 10 万元，由于结转期已经满 5 年，所以就不能在 2022 年继续结转和弥补了。

企业在汇总计算缴纳企业所得税的时候，其中国境外营业机构的亏损不能抵减中国境内营业机构的盈利。

合伙企业合伙人是法人和其他组织的，合伙人在计算其缴纳企业所得税时，不能用合伙企业的亏损抵减其盈利。

当年具备高新技术企业、科技型中小企业资格的企业，其具备资格年度以前5个年度发生的尚未弥补的亏损，可以结转以后年度弥补，最长结转年限由5年延长至10年。

（9）清算所得。此项所得指企业的全部资产可变现价值或者交易价格减除资产的计税基础、清算费用和相关税费，加上债务清偿损益等以后的余额。

企业全部资产的可变现价值或者交易价格减除清算费用，职工的工资、社会保险费用和法定补偿金，结清清算所得税、以前年度欠税等税款，清偿企业债务，按照规定计算可以向所有者分配的剩余资产。被清算企业的股东分得的剩余资产的金额，其中相当于被清算企业累计未分配利润和累计盈余公积中按照该股东所占股份比例计算的部分，应当确认为股息所得。剩余资产减除股息所得以后的余额，超过股东投资成本的部分，应当确认为股东的投资转让所得；低于股东投资成本的部分，应当确认为股东的投资转让损失。

2. 非居民企业在中国境内从事船舶、航空等国际运输业务的，以其在中国境内起运客货收入总额的5%为应纳税所得额。

[实例]

某外国航空公司本纳税年度在中国境内起运客货收入总额为8 000万元，其企业所得税应纳税所得额的计算方法如下：

应纳税所得额 = 8 000万元 × 5%

= 400万元

3. 非居民企业没有在中国境内设立机构、场所，取得来源于中国境内的所得；或者虽然在中国境内设立机构、场所，但是取得来源于中国境内的所得与其在中国境内所设机构、场所没有实际联系，应当按照下列方法计算企业所得税应纳税所得额，适用税率为20%（符合规定条件的项目，可以减按 10% 的税率缴纳企业所得税；中国政府同外国政府签订的有关税收的协定有更优惠规定的，可以按照有关税收协定办理）：

（1）股息、红利等权益性投资收益和利息、租金、特许权使用费所得，以收入全额为应纳税所得额。

（2）转让财产所得，以收入全额减除财产净值以后的余额为应纳税所得额。

应纳税所得额计算公式：

☞　　　　应纳税所得额 = 收入全额 − 财产净值

上述收入全额，指非居民企业向支付人收取的全部价款和价外费用。

[实例]

① 某外国银行没有在中国境内设立机构、场所，通过向中国境内的企业贷款取得利息收入 8 000 万元，其企业所得税应纳税所得额即为 8 000 万元。

② 某外国公司驻华代表处受该公司之托，将该公司在华一处净值 6 000 万元的房产出售，取得收入 8 000 万元，其企业所得税应纳税所得额的计算方法如下：

应纳税所得额 = 8 000 万元 − 6 000 万元

　　　　　　 = 2 000 万元

（3）其他所得（如咨询费、保险费等），参照前两项规定的方法计算应纳税所得额。

在计算企业所得税应纳税所得额的时候，企业财务、会计处理办法与税收法律、行政法规的规定不一致的，应当按照税收法律、行政法规的规定计算。企业按照财务、会计制度在财务、会计处理上已经确认的支出，不超过税法规定的扣除范围和标准的，可以按照企业财务、会计处理确认的支出扣除。

（三）资产的税务处理

企业的各项资产，包括固定资产、生物资产、无形资产、长期待摊费用、投资资产和存货等，以历史成本为计税基础。

上述历史成本，指企业取得该项资产的时候实际发生的支出。

企业持有各项资产期间资产增值和减值，除了财政部、国家税务总局规定可以确认损益以外，不能调整该资产的计税基础。

1. 固定资产

固定资产，指企业为生产产品、提供劳务、出租和经营管理而持有的、使用时间超过 12 个月的非货币性资产，包括房屋、建筑物、机器、机械、运输工具和其他与生产、经营活动有关的设备、器具、工具等。

固定资产按照下列方法确定计税基础：

（1）外购的固定资产，以购买价款、支付的相关税费和直接归属于使该资产达到预定用途发生的其他支出为计税基础。

（2）自行建造的固定资产，以竣工结算以前发生的支出为计税基础。

（3）融资租入的固定资产，以租赁合同约定的付款总额和承租人在签订租赁合同过程中发生的相关费用为计税基础；租赁合同未约定付款总额的，以该资产的公允价值和承租人在签订租赁合同过程中发生的相关费用为计税基础。

（4）盘盈的固定资产，以同类固定资产的重置完全价值为计税基础。

（5）通过捐赠、投资、非货币性资产交换和债务重组等方式取得的固定资产，以该资产的公允价值和支付的相关税费为计税基础。

（6）改建的固定资产，除了已经足额提取折旧的固定资产改建支出和以经营租赁方式租入固定资产的改建支出应当作为长期待摊费用处理以外，以改建过程中发生的改建支出（包括材料费、人工费和向政府缴纳的有关税费等）增加计税基础。

企业的固定资产投入使用以后，由于工程价款尚未结清没有取得全额发票的，可以暂按合同规定的金额计入固定资产计税基础计提折旧，待取得发票以后调整，但是此项调整应当在固定资产投入使用12个月以内办理。

企业应当根据固定资产的性质和使用情况，合理确定固定资产的预计净残值。上述净残值一经确定，不能改变。

除了财政部、国家税务总局另有规定以外，固定资产计算折旧的最低年限如下：

（1）房屋、建筑物，为20年；

（2）飞机、火车、轮船、机器、机械和其他生产设备，为10年；

（3）与生产、经营活动有关的器具、工具和家具等，为5年；

（4）飞机、火车和轮船以外的运输工具（如汽车、摩托车、拖拉机和机帆船等），为4年；

（5）电子设备，为3年。

企业购进软件，符合固定资产确认条件的，可以按照固定资产核算，折旧年限可以适当缩短，最短为2年。

集成电路生产企业的生产性设备，折旧年限可以适当缩短，最短为3年。

在计算企业所得税应纳税所得额的时候，固定资产按照直线法计算的折旧，可以扣除。

直线法的计算公式：

☞ 年折旧率 ＝（1－预计净残值率）÷折旧年限×100%
月折旧率 ＝ 年折旧率÷12
月折旧额 ＝ 固定资产原值×月折旧率

　　企业的固定资产由于技术进步，产品更新换代比较快；或者常年处于强震动、高腐蚀状态，需要加速折旧的，可以缩短折旧年限或者采取加速折旧的方法。

　　企业过去没有使用过与该项固定资产功能相同或者类似的固定资产，但是有充分的证据证明该固定资产的预计使用年限短于税法规定的最低折旧年限的，企业可以根据该固定资产的预计使用年限加速折旧。

　　企业在原有固定资产达到税法规定的最低折旧年限以前，使用功能相同或者类似的新固定资产替代原有固定资产的，可以根据原有固定资产的实际使用年限对新固定资产实行加速折旧。

　　企业采取缩短折旧年限方法的，购置的新固定资产，最低折旧年限不得低于税法规定的折旧年限的60%；购置使用过的固定资产，最低折旧年限不得低于税法规定的最低折旧年限减去使用年限以后剩余年限的60%。最低折旧年限一经确定，一般不能改变。

　　企业采取加速折旧方法的，可以采用双倍余额递减法或者年数总和法。加速折旧方法一经确定，一般不能改变。

　　双倍余额递减法的计算公式：

☞
　　　　年折旧率＝2÷预计使用年限×100%
　　　　月折旧率＝年折旧率÷12
　　　　月折旧额＝月初固定资产账面净值×月折旧率

　　年数总和法的计算公式：

☞
　　年折旧率＝尚可使用年限÷预计使用年限的年数总和×100%
　　月折旧率＝年折旧率÷12
　　月折旧额＝（固定资产原值－预计净残值）×月折旧率

　　生物药品制造业，专用设备制造业，铁路、船舶、航空航天和其他运输设备制造业，计算机、通信和其他电子设备制造业，仪器仪表制造业，信息传输、软件和信息技术服务业6个行业的企业2014年以后购进的固定资产，轻工、纺织、机械和汽车4个行业的企业2015年以后购进的固定资产，可以缩短折旧年限，或者采取加速折旧的方法。自2019年起，适用上述固定资产加速折旧规定的行业扩大至全部制造业。

上述前6个行业的小型微利企业2014年以后，后4个行业的小型微利企业2015年以后购进的研发和生产、经营共用的仪器、设备，单位价值不超过100万元的，允许一次性计入当期成本、费用，在计算企业所得税应纳税所得额的时候扣除，不再分年度计算折旧；单位价值超过100万元的，可以缩短折旧年限，或者采取加速折旧的方法。

企业2014年以后购进的专门用于研发的仪器、设备，单位价值不超过100万元的，允许一次性计入当期成本、费用，在计算企业所得税应纳税所得额的时候扣除，不再分年度计算折旧；单位价值超过100万元的，可以缩短折旧年限，或者采取加速折旧的方法。

企业持有的单位价值不超过5 000元的固定资产，允许一次性计入当期成本、费用，在计算企业所得税应纳税所得额的时候扣除，不再分年度计算折旧。

投入使用的固定资产，应当自其投入使用月份的次月起计算折旧；停止使用的固定资产，应当自其停止使用月份的次月起停止计算折旧。

下列固定资产不得计算折旧扣除：

（1）房屋、建筑物以外没有投入使用的固定资产；

（2）以经营租赁方式租入的固定资产；

（3）以融资租赁方式租出的固定资产；

（4）已经足额提取折旧继续使用的固定资产；

（5）与经营活动无关的固定资产；

（6）单独估价作为固定资产入账的土地；

（7）其他不得计算折旧扣除的固定资产。

企业在2018年至2023年期间购进的房屋、建筑物以外的固定资产，单位价值不超过500万元的，可以一次性计入当期成本、费用，在计算应纳税所得额时扣除，不再分年度计算折旧。

从事开采石油、天然气等矿产资源的企业，在开始商业性生产以前发生的费用和有关固定资产的折耗、折旧方法，财政部、国家税务总局另有规定。

2. 生产性生物资产

生产性生物资产，指企业为生产农产品、提供劳务和出租等而持有的生物资产，包括经济林、薪炭林、产畜和役畜等。

生产性生物资产按照下列方法确定计税基础：

（1）外购的生产性生物资产，以购买价款和支付的相关税费为计税基础；

（2）通过捐赠、投资、非货币性资产交换和债务重组等方式取得的生产性生物资产，以该资产的公允价值和支付的相关税费为计税基础。

在计算企业所得税应纳税所得额的时候，生产性生物资产按照直线法计算的折旧，可以扣除。

投入使用的生产性生物资产，应当自其投入使用月份的次月起计算折旧；停止使用的生产性生物资产，应当自其停止使用月份的次月起停止计算折旧。

企业应当根据生产性生物资产的性质和使用情况；合理确定其预计净残值。上述净残值一经确定，不得变更。

生产性生物资产计算折旧的最低年限如下：

（1）林木类生产性生物资产，为 10 年；

（2）畜类生产性生物资产，为 3 年。

3. 无形资产

无形资产，指企业为生产产品、提供劳务、出租和经营管理而持有的、没有实物形态的非货币性长期资产，包括专利权、商标权、著作权、土地使用权、非专利技术和商誉等。

无形资产按照下列方法确定计税基础：

（1）外购的无形资产，以购买价款、支付的相关税费和直接归属于使该资产达到预定用途发生的其他支出为计税基础；

（2）自行开发的无形资产，以开发过程中该资产符合资本化条件以后至达到预定用途以前发生的支出为计税基础；

（3）通过捐赠、投资、非货币性资产交换和债务重组等方式取得的无形资产，以该资产的公允价值和支付的相关税费为计税基础。

在计算企业所得税应纳税所得额的时候，无形资产按照直线法计算的摊销费用，可以扣除。

无形资产的摊销年限不得低于 10 年。

作为投资、受让的无形资产，有关法律规定或者合同约定了使用年限的，可以按照法律规定或者合同约定的使用年限分期摊销。

外购商誉的支出，在企业整体转让、清算的时候，可以扣除。

下列无形资产不得计算摊销费用扣除：

（1）自行开发的支出已经在计算应纳税所得额的时候扣除的无形资产；

（2）自创商誉；

（3）与经营活动无关的无形资产；

（4）其他不得计算摊销费用扣除的无形资产。

企业购进软件，符合无形资产确认条件的，可以按照无形资产核算，摊销年限可以适当缩短，最短为 2 年。

4. 长期待摊费用

在计算企业所得税应纳税所得额的时候，企业的下列支出作为长期待摊费用按照规定摊销的，可以扣除：

（1）已经足额提取折旧的固定资产的改建支出，按照固定资产预计尚可使用年限分期摊销。

（2）以经营租赁方式租入固定资产的改建支出，按照合同约定的剩余租赁期限分期摊销。

上述固定资产的改建支出，指改变房屋、建筑物结构、延长使用年限等发生的支出。

改建的固定资产延长使用年限的，除了已经足额提取折旧的固定资产和以经营租赁方式租入的固定资产以外，还应当适当延长折旧年限。

（3）固定资产的大修理支出，按照固定资产尚可使用年限分期摊销。此项支出应当同时符合下列条件：修理支出达到取得固定资产时的计税基础50%以上，修理以后固定资产的使用年限延长2年以上。

（4）其他应当作为长期待摊费用的支出，自支出发生月份的次月起分期摊销，摊销年限不得低于3年。

5. 投资资产

投资资产，指企业对外进行权益性投资、债权性投资形成的资产。

企业对外投资期间，投资资产的成本在计算企业所得税应纳税所得额的时候不得扣除。企业在转让、处置投资资产的时候，投资资产的成本可以扣除。

投资资产按照下列方法确定成本：

（1）通过支付现金方式取得的投资资产，以购买价款为成本；

（2）通过支付现金以外的方式取得的投资资产，以该资产的公允价值和支付的相关税费为成本。

投资企业从被投资企业撤回或者减少投资，其取得的资产中，相当于初始出资的部分，应当确认为投资收回；相当于被投资企业累计未分配利润和累计盈余公积按照减少实收资本比例计算的部分，应当确认为股息所得；其余部分应当确认为投资资产转让所得。

被投资企业发生的经营亏损，由被投资企业按照规定结转弥补；投资企业不得调整减低其投资成本，也不得将其确认为投资损失。

居民企业（以下简称企业）以非货币性资产对外投资确认的

非货币性资产转让所得，可以在不超过5年的期限以内，分期均匀计入相应年度的企业所得税应纳税所得额。

上述非货币性资产，指现金、银行存款、应收账款、应收票据和准备持有至到期的债券投资等货币性资产以外的资产；非货币性资产投资，限于以非货币性资产出资设立新的企业、将非货币性资产注入现存的企业。

企业以非货币性资产对外投资，应当评估非货币性资产，并按照评估以后的公允价值扣除计税基础以后的余额计算确认非货币性资产转让所得；在投资协议生效并办理股权登记手续的时候确认非货币性资产转让收入的实现。

企业以非货币性资产对外投资取得被投资企业的股权，应当以非货币性资产的原计税成本为计税基础，加上每年确认的非货币性资产转让所得，逐年调整。

被投资企业取得非货币性资产的计税基础，应当按照非货币性资产的公允价值确定。

企业在对外投资5年以内转让上述股权和投资收回的，应当停止执行递延纳税规定，并就递延期内没有确认的非货币性资产转让所得，在转让股权或者投资收回当年的企业所得税年度汇算清缴的时候一次性计算缴纳企业所得税；企业在计算股权转让所得的时候，可以按照上述规定将股权的计税基础一次调整到位。

企业在对外投资5年以内注销的，也应当停止执行递延纳税规定，并就递延期内没有确认的非货币性资产转让所得，在注销当年的企业所得税年度汇算清缴的时候一次性计算缴纳企业所得税。

企业发生非货币性资产投资，符合财政部、国家税务总局规定的特殊性税务处理条件的，也可以选择按照特殊性税务处理规定办理。

6. 存货

存货，指企业持有以备出售的产品或者商品、处在生产过程中的在产品、在生产和提供劳务过程中耗用的材料和物料等。

企业使用和销售存货，按照规定计算的存货成本，可以在计算企业所得税应纳税所得额的时候扣除。

存货按照下列方法确定成本：

（1）通过支付现金方式取得的存货，以购买价款和支付的相关税费为成本；

（2）通过支付现金以外的方式取得的存货，以该存货的公允价值和支付的相关税费为成本；

（3）生产性生物资产收获的农产品，以产出、采收过程中发生的材料费、人工费和分摊的间接费用等必要支出为成本。

企业使用和销售的存货的成本计算方法，可以在先进先出法、加权平均法和个别计价法中选用一种。计价方法一经选用，不能随意改变。

7. 转让资产、财产

企业转让资产、财产，被转让资产、财产的净值可以在计算企业所得税应纳税所得额的时候扣除。

上述资产、财产净值，指有关资产、财产的计税基础减除已经按照规定扣除的折旧、折耗、摊销和准备金等以后的余额。

（四）特别纳税调整

企业与其关联方之间的业务往来，不符合独立交易原则从而减少企业及其关联方应纳税收入、所得额的，税务机关有权按照合理的方法调整。

上述关联方，指与企业有下列关联关系之一的企业、其他组织和个人：

1. 在资金、经营和购销等方面存在直接或者间接的控制关系；

2. 直接或者间接地同为第三者控制；

3. 在利益上具有相关联的其他关系。

上述独立交易原则，指没有关联关系的交易各方，按照公平成交价格和营业常规进行业务往来遵循的原则。

上述合理方法，包括下列方法：

1. 可比非受控价格法，指按照没有关联关系的交易各方进行相同或者类似业务往来的价格定价的方法；

2. 再销售价格法，指按照从关联方购进商品再销售给没有关联关系的交易方的价格，减除相同或者类似业务的销售毛利定价的方法；

3. 成本加成法，指按照成本加合理的费用和利润定价的方法；

4. 交易净利润法，指按照没有关联关系的交易各方进行相同或者类似业务往来取得的净利润水平确定利润的方法；

5. 利润分割法，指将企业与其关联方的合并利润或者亏损在各方之间采用合理标准分配的方法；

6. 其他符合独立交易原则的方法。

企业与其关联方共同开发、受让无形资产，共同提供、接受劳务发生的成本，在计算应纳税所得额的时候，应当按照独立交易原则分摊，并可以与其关联方达成成本分摊协议。

企业与其关联方分摊成本的时候，应当按照成本与预期收益相配比的原则分摊，并按照税务机关的要求报送有关资料。

企业与其关联方分摊成本的时候违反上述规定的，其自行分摊的成本不能在计算应纳税所得额的时候扣除。

企业可以向税务机关提出与其关联方之间业务往来的定价原则和计算方法，税务机关与企业协商、确认以后，达成预约定价安排。

上述预约定价安排，指企业就其未来年度关联交易的定价原则和计算方法，向税务机关提出申请，与税务机关按照独立交易原则协商、确认以后达成的协议。实施的时候，通常需要采取预备会谈、正式申请、审核和评估、磋商、签订协议、监控执行 6 个步骤。

企业向税务机关报送年度企业所得税纳税申报表的时候，应当就其与关联方之间的业务往来，附送年度关联业务往来报告表。

在税务机关开展关联业务调查的时候，企业及其关联方，与关联业务调查有关的其他企业，都应当按照规定提供下列相关资料：

1. 与关联业务往来有关的价格、费用的制定标准、计算方法和说明等同期资料；

2. 关联业务往来所涉及的财产、财产使用权和劳务等的再销售（转让）价格或者最终销售（转让）价格的相关资料；

3. 与关联业务调查有关的其他企业应当提供的与被调查企业可比的产品价格、定价方式和利润水平等资料；

4. 其他与关联业务往来有关的资料。

上述与关联业务调查有关的其他企业，指与被调查企业在生产、经营内容和方式上相类似的企业。

企业应当在税务机关规定的期限以内，提供与关联业务往来有关的价格、费用的制定标准、计算方法和说明等资料。上述期限不超过60日；情况特殊的，经过纳税人申请和税务机关批准，可以适当延期，但是不能超过30日。关联方和与关联业务调查有关的其他企业，应当在税务机关与其约定的期限以内提供相关资料。

企业不提供与其关联方之间业务往来资料，或者提供虚假、不完整资料，不能真实反映其关联业务往来情况的，税务机关有权依法采用下列方法核定其企业所得税应纳税所得额：

1. 参照同类或者类似企业的利润率核定；

2. 按照企业成本加合理的费用和利润的方法核定；

3. 按照关联企业集团整体利润的合理比例核定；

4. 按照其他合理方法核定。

企业对税务机关按照上述规定的方法核定的应纳税所得额有异议的，应当提供相关证据，经税务机关认定以后，调整核定的企业所得税应纳税所得额。

由居民企业或者由居民企业和中国居民控制的设立在企业所得

税实际税负低于 12.5% 的国家（地区）的企业，并非由于合理的经营需要而不分配利润、减少利润分配的，上述利润中应当归属于该居民企业的部分，应当计入该居民企业的当期收入。

上述中国居民，指根据《中华人民共和国个人所得税法》的规定，就其从中国境内、境外取得的所得在中国缴纳个人所得税的个人。

上述控制包括下列情形：

1. 居民企业、中国居民直接或者间接单一持有外国企业 10% 以上有表决权股份，且由其共同持有该外国企业 50% 以上股份；

2. 居民企业或者居民企业和中国居民持股比例没有达到上述标准，但是在股份、资金、经营和购销等方面对该外国企业构成实质控制。

企业从其关联方接受的债权性投资与权益性投资的比例超过财政部、国家税务总局的规定标准而发生的利息支出，不能在计算应纳税所得额的时候扣除。

上述债权性投资，指企业直接或者间接从关联方获得的，需要偿还本金和支付利息或者需要以其他具有支付利息性质的方式补偿的融资。其中，企业间接从关联方获得的债权性投资，包括：

1. 关联方通过无关联第三方提供的债权性投资；

2. 无关联第三方提供的、由关联方担保且负有连带责任的债权性投资；

3. 其他间接从关联方获得的具有负债实质的债权性投资。

上述权益性投资，指企业接受的不需要偿还本金和支付利息，投资人对企业净资产拥有所有权的投资。

上述企业从其关联方接受的债权性投资与权益性投资的比例，金融企业为 5∶1，其他企业为 2∶1。企业同时从事金融业务和非金融业务的，其支付关联方的利息应当按照合理的方法分开计算；没有按照合理的方法分开计算的，一律按照其他企业的比例计算税前扣除的利息支出。

如果企业能够按照规定提供相关资料，并证明相关交易活动符合独立交易原则，或者该企业的实际税负不高于境内关联方，其支付境内关联方的利息在计算应纳税所得额的时候可以扣除。

中国居民企业、居民个人能够提供资料，证明其控制的外国企业设立在美国、英国、法国、德国、日本、意大利、加拿大、澳大利亚、印度、南非、新西兰和挪威的，可以免予将该外国企业不分配或者减少分配的利润视同股息分配额，计入中国居民企业的当期所得。

企业实施其他不具有合理商业目的（指以减少、免除和推迟缴纳税款为主要目的）的安排，从而减少其应纳税收入、所得额的，税务机关有权按照合理的方法调整。

税务机关按照企业所得税法作出纳税调整，需要补征税款的，应当补征税款。同时，对补征的税款，自税款所属纳税年度的次年6月1日起至补缴税款之日止，按日加收利息。此项利息应当按照中国人民银行公布、税款所属纳税年度12月31日实行的与补税期间同期的人民币贷款基准利率加5个百分点计算。但是，企业依法提供有关资料的，可以按照上述人民币贷款基准利率计算利息。企业的此项利息支出不能在计算应纳税所得额的时候扣除。

企业与其关联方之间的业务往来，不符合独立交易原则，企业实施其他不具有合理商业目的安排的，税务机关有权自该业务发生的纳税年度起10年以内作出纳税调整。

（五）计税方法

企业的应纳税所得额乘以适用税率，减除按照企业所得税法的规定免征、减征和抵免的税额以后的余额，为企业所得税应纳税额。

1. 居民企业来源于中国境内、境外的所得，非居民企业在中国境内所设机构、场所取得的来源于中国境内的所得和发生在中国境外但是与其在中国境内所设机构、场所有实际联系的所得，应当按照下列方法计算缴纳企业所得税：

应纳税额计算公式：

☞ $应纳税所得额 = 收入总额 - 不征税收入 - 免税收入 - 各项扣除 - 允许弥补的以前年度亏损$

应纳税额 = 应纳税所得额 × 适用税率 – 减免税额 – 抵免税额

[实例]

（1）某居民企业适用企业所得税税率为25%，本纳税年度总收入为1 200万元，其中不征税收入为100万元，免税收入为50万元，各项扣除为570万元；允许弥补的以前年度亏损为80万元，减免税额为30万元，抵免税额为10万元，该企业当年应纳企业所得税税额的计算方法如下：

应纳税所得额 = 1 200万元 – 100万元 – 50万元
　　　　　　 – 570万元 – 80万元
　　　　　 = 400万元

应纳税额 = 400万元 × 25% – 30万元 – 10万元
　　　　 = 60万元

（2）某外国企业在中国境内设立一个分公司，该分公司本纳税年度的应纳税所得额为2 000万元，既不享受税收优惠，也没有抵免税额，该分公司当年应纳企业所得税税额的计算方法如下：

应纳税额 = 2 000万元 × 25%
　　　　 = 500万元

2. 非居民企业没有在中国境内设立机构、场所，取得来源于中国境内的所得；或者虽然在中国境内设立机构、场所，但是取得来源于中国境内的所得与其在中国境内所设机构、场所没有实际联系，应当按照以下方法计算缴纳企业所得税：

应纳税额计算公式：

☞　　应纳税额 = 应纳税所得额 × 适用税率 − 减免的税额

[实例]

（1）没有在中国境内设立机构的某外国银行从中国境内取得利息收入 8 000 万元，可以依法减按 10% 的税率缴纳企业所得税，该银行上述收入应纳企业所得税税额的计算方法如下：

应纳税额 = 8 000 万元 × 10%
　　　　 = 800 万元

（2）某外国公司驻华代表处受该公司之托，将该公司在华一处净值 6 000 万元的房产出售，取得收入 8 000 万元，可以依法减按 10% 的税率缴纳企业所得税，该代表处上述收入应纳企业所得税税额的计算方法如下：

应纳税所得额 = 8 000 万元 − 6 000 万元
　　　　　　 = 2 000 万元

应纳税额 = 2 000 万元 × 10%
　　　　 = 200 万元

3. 企业在中国境外已经缴纳所得税的抵免方法如下：

（1）居民企业来源于中国境外的所得；非居民企业在中国境内设立机构、场所，取得发生在中国境外但是与该机构、场所有实际联系的所得，已经在中国境外缴纳的所得税，可以从其当期应纳所得税中抵免，抵免限额为上述所得按照中国企业所得税法的规定计算的应纳税额；超过抵免限额的部分，可以在超过抵免限额的纳税年度次年起连续 5 个纳税年度以内，用每个纳税年度抵免限额抵免当年应抵税额以后的余额抵补。上述抵免限额可以分国（地区）不分项计算，也可以不分国（地区）不分项方式计算，但是计算方式一经选择，5 年以内不能改变。

分国（地区）不分项计算抵免限额的公式如下：

$$抵免限额 = \frac{中国境内、境外所得按照中国税法计算的应纳税总额 \times 来源于某国（地区）的应纳税所得额}{中国境内、境外应纳税所得总额}$$

$$= 来源于某国（地区）的应纳税所得额 \times 25\%$$

[实例]

① 某中外合资经营企业适用企业所得税税率为 25%，本纳税年度来源于中国境内的应纳税所得额为 300 万元，来源于该企业设在某外国的分支机构的应纳税所得额为 100 万元，并且已经在该国缴纳企业所得税 35 万元，该企业境外企业所得税抵免限额和汇总计算的应纳中国企业所得税税额的计算方法如下：

抵免限额 = 100 万元 × 25%

= 25 万元

应纳税额 = （300 万元 + 100 万元）× 25% − 25 万元

= 75 万元

由于该企业当年在中国境外缴纳的企业所得税为 35 万元，而抵免限额只有 25 万元，所以，超过抵免限额的 10 万元只能留待以后年度抵扣。

② 某外国银行在中国境内设立一个分行，该分行本纳税年度来源于中国境内的应纳税所得额为 2 000 万元；将从中国吸收的存款贷给某外国的一个企业，取得利息收入 200 万元，并且按照 20% 的税率在该国缴纳企业所得税 40 万元，该分行境外企业所得税抵免限额和汇总计算的应纳中国企业所得税税额的计算方法如下：

抵免限额 = 200 万元 × 25%

= 50 万元

应纳税额 = （2 000 万元 + 200 万元）× 25% − 40 万元

= 510 万元

属于下列情形的，经企业申请，税务机关核准，可以采取简易办法对中国境外所得已纳税额计算抵免：

① 企业从中国境外取得营业利润和符合境外税额间接抵免条件的股息所得，虽然有所得来源国（地区）核发的具有纳税性质的凭证或者证明，但是由于客观原因无法真实、准确确认应当缴纳并已经缴纳的境外所得税的，除了就该所得直接缴纳和间接负担的税额在所得来源国（地区）的实际有效税率低于 12.5% 以上的以外，可以按照境外应纳税所得额的 12.5% 作为抵免限额，企业按照该国（地区）核发具有纳税性质凭证、证明的金额，其不超过抵免限额的部分准予抵免。

② 企业从中国境外取得营业利润和符合境外税额间接抵免条件的股息所得，凡就该所得缴纳和间接负担的税额在所得来源国（地区）的法定税率且实际有效税率明显高于中国的（目前此类国家包括美国、阿根廷、布隆迪、喀麦隆、古巴、法国、日本、摩洛哥、巴基斯坦、赞比亚、科威特、孟加拉国、叙利亚、约旦和老挝），可以直接以根据中国税法计算的境外应纳税所得额和 25% 的税率计算的抵免限额作为可以抵免的已经在境外实际缴纳的企业所得税税额。

（2）居民企业从其直接或者间接控制的外国企业分得的来源于中国境外的股息、红利等权益性投资收益，外国企业在中国境外实际缴纳的所得税税额中属于上述所得负担的部分，可以作为该居民企业的可抵免境外所得税税额，在中国企业所得税法规定的抵免限额以内抵免。

上述直接控制，指居民企业直接持有外国企业 20% 以上股份；间接控制，指居民企业以间接持股方式持有外国企业 20% 以上股份。

（3）居民企业从与中国签订税收协定的国家取得的所得，按照该国税法享受了免税、减税待遇，且该免税、减税的数额按照税收协定应当视同已缴税额在中国的应纳税额中抵免的，该免税、减税数额可以用于办理税收抵免。

企业所得税以人民币计算。企业的所得以其他货币计算的，应当先折算成人民币，然后计算缴纳企业所得税。

（六）免税、减税

国家对于重点扶持和鼓励发展的产业和项目，给予企业所得税优惠。

1. 企业的下列收入为免税收入：

（1）国债利息，2009 年以后年度发行的地方政府债券利息。

（2）符合条件的居民企业之间的股息、红利等权益性投资收益。

（3）在中国境内设立机构、场所的非居民企业从居民企业取得的与上述机构、场所有实际联系的股息、红利等权益性投资收益。

上述股息、红利等权益性投资收益，不包括连续持有居民企业公开发行并上市流通的股票不足 12 个月取得的投资收益。

（4）符合条件的非营利组织的收入。

上述符合条件的非营利组织，必须同时满足以下条件：按照中国有关法律、法规设立或者登记的事业单位、社会团体、基金会、社会服务机构、宗教活动场所、宗教院校和财政部、国家税务总局认定的其他非营利组织；从事公益性或者非营利性活动；取得的收入除了用于与该组织有关的、合理的支出以外，全部用于登记核定或者章程规定的公益性或者非营利性事业；财产及其孳息不用于分配，但是不包括合理的工资、薪金支出；按照登记核定或者章程规定，该组织注销以后的剩余财产用于公益性或者非营利性目的，或者由登记管理机关采取转赠给与该组织性质、宗旨相同的组织等处置方式，并向社会公告；投入人对投入该组织的财产不保留或者享有任何财产权利，上述投入人指除了各级人民政府及其部门以外的法人、自然人和其他组织；工作人员工资、福利开支控制在规定的比例以内，不变相分配该组织的财产，其中工作人员平均工资、薪金水平不得超过税务登记所在地的地市级以上地区的同行业、同类组织平均工资水平的2倍，工作人员福利按照有关规定执行；取得的应纳税收入及其有关的成本、费用、损失与免税收入及其有关的成本、费用、损失分别核算。

上述非营利组织的收入，包括接受其他单位、个人捐赠的收入，企业所得税法第七条规定的财政拨款以外的其他政府补助收入（但是不包括由于政府购买服务取得的收入），按照省级以上民政、财政部门规定收取的会费，不征税收入和免税收入滋生的银行存款利息收入，财政部、国家税务总局规定的其他收入；不包括非营利组织从事营利性活动取得的收入，财政部、国家税务总局另有规定的除外。

2. 企业从事下列项目的所得，可以免征企业所得税：

（1）蔬菜、谷物、薯类、油料、豆类、棉花、麻类、糖料、水果和坚果的种植；

（2）农作物新品种的选育；

（3）中药材的种植；

（4）林木的培育、种植；

（5）牲畜、家禽的饲养；

（6）林产品的采集；

（7）灌溉、农产品初加工、兽医、农技推广、农机作业和维修等农、林、牧、渔服务业项目；

（8）远洋捕捞。

3. 企业从事下列项目的所得，可以减半征收企业所得税：

（1）花卉、茶、其他饮料作物和香料作物的种植；

（2）海水养殖、内陆养殖。

4. 企业从事国家重点扶持的公共基础设施项目投资经营（不包括企业承包经营、承包建设和内部自建自用项目）的所得，可以自项目建成并投入运营以后取得第一笔生产、经营收入所属纳税年度起，第一年至第三年免征企业所得税，第四年至第六年减半征

收企业所得税。

上述国家重点扶持的公共基础设施项目，指经国务院批准，财政部、国家税务总局、国家发展和改革委员会公布《公共基础设施项目企业所得税优惠目录》规定的港口码头、机场、铁路、公路、城市公共交通、电力和水利等项目。

5. 企业从事符合条件的环境保护、节能节水项目的所得，可以自项目取得第一笔生产、经营收入所属纳税年度起，第一年至第三年免征企业所得税，第四年至第六年减半征收企业所得税。

上述符合条件的环境保护、节能节水项目，包括污水处理、垃圾处理、沼气综合开发利用、节能减排技术改造和海水淡化等。项目的具体条件和范围由财政部、国家税务总局商国务院有关部门制定，报国务院批准以后公布施行。

上述依法享受定期免征、减征企业所得税待遇的国家重点扶持的公共基础设施项目和环境保护、节能节水项目，在规定的减税、免税期限以内转让的，受让方自受让之日起，可以在剩余的期限以内继续享受规定的减税、免税待遇；减税、免税期限届满转让的，受让方不能就该项目重复享受减税、免税待遇。

6. 居民企业取得技术转让所得，一个纳税年度以内所得不超过500万元的部分，可以免征企业所得税；超过500万元的部分，可以减半征收企业所得税。

上述技术转让，应当符合下列条件：属于财政部、国家税务总局规定的范围（包括转让专利技术、计算机软件著作权、集成电路布图设计权、植物新品种、生物医药新品种和财政部、国家税务总局确定的其他技术，纳税人转让其拥有上述技术的所有权或者5年以上全球独占许可使用权）；中国境内技术转让经省级以上科技部门认定，向中国境外转让技术经省级以上商务部门认定；签订技术转让合同；国家税务总局规定的其他条件。纳税人从直接或者间接持有股权之和达到100%的关联方取得的技术转让所得，不能享受此项优惠。

上述技术转让所得应当按照下列公式计算：

☞ 技术转让所得＝技术转让收入－技术转让成本－相关税费

技术转让收入，指当事人履行技术转让合同以后获得的价款，不包括销售或者转让设备、仪器、零部件和原材料等非技术性收入，不属于与技术转让项目密不可分的技术咨询、技术服务和技术培训等收入不得计入技术转让收入。

技术转让成本，指被转让无形资产的净值，即该无形资产的计税基础减除其使用期间按照规定计算的摊销扣除额以后的余额。

相关税费，指技术转让过程中实际发生的有关税费，包括除企业所得税和可以抵扣的增值税以外的税金及其附加、合同签订费用、律师费等相关费用和其他支出。

享受技术转让所得减免企业所得税优惠的企业应当单独计算技术转让所得，并合理分摊企业的期间费用，否则不能享受上述优惠。

[实例]

某居民企业本纳税年度取得技术转让所得 1 000 万元，该企业此项所得应纳企业所得税税额的计算方法如下：

应纳税额＝（1 000 万元－500 万元）×25%×50%
　　　　＝62.5 万元

7. 非居民企业没有在中国境内设立机构、场所，取得来源于中国境内的所得；或者虽然在中国境内设立机构、场所，但是取得来源于中国境内的所得与其在中国境内所设机构、场所没有实际联系，可以减按 10% 的税率征收企业所得税。中国政府与外国政府签订的有关税收协定有更优惠规定的，可以按照有关税收协定的规定执行。

下列所得可以免征企业所得税：

（1）外国政府向中国政府提供贷款取得的利息。

（2）国际金融组织向中国政府、居民企业提供优惠贷款取得的利息。上述国际金融组织包括国际货币基金组织、世界银行、亚洲开发银行、国际开发协会、国际农业发展基金、欧洲投资银行和财政部、国家税务总局确定的其他国际金融组织；上述优惠贷款，指低于金融企业同期同类贷款利率水平的贷款。

（3）经国务院批准的其他所得。

此外，中国境外投资者从中国境内居民企业分配的利润直接投资于非禁止外商投资的项目和领域，符合规定条件的，可以暂不征收企业所得税。上述投资者享受上述待遇以后，被投资企业发生重组符合特殊性重组条件，并按照特殊性重组进行税务处理的，可以继续享受暂不征收企业所得税的待遇。

8. 从事非国家限制和禁止的行业，并符合下列条件的小型微利企业，可以减按20%的税率征收企业所得税：

（1）工业企业，年度应纳税所得额不超过30万元，从业人数不超过100人，资产总额不超过3 000万元；

（2）其他企业，年度应纳税所得额不超过30万元，从业人数不超过80人，资产总额不超过1 000万元。

上述从业人数，指与企业建立劳动关系的职工人数和企业接受的劳务派遣用工人数之和；从业人数和资产总额按照企业全年季度平均值确定，计算公式如下：

☞　　　季度平均值 =（季度初值 + 季度末值）÷ 2
全年季度平均值 = 全年各季度平均值之和 ÷ 4

年度中间开业或者终止经营活动的，以其实际经营期作为一个纳税年度确定上述指标。

纳税年度终了以后，税务机关应当根据企业当年的有关指标，核实企业当年是否符合小型微利企业的条件。如果企业当年的有关指标不符合小型微利企业的条件，已经减征了企业所得税，在年度汇算清缴的时候应当补缴减征的企业所得税。

上述规定只适用具备建账核算应纳税所得额条件的居民企业。按照规定采用核定征收办法缴纳企业所得税的企业，在具备准确核算应纳税所得额条件以前暂不适用小型微利企业适用的企业所得税税率。

自 2021 年至 2022 年，小型微利企业年应纳税所得额不超过 100 万元的部分，可以减按 12.5% 计入应纳税所得额；2021 年应纳税所得额超过 100 万元不超过 300 万元的部分，可以减按 50% 计入应纳税所得额。上述企业应当同时符合年应纳税所得额不超过 300 万元、从业人数不超过 300 人和资产总额不超过 5 000 万元 3 个条件，无论征收方式如何。

9. 拥有核心自主知识产权，并同时符合下列条件的国家需要重点扶持的高新技术企业，可以减按 15% 的税率征收企业所得税：

（1）产品（服务）属于经国务院批准，科学技术部、财政部和国家税务总局公布的《国家重点支持的高新技术领域》规定的范围；

（2）研究开发费用占销售收入的比例不低于规定的比例；

（3）高新技术产品（服务）收入占企业总收入的比例不低于规定的比例；

（4）科技人员占企业职工总数的比例不低于规定的比例；

（5）高新技术企业认定管理办法规定的其他条件。

10. 经过认定，并同时符合下列条件的技术先进型服务企业，可以减按 15% 的税率征收企业所得税：

（1）在中国境内（不包括港、澳、台地区）注册的法人企业；

（2）从事技术先进型服务业务认定范围中的技术先进型服务业务，采用先进技术或者具备较强的研发能力；

（3）具有大专以上学历的员工占企业职工总数的 50% 以上；

（4）从事技术先进型服务业务认定范围中的技术先进型服务业务取得的收入占企业当年总收入的 50% 以上；

（5）从事离岸服务外包业务取得的收入不低于企业当年总收入的 35%。

11. 民族自治地方的自治机关对本民族自治地方的企业应当缴纳的企业所得税中地方分享的部分，可以决定减征、免征。自治州、自治县决定减征、免征的，须报所在省（自治区、直辖市）人民政府批准。

上述民族自治地方，指依照《中华人民共和国民族区域自治法》的规定，实行民族区域自治的自治区、自治州和自治县。

对民族自治地方内国家限制和禁止行业的企业，不得免征、减征企业所得税。

12. 企业的下列支出，可以在计算企业所得税应纳税所得额的时候加计扣除或者摊销：

（1）企业在研究和开发（以下简称研发）活动中发生的研发费用，没有形成无形资产计入当期损益的，可以在据实扣除的基础上，按照本年度实际发生额的50%加计扣除；形成无形资产的，可以按照无形资产成本的150%摊销。

上述研究和开发活动，指企业为获得科学和技术新知识，创造性运用科学和技术新知识，实质性改进技术、产品、服务和工艺而持续进行的具有明确目标的系统性活动。

上述研发费用包括下列内容：人员人工费用，直接投入费用，折旧费用，无形资产摊销，新产品设计费、新工艺规程制定费、新药研制的临床试验费和勘探开发技术的现场试验费，技术图书资料费、资料翻译费和专家咨询费等其他相关费用（此项费用不得超过可以加计扣除的研究开发费用总额的10%），财政部、国家税务总局规定的其他费用。

上述规定适用会计核算健全、实行查账征收并能够准确归集研究开发费用的居民企业，不适用烟草制造业、住宿和餐饮业、批发和零售业、房地产业、租赁和商务服务业、娱乐业、财政部和国家税务总局规定的其他行业。

［实例］

某企业本纳税年度发生允许计入当期费用、在计算企业所得税应纳税所得额的时候扣除的新产品研发费用为100万元，可以按照上述费用额的 50% 加计扣除 50 万元（100 万元×50% ＝50 万元），合计扣除额为 150 万元（100 万元＋50 万元＝150 万元）。

自 2018 年至 2023 年，企业在研发活动中发生的研发费用，没有形成无形资产计入当期损益的，可以在据实扣除的基础上，按照本年度实际发生额的 75% 加计扣除；形成无形资产的，可以按照无形资产成本的 175% 摊销。

自 2021 年起，制造业企业在研发活动中发生的研发费用，没有形成无形资产计入当期损益的，可以在据实扣除的基础上，按照本年度实际发生额的 100% 加计扣除；形成无形资产的，可以按照无形资产成本的 200% 摊销。企业预缴申报当年第三季度（按季预缴）或者 9 月（按月预缴）企业所得税的时候，可以自行选择就当年上半年研发费用享受加计扣除待遇，采取自行判别、申报享受和相关资料留存备查办理方式。

（2）企业安置残疾人员就业的，可以在按照规定将支付给残疾职工工资据实扣除的基础上，按照支付给残疾职工工资的 100% 加计扣除。残疾人员的范围适用《中华人民共和国残疾人保障法》的规定。

企业享受此项扣除应当同时具备下列条件：依法与安置的每位残疾人员签订 1 年以上的劳动合同或者服务协议，而且安置的每位残疾人员在企业工作；为安置的每位残疾人员按月足额缴纳规定的基本养老保险、基本医疗保险、失业保险和工伤保险等社会保险费；定期通过银行等金融机构向安置的每位残疾人员支付不低于企业所在区（县）适用的经省级人民政府批准的最低工资标准的工资；具备安置残疾人员工作的基本设施。

加计扣除的具体方法是：企业支付给残疾职工的工资在企业所得税预缴申报的时候据实扣除，年度终了企业所得税年度申报和汇算清缴的时候加计扣除。

[实例]

某企业本纳税年度发生允许计入当期成本，在计算企业所得税应纳税所得额的时候扣除的残疾职工工资 300 万元；按照上述工资额的 100% 加计扣除，即 300 万元（300 万元 ×100% ＝300 万元）；合计扣除额为 600 万元（300 万元 ＋300 万元 ＝600 万元）。

（3）企业安置国家鼓励安置的其他就业人员所支付的工资，加计扣除办法由国务院另行规定。

13. 创业投资企业采取股权投资方式投资于未上市的中小高新技术企业 2 年以上的，可以按照其投资额的 70%，在股权持有满 2 年的当年抵扣该创业投资企业的企业所得税应纳税所得额；当年该创业投资企业的企业所得税应纳税所得额不足抵扣的，可以在以后年度结转抵扣。

上述创业投资企业，指按照国家发展和改革委员会等部门制定的《创业投资企业管理暂行办法》和商务部等部门制定的《外商投资创业投资企业管理规定》在中国境内设立的专门从事创业投资活动的企业和其他经济组织。上述中小高新技术企业，指按照科学技术部规定取得高新技术企业资格，年销售（营业）额和资产总额均不超过 2 亿元、职工人数不超过 500 人的企业。

［实例］

某创业投资企业采取股权投资方式投资于未上市的中小高新技术企业，投资额为 1 000 万元；该创业投资企业在股权持有满 2 年的当年允许抵扣企业所得税应纳税所得额的股权投资额为 700 万元（1 000 万元 ×70% ＝700 万元）。但是，该创业投资企业当年的企业所得税应纳税所得额只有 500 万元，所以，不足抵扣的 200 万元（700 万元 － 500 万元 ＝200 万元）只能在以后年度结转抵扣。

14. 企业以经国务院批准，财政部、国家税务总局、国家发展和改革委员会公布的《资源综合利用企业所得税优惠目录》规定的共生、伴生矿产资源，废水（废液）、废气和废渣，再生资源等资源作为主要原材料，生产非国家限制和禁止并符合国家和行业相关标准的产品取得的收入，可以减按 90% 计入收入总额，上述原材料占生产产品材料的比例不能低于《资源综合利用企业所得税优惠目录》规定的标准。

[实例]

某企业生产符合规定的资源综合利用产品，取得收入500万元，减按90%计入收入总额，即450万元（500万元×90% = 450万元）。

15. 企业购置并使用经国务院批准，财政部、国家税务总局和国家有关部门公布的《环境保护专用设备企业所得税优惠目录》《节能节水专用设备企业所得税优惠目录》《安全生产专用设备企业所得税优惠目录》规定的环境保护、节能节水和安全生产等专用设备的，该专用设备的投资额的10%可以抵免企业本纳税年度的应纳企业所得税；本纳税年度的应纳企业所得税不足抵免的，可以在以后5个纳税年度结转抵免。

纳税人购置并实际使用上述专用设备并取得增值税专用发票的，在按照上述规定办理企业所得税抵免的时候，如果增值税进项税额允许抵扣，其专用设备投资额不包括增值税进项税额；如果增值税进项税额不允许抵扣，其专用设备投资额为增值税专用发票上注明的价税合计金额。企业购置并实际使用上述专用设备取得普通发票的，其专用设备投资额为普通发票上注明的金额。上述专用设备的投资额，不包括设备运输、安装和调试等费用。

企业利用自筹资金和银行贷款购置专用设备的投资额，可以按照规定抵免企业所得税；企业利用财政拨款购置专用设备的投资额，不能抵免企业所得税。

上述购置并使用的专用设备，包括承租方企业以融资租赁方式租入的，并在融资租赁合同中约定租赁期届满以后租赁设备所有权转移给承租方企业，且符合规定条件的上述专用设备。凡融资租赁期届满以后租赁设备所有权没有转移至承租方企业的，承租方企业应当停止享受抵免企业所得税优惠，并补缴已经抵免的企业所得税。

[实例]

某企业投资 200 万元，购置一批符合规定的安全生产等专用设备，并投入使用，这笔投资额的 10% 即 20 万元。在减除上述抵免额以前，该企业本纳税年度的应纳企业所得税税额为 100 万元。在减除上述抵免额以后，该企业本纳税年度的应纳企业所得税税额为 80 万元（100 万元 − 20 万元 = 80 万元）。

享受上述企业所得税优惠的企业，应当购置上述专用设备自用。企业购置上述专用设备在 5 年以内转让、出租的，应当停止享受上述企业所得税优惠，并补缴已经抵免的企业所得税；受让方可以享受上述企业所得税优惠。

16. 在深圳、珠海、汕头、厦门、海南经济特区和上海浦东新区登记的国家需要重点扶持的高新技术企业，在经济特区和上海浦东新区取得的所得，可以自取得第一笔生产、经营收入所属纳税年度起，第一年至第二年免征企业所得税，第三年至第五年按照 25% 的法定税率减半征收企业所得税。

17. 集成电路软件产业在计税收入、税前扣除、固定资产折旧、无形资产摊销、税率、免税、减税和再投资退税等方面可以享受一定的优惠待遇。

18. 证券投资基金从证券市场取得的收入，投资者从证券投资基金分配中取得的收入，证券投资基金管理人运用基金买卖股票、债券取得的差价收入，均暂不征收企业所得税。

19. 自 2019 年至 2023 年，受排污企业或者政府委托，负责环境污染治理设施运营维护的企业，符合规定条件的，可以减按 15% 的税率缴纳企业所得税。

20. 自 2019 年至 2025 年，企业招用建档立卡贫困人口、在人力资源社会保障部门公共就业服务机构登记失业半年以上且持《就业创业证》和《就业失业登记证》的人员，可以按照规定扣减企业所得税。

21. 自 2020 年至 2023 年，金融机构、小额贷款公司取得的农户小额贷款利息，保险公司为种植业、养殖业提供保险业务取得的保费，在计算企业所得税应纳税所得额的时候可以按照 90% 减计收入。

22. 自 2021 年至 2023 年，符合规定条件的生产、装配伤残人员专门用品的居民企业，可以免征企业所得税。

23. 自 2021 年至 2030 年，设立在国家规定的西部地区和其他地区，以政府发布的《西部地区鼓励类产业目录》中规定的产业项目为主营业务，且当年主营业务收入占企业总收入 60% 以上的企业，可以减按 15% 的税率征收企业所得税。

企业同时从事适用不同企业所得税待遇的项目的，其优惠项目应当单独计算所得，并合理分摊企业的期间费用；没有单独计算的，不能享受企业所得税优惠。

此外，根据国民经济和社会发展的需要，或者由于突发事件等原因对企业经营活动产生重大影响的，国务院可以制定企业所得税专项优惠措施，报全国人民代表大会常务委员会备案。

（七）纳税期限、纳税地点

1. 纳税期限

企业所得税分月或者分季预缴，由税务机关具体核定；年终汇算清缴，多退少补。符合条件的小型微利企业，按照季度申报预缴企业所得税。

企业应当自月份或者季度终了之日起 15 日以内，向税务机关报送预缴企业所得税纳税申报表，预缴上个月或者上个季度的企业所得税。

企业应当自年度终了之日起 5 个月以内，向税务机关报送年度企业所得税纳税申报表，并汇算清缴上个年度的企业所得税，结清

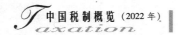

应缴税款或者应退税款。

企业分月或者分季预缴企业所得税的时候，应当按照月度或者季度的实际利润额预缴；按照月度或者季度的实际利润额预缴有困难的，可以按照上一纳税年度应纳税所得额的月度或者季度平均额预缴，或者按照经税务机关认可的其他方法预缴。预缴方法一经确定，本纳税年度以内不能随意变更。

企业的所得以人民币以外的货币计算的，在预缴企业所得税的时候，应当按照月度或者季度最后一日的人民币汇率中间价折算成人民币。在年度终了汇算清缴的时候，已经按照月度或者季度预缴企业所得税的其他货币所得不再折算，只就本纳税年度没有缴纳企业所得税的其他货币所得，按照本纳税年度最后一日的人民币汇率中间价折算成人民币，然后计算纳税。

经税务机关检查确认，企业少计或者多计上述所得的，应当按照检查确认补税或者退税时的上一个月最后一日的人民币汇率中间价，将少计或者多计的所得折算成人民币，再计算应当补缴或者退还的企业所得税。

企业在本纳税年度以内无论盈利或者亏损，都应当依法向税务机关报送预缴企业所得税纳税申报表、年度企业所得税纳税申报表、财务会计报告和税务机关规定应当报送的其他资料。

企业在年度中间终止经营活动的，应当自实际经营终止之日起60 日以内，向税务机关办理当期企业所得税汇算清缴。

企业注销的，应当在办理注销登记以前就其清算所得向税务机关申报缴纳企业所得税。企业应当自清算结束之日起 15 日以内向税务机关报送企业清算所得税纳税申报表，结清税款。

2. 纳 税 地 点

除了税收法律、行政法规另有规定以外，居民企业的企业所得税纳税地点为企业登记注册地；但是登记注册地在中国境外的，企业所得税纳税地点为实际管理机构所在地。

居民企业在中国境内设立不具有法人资格的营业机构的，应当汇总计算缴纳企业所得税。属于中央与地方共享收入的跨省市总分机构企业（指跨省、自治区、直辖市和计划单列市设立不具有法人资格分支机构的居民企业）缴纳的企业所得税，实行统一计算、分级管理、就地预缴、汇总清算、财政调库的处理办法，总分机构统一计算的当期应纳企业所得税的地方政府分享部分，25%由总机构所在地政府分享，50%由各分支机构所在地政府分享，25%按照一定比例在各地政府之间分配。分配给地方政府的跨省市总分机构企业所得税收入和在省级行政区域以内跨市县经营企业缴纳的企业所得税，可以参照上述办法制订相关的收入分配和预算管理办法。

非居民企业在中国境内所设机构、场所取得的来源于中国境内的所得和发生在中国境外但是与其在中国境内所设机构、场所有实际联系的所得，以其在中国境内所设机构、场所所在地为企业所得税纳税地点。非居民企业在中国境内设立两个以上机构、场所，符合国家税务总局规定条件的，可以选择由其主要机构、场所汇总缴纳企业所得税。

上述主要机构、场所，应当同时符合下列条件：

（1）对其他各机构、场所的生产、经营活动负有监督管理责任；

（2）设有完整的账簿、凭证，能够准确反映各机构、场所的收入、成本、费用和盈亏情况。

非居民企业没有在中国境内设立机构、场所，取得来源于中国境内的所得；或者虽然在中国境内设立机构、场所，但是取得来源于中国境内的所得与其在中国境内所设机构、场所没有实际联系的，一般以扣缴义务人所在地为企业所得税纳税地点。

除了国务院另有规定者以外，企业之间不得合并缴纳企业所得税。

3. 源泉扣缴

非居民企业没有在中国境内设立机构、场所，取得来源于中国境内的所得；或者虽然在中国境内设立机构、场所，但是取得来源于中国境内的所得与其在中国境内所设机构、场所没有实际联系的，其应当向中国缴纳的企业所得税，实行源泉扣缴，以支付人为扣缴义务人。税款由扣缴义务人在每次支付或者到期应支付时，从支付或者到期应支付的款项中扣缴。

上述支付人，指按照有关法律规定或者合同约定对非居民企业直接负有支付相关款项义务的单位和个人。

上述支付，包括现金支付、汇拨支付、转账支付和权益兑价支付等货币支付与转让股权、债券、实物和提供劳务等非货币支付。

上述到期应支付的款项，指支付人按照权责发生制原则应当计入相关成本、费用的应付款项。

对于非居民企业在中国境内取得工程作业、劳务所得应当缴纳的所得税，有下列情形的，税务机关可以指定工程价款、劳务费的支付人为扣缴义务人：

（1）预计工程作业或者提供劳务期限不足一个纳税年度，且有证据表明纳税人不履行纳税义务的；

（2）纳税人没有办理税务登记或者临时税务登记，且没有委托中国境内的代理人履行纳税义务的；

（3）纳税人没有按照规定期限办理企业所得税纳税申报或者预缴申报的。

上述扣缴义务人由县级以上税务机关指定，并同时告知扣缴义务人所扣税款的计算依据、计算方法、扣缴期限和扣缴方式。

按照上述规定应当扣缴的所得税，扣缴义务人没有依法扣缴或者无法履行扣缴义务的，由纳税人在所得发生地缴纳。在中国境内存在多处所得发生地的，由纳税人选择其中之一申报缴纳所得税。纳税人没有依法缴纳应纳税款的，税务机关可以从该纳税人在中国境内其他收入项目的支付人应付的款项中追缴该纳税人的应纳税款。税务机关在追缴该纳税人应纳税款的时候，应当将追缴税款的理由、数额、缴纳期限和缴纳方式等告知该纳税人。

扣缴义务人每次代扣的所得税税款，应当自代扣之日起7日以内缴入国库，并向所在地的税务机关报送扣缴企业所得税报告表。

（八）核定征收

1. 核定征收企业所得税办法的适用范围

居民企业纳税人具有下列情形之一的，可以核定征收企业所得税：

（1）按照法律、行政法规的规定可以不设置账簿的；

（2）按照法律、行政法规的规定应当设置账簿而没有设置账簿的；

（3）擅自销毁账簿或者拒不提供纳税资料的；

（4）虽然设置账簿，但是账目混乱或者成本资料、收入凭证、费用凭证残缺不全，难以查账的；

（5）发生纳税义务，没有按照规定的期限办理纳税申报，经税务机关责令限期申报，逾期仍然不申报的；

（6）申报的计税依据明显偏低，又无正当理由的。

国家税务总局规定的特殊行业、特殊类型的纳税人和一定规模以上的纳税人，不适用核定征收企业所得税办法。上述特定纳税人包括下列企业：

（1）享受企业所得税法及其实施条例和国务院规定的企业所得税优惠待遇的企业（不包括仅享受企业所得税法第二十六条规定的免税待遇的企业、第二十八条规定的符合条件的小型微利企业）；

（2）汇总纳税企业；

（3）上市公司；

（4）银行、信用社、小额贷款公司、保险公司、证券公司、期货公司、信托投资公司、金融资产管理公司、融资租赁公司、担保公司、财务公司和典当公司等金融企业；

（5）会计、审计、资产评估、税务、房地产估价、土地估价、工程造价、律师、价格鉴证、公证机构、基层法律服务机构、专利代理、商标代理和其他经济鉴证类社会中介机构；

（6）专门从事股权（股票）投资业务的企业；

（7）国家税务总局规定的其他企业。

税务机关应当根据核定征收企业所得税的纳税人的具体情况，核定其应税所得率或者应纳企业所得税税额。

具有下列情形之一的，核定其应税所得率：

（1）能够正确核算（查实）收入总额，但是不能正确核算（查实）成本、费用总额的；

（2）能够正确核算（查实）成本、费用总额，但是不能正确核算（查实）收入总额的；

（3）通过合理的方法，能够计算和推定纳税人收入总额或者成本、费用总额的。

纳税人不属于以上情形的，核定其应纳企业所得税税额。

2. 核定征收企业所得税的方法

税务机关可以采用下列方法核定征收企业所得税：

（1）参照当地同类行业或者类似行业中经营规模和收入水平相近的纳税人的税负水平核定；

（2）按照应税收入额或者成本、费用支出额定率核定；

（3）按照耗用的原材料、燃料、动力等推算或者测算核定；

（4）按照其他合理方法核定。

采用上述方法中的一种方法不足以正确核定企业所得税应纳税所得额或者应纳企业所得税税额的，可以同时采用两种以上的方法核定。采用两种以上方法测算的应纳企业所得税税额不一致时，可以从高核定。

采用应税所得率方式核定征收企业所得税的，应纳企业所得税税额的计算公式如下：

☞
$$应纳税额 = 应纳税所得额 \times 适用税率$$
$$应纳税所得额 = 应税收入额 \times 应税所得率$$
$$应税收入额 = 收入总额 - 不征税收入 - 免税收入$$

或者：

☞
$$\frac{应纳税}{所得额} = \frac{成本（费用）}{支出额} \div (1 - 应税所得率) \times 应税所得率$$

采用应税所得率方式核定征收企业所得税的纳税人，经营多业的，无论其经营项目是否单独核算，均由税务机关根据其主营项目确定适用的应税所得率。主营项目应当为纳税人所有经营项目中收入总额或者成本、费用支出额或者耗用原材料、燃料、动力数量所占比重最大的项目。

应税所得率按照各行业应税所得率表规定的标准确定：

各行业应税所得率表

行　业	应税所得率（%）
1. 农业、林业、牧业、渔业	3 ~ 10
2. 制造业	5 ~ 15
3. 批发和零售贸易业	4 ~ 15
4. 交通运输业	7 ~ 15
5. 建筑业	8 ~ 20
6. 饮食业	8 ~ 25
7. 娱乐业	15 ~ 30
8. 其他行业	10 ~ 30

纳税人的生产、经营范围、主营业务发生重大变化，或者企业所得税应纳税所得额、应纳企业所得税税额增减变化达到20%的，应当及时向税务机关申报调整已经确定的应税所得率或者应纳企业

所得税税额。

[实例]

（1）某企业本年度收入总额为200万元，税务机关核定其应税所得率为10%，企业所得税适用税率为25%，该企业应纳企业所得税税额的计算方法如下：

应纳税所得额 ＝200万元×10%

　　　　　　　＝20万元

应纳所得税额 ＝20万元×25%

　　　　　　　＝5万元

（2）某企业本年度成本费用支出总额为170万元，税务机关核定其应税所得率为15%，企业所得税适用税率为25%，该企业应纳企业所得税税额的计算方法如下：

应纳税所得额 ＝170万元÷（1－15%）×15%

　　　　　　　＝30万元

应纳所得税额 ＝30万元×25%

　　　　　　　＝7.5万元

按照核定应税所得率方式核定征收企业所得税的企业，取得转让股权（股票）收入等转让财产收入，应当全额计入应税收入额，按照主营项目（业务）确定适用的应税所得率计算缴纳企业所得税。

3. 核定征收企业所得税的鉴定

主管税务机关应当及时向纳税人送达《企业所得税核定征收鉴定表》，及时完成对其核定征收企业所得税的鉴定工作，具体程序如下：

（1）纳税人应当在收到《企业所得税核定征收鉴定表》以后10个工作日之内，填好该表并报送主管税务机关。该表一式三联，主管税务机关和县级税务机关各执一联，另一联送达纳税人执行。

主管税务机关还可以根据实际工作的需要适当增加联次备用。

（2）主管税务机关应当在受理《企业所得税核定征收鉴定表》以后 20 个工作日之内，分类逐户审查核实，提出鉴定意见，并报县级税务机关复核、认定。

（3）县级税务机关应当在收到《企业所得税核定征收鉴定表》以后 30 个工作日之内，完成复核、认定工作。

纳税人收到《企业所得税核定征收鉴定表》以后没有在规定期限之内填列、报送的，税务机关视同纳税人已经报送，按照上述程序复核、认定。

税务机关应当在每年 6 月底以前对上年度实行核定征收企业所得税的纳税人重新鉴定。在重新鉴定工作完成以前，纳税人可以暂按上年度的核定征收方式预缴企业所得税；重新鉴定工作完成以后，按照重新鉴定的结果调整。

主管税务机关应当分类逐户公示核定的应税所得率或者应纳企业所得税税额，按照便于纳税人和社会各界了解、监督的原则确定公示地点、方式。

纳税人对税务机关确定的企业所得税征收方式、核定的应税所得率或者应纳企业所得税税额有异议的，应当提供合法、有效的相关证据，税务机关经核实认定以后，可以调整有异议的事项。

4. 核定征收企业所得税的申报

纳税人采用核定应税所得率方式的，按照下列规定申报缴纳企业所得税：

（1）主管税务机关根据纳税人应纳企业所得税税额的大小确定纳税人按月或者按季预缴，年终汇算清缴。预缴方法一经确定，一个纳税年度以内不能改变。

（2）纳税人应当按照确定的应税所得率计算和预缴纳税期间实际应当缴纳的企业所得税税额。按照实际数额预缴有困难的，经主管税务机关同意，可以按照上一年度应纳企业所得税税额的

1/12 或者 1/4 预缴，或者按照主管税务机关认可的其他方法预缴。

（3）纳税人预缴企业所得税税款或者年终汇算清缴的时候，应当按照规定填写纳税申报表，在规定的纳税申报期限以内报送主管税务机关。

纳税人采用核定应纳企业所得税税额方式的，按照下列规定申报缴纳企业所得税：

（1）在应纳企业所得税税额确定以前，可以暂按上一纳税年度应纳企业所得税税额的 1/12 或者 1/4 预缴，或者按照主管税务机关认可的其他方法按月或者按季分期预缴。

（2）在应纳企业所得税税额确定以后，减除当年已经预缴的企业所得税税额，余额按照剩余月份或者季度均分，以此确定以后各月或者各季的应纳企业所得税税额，由纳税人按月或者按季填写纳税申报表，在规定的纳税申报期限以内办理纳税申报。

（3）纳税年度终了后，纳税人应当在规定的期限以内按照实际经营额或者实际应纳企业所得税税额向税务机关申报纳税。申报额超过核定的经营额或者应纳企业所得税税额的，按照申报额缴纳企业所得；申报额低于核定经营额或者应纳企业所得税税额的，按照核定的经营额或者应纳企业所得税税额缴纳企业所得税。

个人所得税

个人所得税以个人的所得为征税对象，是目前各国普遍征收的一种税收。1980 年 9 月 10 日，第五届全国人民代表大会第三次会议通过《中华人民共和国个人所得税法》，当日公布施行。2018 年 8 月 31 日，第十三届全国人民代表大会常务委员会第五次会议第七次修正该法，当日公布，自 2019 年 1 月 1 日起施行。1994 年 1 月 28 日，国务院发布《中华人民共和国个人所得税法实施条例》。2018 年 12 月 18 日，国务院对该条例作了第四次修改。

个人所得税由税务机关负责征收管理，所得收入由中央政府与地方政府共享，是中央政府和地方政府税收收入的主要来源之一。2020 年，个人所得税收入为 11 568.3 亿元，占当年中国税收总额的 7.5%。

(一) 纳税人

个人所得税以取得所得的个人为纳税人，具体分为下列两类：

1. 在中国境内有住所的个人，在中国境内没有住所、一个纳税年度中在中国境内居住累计满 183 天的个人，为居民个人，应当就其从中国境内、境外取得的所得纳税。

2. 在中国境内没有住所又不居住的个人，在中国境内没有住所、一个纳税年度中在中国境内居住累计不满 183 天的个人，为非居民个人，应当就其从中国境内取得的所得纳税。

上述在中国境内有住所，指纳税人因户籍、家庭和经济利益关系在中国境内习惯性居住；从中国境内、境外取得的所得，分别指来源于中国境内、境外的所得。

上述纳税年度，自公历当年 1 月 1 日至 12 月 31 日。居民个人取得中国境外所得的境外纳税年度与公历年度不一致的，取得境外所得的境外纳税年度最后一日所在的公历年度，为境外所得对应的中国纳税年度。

纳税人取得的下列所得，不论支付地点是否在中国境内，均为来源于中国境内的所得，财政部、国家税务总局另有规定者除外：

1. 因任职、受雇和履约等在中国境内提供劳务取得的所得；

2. 将财产出租给承租人在中国境内使用取得的所得；

3. 许可各种特许权在中国境内使用取得的所得；

4. 转让中国境内的不动产等财产和在中国境内转让其他财产取得的所得；

5. 从中国境内的企业、事业单位、其他组织和居民个人取得的利息、股息和红利所得。

纳税人取得的下列所得，为来源于中国境外的所得，财政部、国家税务总局另有规定者除外：

1. 因任职、受雇和履约等在中国境外提供劳务取得的所得。

2. 中国境外企业和其他组织支付且负担的稿酬所得。

3. 许可各种特许权在中国境外使用取得的所得。

4. 在中国境外从事生产、经营活动取得的与上述活动相关的所得。

5. 从中国境外企业、其他组织和非居民个人取得的利息、股息和红利所得。

6. 将财产出租给承租人在中国境外使用取得的所得。

7. 转让中国境外的不动产，对中国境外企业和其他组织投资形成的股票、股权和其他权益性资产（以下简称权益性资产）；在中国境外转让其他财产取得的所得。转让对中国境外企业和其他组织投资形成的权益性资产，该权益性资产被转让前 3 年（连续 36 个月）以内的任一时间，被投资企业和其他组织的资产公允价值 50% 以上直接或者间接来自中国境内的不动产的，取得的所得为来源于中国境内的所得。

8. 中国境外企业、其他组织和非居民个人支付且负担的偶然所得。

在中国境内没有住所的个人，在中国境内居住累计满 183 天的纳税年度连续不满 6 年的，经向税务机关备案，其来源于中国境外且由中国境外单位、个人支付的所得，可以免缴个人所得税；在中国境内居住累计满 183 天的任一纳税年度中有一次离境超过 30 天的，其在中国境内居住累计满 183 天的纳税年度的连续年限可以重新起算。

在中国境内没有住所的个人，在一个纳税年度中在中国境内居住累计不超过 90 天的，其来源于中国境内的所得，由中国境外雇主支付并且不由该雇主在中国境内的机构、场所负担的部分，可以免缴个人所得税。

上述无住所个人一个纳税年度中在中国境内累计居住天数，按照个人在中国境内累计停留的天数计算。在中国境内停留的当天不满 24 小时的，不计入中国境内居住天数。

（二）征税项目、税率和计税方法

个人所得税设有 9 个征税项目，即工资、薪金所得，劳务报酬所得，稿酬所得，特许权使用费所得，经营所得，利息、股息和红利所得，财产租赁所得，财产转让所得，偶然所得。

目前，中国的个人所得税收入的主要来自居民个人取得的工资、薪金所得，财产转让所得，利息、股息和红利所得，经营所得，劳务报酬所得。

个人所得税分类、分项计算，以应纳税所得额为计税依据，分别采用超额累进税率和比例税率，各类、各项所得的范围、应纳税所得额的计算方法、税率和应纳税额的计算方法如下：

1. 综合所得

居民个人取得工资、薪金所得，劳务报酬所得，稿酬所得，特许权使用费所得（以下称综合所得），应当按照纳税年度合并计算缴纳个人所得税。其中，劳务报酬所得、稿酬所得和特许权使用费所得以收入减除 20% 的费用以后的余额为计税收入，稿酬所得的计税收入减按 70% 计算。

（1）工资、薪金所得，包括个人因任职、受雇取得的工资、薪金、奖金、年终加薪、劳动分红、津贴、补贴和与任职、受雇有关的其他所得。

（2）劳务报酬所得，指个人从事劳务取得的所得，包括从事设计、装潢、安装、制图、化验、测试、医疗、法律、会计、咨询、讲学、翻译、审稿、书画、雕刻、影视、录音、录像、演出、表演、广告、展览、技术服务、介绍服务、经纪服务、代办服务和其他劳务取得的所得。

（3）稿酬所得，包括个人因其作品（包括文字作品、书画作品、摄影作品和其他作品）以图书、报刊等形式出版、发表取得的所得。

（4）特许权使用费所得，包括个人提供专利权、商标权、著作权、非专利技术和其他特许权的使用权取得的所得。其中，提供著作权的使用权取得的所得不包括稿酬所得。

上述综合所得，以纳税人本纳税年度的收入减除费用 6 万元、专项扣除、专项附加扣除和其他法定的扣除以后的余额为应纳税所得额，按照《个人所得税税率表（一）》计算应纳税额。

上述专项扣除，包括纳税人按照规定的范围和标准缴纳的基本养老保险费、基本医疗保险费、失业保险费（以上 3 项社会保险费简称"三险"）和住房公积金 4 个项目。

上述专项附加扣除，包括子女教育支出、继续教育支出、大病医疗支出、住房贷款利息、住房租金和赡养老人支出 6 个项目，其具体范围、标准和实施步骤由国务院确定，并报全国人民代表大会常务委员会备案，现行规定如下：

（1）子女教育支出。纳税人的子女接受全日制学历教育（包括从小学教育到博士研究生教育）的相关支出，可以按照每个子女每月 1 000 元的标准扣除。年满 3 岁至小学入学以前处于学前教育阶段的子女的教育支出，也可以按照上述标准扣除。

父母可以选择由其中一方按照上述标准扣除，也可以选择由双方分别按照上述标准的 50% 扣除，扣除方式在一个纳税年度以内不能变更。

（2）继续教育支出。纳税人在中国境内接受学历（学位）继续教育的支出，在学历（学位）教育期间可以按照每月 400 元的标准扣除。同一学历（学位）继续教育的扣除期限不能超过 48 个月。纳税人接受技能人员职业资格继续教育、专业技术人员职业资格继续教育的支出，在取得相关证书的当年，可以按照 3 600 元的标准扣除。

个人接受本科以下学历（学位）继续教育，符合规定条件的，可以选择由其父母扣除，也可以选择由本人扣除。

（3）大病医疗支出。在一个纳税年度内，纳税人发生的与基本医疗保险相关的医药费用支出，扣除医疗保险报销以后个人负担

（指医疗保险报销范围以内的自付部分）累计超过 15 000 元的部分，纳税人在办理年度汇算清缴的时候可以在 8 万元的限额以内扣除。

纳税人发生的医药费用支出可以选择由本人或者其配偶扣除，未成年子女发生的医药费用支出可以选择由其父母一方扣除。

纳税人及其配偶、未成年子女发生的医药费用支出，可以按照上述规定分别计算扣除额。

（4）住房贷款利息。纳税人或者其配偶单独或者共同使用商业银行贷款、住房公积金个人住房贷款，为本人或者其配偶购买中国境内的住房，发生的首套住房贷款（指购买住房享受首套住房贷款利率的住房贷款）利息支出，在实际发生贷款利息的年度，可以按照每月 1 000 元的标准扣除，扣除期限最长不超过 240 个月。纳税人只能享受一次首套住房贷款的利息扣除。

经夫妻双方约定，上述利息可以选择由其中一方扣除，扣除方式在一个纳税年度以内不能变更。

夫妻双方婚前分别购买住房发生的首套住房贷款，其贷款利息支出，婚后可以选择其中一套购买的住房，由购买方按照上述扣除标准的 100% 扣除，也可以由夫妻双方分别就各自购买的住房按照上述扣除标准的 50% 扣除，扣除方式在一个纳税年度以内不能变更。

（5）住房租金。纳税人在主要工作城市没有自有住房，支出的住房租金可以按照下列标准扣除：直辖市、省会（自治区首府）城市、计划单列市和国务院确定的其他城市，扣除标准为每月 1 500 元。其他城市，市辖区户籍人口超过 100 万的，扣除标准为每月 1 100 元；市辖区户籍人口不超过 100 万的城市，扣除标准为每月 800 元。

纳税人的配偶在纳税人的主要工作城市有自有住房的，视同纳税人在主要工作城市有自有住房。

上述主要工作城市，包括纳税人任职、受雇的直辖市、计划单列市，其他副省级城市，地级市（地区、州、盟）的全部行政区域；纳税人无任职、受雇单位的，为受理其综合所得汇算清缴的税务机关所在城市。

夫妻双方主要工作城市相同的，只能由其中的一方扣除住房租金。

住房租金由签订租赁住房合同的承租人扣除。

纳税人及其配偶在一个纳税年度以内不能同时分别享受住房贷款利息和住房租金专项附加扣除。

（6）赡养老人支出。纳税人赡养被赡养人的赡养支出，可以按照下列标准扣除：

① 纳税人为独生子女的，可以按照每月2 000元的标准扣除。

② 纳税人为非独生子女的，可以与其兄弟姐妹分摊每月2 000元的扣除额度，每人分摊的额度不能超过每月1 000元。可以由赡养人均摊、约定分摊，也可以由被赡养人指定分摊。约定、指定分摊的，必须签订书面分摊协议，指定分摊优先于约定分摊。分摊方式、额度在一个纳税年度以内不能变更。

上述被赡养人，指年满60岁的父母，子女都已经去世的年满60岁的祖父母、外祖父母。

上述父母，指生父母、继父母和养父母；子女，指婚生子女、非婚生子女、继子女和养子女。父母以外的人担任未成年人的监护人的，比照上述相关规定执行。

上述其他法定的扣除，包括个人缴付的符合规定的企业年金、职业年金，个人购买的符合规定的商业健康保险、税收递延型商业养老保险的支出，国务院规定的可以扣除的其他项目。

上述专项扣除、专项附加扣除和依法确定的其他扣除，以居民个人一个纳税年度的应纳税所得额为限额；一个纳税年度扣除不完的，不能结转以后年度扣除。

个人所得税税率表（一）

级数	应纳税所得额	税率（%）	速算扣除数（元）
1	不超过 36 000 元的部分	3	0
2	超过 36 000 元至 144 000 元的部分	10	2 520
3	超过 144 000 元至 300 000 元的部分	20	16 920
4	超过 300 000 元至 420 000 元的部分	25	31 920
5	超过 420 000 元至 660 000 元的部分	30	52 920
6	超过 660 000 元至 960 000 元的部分	35	85 920
7	超过 960 000 元的部分	45	181 920

应纳税额计算公式：

☞ 应纳税所得额 = 综合收入 − 6 万元 − 专项扣除 − 专项附加扣除 − 其他法定扣除

应纳税额 = 应纳税所得额 × 适用税率 − 速算扣除数

［实例］

职员王某本纳税年度取得工资、劳务报酬和稿酬 24 万元；可以扣除费用 6 万元，按照规定允许扣除的"三险"、住房公积金和企业年金分别为其工资收入的 8%、2%、0.5%、12% 和 4%，还可以扣除子女教育支出 12 000 元（每个月 1 000 元）、继续教育支出 4 800 元（每个月 400 元）、住房贷款利息 12 000 元（每个月 1 000 元）和赡养老人支出 24 000 元（每个月 2 000 元）；其上述收入应纳个人所得税税额的计算方法如下：

应纳税所得额 = 24 万元 − 6 万元 − 24 万元 ×（8% + 2% + 0.5% + 12% + 4%）− 12 000 元 − 4 800 元 − 12 000 元 − 24 000 元

= 63 600 元

应纳税额 = 63 600 元 × 10% − 2 520 元

=3 840 元

非居民个人取得工资、薪金所得，以每月收入额减除费用5 000 元以后的余额为应纳税所得额；取得劳务报酬所得、稿酬所得和特许权使用费所得，以每次收入减除 20% 的费用以后的余额为应纳税所得额，其中稿酬所得的应纳税所得额减按 70% 计算，按照《个人所得税税率表（二）》计算应纳税额。上述后 3 项所得，属于一次性收入的，以取得该项收入为一次；属于同一项目连续性收入的，以一个月以内取得的收入为一次。

个人所得税税率表（二）

级数	应纳税所得额	税率（%）	速算扣除数（元）
1	不超过 3 000 元的部分	3	0
2	超过 3 000 元至 12 000 元的部分	10	210
3	超过 12 000 元至 25 000 元的部分	20	1 410
4	超过 25 000 元至 35 000 元的部分	25	2 660
5	超过 35 000 元至 55 000 元的部分	30	4 410
6	超过 55 000 元至 80 000 元的部分	35	7 160
7	超过 80 000 元的部分	45	15 160

应纳税额计算公式：

☞　应纳税额 = 应纳税所得额 × 适用税率 − 速算扣除数

[实例]

非居民汤姆从中国取得一笔稿酬 10 万元，其此项收入应纳个人所得税税额的计算方法如下：

应纳税所得额 =（10 万元 − 10 万元 × 20%）× 70%

=56 000 元

应纳税额 = 56 000 元 × 35% − 7 160 元

= 12 440 元

部分重要特殊规定：

（1）居民个人取得全年一次性奖金，符合国家税务总局有关规定的，在 2023 年底以前，可以不并入当年的综合所得，以此项奖金收入除以 12 个月得到的数额，按照《个人所得税税率表（二）》确定适用税率和速算扣除数，单独计算纳税，应纳税额计算公式如下：

   应纳税额 = 全年一次性奖金收入 × 适用税率 − 速算扣除数

居民个人取得此项奖金，也可以选择并入当年的综合所得计算纳税。

（2）居民个人取得股票期权、股票增值权、限制性股票和股权奖励等股权激励收入，符合财政部、国家税务总局有关规定的，在 2022 年底以前，可以不并入当年的综合所得，按照《个人所得税税率表（一）》计算纳税，应纳税额计算公式如下：

   应纳税额 = 股权激励收入 × 适用税率 − 速算扣除数

（3）个人达到规定的退休年龄，领取的企业年金、职业年金（以下简称年金），符合财政部、人力资源和社会保障部、国家税务总局有关规定的，可以不并入当年的综合所得，单独计算纳税。其中，按月领取的，按照每月领取额和《个人所得税税率表（二）》计算纳税；按季领取的，平均分摊计入各月，按照每月领取额和《个人所得税税率表（二）》计算纳税；按年领取的，按照当年领取额和《个人所得税税率表（一）》计算纳税。

个人由于出境定居一次性领取的年金个人账户资金、个人死亡以后其指定的受益人或者法定继承人一次性领取的年金个人账户余额，按照《个人所得税税率表（一）》计算纳税。除了上述特殊情况以外，个人一次性领取年金个人账户资金或者年金个人账户余额

的，按照《个人所得税税率表（二）》计算纳税。

（4）个人与用人单位解除劳动关系以后取得的一次性补偿收入（包括用人单位发放的经济补偿金、生活补助费和其他补助费），不超过当地上年职工平均工资3倍的部分，可以免征个人所得税；超过3倍的部分可以不并入当年的综合所得，按照《个人所得税税率表（一）》计算纳税。

（5）个人办理提前退休手续以后取得的一次性补贴收入，应当按照办理提前退休手续至法定退休年龄的年数均摊，确定适用税率和速算扣除数，按照《个人所得税税率表（一）》计算纳税，应纳税额计算公式如下：

☞ $$应纳税额 = \left[\left(\frac{一次性补贴收入}{办理提前退休手续至法定退休年龄的年数} - 费用扣除标准 \right) \times 适用税率 - 速算扣除数 \right]$$

$$\times 办理提前退休手续至法定退休年龄的年数$$

（6）2019年至2023年，外国人符合居民个人条件的，可以选择享受个人所得税专项附加扣除，也可以选择按照财政部、国家税务总局的有关规定享受住房补贴、语言训练费和子女教育费等补贴的免税待遇，选择以后在一个纳税年度以内不能变更。

（7）下列两种情形实质均为企业对个人分配实物，应当按照工资、薪金所得缴纳个人所得税：企业出资购买房屋和其他财产，将所有权登记为企业投资者个人以外的企业其他人员的；企业投资者个人以外的企业其他人员向企业借款，用于购买房屋和其他财产，将所有权登记为企业投资者以外的企业其他人员，而且借款年度终了以后没有归还借款的。

2. 经营所得

经营所得包括下列项目：

（1）个体工商户从事生产、经营取得的所得，个人独资企业投资人、合伙企业的个人合伙人来源于中国境内注册的个人独资企业、合伙企业生产、经营的所得；

（2）个人依法从事办学、医疗、咨询和其他有偿服务取得的所得；

（3）个人对企业、事业单位承包经营、承租经营和转包、转租取得的所得；

（4）个人从事其他生产、经营取得的所得。

经营所得以纳税人本纳税年度的经营收入减除与其相关的成本、费用、税金和损失以后的余额为应纳税所得额，按照《个人所得税税率表（三）》计算应纳税额。

个人所得税税率表（三）

级数	应纳税所得额	税率（%）	速算扣除数（元）
1	不超过 30 000 元的部分	5	0
2	超过 30 000 元至 90 000 元的部分	10	1 500
3	超过 90 000 元至 300 000 元的部分	20	10 500
4	超过 300 000 元至 500 000 元的部分	30	40 500
5	超过 500 000 元的部分	35	65 500

应纳税额计算公式：

☞ 　　应纳税所得额 = 经营收入 − 成本、费用、税金和损失等

　　　　应纳税额 = 应纳税所得额 × 适用税率 − 速算扣除数

上述成本、费用，指纳税人在生产、经营中发生的各项直接支出、分配计入成本的间接费用和销售费用、管理费用、财务费用；损失，指纳税人在生产、经营中发生的固定资产、存货的盘亏、毁损和报废损失，转让财产损失，坏账损失，自然灾害等不可抗力因素造成的损失，其他损失。

取得经营所得的个人，没有综合所得的，在计算其本纳税年度的应纳税所得额的时候，可以减除费用6万元、专项扣除、专项附

加扣除和法定的其他扣除。专项附加扣除应当在纳税人本纳税年度结束以后办理汇算清缴的时候减除。

纳税人从事生产、经营，没有提供完整、准确的纳税资料，不能正确计算其应纳税所得额的，税务机关可以核定其应纳税所得额或者应纳税额。

（1）个体工商户的生产、经营所得等计税方法。从事生产、经营的个体工商户，依法从事办学、医疗、咨询和其他有偿服务活动的个人，从事其他生产、经营的个人（以下统称个体户），应当按照下列方法计税：

① 应纳税所得额。

个体户应纳税所得额的计算，以权责发生制为原则，财政部、国家税务总局另有规定的除外。

个体户在计算应纳税所得额的时候，会计处理办法与财政部、国家税务总局相关规定不一致的，应当按照财政部、国家税务总局的相关规定计算。

个体户的生产、经营所得，以纳税人本纳税年度的经营收入减除成本、费用、税金、损失、其他支出和允许弥补的以前年度亏损以后的余额为应纳税所得额。

上述收入，包括个体户从事生产、经营取得的货币形式和非货币形式的各项收入：销售货物收入、提供劳务收入、转让财产收入、利息收入、租金收入、接受捐赠收入和其他收入。

上述其他收入包括个体户的资产溢余收入、逾期1年以上的未退包装物押金收入、确实无法偿付的应付款项、已作坏账损失处理以后收回的应收款项、债务重组收入、补贴收入、违约金收入和汇兑收益等。

上述成本，指个体户在生产、经营中发生的销售成本、销货成本、业务支出和其他耗费。

上述费用，指个体户在生产、经营中发生的销售费用、管理费用和财务费用，已经计入成本的有关费用除外。

个体户在生产、经营活动中应当分别核算生产、经营费用和个人、家庭费用。生产、经营与个人、家庭生活混用，难以分清的费用，其 40% 视为与生产、经营有关费用，可以扣除。

上述税金，指个体户在生产、经营中发生的个人所得税和允许抵扣的增值税以外的税金及其附加。

上述损失，指个体户在生产、经营中发生的固定资产和存货的盘亏、毁损、报废损失，转让财产损失，坏账损失，自然灾害等不可抗力因素造成的损失，其他损失。

个体户发生的损失，减除责任人赔偿和保险赔款以后的余额，参照财政部、国家税务总局有关企业资产损失税前扣除的规定扣除。

个体户已经作为损失处理的资产，在以后纳税年度全部收回或者部分收回的时候，应当计入收回当期的收入。

上述其他支出，指成本、费用、税金和损失以外，个体户在生产、经营中发生的与生产、经营有关的、合理的支出。

个体户发生的与取得收入直接相关的支出，应当区分收益性支出和资本性支出，前者在发生当期直接扣除；后者应当分期扣除，或者计入有关资产成本。

除了税收法律、法规另有规定以外，个体户发生的成本、费用、税金、损失和其他支出不得重复扣除。

个体户发生的下列支出在计算应纳税所得额的时候不得扣除：个人所得税税款，税收滞纳金，罚金、罚款和被没收财物的损失，不符合扣除规定的捐赠支出，赞助支出（指个体户发生的与生产、经营无关的各种非广告性质的支出），用于个人、家庭的支出；与取得生产、经营收入无关的其他支出，国家税务总局规定的其他支出。

个体户使用或者销售存货，按照规定计算的存货成本；转让资产的净值，可以在计算应纳税所得额的时候扣除。

个体户本纳税年度发生的亏损，可以向以后年度结转，用以后年度的生产、经营所得弥补，但是结转年限最长不得超过 5 年。具体计算方法同企业所得税［参见本书"七、企业所得税"

中"（二）计税依据、税率"部分的相关内容〕。

个体户在纳税年度中间开业、合并、注销和其他原因，导致该纳税年度的实际经营期不足 1 年的，在计算缴纳个人所得税的时候，应当以其实际经营期为 1 个纳税年度。

② 税前扣除。

个体户可以按照规定减除费用、专项扣除、专项附加扣除和法定的其他扣除。

个体户支付给从业人员的合理的工资、薪金支出可以扣除，业主的工资、薪金支出不能扣除。

个体户按照规定为从业人员缴纳的基本养老保险费、基本医疗保险费、失业保险费、生育保险费、工伤保险费和住房公积金可以扣除，为从业人员缴纳的补充养老保险费、补充医疗保险费可以分别在不超过从业人员工资总额的 5% 以内扣除。

除了个体户按照规定为特殊工种从业人员支付的人身安全保险费和财政部、国家税务总局允许扣除的其他商业保险费以外，个体户业主为本人和从业人员支付的商业保险费都不能扣除。

个体户在生产、经营中发生的合理的不需要资本化的借款费用，可以扣除。

个体户为购置、建造固定资产、无形资产和经过 12 个月以上的建造才能达到预定可销售状态的存货借款的，在有关资产购置、建造期间发生的合理的借款费用，应当作为资本性支出计入有关资产的成本，并按照国家税务总局的规定扣除。

个体户在生产、经营中发生的下列利息支出可以扣除：向金融企业借款的利息支出；向非金融企业和个人借款的利息支出，不超过按照金融企业同期同类贷款利率计算的数额的部分。

个体户在货币交易中和纳税年度终了的时候将人民币以外的货币性资产、负债按照期末即期人民币汇率中间价折算为人民币的时候产生的汇兑损失，除了已经计入有关资产成本部分以外，可以扣除。

　　个体户向当地工会组织拨缴的工会经费、发生的职工福利费支出和职工教育经费支出，可以分别在工资总额的2%、14%、2.5%以内扣除。

　　上述工资总额，指允许当期税前扣除的工资支出数额。

　　职工教育经费的发生额超过上述比例，当期不能扣除的数额，可以在以后纳税年度结转扣除。

　　个体户业主本人向当地工会组织缴纳的工会经费、发生的职工福利费支出和职工教育经费支出，以当地（地级市）上年度社会平均工资的3倍为计算基数，可以在上述比例以内扣除。

　　个体户发生的与生产、经营有关的业务招待费，可以按照发生额的60%扣除，但是最高不得超过当年销售（营业）收入的5‰。

　　个体户业主自申请营业执照之日至开始生产、经营之日所发生的业务招待费，可以按照发生额的60%计入个体户的开办费。

　　个体户本纳税年度发生的与其生产、经营直接相关的广告费和业务宣传费不超过当年销售（营业）收入15%的部分，可以扣除；超过的部分可以在以后纳税年度结转扣除。

　　个体户代其从业人员和他人负担的税款，不能税前扣除。

　　个体户按照规定缴纳的摊位费、行政性收费和协会会费等，可以按照发生数额扣除。

　　个体户根据生产、经营需要租入固定资产支付的租赁费，可以按照下列方法扣除：以经营租赁方式租入固定资产发生的租赁费支出，按照租赁期限均匀扣除；以融资租赁方式租入固定资产发生的租赁费支出，按照规定构成融资租入固定资产价值的部分应当提取折旧，分期扣除。

　　个体户参加财产保险，按照规定缴纳的保险费，可以扣除。

　　个体户发生的合理的劳动保护支出，可以扣除。

　　个体户自申请营业执照之日至开始生产、经营之日发生的符合国家税务总局规定的费用，除了为取得固定资产、无形资产的支出，应当计入资产价值的汇兑损益、利息支出以外，作为开办费，可以选择在开始生产、经营的当年一次性扣除；也可以自生产、经营当月起，在不短于 3 年期限以内摊销。上述方法选定以后不能改变。

开始生产、经营之日为个体户取得第一笔销售（营业）收入的日期。

个体户研究开发新产品、新技术和新工艺发生的开发费用，为研究开发新产品、新技术购置单台价格不足 10 万元的测试仪器和试验性装置的购置费，可以直接扣除；购置单台价格 10 万元以上的测试仪器和试验性装置，应当按照固定资产管理。

个体户资产的税务处理，可以参照企业所得税的相关法律、法规执行［参见本书"七、企业所得税"中"（三）资产的税务处理资产的税务处理"部分的相关内容］。

③ 应纳税额计算。

[实例]

某个体工商户本纳税年度取得经营收入 100 万元，发生与其经营相关的税金、成本和费用 70 万元（不包括法定可以扣除的业主的费用），可以按照规定扣除费用 6 万元，"三险" 18 000 元，专项附加扣除 52 800 元，其上述收入应纳个人所得税税额的计算方法如下：

应纳税所得额 = 100 万元 – 70 万元 – 6 万元 – 18 000 元 – 52 800 元
= 169 200 元

应纳税额 = 169 200 元 × 20% – 10 500 元
= 23 340 元

个体户从多处取得生产、经营收入的，应当将其从各处取得的收入合并计算缴纳个人所得税。

（2）个人独资企业投资人、合伙企业个人合伙人的生产、经营所得的计税方法。

个人独资企业投资人、合伙企业个人合伙人（以下简称个人投资者）来源于中国境内注册的个人独资企业、合伙企业（以下简称企业）生产、经营的所得，指企业本纳税年度的收入减除成本、费用、损失以后的余额。

上述收入，指企业从事生产、经营和与生产、经营有关的活动取得的各项收入，包括货物销售收入、营运收入、劳务（服务）收入、工程价款收入、财产出租和转让收入、利息收入、其他业务收入、营业外收入。

个人投资者以企业资金为本人、家庭成员和相关人员支付与企业生产、经营无关的消费性支出，购买汽车、住房等财产性支出，应当视为企业对个人投资者的利润分配，并入其生产、经营所得计税。

个人独资企业以投资人为纳税人，以本企业的全部生产、经营所得为个人所得税应纳税所得额。

合伙企业以每一个合伙人为纳税人，按照下列原则确定应纳税所得额：以本企业的生产、经营所得和其他所得，按照合伙协议约定的分配比例确定个人所得税应纳税所得额，但是合伙协议不得约定将全部利润分配给部分合伙人；合伙协议没有约定或者约定不明确的，以本企业的生产、经营所得和其他所得，按照合伙人协商决定的分配比例确定个人所得税应纳税所得额；合伙人协商不成的，以本企业的生产、经营所得和其他所得，按照合伙人实缴出资比例确定个人所得税应纳税所得额；无法确定合伙人出资比例的，以本企业的生产、经营所得和其他所得，按照合伙人数量平均计算每个合伙人的个人所得税应纳税所得额。

合伙企业的合伙人中既有自然人，又有法人和其他组织的，应当分别就其所得缴纳所得税，即自然人应当缴纳个人所得税，法人和其他组织应当缴纳企业所得税。

[实例]

① 杜某登记成立了一家个人独资企业，本纳税年度取得利润 30 万元，没有其他扣除，其个人所得税应纳税所得额即为 30 万元，应当按此计算缴纳其应当缴纳的个人所得税。

② 张某、王某和李某共同出资，登记成立了一家合伙企业，本纳税年度取得利润60万元，没有其他扣除。按照上述3个人合伙的时候签订的协议，经营成果根据各人出资的比例，按照3∶2∶1的比例在3个人之间分配。据此，张某、王某和李某分别分得利润30万元、20万元和10万元。所以，上述3个人应当分别以30万元、20万元和10万元为本人的个人所得税应纳税所得额，分别计算缴纳本人应当缴纳的个人所得税。

如果张某、王某和李某在合伙的时候没有约定利润分配比例，则应当按照60万元利润和3个人平均计算每个人的个人所得税应纳税所得额，即每人20万元（60万元÷3＝20万元），然后分别计算缴纳本人应当缴纳的个人所得税。

③ 韩某与甲公司共同出资，登记成立了一家合伙企业，本纳税年度取得利润500万元。按照双方合伙的时候签订的协议，经营成果根据各方出资的比例，即2∶3的比例在双方之间分配。据此，韩某和甲公司分别分得利润200万元和300万元，韩某没有其他扣除。所以，韩某应当以分得的利润200万元为个人所得税应纳税所得额，计算缴纳个人所得税；甲公司则应当将分得的利润300万元与本公司的其他所得合并，计算缴纳企业所得税。

采用查账征收方式征税的企业，其生产、经营所得的计算方法与个体户生产、经营所得的计算方法基本相同，另有下列规定：

① 个人投资者及其家庭发生的生活费用不能扣除。个人投资者及其家庭发生的生活费用与企业生产、经营费用难以划分的，应当全部视为个人投资者及其家庭发生的生活费用。

② 企业生产、经营和个人投资者及其家庭生活共用的固定资产难以划分的，由税务机关根据企业的生产、经营类型和规模等具体情况核定准予扣除的折旧的金额或者比例。

③ 企业计提的各种准备金不能扣除。

持有股权、股票和合伙企业财产份额等权益性投资的个人独资企业、合伙企业，一律采用查账，征收方式征税。

有下列情形之一的，税务机关应当采用核定征收方式征税：

① 企业应当按照规定设置账簿而没有设置账簿的；

② 企业虽然设置账簿，但是账目混乱或者成本资料、收入凭证、费用凭证残缺不全，难以查账的；

③ 纳税人发生纳税义务，没有按照规定的期限办理纳税申报，经税务机关责令限期申报逾期仍不申报的。

上述核定征收方式，包括定额征收、核定应税所得率征收和其他合理的征收方式。

实行核定应税所得率征收方式的，应纳税所得额的计算公式如下：

☞   应纳税所得额 = 收入 × 应税所得率

或者：

☞   应纳税所得额 = 成本、费用支出 ÷（1 − 应税所得率）× 应税所得率

应税所得率的规定是：工业、商业、交通运输业，5% 至 20%；建筑业、房地产开发业，7% 至 20%；饮食服务业，7% 至 25%；娱乐业，20% 至 40%；其他行业，10% 至 30%（其中律师事务所、会计师事务所、审计师事务所和其他中介机构不能低于 25%）。

企业经营多业的，无论其经营项目是否单独核算，都应当根据其主营项目确定其适用的应税所得率。

［实例］

① 甲个人独资企业本纳税年度的收入为 100 万元，税务机关核定其应税所得率为 10%，该企业当年个人所得税应纳税所得额的计算方法如下：

应纳税所得额 = 100 万元 × 10%

           = 10 万元

② 乙个人独资企业本纳税年度的成本、费用支出为68万元，税务机关核定其应税所得率为15%，该企业当年个人所得税应纳税所得额的计算方法如下：

应纳税所得额 = 68万元 ÷ (1 − 15%) × 15%

= 12万元

实行核定征税的个人投资者，不能享受个人所得税的优惠政策。

企业与其关联企业之间的业务往来，应当按照独立企业之间的业务往来收取或者支付价款、费用。

按照独立企业之间的业务往来收取或者支付价款、费用，从而减少其个人所得税应纳税所得额的，税务机关有权合理调整。

个人投资者兴办两个以上企业的（包括参与兴办，下同），年度终了时，应当汇总从所有企业取得的应纳税所得额，计算缴纳个人所得税。

企业本纳税年度发生亏损的，可以用本企业下一纳税年度的生产、经营所得弥补；下一纳税年度的生产、经营所得不足弥补的，可以逐年延续弥补，但是最长不得超过5年。具体计算方法同企业所得税 [参见本书"七、企业所得税"中"（二）计税依据、税率"部分的相关内容]。

实行查账征税方式的个人独资企业和合伙企业改为核定征税方式以后，在查账征税方式下认定的年度经营亏损未弥补完的部分，不能继续弥补。

个人投资者兴办两个以上企业的，企业发生的年度亏损不能跨企业弥补。

企业清算的时候，个人投资者应当在市场监管机构注销登记以前向税务机关结清有关税务事宜。企业的清算所得（指企业清算时的全部资产或者财产的公允价值扣除各项清算费用、损失、负债和以前年度留存的利润以后超过实缴资本的部分）应当视为年度生产、经营所得，由个人投资者依法缴纳个人所得税。

企业由于在纳税年度中间开业、合并、注销和其他原因，导致该纳税年度的实际经营期不足1年的，个人投资者的生产、经营所得计算缴纳个人所得税的时候，应当以其实际经营期为1个纳税年度。

下列两种情形实质均为企业对个人投资者分配实物，应当缴纳个人所得税：企业出资购买房屋和其他财产，将所有权登记为企业的个人投资者及其家庭成员的；个人投资者及其家庭成员向企业借款用于购买房屋和其他财产，将所有权登记为企业的个人投资者及其家庭成员，而且借款年度终了以后没有归还借款的。

企业对外投资分回的利息、股息和红利，不并入企业的收入，而应当单独作为投资者取得的利息、股息和红利所得缴纳所得税。以合伙企业名义对外投资分回利息、股息和红利的，应当按照合伙企业投资者计算应纳税所得额的规定确定各个投资者的利息、股息和红利所得，分别计算缴纳所得税。

（3）对企业、事业单位的承包、承租经营所得的计税方法。对企业、事业单位的承包、承租经营所得，指个人承包、承租经营和转包、转租取得的所得，包括个人按照经营合同分得的利润和工资、薪金性质的所得。承包人、承租人按照合同（协议）的规定，只向发包方、出租方交纳一定的费用，企业经营成果归承包人、承租人所有的，按照此项目缴纳个人所得税。如果承包人、承租人对企业的经营成果没有所有权，只是按照合同（协议）的规定取得一定的收入，则应当按照工资、薪金所得缴纳个人所得税。

[实例]

承包人程某本纳税年度取得承包经营收入30万元，可以按照规定扣除费用6万元，"三险"18 000元，专项附加扣除36 000元，其此项收入个人所得应纳税所得额的计算方法如下：

应纳税所得额 = 30万元 − 6万元 − 18 000元 − 36 000元
= 186 000元

　　纳税人在多处取得承包、承租经营收入的，应当将其从各处取得的收入合并计算缴纳个人所得税。

　　上述承包、承租经营的纳税人，应当按照本纳税年度取得的承包、承租经营所得计算缴纳个人所得税。在一个纳税年度内承包、承租经营不足 12 个月的，应当以纳税人实际承包、承租经营的月份数为一个纳税年度计算缴纳个人所得税。

3. 利息、股息和红利所得

　　利息、股息和红利所得，包括个人拥有债权、股权等取得的利息（包括存款利息、贷款利息和债券利息等），股息，红利，以每次收入额为应纳税所得额，以支付利息、股息和红利时纳税人取得的收入为一次，按照 20% 的税率计算缴纳个人所得税。

　　对储蓄存款利息所得开征、减征、停征个人所得税及其具体办法，由国务院规定，并报全国人民代表大会常务委员会备案，目前暂时免税。

　　目前，个人通过公开发行和转让市场取得中国境内上市公司股票，其股息、红利所得，持股期限超过 1 个月至 1 年的，可以暂时减按 50% 计入应纳税所得额；持股期限超过 1 年的，可以暂时免征收个人所得税。

　　应纳税额计算公式：

☞ 　　　　　　　　应纳税额 = 每次收入 × 20%

[实例]

　　顾某一次从中国境内上市公司取得股息 10 000 元，持股期限 10 个月，其此项收入应纳个人所得税税额的计算方法如下：

　　应纳税额 = 10 000 元 × 50% × 20%

　　　　　　 = 1 000 元

　　个人独资企业、合伙企业以外的企业的个人投资者，以企业资金为本人、家庭成员和相关人员支付与企业生产、经营无关的消费性支出和购买汽车、住房等财产性支出，应当视为企业对个人投资者的红利分配，按照红利所得缴纳个人所得税。

企业购买车辆并将其所有权办到股东个人名下，实质为企业对股东实施红利性质的实物分配，应当按照红利所得缴纳个人所得税。考虑到此类车辆也为企业经营使用的实际情况，可以合理减除部分所得，减除的具体数额由税务机关根据车辆的实际使用情况合理确定。

个人投资者纳税年度内从其投资企业（不包括个人独资企业、合伙企业）借款，在该纳税年度结束以后既不归还，又未用于企业生产、经营的，其未归还的借款可以视为企业对个人投资者的红利分配，按照红利所得缴纳个人所得税。

下列两种情形实质均为企业对个人分配实物，应当按照利息、股息和红利所得缴纳个人所得税：企业出资购买房屋和其他财产，将所有权登记为个人独资企业、合伙企业以外的企业的个人投资者及其家庭成员；企业的个人投资者及其家庭成员向企业借款用于购买房屋和其他财产，将所有权登记为个人独资企业、合伙企业以外的其他企业的个人投资者及其家庭成员，而且借款年度终了以后没有归还借款的。

个人股东从被投资企业取得的、以企业资产评估增值转增个人股本的部分，属于企业对个人股东股息、红利性质的分配，应当按照股息、红利所得缴纳个人所得税，税款由企业在转增个人股本的时候代扣代缴。

股份制企业以股票形式向股东个人支付的股息、红利（即派发红股），应当以派发红股的股票票面金额为收入额计算缴纳个人所得税。

对个人从基层供销社、农村信用合作社取得的利息（不包括从农村信用合作社取得的储蓄存款利息）、股息和红利征收个人所得税与否，可以由各省、自治区和直辖市人民政府根据当地的实际情况确定。

4. 财产租赁所得

财产租赁所得，包括纳税人出租不动产、机器设备、车辆、船舶和其他财产取得的所得，按照纳税人每次取得的收入计算缴纳个人所得税，以纳税人一个月之内取得的收入为一次。每次收入不超过 4 000 元的，减除费用 800 元；超过 4 000 元的，减除 20% 的费用；还可以减除某些规定的税金和费用，以其余额为应纳税所得额，税率为 20%。

应纳税额计算公式：

☞
$$\text{应纳税所得额} = \text{应税项目收入} - \frac{800\,\text{元(或者应税}}{\text{项目收入} \times 20\%)} - \frac{\text{其他规定}}{\text{扣除项目}}$$

$$\text{应纳税额} = \text{应纳税所得额} \times 20\%$$

在计算财产租赁所得的应纳税所得额的时候，税前扣除的项目和顺序是：财产租赁过程中缴纳的税费（如城市维护建设税、印花税和教育费附加等），向出租方支付的租金，由纳税人负担的修缮费用，税法规定的费用扣除标准。

个人出租房产的个人所得税应税收入不包括增值税，计算房产出租所得的时候可以扣除的税费不包括本次出租缴纳的增值税。个人转租房产的，其向房产出租方支付的租金和增值税可以在计算转租所得的时候扣除。

[实例]

朱某出租自有房屋供他人经商，当月取得租金收入 10 000 元，支付各项税金、教育费附加和修缮费用等共 2 000 元，其此项收入应纳个人所得税税额的计算方法如下：

$$\text{应纳税所得额} = (100\,00\,\text{元} - 2\,000\,\text{元}) \times (1 - 20\%)$$
$$= 6\,400\,\text{元}$$

$$\text{应纳税额} = 6\,400\,\text{元} \times 20\%$$
$$= 1\,280\,\text{元}$$

确认财产租赁所得的纳税人，应当以产权凭证为依据。无产权凭证的，由税务机关根据实际情况确定纳税人。产权所有人去世的，在办理产权继承手续以前，由于财产出租取得的租金，以领取租金的个人为纳税人。

5. 财产转让所得

财产转让所得，包括个人转让有价证券、股权、合伙企业中的财产份额、不动产、机器设备、车辆、船舶和其他财产取得的所得。在计算缴纳个人所得税的时候，以纳税人转让财产取得的收入减除被转让财产的原值和出售财产的时候按照规定支付的有关税费（如出售住房的时候缴纳的城市维护建设税、教育费附加等）以后的余额为应纳税所得额，按照20%的税率计算应纳税额。

个人转让房产取得的个人所得税应税收入不包括增值税，其取得房产的时候支付价款中的增值税计入财产原值，计算转让所得的时候可以扣除的税费不包括本次转让缴纳的增值税。

对股票转让所得征收个人所得税的办法，由国务院另行规定，并报全国人民代表大会常务委员会备案。

应纳税额计算公式：

☞　　应纳税所得额 = 财产转让收入 - 财产原值 - 有关税费

应纳税额 = 应纳税所得额 × 20%

财产原值的确定方法是：

（1）有价证券，为买入价和买入的时候按照有关规定交纳的费用；

（2）建筑物，为建造费、购进价格和其他有关费用；

（3）土地使用权，为取得土地使用权所支付的金额、开发土地的费用和其他有关费用；

（4）机器、车辆和船舶，为购进价格、运输费、安装费和其他有关费用；

（5）其他财产，参照以上方法确定财产原值。

纳税人没有提供完整、准确的财产原值凭证，不能按照以上方法确定财产原值的，由税务机关核定其财产原值。

[实例]

方某出售原值100万元的住房一套，取得收入200万元；可以扣除有关税费10万元，其此项收入应纳个人所得税税额的计算方法如下：

应纳税所得额 = 200万元 – 100万元 – 10万元
$$= 90 万元$$

应纳税额 = 90万元 × 20%
$$= 18 万元$$

个人以非货币性资产投资，属于个人转让非货币性资产和投资同时发生。上述非货币性资产，指现金、银行存款等货币性资产以外的资产，包括股权、不动产、技术发明成果和其他形式的非货币性资产。上述非货币性资产投资，包括以非货币性资产出资设立新的企业，参与企业增资扩股、定向增发股票、股权置换和重组改制等投资行为。个人转让非货币性资产的所得，应当按照财产转让所得计算缴纳个人所得税。

个人以非货币性资产投资，应当按照评估以后的公允价值确认非货币性资产转让收入。非货币性资产转让收入减除该资产原值和合理税费以后的余额为个人所得税应纳税所得额。

个人以非货币性资产投资，应当在非货币性资产转让、取得被投资企业股权的时候确认非货币性资产转让收入的实现。

个人应当在发生上述应税行为的次月15日以前向税务机关申报纳税。纳税人一次性缴税有困难的，可以合理确定分期缴纳计划并报税务机关备案，自发生上述应税行为之日起不超过5个公历年度以内分期纳税。

个人以非货币性资产投资交易过程中取得现金补价的，现金部分应当优先用于缴税；现金不足以缴纳的部分，可以分期缴纳。

个人在分期缴税期间转让其持有的上述全部或者部分股权并取得现金收入的，该现金收入应当优先用于缴纳没有缴清的税款。

下列所得也按照财产转让所得征税：

（1）个人由于各种原因终止投资、联营和经营合作等行为，从被投资企业和合作项目、被投资企业的其他投资者和合作项目的经营合作人取得股权转让收入、违约金、补偿金、赔偿金和以其他名目收回的款项等，个人所得税应纳税所得额的计算方法如下：

$$\text{应纳税所得额} = \text{个人取得的股权转让收入、违约金、补偿金、赔偿金和以其他名目收回款项合计} - \text{原实际出资额（投入额）和相关税费}$$

（2）个人通过拍卖市场拍卖除了文字作品手稿原件、复印件以外的其他财产取得的所得。

6. 偶然所得

偶然所得，包括个人得奖、中奖、中彩和其他偶然性质的所得，目前主要包括下列项目：

（1）个人因突出贡献从省以下的市、县人民政府及其所属部门取得的一次性奖励收入。

（2）个人购买社会福利彩票、体育彩票，一次中奖收入超过10 000元的。

（3）个人取得单张有奖发票奖金，所得超过800元的。

（4）个人为单位和他人提供担保获得的收入。

（5）房屋产权所有人将其房屋产权无偿赠与他人，受赠人取得的受赠收入，下列情形除外：房屋产权所有人将其房屋产权无偿赠与配偶、父母、子女、祖父母、外祖父母、孙子女、外孙子女、兄弟姐妹和对其承担直接抚养、赡养义务的抚养人、赡养人；房屋产权所有人死亡，依法取得房屋产权的法定继承人、遗嘱继承人和受遗赠人。

（6）企业在业务宣传、广告等活动中，随机向本单位以外的个人赠送的礼品（包括网络红包），在年会、座谈会、庆典和其他活动中向本单位以外的个人赠送的礼品，但是不包括企业赠送的具有价格折扣、折让性质的消费券、代金券、抵用券和优惠券等礼品。

偶然所得以纳税人每次取得的收入为应纳税所得额，按照20%的税率计算应纳个人所得税税额。

应纳税额计算公式：

☞　　　　　　应纳税额 = 每次收入 × 20%

对受赠人无偿受赠房屋产权计征个人所得税的时候，应纳税所得额为房地产赠与合同上标明的赠与房屋价值减除赠与过程中受赠人支付的相关税费以后的余额。赠与合同标明的上述价值明显低于市场价格，或者房地产赠与合同没有标明赠与房屋价值的，税务机关可以根据受赠房屋的市场评估价格或者采取其他合理方式，确定受赠人的应纳税所得额。

对企业赠送的礼品计征个人所得税的时候，所赠的礼品是本企业产品（服务）的，按照其市场销售价格确定个人的应税所得；是外购商品（服务）的，按照其实际购置价格确定个人的应税所得。

［实例］

蔡某一次购买福利彩票中奖 20 万元，其此项收入应纳个人所得税税额的计算方法如下：

应纳税额 = 20 万元 × 20%
　　　　 = 4 万元

7. 捐赠扣除

个人将其所得通过中国境内的公益性社会组织、县级以上人民政府及其所属部门等国家机关捐赠教育、扶贫和济困等公益、慈善事业，捐赠住房作为公租房，捐赠额不超过其申报的个人所得税应纳税所得额30%的部分，可以按照规定从上述应纳税所得额中扣除；国务院规定对公益、慈善事业捐赠全额税前扣除的，从其规定。

[实例]

华某通过民政机关将其售画所得10万元捐赠贫困地区用于扶贫，其此项收入应纳个人所得税税额的计算方法如下：

应纳税所得额 = 10万元 − 10万元 × 20%

$\qquad\qquad$ = 8万元

税法允许扣除的捐赠额 = 80 000元 × 30%

$\qquad\qquad\qquad$ = 24 000元

计税依据 = 80 000元 − 24 000元

$\qquad\quad$ = 56 000元

应纳税额 = 56 000元 × 20%

$\qquad\quad$ = 11 200元

8. 境外已纳税款扣除

居民个人从中国境内、境外取得的综合所得、经营所得，应当分别合并计算缴纳个人所得税；从中国境内、境外取得的其他所得，应当分别单独计算缴纳个人所得税。

居民个人来源于中国境外的经营所得按照中国税法的规定计算的亏损，不得抵减境内和他国（地区）的应纳税所得额，但是可以用来源于同一国家（地区）以后年度的经营所得按照中国税法的规定弥补。

居民个人从中国境外取得的所得，按照该所得来源国家（地区）的法律应当缴纳并且已经缴纳的所得税，可以抵免其按照中国个人所得税法应纳的个人所得税，但是抵免额不能超过其中国境外所得按照中国个人所得税法计算的应纳税额。除了财政部、国家税务总局另有规定以外，来源于中国境外某个国家（地区）的综合所得抵免限额、经营所得抵免限额和其他所得抵免限额之和，为来源于该国家（地区）所得的抵免限额。

上述抵免限额，按照下列公式计算：

（1）来源于某国（地区）综合所得的抵免限额 = 中国境内和境外综合所得依照中国税法规定计算的综合所得应纳税额 × 来源于该国（地区）的综合所得 ÷ 中国境内和境外综合所得合计

（2）来源于某国（地区）经营所得的抵免限额 = 中国境内和境外经营所得依照中国税法规定计算的经营所得应纳税额 × 来源于该国（地区）的经营所得应纳税所得额 ÷ 中国境内和境外经营所得应纳税所得额合计

（3）来源于某国（地区）其他所得的抵免限额 = 该国（地区）的其他所得依照中国税法规定计算的应纳税额

（4）来源于某国（地区）所得的抵免限额 = 来源于该国（地区）综合所得抵免限额 + 来源于该国（地区）经营所得抵免限额 + 来源于该国（地区）其他所得抵免限额

上述可以抵免的中国境外所得税，不包括下列情形：

（1）按照境外税法属于错缴、错征的所得税；

（2）按照中国政府签订的避免双重征税协定和内地与香港、澳门签订的避免双重征税安排（以下统称税收协定）规定不应当征收的境外所得税；

（3）由于少缴、迟缴境外所得税追加的利息、滞纳金和罚款；

（4）境外所得税纳税人或者其利害关系人从境外征税主体得到返还或者补偿的境外所得税；

（5）按照中国个人所得税法及其实施条例的规定，已经免税的境外所得负担的境外所得税。

居民个人从与中国签订税收协定的国家（地区）取得的所得，按照该国（地区）税法享受免税、减税待遇，且免税、减税额按照税收协定饶让条款规定应当视同已缴税额在中国的应纳税额中抵免的，上述免税、减税额可以作为居民个人实际缴纳的境外所得税申报税收抵免。

居民个人在中国境外某个国家（地区）已经缴纳的个人所得税，少于按照上述规定计算的来源于该国家（地区）所得的抵免限额的，应当在中国缴纳差额部分的税款；超过上述限额的，其超过部分不能抵免本纳税年度的应纳税额，但是可以在以后纳税年度来源于该国家（地区）所得的抵免限额的余额中补扣，补扣期限最长不得超过5年。

9. 其他规定

（1）个人取得的所得，难以界定个人所得税应纳税所得项目的，由国家税务总局确定。

（2）有下列情形之一的，税务机关有权按照合理方法作出纳税调整：个人与其关联方之间的业务往来不符合独立交易原则，从而减少本人或者其关联方应纳税额，且无正当理由；居民个人控制的、居民个人和居民企业共同控制的设立在实际税负明显偏低的国家（地区）的企业，无合理经营需要，对应当归属居民个人的利润不作分配或者减少分配；个人实施其他不具有合理商业目的的安排获取不当税收利益。

税务机关作出纳税调整以后需要补征税款的，应当补征税款，并按照税款所属纳税申报期最后一日中国人民银行公布的与补税期间同期的人民币贷款基准利率加收利息。纳税人在补缴税款期限届满以前补缴税款的，利息加收至补缴税款之日。

（3）个人所得的形式，包括现金、实物、有价证券和其他形式的经济利益。所得为实物的，应当按照取得的凭证上注明的价格计算应纳税所得额。无凭证的实物或者凭证上注明的价格明显偏低的，应当参照市场价格核定应纳税所得额。所得为有价证券的，应当根据票面价格和市场价格核定应纳税所得额。所得为其他形式的经济利益的，应当参照市场价格核定应纳税所得额。

（4）个人取得的所得以人民币计算。所得为其他货币的，应当按照办理纳税申报或者扣缴申报的上个月最后一日的人民币汇率中间价折算成人民币。纳税年度终了以后办理汇算清缴的，已经预缴个人所得税的其他货币所得不再折算；需要补缴个人所得税的其他货币所得，应当先按照上个纳税年度最后一日的人民币汇率中间价折算成人民币，然后计算纳税。

（5）两个以上的个人共同取得同一项目收入的，每个人应当分别就其取得的收入计算缴纳个人所得税。

（三）免税、减税

1. 下列项目可以免征个人所得税：

（1）省级人民政府、国务院部委、中国人民解放军军以上单位和外国组织、国际组织颁发的科学、教育、技术、文化、卫生、体育和环境保护等方面的奖金。

（2）个人持有中国财政部发行的债券和经国务院批准发行的金融债券取得的利息，教育储蓄存款（指个人按照国家规定在指定的银行开户、存入规定数额的资金并用于教育的专项储蓄）利息，财政部门确定的其他专项储蓄存款和储蓄性专项基金存款（目前包括基本养老保险基金、基本医疗保险基金、失业保险基金和住房公积金4个项目）利息，2009年以后年度发行的地方政府债券利息。

（3）按照国务院的规定发给的政府特殊津贴、院士津贴和国务院规定免纳个人所得税的其他补贴、津贴。

（4）福利费（指按照规定从企业、事业单位、国家机关和社会团体提留的福利费、工会经费中支付给个人的生活补助费），抚恤金，救济金（指政府民政部门支付给个人的生活困难补助费）。

（5）保险赔款。

（6）军人的转业费、复员费和退役金。

（7）按照国家统一规定发给干部、职工的安家费、退职费、基本养老金、退休费、离休费和离休生活补助费。

（8）按照中国有关法律规定应当免税的外国驻华使馆、领馆的外交代表、领事官员和其他人员的所得。

（9）中国政府参加的国际公约、签订的协议中规定免税的所得。

（10）企业、事业单位按照规定缴付的基本养老保险费、基本医疗保险费和失业保险费，个人领（支）取的原来提存的基本养老保险费、基本医疗保险费、失业保险费和住房公积金。

（11）生育妇女按照县级以上人民政府根据国家有关规定制定的生育保险办法，取得的生育津贴、生育医疗费和其他生育保险性质的津贴、补贴。

（12）工伤职工及其近亲属按照国务院发布的《工伤保险条例》取得的工伤保险待遇，包括工伤职工按照上述条例取得的一次性伤残补助金、伤残津贴、一次性工伤医疗补助金、一次性伤残就业补助金、工伤医疗待遇、住院伙食补助费、外地就医交通食宿费用、工伤康复费用、辅助器具费用和生活护理费等；职工因工死亡，其近亲属按照上述条例取得的丧葬补助金、供养亲属抚恤金和一次性工亡补助金等。

（13）依法宣告破产的企业的职工从本企业取得的一次性安置费。

（14）被拆迁人按照有关城镇房屋拆迁管理办法规定的标准取得的拆迁补偿款。

（15）符合规定的见义勇为基金会和类似组织奖励见义勇为者的奖金、奖品，经过税务机关核准的。

（16）国务院规定的其他免税所得，此项免税规定由国务院报全国人民代表大会常务委员会备案。

2. 下列项目可以暂时免征个人所得税：

（1）在中国境内的储蓄机构取得的储蓄存款利息所得。

（2）证券市场个人投资者取得的证券交易结算资金利息所得。

（3）在上海证券交易所、深圳证券交易所转让从上市公司公开发行和转让市场取得的上市公司股票的所得，转让证券投资基金的所得。

（4）个人购买福利彩票、体育彩票，一次中奖所得不超过 1 万元的；个人取得单张有奖发票奖金，所得不超过 800 元的。

（5）个人转让自用 5 年以上并且是家庭唯一生活用房取得的所得。

（6）个人举报、协查各种违法、犯罪行为获得的奖金。

（7）个人办理代扣代缴税款手续，按照规定取得的手续费。

（8）已经达到离休、退休年龄，由于工作需要而留任的享受政府特殊津贴的专家、学者，在延缓办理离休、退休期间取得的工资、薪金所得。

（9）符合规定的外国专家（如按照世界银行贷款协议由世界银行直接派往中国工作者，联合国组织直接派往中国工作者，援助国派往中国专为该国无偿援助项目工作者，某些来华工作而工资、薪金由外方负担的专家等）取得的工资、薪金所得。

3. 有下列情形之一的，可以减征个人所得税，具体幅度和期限由各省、自治区和直辖市人民政府规定，并报同级人民代表大会常务委员会备案：

（1）残疾、孤老人员和烈属的所得；

（2）因自然灾害遭受重大损失的。

例如，内蒙古自治区人民政府规定：残疾人员、烈属取得的综合所得和经营所得，可以减征 50% 的个人所得税；孤老人员取得的上述所得，可以减征 100% 的个人所得税。纳税人因自然灾害遭受重大损失的，3 年以内可以减征 100% 的个人所得税。

黑龙江省人民政府规定：残疾、孤老人员和烈属取得的综合所得和经营所得，一个纳税年度内减征个人所得税以 6 000 元为限，不足 6 000 元的据实减征。

山东省人民政府规定：残疾、孤老人员、烈属取得的综合所得和经营所得，年应纳个人所得税减征额不超过 6 000 元。纳税人因自然灾害遭受重大损失的，由省政府根据受灾情况，在不超过扣除保险赔款等以后的实际损失额之内确定减征税额、减征对象、减征所得项目和减征期限。

广西壮族自治区人民政府规定：残疾、孤老人员和烈属取得的综合所得、经营所得，可以减征 50% 的个人所得税；重度残疾人员取得的上述所得，可以减征 100% 的个人所得税。纳税人因自然灾害遭受重大损失的，可以以扣除保险赔款以后的实际损失额为限，扣减当年的应纳税所得额。

四川省人民政府规定：残疾人员取得的综合所得和经营所得，限额减征年应纳个人所得税 6 000 元；孤老人员、烈属取得的上述所得，限额减征年应纳个人所得税 10 000 元。因自然灾害遭受重大损失的纳税人来源于受灾地区的所得，可以自受灾当年起 3 年以内减征个人所得税，其中第一年减征 90%，第二年减征 70%，第三年减征 50%。

陕西省人民政府规定：残疾、孤老人员和烈属取得的综合所得，年度汇算清缴时应纳个人所得税不超过 3 500 元的，可以减征 100%；超过 3 500 元的，可以减征 3 500 元。上述人员取得的经营所得，年度汇算清缴时应纳个人所得税不超过 2 500 元的，可以减征 100%；超过 2 500 元的，可以减征 2 500 元。因自然灾害遭受重大损失的纳税人，可以连续两年免征个人所得税。

国务院可以规定其他减税情形，报全国人民代表大会常务委员会备案。例如，自 2021 年至 2022 年，个体工商户经营所得年应纳税所得额不超过 100 万元的部分，可以在现行优惠政策的基础上减半征收个人所得税。

此外，依法设立的非营利性研究开发机构和高等学校根据的中国促进科技成果转化法从职务科技成果转化收入中给予科技人员的现金奖励，个人出租住房取得的所得，重点群体创业就业，随军家属、军队转业干部和退役士兵就业，个人与用人单位解除劳动关系以后取得的一次性的补偿收入，城镇住房保障家庭按照规定从地方政府领取的住房租赁补贴，等等，可以依法免征或者减征个人所得税。与中国签订避免对所得双重征税协定的国家的居民个人取得来源于中国的特许权使用费、利息、股息和红利所得，可以享受上述协定规定的优惠税率或者免税待遇。

（四）税款扣缴、纳税申报和纳税期限

1. 税款扣缴

个人所得税以支付所得的单位、个人为扣缴义务人。扣缴义务人向个人支付应税款项的时候，应当依法预扣、代扣个人所得税，按时缴入国库，并专项记载备查。

扣缴义务人应当依法办理全员全额扣缴申报，即在扣缴税款的次月 15 日以内，向税务机关报送其支付所得的所有个人的有关信息、支付所得金额、扣除事项和金额、扣缴税款的金额，其他相关涉税信息资料；并向纳税人提供其个人所得和已经扣缴税款等信息。

实行个人所得税全员全额扣缴申报的应税所得包括工资、薪金所得，劳务报酬所得，稿酬所得，特许权使用费所得，利息、股息和红利所得，财产租赁所得，财产转让所得，偶然所得。

享受子女教育支出、继续教育支出、住房贷款利息、住房租金和赡养老人支出扣除的纳税人，可以自符合条件的时候起向支付其工资、薪金所得的扣缴义务人提供上述扣除的有关信息，由扣缴义务人在预扣预缴税款的时候按照纳税人在本单位本纳税年度可以享受的累计扣除额扣除；也可以在次年 3 月 1 日至 6 月 30 日期间向

汇缴地的税务机关办理汇算清缴申报的时候扣除。

纳税人同时从两处以上取得工资、薪金所得，并由扣缴义务人办理上述专项附加扣除的，同一个扣除项目，在一个纳税年度以内，纳税人只能选择从其中的一处扣除。

享受大病医疗支出扣除的纳税人，应当在纳税年度次年 3 月 1 日至 6 月 30 日期间自行向汇缴地税务机关办理汇算清缴申报的时候扣除。

纳税人仅取得劳务报酬所得、稿酬所得和特许权使用费所得，需要享受专项附加扣除的，应当在纳税年度次年 3 月 1 日至 6 月 30 日期间自行向汇缴地税务机关报送有关信息表，并在办理汇算清缴申报的时候扣除。

扣缴义务人向居民个人支付工资、薪金所得，劳务报酬所得，稿酬所得，特许权使用费所得的时候，应当按照下列方法预扣预缴个人所得税；年度预扣预缴税额与年度应纳税额不一致的，由居民个人在次年 3 月 1 日至 6 月 30 日期间向税务机关办理综合所得年度汇算清缴，多退少补：

（1）扣缴义务人向居民个人支付工资、薪金所得的时候，应当按照累计预扣法计算预扣税款，并按月办理全员全额扣缴申报，预扣预缴方法、计算公式和《个人所得税预扣率表（一）》如下：

☞ $$\text{本期应预扣预缴税额} = \left(\text{累计预扣预缴应纳税所得额} \times \text{预扣率} - \text{速算扣除数} \right) - \text{累计减免税额} - \text{累计已预扣预缴税额}$$

$$\text{累计预扣预缴应纳税所得额} = \text{累计收入} - \text{累计免税收入} - \text{累计减除费用} - \text{累计专项扣除} - \text{累计专项附加扣除} - \text{累计依法确定的其他扣除}$$

其中，累计减除费用应当按照每月 5 000 元乘以纳税人自当年 1 月至本月在本单位的任职受雇的月份计算。

个人所得税预扣率表（一）

（居民个人工资、薪金所得预扣预缴适用）

级数	累计预扣预缴应纳税所得额	预扣率（%）	速算扣除数（元）
1	不超过 36 000 元的部分	3	0
2	超过 36 000 元至 144 000 元的部分	10	2 520
3	超过 144 000 元至 300 000 元的部分	20	16 920
4	超过 300 000 元至 420 000 元的部分	25	31 920
5	超过 420 000 元至 660 000 元的部分	30	52 920
6	超过 660 000 元至 960 000 元的部分	35	85 920
7	超过 960 000 元的部分	45	181 920

［实例］

职员岳某 2022 年 1 月、2 月每月取得工资 4 万元；每月可以扣除费用 5 000 元，"三险"、住房公积金和企业年金 4 000 元，子女教育支出 1 000 元，继续教育支出 400 元，住房贷款利息 1 000 元，赡养老人支出 2 000 元；其上述收入预扣预缴个人所得税税额的计算方法如下：

① 1 月工资应预扣预缴税额：

$$\text{预扣预缴应纳税所得额} = 40\,000\,元 - 5\,000\,元 - 4\,000\,元 - 1\,000\,元$$
$$- 400\,元 - 1\,000\,元 - 2\,000\,元$$
$$= 26\,600\,元$$

$$应预扣预缴税额 = 26\,600\,元 \times 3\%$$
$$= 798\,元$$

② 2 月工资应预扣预缴税额：

$$\text{累计预扣预缴应纳税所得额} = 40\,000\,元 \times 2 - 5\,000\,元 \times 2 - 4\,000\,元 \times 2$$
$$- 1\,000\,元 \times 2 - 400\,元 \times 2 - 1\,000\,元 \times 2$$
$$- 2\,000\,元 \times 2$$
$$= 53\,200\,元$$

应预扣预缴税额 = 53 200 元 × 10% − 2 520 元 − 798 元
　　　　　　　 = 2 002 元

自纳税年度首月起至新入职时没有取得工资、薪金所得和没有按照累计预扣法预扣预缴过连续性劳务报酬所得个人所得税的居民个人，可以按照 5 000 元乘以当年首月截至本月月份数计算累计减除费用。例如，大学生辛某当年 8 月毕业以后到某单位工作，该单位发放当月工资、计算当期应预扣预缴个人所得税的时候，可以减除费用 4 万元（即 5 000 元 × 8 = 40 000 元）。

正在接受全日制学历教育的学生因实习取得劳务报酬所得的，扣缴义务人预扣预缴个人所得税的时候，也可以按照上述累计预扣法预扣预缴税款。

对于上一个完整纳税年度每月均在同一个单位预扣预缴工资、薪金所得个人所得税且全年工资、薪金收入不超过 6 万元的居民个人，扣缴义务人在预扣预缴本年度工资、薪金所得个人所得税的时候，累计减除费用可以自 1 月起直接按照 6 万元计算，即在纳税人累计工资、薪金收入不超过 6 万元的月份可以暂不预扣预缴工资、薪金所得个人所得税，待上述收入超过 6 万元以后再预扣预缴个人所得税。

对于按照累计预扣法预扣预缴劳务报酬所得个人所得税的居民个人，扣缴义务人可以比照上述规定办理。

（2）扣缴义务人向居民个人支付劳务报酬所得、稿酬所得和特许权使用费所得，应当按次或者按月预扣预缴个人所得税，预扣预缴方法、计算公式和预扣率如下：

收入：上述 3 个征税项目，属于一次性收入的，以取得该项收入为一次；属于同一项目连续性收入的，以一个月以内取得的收入为一次。

计税收入：以收入减除费用以后的余额为计税收入。其中，稿酬所得的计税收入减按 70% 计算。

减除费用：每次收入不超过 4 000 元的，减除费用 800 元；超过 4 000 元的，减除费用20%。

应纳税所得额和适用预扣率：以每次计税收入为预扣预缴应纳税所得额。劳务报酬所得适用20%至40%的3级超额累进预扣率（《个人所得税预扣率表（二）》），稿酬所得、特许权使用费所得适用20%的预扣率。

☞ $\dfrac{\text{劳务报酬所得应}}{\text{预扣预缴税额}} = \dfrac{\text{预扣预缴应}}{\text{纳税所得额}} \times \text{预扣率} - \text{速算扣除数}$

$\dfrac{\text{稿酬所得、特许权使用费}}{\text{所得应预扣预缴税额}} = \text{预扣预缴应纳税所得额} \times 20\%$

个人所得税预扣率表（二）
（居民个人劳务报酬所得预扣预缴适用）

级数	预扣预缴应纳税所得额	预扣率(%)	速算扣除数(元)
1	不超过 20 000 元的部分	20	0
2	超过 20 000 元至 50 000 元的部分	30	2 000
3	超过 50 000 元的部分	40	7 000

[实例]

① 演员闫某一次演出取得劳务报酬 6 万元，其此项收入应预扣预缴个人所得税税额的计算方法如下：

预扣预缴应纳税所得额 = 60 000 元 – 60 000 元 × 20%

= 48 000 元

应预扣预缴税额 = 48 000 元 × 30% – 2 000 元

= 12 400 元

② 作家赵某一次取得稿酬 5 万元，其此项收入应预扣预缴个人所得税税额的计算方法如下：

预扣预缴应纳税所得额 =（50 000 元 – 50 000 元 × 20%）× 70%

= 28 000 元

应预扣预缴税额 = 28 000 元 × 20%
　　　　　　　 = 5 600 元

（3）扣缴义务人向非居民个人支付工资、薪金所得，劳务报酬所得，稿酬所得，特许权使用费所得的时候，应当直接依法按月或者按次代扣代缴个人所得税。

（4）扣缴义务人支付利息、股息和红利所得，财产租赁所得，财产转让所得，偶然所得的时候，应当直接依法按次或者按月代扣代缴个人所得税。

2. 纳税申报

纳税人有下列情形之一的，应当依法办理个人所得税纳税申报：

（1）取得综合所得，需要办理汇算清缴，包括从两处以上取得综合所得，且综合所得年收入额减除专项扣除的余额超过 6 万元；取得劳务报酬所得、稿酬所得和特许权使用费所得，且综合所得年收入额减除专项扣除的余额超过 6 万元；本纳税年度预缴税额低于应纳税额；纳税人申请退税。纳税人应当在取得所得的次年 3 月 1 日至 6 月 30 日期间向任职、受雇单位所在地的税务机关办理纳税申报；没有任职、受雇单位的，应当向其户籍所在地或经常居住地的税务机关办理纳税申报。

（2）取得经营所得，应当在月度或者季度终了以后 15 日之内向经营管理所在地的税务机关办理预缴纳税申报；在取得所得的次年 3 月 31 日以前向经营管理所在地的税务机关办理汇算清缴，报送纳税申报表。

（3）取得应税所得，没有扣缴义务人。

（4）取得应税所得，扣缴义务人没有扣缴税款：

① 居民个人取得综合所得，按照上述关于综合所得的规定办理。

② 非居民个人取得工资、薪金所得，劳务报酬所得，稿酬所得，特许权使用费所得，应当在取得所得的次年 6 月 30 日以前向

扣缴义务人所在地的税务机关办理纳税申报。

非居民个人在取得所得的次年 6 月 30 日以前离境（不包括临时离境）的，应当在离境以前办理纳税申报。

③ 纳税人取得利息、股息和红利所得，财产租赁所得，财产转让所得，偶然所得，应当在取得所得的次年 6 月 30 日以前向税务机关办理纳税申报。

（5）居民个人从中国境外取得所得，应当在取得所得的次年 3 月 1 日至 6 月 30 日期间向中国境内任职、受雇单位所在地的税务机关办理纳税申报；在中国境内没有任职、受雇单位的，应当向户籍所在地或者中国境内经常居住地的税务机关办理纳税申报；户籍所在地与中国境内经常居住地不一致的，应当选择其中一地的税务机关办理纳税申报；在中国境内没有户籍的，应当向中国境内经常居住地的税务机关办理纳税申报。

（6）纳税人由于移居中国境外注销中国户籍，应当在申请注销中国户籍以前向户籍所在地的税务机关办理纳税申报，进行税款清算。

（7）非居民个人在中国境内两处以上取得工资、薪金所得，应当在取得所得的次月 15 日以内向其中一处任职、受雇单位所在地的税务机关办理纳税申报。

（8）国务院规定的其他情形。

3. 纳税期限

（1）居民个人取得综合所得，有扣缴义务人的，由扣缴义务人按月或者按次预扣预缴税款；需要办理汇算清缴的，应当在取得所得的次年 3 月 1 日至 6 月 30 日期间办理汇算清缴。

（2）非居民个人取得工资、薪金所得，劳务报酬所得，稿酬所得，特许权使用费所得，有扣缴义务人的，由扣缴义务人按月或者按次代扣代缴税款，不需要办理汇算清缴。

（3）纳税人取得经营所得，由纳税人在本月或者本季度终了以后 15 日以内向经营管理所在地的税务机关预缴税款，在取得所得的次年 3 月 31 日以前向经营管理所在地的税务机关办理汇算清缴。

（4）纳税人取得利息、股息和红利所得，财产租赁所得，财产转让所得，偶然所得，按月或者按次计算个人所得税，有扣缴义务人的，由扣缴义务人按月或者按次代扣代缴税款。

（5）纳税人取得应税所得没有扣缴义务人的，应当在取得所得的次月 15 日以内向税务机关报送纳税申报表，并缴纳税款。

（6）纳税人取得应税所得，扣缴义务人没有扣缴税款的，纳税人应当在取得所得的次年 6 月 30 日以前缴纳税款；税务机关通知限期缴纳税款的，纳税人应当按照规定的期限缴纳税款。

（7）居民个人从中国境外取得所得的，应当在取得所得的次年 3 月 1 日至 6 月 30 日期间申报纳税。

（8）非居民个人在中国境内两处以上取得工资、薪金所得的，应当在取得所得的次月 15 日以内申报纳税。

（9）纳税人由于移居中国境外注销中国户籍的，应当在注销中国户籍以前办理税款清算。

扣缴义务人每月或者每次预扣、代扣的税款，应当在次月 15 日以内缴入国库，并向税务机关报送扣缴个人所得税申报表。

纳税人办理汇算清缴退税、扣缴义务人为纳税人办理汇算清缴退税的，税务机关审核以后，应当按照国库管理的有关规定办理退税。

九、

土地增值税

中国的土地增值税是对转让房地产的增值额征收的一种税收。1993年12月13日，国务院发布《中华人民共和国土地增值税暂行条例》，自1994年1月1日起施行。2011年1月8日，国务院对该条例作了修改。1995年1月27日，财政部发布《中华人民共和国土地增值税暂行条例实施细则》。

土地增值税由税务机关负责征收管理，所得收入归地方政府所有。2020年，土地增值税收入为6 468.5亿元，占当年中国税收总额的4.2%。

（一）纳税人

土地增值税的纳税人，包括在中国境内以出售和其他方式有偿转让国有土地使用权、地上建筑物（包括地上、地下的各种附属设施）及其附着物（以下简称转让房地产）并取得收入的企业、行政单位、事业单位、军事单位、社会团体、其他单位、个体工商户和其他个人。

目前，中国的土地增值税收入主要来自房地产业的股份制企业、私营企业和外商投资企业。

(二) 计税依据、税率和计税方法

1. 计税依据

土地增值税以纳税人转让房地产取得的增值额为计税依据。

上述增值额为纳税人转让房地产取得的收入减除规定扣除项目金额以后的余额。

上述收入包括转让房地产的全部价款和有关经济收益，不包括增值税，形式上包括货币收入、实物收入和其他收入。

房地产开发企业将开发产品用于职工福利、奖励、对外投资、分配给股东和投资人、抵偿债务和换取其他单位、个人的非货币性资产等，发生所有权转移时应当视同销售房地产。

上述规定扣除项目包括：

（1）纳税人为取得土地使用权所支付的地价款和按照国家统一规定交纳的有关费用。

（2）开发土地和新建房及配套设施的成本，包括纳税人房地产开发项目实际发生的土地征用和拆迁补偿费、前期工程费、建筑安装工程费、房屋装修费、基础设施费、公共配套设施费和开发间接费用。

（3）开发土地和新建房及配套设施的费用，包括与房地产开发项目有关的销售费用、管理费用和财务费用。此项费用扣除有一定的比例限制，具体比例由各省、自治区和直辖市人民政府根据当地的实际情况规定。

（4）经过当地税务机关确认的旧房和建筑物的评估价格（指转让已经使用的房屋和建筑物的时候，由政府批准设立的房地产评估机构评定的重置成本价乘以成新度折旧率以后的价格）。

（5）与转让房地产有关的税金，包括纳税人在转让房地产的时候缴纳的城市维护建设税、印花税。增值税进项税额，可以抵扣销项税额的，不能扣除；不能抵扣销项税额的，可以扣除。纳税人转让房地产的时候缴纳的教育费附加，可以视同税金扣除。

（6）从事房地产开发的纳税人可以按照上述第（1）、第（2）项金额之和加计20%的扣除额。

土地增值税以纳税人房地产成本核算的最基本的核算项目或者核算对象为单位计算。纳税人成片受让土地使用权以后分期分批开发、转让房地产的，其扣除项目金额可以按照转让土地使用权的面积占总面积的比例计算分摊，或者按照建筑面积计算分摊，或者按照税务机关确认的其他方式计算分摊。

如果纳税人转让房地产的成交价格低于房地产评估价格，并且没有正当的理由，或者隐瞒、虚报房地产成交价格，或者提供的扣除项目金额不真实，税务机关可以按照房地产评估价格（指经过当地税务机关确认的、由政府批准设立的房地产评估机构根据相同地段、同类房地产综合评定的价格）计算征收土地增值税。

如果纳税人转让旧房和建筑物，不能取得评估价格，但是能够提供购房发票，经过当地税务机关确认，其为取得土地使用权所支付的金额和购房及配套设施的成本、费用的扣除，可以按照发票所载金额，从购买年度起至转让年度止，每年加计5%。纳税人购房的时候缴纳的契税可以扣除，但是不作为加计5%的基数。

如果纳税人转让旧房和建筑物，既不能取得评估价格，又不能提供购房发票，税务机关可以依法核定征税。

2. 税率

土地增值税采用4级超率累进税率，详见《土地增值税税率表》。

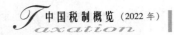

土地增值税税率表

级数	计税依据	税率（%）
1	增值额不超过扣除项目金额50%的部分	30
2	增值额超过扣除项目金额50%至100%的部分	40
3	增值额超过扣除项目金额100%至200%的部分	50
4	增值额超过扣除项目金额200%的部分	60

3. 计税方法

在计算土地增值税的应纳税额的时候，应当先用纳税人取得的房地产转让收入减除有关各项扣除项目金额，计算得出增值额。再按照增值额超过扣除项目金额的比例，分别确定增值额中各个部分的适用税率，依此计算各部分增值额的应纳土地增值税税额。各部分增值额应纳土地增值税税额之和，即为纳税人应纳的全部土地增值税税额。

应纳税额计算公式：

☞ $$应纳税额 = \sum（增值额 \times 适用税率）$$

[实例]

某企业出售一处房产，售价5 000万元，可以扣除的各项成本、费用和有关税金等共计2 000万元，该企业上述收入应纳土地增值税税额的计算方法如下：

增值额 = 5 000万元 – 2 000万元

　　　　 = 3 000万元

应纳税额 = 1 000万元 × 30% + 1 000万元 × 40% + 1 000万元

　　　　　 × 50%

　　　　 = 1 200万元

另有一种简便计算方法，公式如下：

（1）增值额未超过扣除项目金额50%的：

☞ 　　　　应纳税额 = 增值额 × 30%

（2）增值额超过扣除项目金额50%，未超过100%的：

☞ 　　应纳税额 = 增值额 × 40% − 扣除项目金额 × 5%

（3）增值额超过扣除项目金额100%，未超过200%的：

☞ 　　应纳税额 = 增值额 × 50% − 扣除项目金额 × 15%

　·（4）增值额超过扣除项目金额200%的：

☞ 　　应纳税额 = 增值额 × 60% − 扣除项目金额 × 35%

仍然以上述出售房产的企业为例：

应纳税额 = 3 000 万元 × 50% − 2 000 万元 × 15%
　　　　= 1 200 万元

土地增值税应纳税额以人民币计算。纳税人转让房地产取得的收入为其他货币的，应当先按照取得收入当天或者当月 1 日的汇率折算成人民币，然后计算缴纳土地增值税。

4. 核定征收

房地产开发企业有下列情形之一的，税务机关可以参照与其开发规模和收入水平相近的当地企业的土地增值税税负情况，按照不低于预征率的征收率核定征收土地增值税：

（1）按照法律、行政法规的规定应当设置账簿但是没有设置账簿的；

（2）擅自销毁账簿，拒不提供纳税资料的；

（3）虽然设置账簿，但是账目混乱或者成本资料、收入凭证、费用凭证残缺不全，难以确定转让收入或者扣除项目金额的；

（4）符合土地增值税清算条件，没有按照规定的期限办理清算手续，经税务机关责令限期清算，逾期仍然不清算的；

（5）申报的计税依据明显偏低，又无正当理由的。

（三）免税、减税

1. 下列项目经过纳税人申请，税务机关审批，可以免征土地增值税：

（1）建造普通标准住宅（在各省、自治区和直辖市人民政府根据国务院办公厅的有关规定制定的标准范围以内从严掌握）出售，企业、事业单位、社会团体和其他组织转让旧房作为经济适用住房，2019年至2023年企业、事业单位、社会团体和其他组织转让旧房作为公租房，增值额不超过规定扣除项目金额20%的。

（2）由于城市实施规划、国家建设需要依法征收、收回的房地产。

（3）由于城市实施规划、国家建设需要而搬迁，由纳税人自行转让的房地产。

（4）个人之间互换自有居住用房地产的。

此外，个人因工作调动或者改善居住条件而转让原自用住房，在原住房居住满5年的，可以免征土地增值税；居住满3年不满5年的，可以减半征税。

2. 下列项目可以暂时免征土地增值税：

（1）合作建房，一方出土地，一方出资金，建成后按照比例分房自用的；

（2）个人销售住房。

自2021年至2023年，下列4种情况可以暂不征收土地增值税（房地产开发企业除外）：

（1）企业按照公司法的规定整体改制，包括非公司制企业改制为有限责任公司、股份有限公司，有限责任公司变更为股份有限公司，股份有限公司变更为有限责任公司，改制以前的企业将国有土地使用权、地上的建筑物及其附着物（以下称房地产）转移、变更到改制以后的企业；

（2）按照法律规定、合同约定，两个以上企业合并为一个企业，且原企业投资主体存续的，原企业将房地产转移、变更到合并以后的企业；

（3）按照法律规定、合同约定，企业分设为两个以上与原企业投资主体相同的企业，原企业将房地产转移、变更到分立以后的企业；

（4）单位、个人在改制重组的时候，以房地产作价入股投资，将房地产转移、变更到被投资的企业。

（四）纳税期限、纳税地点

纳税人应当自转让房地产合同签订之日起7日以内向房地产所在地的税务机关提交纳税申报表，并提交房屋和建筑物产权、土地使用权证书，土地转让、房产买卖合同，房地产评估报告和其他有关资料，然后按照税务机关核定的税额和规定的期限缴纳土地增值税。

如果纳税人经常发生房地产转让，难以在每次转让以后申报缴纳土地增值税，可以按月或者按转让房地产所在省（自治区、直辖市和计划单列市）税务局规定的期限申报纳税。纳税人选择定期申报方式的，应当向转让房地产所在地的税务机关备案。定期申报方式确定以后，1年以内不能改变。

纳税人在项目全部竣工结算以前转让房地产取得的收入，由于各种原因无法据实计算土地增值税的，可以按照所在省（自治区、直辖市）税务局的规定预征税款，待项目全部竣工、办理结算以后清算，多退少补，具体办法由各省、自治区和直辖市税务局根据当地的情况制定。除了保障性住房以外，东部地区预征率不能低于 2%，中部和东北地区不能低于 1.5%，西部地区不能低于 1%，各地应当根据不同类型房地产确定适当的预征率。

土地增值税以政府有关部门审批的房地产开发项目为单位清算，对于分期开发的项目，以分期项目为单位清算。开发项目中同时包括普通住宅和非普通住宅的，应分别计算增值额。

符合下列情形之一的，纳税人应当办理土地增值税清算：房地产开发项目全部竣工、完成销售的，整体转让未竣工决算房地产开发项目的，直接转让土地使用权的。

符合下列情形之一的，税务机关可以要求纳税人办理土地增值税清算：已经竣工验收的房地产开发项目，已经转让的房地产建筑面积占整个项目可售建筑面积的比例在 85% 以上；或者该比例虽然没有超过 85%，但是剩余的可售建筑面积已经出租或者自用的；取得销售（预售）许可证期满 3 年仍然没有销售完毕的；纳税人申请注销税务登记但是没有办理土地增值税清算手续的；省级税务局规定的其他情况。

如果纳税人没有按照规定缴纳土地增值税或者办理免税、减税手续，土地管理部门和房产管理部门不能办理有关权属变更登记。

房 产 税

中国的房产税是对房产征收的一种税收。1986 年 9 月 15 日，国务院发布《中华人民共和国房产税暂行条例》，自当年 10 月 1 日起施行。2011 年 1 月 8 日，国务院对该条例作了修改。该条例的实施细则由各省、自治区和直辖市人民政府自行制定，送财政部备案。

房产税由税务机关负责征收管理，所得收入归地方政府所有，是地方政府税收收入的重要来源之一。2020 年，房产税收入为 2 841.8 亿元，占当年中国税收总额的 1.8%。

(一) 纳税人

房产税在中国境内的城市、县城、建制镇和工矿区征收。企业、行政单位、事业单位、军事单位、社会团体、其他单位、个体工商户和其他个人都应当依法缴纳此税。纳税人包括房屋产权的所有人和房产的经营管理单位、承典人、代管人、使用人。房屋产权属于全民所有的，由经营管理单位纳税；房屋产权出典的，由承典人纳税；房屋产权的所有权人、承典人不在房产所在地的，房屋产

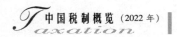

权没有确定和房产租典纠纷没有解决的，由房产的代管人或者使用人纳税。西藏自治区暂时没有征收此税。

目前，中国的房产税收入主要来自制造业、批发和零售业、金融业、房地产业、商务服务业等行业的国有企业、私营企业、股份制企业、外商投资企业和个体经营者。

（二）计税依据、税率和计税方法

1. 计税依据

房产税的计税依据分为下列两种：

（1）以房产原值一次减除 10%～30% 以后的余值为计税依据。具体的减除比例，由各省、自治区和直辖市人民政府根据当地的实际情况规定。例如，北京市、四川省人民政府规定的减除比例均为 30%。

按照房产原值征收房产税的房屋，不论是否记载在会计账簿固定资产科目中，都应当按照房屋原价计算缴纳房产税。房屋原价应当根据全国统一的会计制度核算。纳税人没有按照上述制度核算并记载的，应当按照规定调整或者重新评估。

无论会计上如何核算，房产原值都应当包含地价，包括为取得土地使用权支付的价款、开发土地发生的成本和费用等。宗地容积率低于 0.5 的，按照房产建筑面积的 2 倍计算土地面积，并据此确定计入房产原值的地价。

为了维持和增加房屋的使用功能或者使房屋满足设计要求，凡以房屋为载体，不可随意移动的附属设备和配套设施，如给排水、采暖、消防、中央空调、电气和智能化楼宇设备等，无论在会计核算中是否单独记账与核算，都应当计入房产原值。

更换房屋附属设备和配套设施的，在将其价值计入房产原值的时候，可以扣减原来相应设备和设施的价值。附属设备和配套设施中容易损坏、需要经常更换的零配件，更新以后不再计入房产原值。

没有房产原值作为依据的，由房产所在地税务机关参考同类房产核定。

无租使用其他单位房产的应税单位和个人，按照房产余值代缴纳房产税。

产权出典的房产，由承典人按照房产余值缴纳房产税。

融资租赁的房产，由承租人自融资租赁合同约定开始日的次月起按照房产余值缴纳房产税；上述合同没有约定开始日的，由承租人自合同签订的次月起按照房产余值缴纳房产税。

（2）出租的房产，以房产租金收入为计税依据。计征房产税的租金收入不包括增值税，税务机关核定的计税价格、收入也不包括增值税。

2. 税率

与计税依据相应，房产税的税率也分为下列两种：

（1）按照房产余值计算应纳税额的，适用税率为1.2%；

（2）按照房产租金收入计算应纳税额的，适用税率为12%。

3. 计税方法

房产税的应纳税额计算公式：

☞　　　　应纳税额 = 计税依据 × 适用税率

[实例]

（1）某企业的经营用房原值为1 000万元，按照当地政府规定允许减除20%以后计税，房产税适用税率为1.2%，该企业的上述房产全年应纳房产税税额的计算方法如下：

应纳税额 =（1 000万元 − 1 000万元 × 20%）× 1.2%
　　　　 = 9.6万元

（2）朱某出租自有房屋供他人经商，年租金收入 10 万元，房产税适用税率为 12%，其此项收入应纳房产税税额的计算方法如下：

应纳税额 = 10 万元 × 12%
　　　　 = 12 000 元

房产税的应纳税额以人民币计算。以其他货币为记账本位币的外资企业和外国人在缴纳房产税的时候，应当将其根据记账本位币计算的房产税按照缴款上月最后一日的人民币汇率中间价折算成人民币。

4. 地下建筑

具备房屋功能的地下建筑，也应当缴纳房产税。

（1）工业用途的地下建筑，以建筑物原值的 50% ~ 60% 作为应税房产原值；商业和其他用途的地下建筑，以建筑物原值的 70% ~ 80% 作为应税房产原值。

☞　　应纳税额 = 应税房产原值 × (1 - 10% ~ 30%) × 1.2%

建筑物原值折算为应税房产原值的具体比例，由各省、自治区、直辖市、计划单列市财政、税务机关在上述规定的幅度以内自行确定。

（2）与地上房屋相连的地下建筑，如房屋的地下室、地下停车场和商场的地下部分等，应当将地下建筑与地上房屋视为一个整体，按照地上房屋缴纳房产税。

（3）出租的地下建筑，应当按照出租地上房屋缴纳房产税。

（三）免税、减税

下列房产可以免征房产税：

1. 行政单位、军事单位和社会团体自用的房产。

2. 由财政部门拨付事业经费的单位自用的房产。

3. 企业所办的学校、托儿所和幼儿园自用的房产。

4. 非营利性医疗机构、疾病控制机构和妇幼保健机构等医疗、卫生机构自用的房产。

营利性医疗机构取得的收入直接用于改善医疗条件的，自其取得执业登记之日起3年以内，自用的房产也可以免征房产税。

5. 非营利性科研机构自用的房产。

6. 宗教寺庙、公园和名胜古迹自用的房产。

7. 个人所有非营业用的房产（国务院批准的征税试点城市除外）。

8. 经过有关部门鉴定停止使用的毁损房屋和危险房屋。

9. 行政单位、企业、事业单位、社会团体和个人投资兴办的福利性、非营利性老年服务机构自用的房产。

10. 公益性未成年人校外活动场所自用的房产。

11. 国家机关、军队、人民团体、财政补助事业单位、居民委员会和村民委员会拥有的体育场馆；经费自理事业单位、体育社会团体、体育基金会和体育类民办非企业单位拥有并运营管理的体育场馆，符合规定条件的，用于体育活动的房产。

12. 在基建工地建造的为工地服务的各种临时性房屋，在施工期间可以免征房产税。

13. 房屋大修停用半年以上的，在大修期间可以免征房产税。

14. 财政部批准免征房产税的其他房产。

暂免征税、定期免税和减税的主要规定如下：

1. 铁路运输企业经国务院批准进行股份制改革成立的企业和由中国铁路总公司及其所属铁路运输企业与地方政府、企业、其他投资者共同出资成立的合资铁路运输企业自用的房产，可以暂时免征房产税。

2. 企业、事业单位、社会团体和其他组织向个人和专业化、规模化住房租赁企业出租住房的收入，个人出租住房的收入，可以

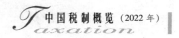

减按 4% 的税率征收房产税。

3. 企业拥有并运营管理的大型体育场馆用于体育活动的房产，可以减半征收房产税。

4. 自 2019 年至 2021 年，增值税小规模纳税人可以按照规定减征房产税。

5. 自 2019 年至 2023 年，公租房、高校学生公寓可以免征房产税。

6. 自 2019 年至 2023 年，农产品批发市场、农贸市场专门用于经营农产品的房产，可以免征房产税；同时经营其他产品的农产品批发市场、农贸市场使用的房产，可以按照其他产品与农产品交易场地面积的比例确定征免房产税。

7. 自 2019 年 6 月 1 日至 2025 年 12 月 31 日，为社区提供养老、托育和家政服务的机构自有和通过承租、无偿使用等方式取得并用于提供上述服务的房产，可以免征房产税。

除了上述规定以外，纳税人缴纳房产税确有困难的，可以由所在省（自治区、直辖市）人民政府确定，定期减税、免税。

纳税单位与免税单位共同使用的房屋，应当按照各自使用的部分划分，分别缴纳或者免纳房产税。

免税单位出租的房产和非本单位业务用的生产、经营用房产，应当缴纳房产税。

此外，房地产开发企业建造的商品房，在出售以前不征收房产税，已经使用和出租、出借者除外。

（四）纳税期限、纳税地点

房产税按年计征，分期缴纳。具体纳税期限由各省、自治区和直辖市人民政府根据当地的实际情况确定。目前各地一般规定每个季度缴纳一次或者半年缴纳一次，并在规定的期限以内缴纳。例如，甘肃省人民政府规定：房产税的征收入库期为每年 5 月和 11

月，纳税人可以自行选择一次性申报缴纳。按照房产租金缴纳房产税的，可以在开具发票的时候缴纳。

纳税人自建的房屋，应当自建成的次月起缴纳房产税。

纳税人委托施工企业建设的房屋，应当自办理验收手续的次月起缴纳房产税；纳税人在办理验收手续以前已经使用或者出租、出借的新建房屋，应当依法缴纳房产税。

购置新建商品房，应当自房屋交付使用的次月起缴纳房产税；购置存量房屋，应当自办理房屋权属转移、变更登记手续，房地产权属登记机关签发房屋权属证书的次月起纳税；出租、出借房产，应当自交付出租、出借房产的次月起纳税。

纳税人由于房产的实物或者权利状态变化依法终止房产税纳税义务的，其应纳房产税的计算应当截至房产的实物或者权利状态变化的当月月末。

房产税由纳税人向房产所在地的税务机关缴纳。房产不在一地的纳税人，应当按照房产坐落的地点，分别向房产所在地的税务机关缴纳房产税。

城镇土地使用税

中国的城镇土地使用税是对使用的城镇土地征收的一种税收。1988年9月27日，国务院发布《中华人民共和国城镇土地使用税暂行条例》，自当年11月1日起施行。2019年3月2日，国务院第四次修改该条例。该条例的实施办法由各省、自治区和直辖市人民政府自行制定。

城镇土地使用税由税务机关负责征收管理，所得收入归地方政府所有。2020年，城镇土地使用税收入为2 058.2亿元，占当年中国税收总额的1.3%。

（一）纳税人

城镇土地使用税的纳税人，包括在中国境内的城市、县城、建制镇和工矿区范围以内使用土地的企业、行政单位、事业单位、军事单位、社会团体、其他单位、个体工商户和其他个人。

城市的征税范围包括市区和郊区。

县城的征税范围为县人民政府所在地的城镇。

建制镇的征税范围由各省、自治区和直辖市税务局提出方案，报经当地省级人民政府批准以后执行，并报国家税务总局备案。

工矿区为工商业比较发达，人口比较集中，符合建制镇标准，但是尚未设镇的大中型工矿企业所在地。

应税土地包括规定的征税范围以内属于国家所有和集体所有的土地。

在征税范围以内单独建造的地下建筑用地，已经取得地下土地使用权证的，按照土地使用权证确认的土地面积计算应征税款；没有取得地下土地使用权证，或者地下土地使用权证上没有标明土地面积的，按照地下建筑垂直投影面积计算应征税款。上述地下建筑用地暂时按照应征税款的50%征收。

城镇土地使用税一般由土地使用权拥有者缴纳。拥有土地使用权的纳税人不在土地所在地的，由代管人或者实际使用人纳税。土地使用权没有确定或者权属纠纷没有解决的，由实际使用人纳税。土地使用权共有的，由共有各方按照其实际使用土地的面积分别纳税。承租集体所有建设用地的，由直接从集体经济组织承租土地的单位、个人纳税。

目前，中国的城镇土地使用税收入主要来自采矿业、制造业、批发和零售业、房地产业、商务服务业等行业的国有企业、私营企业、股份制企业和外商投资企业。

(二) 计税依据、税率和计税方法

1. 计税依据

城镇土地使用税以纳税人实际占用的土地面积为计税依据，按照法定税率计算应纳税额。

纳税人实际占用的土地面积，指由省级人民政府确定的单位组

织测定的土地面积。尚未组织测量，但是纳税人持有政府部门核发的土地使用证书的，以证书确定的土地面积为准。没有核发土地使用证书的，纳税人应当据实申报使用土地面积。

2. 税率

城镇土地使用税根据不同地区和各地经济发展状况，分别采用不同的等级幅度定额税率，详见《城镇土地使用税税率表》。

城镇土地使用税税率表

地区	税率
1. 大城市	每平方米每年 1.5 元至 30 元
2. 中等城市	每平方米每年 1.2 元至 24 元
3. 小城市	每平方米每年 0.9 元至 18 元
4. 县城、建制镇和工矿区	每平方米每年 0.6 元至 12 元

大城市、中等城市和小城市以公安部门登记在册的非农业正式户口人数为依据，按照国务院规定的标准划分：市区和郊区非农业人口总计超过 50 万的，为大城市；市区和郊区非农业人口总计超过 20 万不超过 50 万的，为中等城市；市区和郊区非农业人口总计不超过 20 万的，为小城市。

各省、自治区和直辖市人民政府可以在以上税率表规定的适用税率的幅度以内，根据市政建设状况、经济繁荣程度等条件，确定所辖地区城镇土地使用税的适用税率的幅度。例如，北京市人民政府将本市的土地划分为六个等级，一级土地至六级土地的适用税率为每平方米每年 30 元、24 元、18 元、12 元、3 元和 1.5 元。贵州省人民政府规定：贵阳市土地的适用税率为每平方米每年 3 元至 30 元；遵义市和六盘水市土地的适用税率为每平方米每年 2.4 元至 24 元；安顺等 6 个城市土地的适用税率为每平方米每年 1.8 元至 18 元；其他县（市、区），建制镇，工矿区土地的适用税率为每平方米每年 1.2 元至 12 元。

市、县人民政府可以根据实际情况将本地区的土地划分为若干等级，在省级人民政府确定的城镇土地使用税适用税率的幅度以内，制定相应的适用税率，报经省级人民政府批准以后执行。

经过省级人民政府批准，经济落后地区城镇土地使用税的适用税率可以适当降低，但是降低额不得超过法定最低税率的30%；经济发达地区城镇土地使用税的适用税率可以适当提高，但是必须报经财政部批准。

3. 计税方法

城镇土地使用税的应纳税额计算公式：

☞　　应纳税额 = 纳税人实际占用的土地面积 × 适用税率

[实例]

某企业实际占用的土地面积为1万平方米，当地政府规定的城镇土地使用税适用税率为每平方米每年20元，该企业占用上述土地全年应纳城镇土地使用税税额的计算方法如下：

应纳税额 = 1万平方米 × 20元/平方米
　　　　 = 20万元

（三）免税、减税

1. 下列土地可以免征城镇土地使用税：
（1）行政单位、军事单位和社会团体自用的土地。
（2）由财政部门拨付事业经费的单位自用的土地。
（3）企业办的学校、托儿所和幼儿园自用的土地。
（4）非营利性医疗机构、疾病控制机构和妇幼保健机构等医疗、卫生机构自用的土地。
营利性医疗机构取得的收入直接用于改善医疗条件的，自其取得执业登记之日起 3 年以内，自用的土地也可以免征城镇土地使用税。

（5）非营利性科研机构自用的土地。

（6）宗教寺庙、公园和名胜古迹自用的土地（不包括其中附设的各类营业单位使用的土地，如在公园里设立的餐馆、茶社等）。

（7）市政街道、广场和绿化地带等公共用地。

（8）直接用于农业、林业、牧业和渔业的生产用地（不包括农副产品加工场地和生活、办公用地），水利设施及其护管用地。

（9）经批准开山填海整治的土地和改造的废弃土地，自使用的月份起，可以免征城镇土地使用税 5 年至 10 年。

（10）规定的能源、交通用地（主要涉及煤炭、电力、铁路、民航和港口等类企业）和其他用地。

（11）行政单位、企业、事业单位、社会团体和个人投资兴办的福利性、非营利性老年服务机构自用的土地。

（12）公益性未成年人校外活动场所自用的土地。

（13）个人出租住房、经济适用住房建设用地。

开发商在商品住房项目中配套建造经济适用住房，能够提供相关材料的，可以按照经济适用住房建筑面积占总建筑面积的比例，免征开发商应当缴纳的城镇土地使用税。

（14）国家机关、军队、人民团体、财政补助事业单位、居民委员会和村民委员会拥有的体育场馆；经费自理事业单位、体育社会团体、体育基金会和体育类民办非企业单位拥有并运营管理的体育场馆，符合规定条件的，用于体育活动的土地，可以免征城镇土地使用税。企业拥有并运营管理的大型体育场馆用于体育活动的土地，可以减半征收城镇土地使用税。

此外，个人所有的住房和院落用地，免税单位职工家属的宿舍用地，集体、个人举办的学校、医院、托儿所和幼儿园用地，可以由各省、自治区和直辖市税务局根据当地的实际情况决定是否征收城镇土地使用税。

2. 下列土地可以暂时免征城镇土地使用税：

（1）石油、天然气（包括页岩气、煤层气）生产建设用地；

（2）城市、县城和建制镇以外工矿区之内的消防、防洪排涝、防风和防沙设施用地；

（3）各类危险品仓库、厂房所需的防火、防爆和防毒等安全防范用地，经过省级税务局批准的；

（4）铁路运输企业经国务院批准进行股份制改革成立的企业，由中国铁路总公司所属铁路运输企业与地方政府、企业和其他投资者成立的合资铁路运输企业自用的土地。

3. 在一个纳税年度以内，月平均实际安置残疾人就业人数占本单位在职职工总数的比例达到 25% 以上且安置残疾人 10 人以上的单位，可以减征或者免征该纳税年度的城镇土地使用税，具体减免税比例和管理办法由省级财税主管部门确定。

4. 核电站用地在基本建设期间可以减半征收城镇土地使用税。

5. 自 2019 年至 2021 年，增值税小规模纳税人可以按照规定减征城镇土地使用税。

6. 自 2019 年至 2023 年，公租房建设期间用地和建成以后占地，可以免征城镇土地使用税。其他住房项目中配套建设公租房，可以按照公租住房建筑面积占总建筑面积的比例免征建设、管理公租房涉及的城镇土地使用税。

7. 自 2019 年至 2021 年，农产品批发市场、农贸市场专门用于经营农产品的土地，可以免征城镇土地使用税；同时经营其他产品的农产品批发市场、农贸市场使用的土地，可以按照其他产品与农产品交易场地面积的比例确定征免城镇土地使用税。

8. 自 2019 年至 2023 年，城市公交场站、道路客运场站和城市轨道交通系统运营用地，可以免征城镇土地使用税。

9. 自 2019 年 6 月 1 日至 2025 年 12 月 31 日，为社区提供养老、托育和家政服务的机构自有和通过承租、无偿使用等方式取得并用于提供上述服务的土地，可以免征城镇土地使用税。

10. 自 2020 年至 2022 年，物流企业自有和承租的大宗商品仓储设施用地，可以减按所属土地等级适用税率的 50% 计征城镇土地使用税。

免税单位无偿使用纳税单位的土地（如公安机关、海关使用火车站、飞机场和港口等单位的土地），可以免征城镇土地使用税；纳税单位无偿使用免税单位的土地，应当征收城镇土地使用税。

除了规定的免税、减税项目以外，纳税人缴纳城镇土地使用税确有困难，需要定期免税、减税的，由县级以上税务局审批。

（四）纳税期限、纳税地点

城镇土地使用税按年计征，分期缴纳。具体纳税期限由各省、自治区和直辖市人民政府根据当地的实际情况确定。目前各地一般规定为每个季度缴纳一次或者半年缴纳一次，每次征期 15 天或者 1 个月。例如，北京市人民政府规定：纳税人全年应当缴纳的城镇土地使用税分为两次缴纳，纳税期限分别为 4 月 1 日至 4 月 15 日和 10 月 1 日至 10 月 15 日。

新征收的耕地，应当自批准征收之日起期满 1 年的时候开始缴纳城镇土地使用税；新征收的非耕地，应当自批准征收的次月起纳税。

购置新建商品房，应当自房屋交付使用的次月起缴纳城镇土地使用税；购置存量房，应当自办理房屋权属转移、变更登记手续，房地产权属登记机关签发房屋权属证书的次月起纳税；出租、出借房产，应当自交付出租、出借房产的次月起纳税。

以出让、转让方式有偿取得土地使用权的，应当由受让方自合同约定交付土地时间的次月起缴纳城镇土地使用税；合同没有约定交付土地时间的，应当由受让方自合同签订的次月起纳税。

纳税人由于土地的实物或者权利状态变化依法终止城镇土地使

用税纳税义务的，其应纳城镇土地使用税的计算应当截至土地的实物或者权利状态变化的当月月末。

　　城镇土地使用税一般应当向土地所在地的税务机关缴纳。纳税人使用的土地属于不同省（自治区、直辖市）管辖范围的，应当分别向土地所在地的税务机关纳税。在同一省（自治区、直辖市）管辖范围以内，纳税人跨地区使用的土地，由当地省级税务局确定纳税地点。

房地产税

20₂₁ 年 10 月 23 日，第十三届全国人民代表大会常务委员会第三十一次会议通过《全国人民代表大会常务委员会关于授权国务院在部分地区开展房地产税改革试点工作的决定》，其主要内容如下：

1. 试点地区房地产税的征税对象为居住用和非居住用等各类房地产，不包括依法拥有的农村宅基地及其上住宅；纳税人为房屋所有权人和土地使用权人。非居住用房地产继续按照《中华人民共和国房产税暂行条例》《中华人民共和国城镇土地使用税暂行条例》征税。

2. 房地产税试点的具体办法由国务院制定，具体实施细则由试点地区人民政府制定。国务院及其有关部门、试点地区人民政府应当构建科学可行的征收管理模式和程序。

3. 国务院按照积极稳妥的原则，统筹考虑深化试点与统一立法、促进房地产市场平稳健康发展等情况确定试点地区，报全国人民代表大会常务委员会备案。

上述决定授权的试点期限为 5 年，自国务院试点办法印发之日起算。在试点过程中，国务院应当及时总结试点经验，在授权期限届满的 6 个月以前向全国人民代表大会常务委员会报告试点情况，需要继续授权的，可以提出相关意见，由全国人民代表大会常务委员会决定。条件成熟时，及时制定法律。

上述决定自公布之日起施行，试点实施启动时间由国务院确定。

耕地占用税

中国的耕地占用税是对占用的耕地征收的一种税收。2018 年 12 月 29 日，第十三届全国人民代表大会常务委员会第七次会议通过《中华人民共和国耕地占用税法》，当日公布，自 2019 年 9 月 1 日起施行。2019 年 8 月 29 日，财政部、国家税务总局、自然资源部、农业农村部和生态环境部发布《中华人民共和国耕地占用税法实施办法》。

耕地占用税由税务机关负责征收管理，所得收入归地方政府所有。2020 年，耕地占用税收入为 1 257.6 亿元，占当年中国税收总额的 0.8%。

（一）纳税人

耕地占用税的纳税人，包括在中国境内占用耕地建设建筑物、构筑物和从事非农业建设的单位和个人。

经批准占用耕地的，纳税人为农用地转用审批文件中标明的建设用地人；农用地转用审批文件中没有标明建设用地人的，纳税人为用地申请人。用地申请人为各级人民政府的，由同级土地储备中心、自然资源主管部门或者政府委托的其他部门、单位履行耕地占用税申报纳税义务。

未经批准占用耕地的，纳税人为实际用地人。

（二）计税依据、税率和计税方法

耕地占用税的征税范围为用于种植农作物的土地。占用耕地建设农田水利设施的，不缴纳耕地占用税。

占用园地、林地、草地、农田水利用地、养殖水面、渔业水域滩涂和其他农用地建设建筑物、构筑物和从事非农业建设的，也应当依法缴纳耕地占用税。占用上述农用地建设直接为农业生产服务的生产设施的，不缴纳耕地占用税。

耕地占用税根据不同地区的人均耕地面积和经济发展情况，分别采用不同的幅度定额税率，详见《耕地占用税税率表》。

耕地占用税税率表

地区（以县、不设区的市和市辖区为单位）	税率
1. 人均耕地面积不超过 1 亩的地区	每平方米 10 元至 50 元
2. 人均耕地面积超过 1 亩至 2 亩的地区	每平方米 8 元至 40 元
3. 人均耕地面积超过 2 亩至 3 亩的地区	每平方米 6 元至 30 元
4. 人均耕地面积超过 3 亩的地区	每平方米 5 元至 25 元

各地的适用税率，由各省、自治区和直辖市人民政府根据本地区的情况，在以上税率表所列的适用税率的幅度以内提出，报同级人民代表大会常务委员会决定，并报全国人民代表大会常务委员会和国务院备案。各省、自治区和直辖市耕地占用税适用税率的平均

水平，不得低于耕地占用税法中《各省、自治区、直辖市耕地占用税平均税额表》规定的平均税额。例如，山西省人民代表大会常务委员会决定，该省耕地占用税适用税率以县（市、区）为单位确定，划分为七类：一类每平方米45元、二类每平方米30元、三类每平方米25元、四类每平方米20元、五类每平方米18元、六类每平方米15元、七类每平方米12元。海南省人民代表大会常务委员会决定，该省耕地占用税的适用税率分为四类，每平方米20元至35元不等；占用园地、林地、草地、农田水利用地、养殖水面、渔业水域滩涂和其他农用地的适用税率，按照当地耕地占用税的适用税率降低20%执行。

各省、自治区、直辖市耕地占用税平均税额表

地区	平均税额
1. 上海	每平方米45元
2. 北京	每平方米40元
3. 天津	每平方米35元
4. 江苏、浙江、福建、广东	每平方米30元
5. 辽宁、湖北、湖南	每平方米25元
6. 河北、安徽、江西、山东、河南、重庆、四川	每平方米22.5元
7. 广西、海南、贵州、云南、陕西	每平方米20元
8. 山西、吉林、黑龙江	每平方米17.5元
9. 内蒙古、西藏、甘肃、青海、宁夏、新疆	每平方米12.5元

在人均耕地面积低于0.5亩的地区，省、自治区和直辖市可以根据当地的经济发展情况，适当提高耕地占用税的适用税率，但是提高的部分不得超过依法确定的适用税率的50%。

占用基本农田的，应当按照依法确定的当地适用税率加按150%征收。

占用园地、林地、草地、农田水利用地、养殖水面、渔业水域滩涂和其他农用地建设建筑物、构筑物和从事非农业建设的，适用税率可以适当低于本地区依法确定的适用税率，但是降低的部分不得超过50%。具体适用税率由省、自治区和直辖市人民政府提出，报同级人民代表大会常务委员会决定，并报全国人民代表大会常务委员会和国务院备案。

耕地占用税以纳税人实际占用的耕地面积为计税依据，按照法定税率计算应纳税额，一次性征收。

应纳税额计算公式：

☞ 应纳税额＝纳税人实际占用的耕地面积×适用税率

[实例]

某企业占用耕地1万平方米建设厂房，当地规定的耕地占用税适用税率为每平方米30元，该企业占用上述耕地应纳耕地占用税税额的计算方法如下：

应纳税额＝1万平方米×30元/平方米
＝30万元

（三）免税、减税

耕地占用税的主要免税、减税规定如下：

1. 军事设施、学校、幼儿园、社会福利机构和医疗机构占用耕地，可以免征耕地占用税。

2. 铁路、公路线路，飞机场跑道、停机坪，港口，航道，水利工程占用耕地，可以减按每平方米2元的税率征收耕地占用税。

纳税人按照上述规定免征、减征耕地占用税以后，改变原占地用途，不再属于免征、减征耕地占用税情形的，应当自改变原占地用途之日起30日以内申报补缴税款，按照当地的适用税率补缴免

征、减征的耕地占用税。

3. 农村居民在规定用地标准以内占用耕地新建自用住宅，可以按照当地适用税率减半征收耕地占用税。其中，农村居民经批准搬迁，新建自用住宅占用耕地不超过原宅基地面积的部分，可以免征耕地占用税。

4. 农村烈士遗属、因公牺牲军人遗属、残疾军人和符合农村最低生活保障条件的农村居民在规定用地标准以内占用耕地新建自用住宅，可以免征耕地占用税。

根据国民经济和社会发展的需要，国务院可以规定免征、减征耕地占用税的其他情形，报全国人民代表大会常务委员会备案。

（四）纳税期限、纳税地点

耕地占用税的纳税义务发生时间为纳税人收到自然资源主管部门办理占用耕地手续的书面通知的当日。纳税人应当自纳税义务发生之日起 30 日以内申报缴纳耕地占用税。

自然资源主管部门凭耕地占用税完税凭证、免税凭证和其他有关文件发放建设用地批准书。

未经批准占用耕地的，耕地占用税纳税义务发生时间为自然资源主管部门认定的纳税人实际占用耕地的当日。

由于挖损、采矿塌陷、压占和污染等损毁耕地的，耕地占用税纳税义务发生时间为自然资源、农业农村等相关部门认定损毁耕地的当日。

纳税人占用耕地，应当在耕地所在地申报纳税。

纳税人因建设项目施工、地质勘查临时占用耕地，应当依法缴纳耕地占用税。纳税人在批准临时占用耕地期满之日起 1 年以内依法复垦，恢复种植条件的，可以全额退还已经缴纳的耕地占用税。

　　由于挖损、采矿塌陷、压占和污染等损毁耕地，属于税法所称的非农业建设，应当依法缴纳耕地占用税。自自然资源、农业农村等相关部门认定损毁耕地之日起 3 年以内依法复垦或者修复，恢复种植条件的，也可以全额退还已经缴纳的耕地占用税。

十四、

契税

中国的契税是对被转移的土地、房屋权属征收的一种税收。2020 年 8 月 11 日，第十三届全国人民代表大会常务委员会第二十一次会议通过《中华人民共和国契税法》，当日公布，自 2021 年 9 月 1 日起施行。

契税由税务机关负责征收管理，所得收入归地方政府所有，是地方政府税收收入的重要来源之一。2020 年，契税收入为 7 061 亿元，占当年中国税收总额的 4.6%。

（一）纳税人

契税的纳税人，包括在中国境内转移土地、房屋权属（包括土地使用权和房屋所有权），承受的单位和个人。

上述转移土地、房屋权属包括下列情形：

1. 土地使用权出让；

2. 土地使用权转让，包括出售、赠与和互换，不包括土地承包经营权、土地经营权转移；

3. 房屋买卖、赠与和互换。

下列土地、房屋权属转移的情形，也应当依法征收契税：作价投资（入股）、偿还债务、划转和奖励的，共有不动产份额变化、共有人增加或者减少的，人民法院、仲裁委员会的生效法律文书和监察机关出具的监察文书等确定的。

目前，中国的契税收入主要来自房地产业、商务服务业等行业的股份制企业、私营企业和个体经营者。

（二）计税依据、税率和计税方法

1. 计税依据

契税的计税依据一般分为 3 种情况：

（1）土地使用权出让、出售和房屋买卖，计税依据为土地、房屋权属转移合同确定的成交价格，包括应当交付的货币、实物和其他经济利益对应的价款。以作价投资（入股）、偿还债务等应交付经济利益的方式转移土地、房屋权属的，参照土地使用权出让、出售和房屋买卖确定契税的适用税率、计税依据等。

（2）土地使用权互换、房屋互换，计税依据为互换的土地使用权、房屋价格的差额。

（3）土地使用权、房屋赠与和其他没有价格的转移土地、房屋权属行为，计税依据为税务机关参照土地使用权出售、房屋买卖的市场价格依法核定的价格。以划转、奖励等没有价格的方式转移土地、房屋权属的，参照土地使用权、房屋赠与确定契税的适用税率、计税依据等。

特殊规定：

（1）以划拨方式取得的土地使用权，经批准改为出让方式重新取得该土地使用权的，以该土地使用权人补缴的土地出让价款为计税依据。

（2）先以划拨方式取得土地使用权，后经批准转让房地产，划拨土地性质改为出让的，承受方应当分别以补缴的土地出让价款和房地产权属转移合同确定的成交价格为计税依据。

（3）先以划拨方式取得土地使用权，后经批准转让房地产，划拨土地性质没有改变的，承受方应当以房地产权属转移合同确定的成交价格为计税依据。

（4）土地使用权及所附建筑物、构筑物等（包括在建的房屋、其他建筑物、构筑物和其他附着物）转让的，计税依据为承受方应当交付的总价款。

（5）土地使用权出让的，计税依据包括土地出让金、土地补偿费、安置补助费、地上附着物和青苗补偿费、征收补偿费、城市基础设施配套费、实物配建房屋等应当交付的货币、实物和其他经济利益对应的价款。

（6）房屋附属设施（包括停车位、机动车库、非机动车库、顶层阁楼、储藏室和其他房屋附属设施）与房屋为同一不动产单元的，计税依据为承受方应当交付的总价款，并适用与房屋相同的税率；房屋附属设施与房屋为不同不动产单元的，计税依据为转移合同确定的成交价格，并按照当地确定的适用税率计税。

（7）承受已经装修的房屋，应当将包括装修费用在内的费用计入承受方应当交付的总价款。

（8）土地使用权互换、房屋互换，互换价格相等的，互换双方计税依据为零；互换价格不相等的，以其差额为计税依据，由支付差额的一方纳税。

纳税人申报的成交价格、互换价格差额明显偏低且无正当理由的，由税务机关依法核定。

契税的计税依据不包括增值税。

2. 税率

契税采用3%至5%的幅度比例税率。各地的适用税率由省、自治区和直辖市人民政府在上述税率幅度以内提出，报同级人民代表大会常务委员会决定，并报全国人民代表大会常务委员会和国务院备案。目前河北省规定个人购买普通住房适用税率为3%，其他项目适用税率为4%；辽宁省规定的税率为4%，个人购买普通住房减按3%征收；河南省规定住房权属转移适用税率为3%，其他项目适用税率为4%；湖南省规定的税率为4%；其他省和各自治区、直辖市规定的税率均为3%。此外，省、自治区和直辖市可以依法对不同主体、不同地区和不同类型的住房权属转移确定差别税率。

3. 计税方法

契税的应纳税额计算公式：

☞　　　　　　应纳税额 = 计税依据 × 适用税率

[实例]

（1）某企业购买一块土地的使用权用于建设厂房，成交价格为9 000万元，当地规定的契税适用税率为3%，该企业购买上述土地使用权应纳契税税额的计算方法如下：

应纳税额 = 9 000万元 × 3%
　　　　 = 270万元

（2）张某与李某交换房屋，张某向李某支付价差30万元，当地规定的契税适用税率为4%，张某为此应纳契税税额的计算方法如下：

应纳税额 = 30万元 × 4%
　　　　 = 1.2万元

（三）免税、减税

下列情形可以免征契税：

1. 国家机关、事业单位、社会团体和军事单位承受土地、房屋权属，用于办公、教学、医疗、科学研究和军事设施。

2. 非营利性的学校、医疗机构和社会福利机构（限于依法登记为事业单位、社会团体、基金会、社会服务机构等的非营利法人和非营利组织）承受土地、房屋权属，用于办公、教学、医疗、科学研究、养老和救助。

3. 承受荒山、荒地和荒滩土地使用权用于农业、林业、牧业和渔业生产。

4. 婚姻关系存续期间夫妻之间变更土地、房屋权属；夫妻离婚分割共同财产，变更土地、房屋权属。

5. 法定继承人通过继承承受土地、房屋权属。

6. 城镇职工按照规定第一次购买公有住房、已购公有住房补缴土地出让价款成为完全产权住房。

7. 个体工商户的经营者将其个人名下的房屋、土地权属转移至个体工商户名下，个体工商户将其名下的房屋、土地权属转回原经营者个人名下；合伙企业的合伙人将其名下的房屋、土地权属转移至合伙企业名下，合伙企业将其名下的房屋、土地权属转回原合伙人名下。

8. 依法应当免税的外国驻华使馆、领馆和国际组织驻华代表机构承受土地、房屋权属。

下列情形可以减征契税：

1. 个人购买经济适用住房，在法定税率基础上减半征收契税。

2. 个人购买家庭（成员包括购房人、配偶及其未成年子女，下同）唯一住房，面积 90 平方米以下的，可以减按 1% 的税率征税；超过 90 平方米的，可以减按 1.5% 的税率征税。

除了北京、上海、广州和深圳 4 个市以外，个人购买家庭第二套改善性住房，面积 90 平方米以下的，可以减按 1% 的税率征税；超过 90 平方米的，可以减按 2% 的税率征税。

根据国民经济和社会发展的需要，国务院对居民住房需求保障、企业改制重组和灾后重建等情形可以规定免征、减征契税，报全国人民代表大会常务委员会备案。

省、自治区和直辖市可以决定对下列情形免征、减征契税：

1. 由于土地、房屋被县级以上人民政府征收、征用，重新承受土地、房屋权属；

2. 由于不可抗力灭失住房，重新承受住房权属。

上述省、自治区和直辖市免征、减征契税的具体办法，由省、自治区和直辖市人民政府提出，报同级人民代表大会常务委员会决定，并报全国人民代表大会常务委员会和国务院备案。例如，北京市人民代表大会常务委员会决定：由于土地、房屋被县级以上人民政府征收、征用，重新承受土地、房屋权属，成交价格不超过土地、房屋补偿费和安置补助费的部分；由于不可抗力灭失住房，重新承受住房权属的，可以免征契税。

纳税人符合免征、减征契税规定的，应当按照规定申报。

纳税人改变有关土地、房屋的用途，或者有其他不再属于税法规定的免征、减征契税情形的，应当缴纳已经免征、减征的契税。

(四) 纳税期限、纳税地点

契税的纳税义务发生时间，为纳税人签订土地、房屋权属转移合同的当日，或者纳税人取得其他具有土地、房屋权属转移合同性质凭证（包括契约、协议、合约、单据和确认书等凭证）的当日。

纳税人应当在依法办理土地、房屋权属登记手续以前申报缴纳契税。契税申报以不动产单元为基本单位。

关于纳税义务发生时间的特殊规定：

1. 由于人民法院、仲裁委员会的生效法律文书和监察机关出具的监察文书等发生土地、房屋权属转移的，纳税义务发生时间为法律文书等生效当日。

2. 由于改变土地、房屋用途等情形应当缴纳已经免征、减征契税的，纳税义务发生时间为改变有关土地、房屋用途等情形的当日。

3. 由于改变土地性质、容积率等土地使用条件需要补缴土地出让价款，应当缴纳契税的，纳税义务发生时间为改变土地使用条件的当日。

发生上述情形，按照规定不再需要办理土地、房屋权属登记的，纳税人应自纳税义务发生之日起 90 日以内申报缴纳契税。

纳税人办理土地、房屋权属登记的时候，不动产登记机构应当查验契税完税、减免税和不征税等凭证或者有关信息。没有依法缴纳契税的，不动产登记机构不予办理土地、房屋权属登记。

在依法办理土地、房屋权属登记以前，权属转移合同、具有权属转移合同性质的凭证不生效、无效、被撤销和被解除的，纳税人可以向税务机关申请退还已经缴纳的契税。

纳税人缴纳契税以后发生下列情形的，可以依法申请退税：

1. 由于人民法院判决、仲裁委员会裁决导致土地、房屋权属转移行为无效、被撤销和被解除，且土地、房屋权属变更至原权利人的；

2. 出让土地使用权交付的时候，由于容积率调整、实际交付面积小于合同约定面积，需要退还土地出让价款的；

3. 新建商品房交付的时候，由于实际交付面积小于合同约定面积，需要返还房价款的。

十五、

资　源　税

中国的资源税是对自然资源征收的一种税收。2019 年 8 月 26 日，第十三届全国人民代表大会常务委员会第十二次会议通过《中华人民共和国资源税法》，当日公布，自 2020 年 9 月 1 日起施行。

资源税由税务机关负责征收管理，所得收入由中央政府与地方政府共享。2020 年，资源税收入为 1 754.8 亿元，占当年中国税收总额的 1.1%。

（一）纳税人

资源税的纳税人，包括在中国领域和中国管辖的其他海域开发应税资源的单位和个人。

纳税人开采、生产应税产品自用的，包括将应税产品用于非货币性资产交换、捐赠、偿债、赞助、集资、投资、广告、样品、职工福利、利润分配和连续生产非应税产品等，应当依法缴纳资源税；自用于连续生产应税产品的，不缴纳资源税。

目前，中国的资源税收入主要来自从事煤炭、原油、天然气、铁矿石、石灰石、砂石等矿产资源开采和使用水资源的国有企业、私营企业、股份制企业和外商投资企业。

(二) 税目、税率

资源税根据不同的应税资源的情况，分别采用差别比例税率和幅度比例、定额税率，详见《资源税税目、税率表》。

资源税税目、税率表

税目			征税对象	税率
1. 能源矿产	原油		原矿	6%
	天然气、页岩气和天然气水合物		原矿	6%
	煤		原矿或者选矿	2%～10%
	煤成（层）气		原矿	1%～2%
	铀、钍		原矿	4%
	油页岩、油砂、天然沥青和石煤		原矿或者选矿	1%～4%
	地热		原矿	1%～20%或者每立方米1～30元
2. 金属矿产	黑色金属	铁、锰、铬、钒和钛	原矿或者选矿	1%～9%
	有色金属	铜、铅、锌、锡、镍、锑、镁、钴、铋和汞	原矿或者选矿	2%～10%
		铝土矿	原矿或者选矿	2%～9%
		钨	选矿	6.5%
		钼	选矿	8%
		金、银	原矿或者选矿	2%～6%
		铂、钯、钌、锇、铱和铑	原矿或者选矿	5%～10%
		轻稀土	选矿	7%～12%
		中重稀土	选矿	20%
		铍、锂、锆、锶、铷、铯、铌、钽、锗、镓、铟、铊、铪、铼、镉、硒和碲	原矿或者选矿	2%～10%

税目			征税对象	税率
3. 非金属矿产	矿物类	高岭土	原矿或者选矿	1%～6%
		石灰岩	原矿或者选矿	1%～6%或者每吨（立方米）1～10元
		磷	原矿或者选矿	3%～8%
		石墨	原矿或者选矿	3%～12%
		萤石、硫铁矿和自然硫	原矿或者选矿	1%～8%
		天然石英砂、脉石英、粉石英、水晶、工业用金刚石、冰洲石、蓝晶石、硅线石（矽线石）、长石、滑石、刚玉、菱镁矿、颜料矿物、天然碱、芒硝、钠硝石、明矾石、砷、硼、碘、溴、膨润土、硅藻土、陶瓷土、耐火黏土、铁矾土、凹凸棒石黏土、海泡石黏土、伊利石黏土和累托石黏土	原矿或者选矿	1%～12%
		叶蜡石、硅灰石、透辉石、珍珠岩、云母、沸石、重晶石、毒重石、方解石、蛭石、透闪石、工业用电气石、白垩、石棉、蓝石棉、红柱石、石榴子石和石膏	原矿或者选矿	2%～12%
		其他黏土（铸型用黏土、砖瓦用黏土、陶粒用黏土、水泥配料用黏土、水泥配料用红土、水泥配料用黄土、水泥配料用泥岩和保温材料用黏土）	原矿或者选矿	1%～5%或者每吨（立方米）0.1～5元

税目		征税对象	税率
3. 非金属矿产	岩石类：大理岩、花岗岩、白云岩、石英岩、砂岩、辉绿岩、安山岩、闪长岩、板岩、玄武岩、片麻岩、角闪岩、页岩、浮石、凝灰岩、黑曜岩、霞石正长岩、蛇纹岩、麦饭石、泥灰岩、含钾岩石、含钾砂页岩、天然油石、橄榄岩、松脂岩、粗面岩、辉长岩、辉石岩、正长岩、火山灰、火山渣和泥炭	原矿或者选矿	1%～10%
	砂石	原矿或者选矿	1%～5% 或者每吨（立方米）0.1～5 元
	宝玉石类：宝石、玉石、宝石级金刚石、玛瑙、黄玉和碧玺	原矿或者选矿	4%～20%
4. 水气矿产	二氧化碳气、硫化氢气、氦气和氡气	原矿	2%～5%
	矿泉水	原矿	1%～20% 或者每吨（立方米）1～30 元
5. 盐	钠盐、钾盐、镁盐和锂盐	选矿	3%～15%
	天然卤水	原矿	3%～15% 或者每吨（立方米）1～10 元
	海盐		2%～5%

以上税率表中规定实行幅度税率的，具体适用税率由各省、自治区和直辖市人民政府统筹考虑应税资源的品位、开采条件和对生态环境的影响等情况，在法定的税率幅度以内提出，报同级人民代表大会常务委员会决定，并报全国人民代表大会常务委员会和国务

院备案。表中规定的征税对象为原矿或者选矿的，应当分别确定具体的适用税率。例如，湖北省人民代表大会常务委员会规定：该省煤的适用税率，原矿、选矿均为2%；铁的适用税率，原矿、选矿分别为5%、3%；磷的适用税率，原矿、选矿分别为7%、6%；矿泉水的适用税率为每立方米2元。

纳税人以自采原矿（即开采以后未经选矿、加工的矿石）直接销售、自用而且应当缴纳资源税的，应当按照原矿缴纳资源税。

纳税人以自采原矿洗选加工为选矿产品（即通过破碎、切割、洗选、筛分、磨矿、分级、提纯、脱水和干燥等过程形成的产品，包括富集的精矿和研磨成粉、粒级成型、切割成型的原矿加工品）销售，将选矿产品自用而且应当缴纳资源税的，应当按照选矿产品缴纳资源税，在原矿移送环节不缴纳资源税。

无法区分原生岩石矿种的粒级成型砂石颗粒，应当按照砂石税目缴纳资源税。

国务院根据国民经济和社会发展需要，按照资源税法的原则，对取用地表水、地下水的单位和个人试点征收水资源税。

水资源税根据当地水资源状况、取用水类型和经济发展等情况实行差别税率。

水资源税试点实施办法由国务院规定，报全国人民代表大会常务委员会备案。

国务院自资源税法施行之日起5年以内，就征收水资源税试点情况向全国人民代表大会常务委员会报告，并及时提出修改法律的建议。

（三）计税方法

资源税根据不同的应税产品，分别采用从价计征和从量计征两种方法计算应纳税额：第一种方法以应税产品的销售额为计税依据，按照法定比例税率计税；第二种方法以应税产品的销售数量为计税依据，按照法定定额税率计税。

《资源税税目、税率表》中规定可以选择从价计征或者从量计征的，具体计征方式由各省、自治区和直辖市人民政府提出，报同级人民代表大会常务委员会决定，并报全国人民代表大会常务委员会和国务院备案。

应纳税额计算公式：

☞ 1. 应纳税额 = 应税产品销售额 × 适用比例税率

    2. 应纳税额 = 应税产品销售数量 × 适用定额税率

上述公式中的应税产品销售额，按照纳税人销售应税产品的时候向购买方收取的全部价款确定，不包括增值税。

计入销售额中的应税产品从坑口、洗选（加工）地到车站、码头、购买方指定地点的运输费用、建设基金和随运销产生的装卸、仓储、港杂费用，凡取得增值税发票和其他合法有效凭据的，可以从销售额中扣除。

纳税人申报的应税产品销售额明显偏低且无正当理由、有自用应税产品行为而无销售额的，税务机关可以按照下列方法和顺序确定其应税产品销售额：

1. 按照纳税人最近时期同类产品的平均销售价格确定。

2. 按照其他纳税人最近时期同类产品的平均销售价格确定。

3. 按照后续加工非应税产品销售价格减除后续加工环节的成本、利润以后确定。

4. 按照应税产品的组成计税价格确定：

☞ 组成计税价格 = 成本 ×（1 + 成本利润率）÷（1 − 资源税适用税率）

上述公式中的成本利润率由省、自治区和直辖市税务机关确定。

5. 按照其他合理方法确定。

上述公式中的应税产品销售数量，包括纳税人开采、生产应税产品的销售数量和应当缴纳资源税的自用应税产品数量。

纳税人外购应税产品与自采应税产品混合销售、混合加工为应税产品销售的，在计算应税产品销售额、销售数量的时候，可以扣除外购应税产品的购进金额、购进数量；当期不足扣除的，可以结转下期扣除。纳税人应当准确核算外购应税产品的购进金额、购进数量；没有准确核算的，一并计算缴纳资源税。

纳税人开采、生产不同税目应税产品的，应当分别核算不同税目应税产品的销售额、销售数量；没有分别核算或者不能准确提供不同税目应税产品的销售额、销售数量的，从高适用税率。

纳税人开采、生产同一税目下不同适用税率应税产品的，应当分别核算不同适用税率应税产品的销售额、销售数量；没有分别核算或者不能准确提供不同适用税率应税产品的销售额、销售数量的，从高适用税率。

[实例]

1. 某石油开采企业取得原油销售收入9 000万元，资源税适用税率为6%，该企业此项收入应纳资源税税额的计算方法如下：

应纳税额 = 9 000万元 × 6%

= 540万元

2. 某砂石开采企业销售砂石3万吨，资源税适用税率为每吨2元，该企业销售上述砂石应纳资源税税额的计算方法如下：

应纳税额 = 3万吨 × 2元/吨

= 6万元

（四）免税、减税

有下列情形之一的，可以免征资源税：

1. 开采原油和在油田范围以内运输原油过程中用于加热的原

油、天然气；

2. 煤炭开采企业由于安全生产需要抽采的煤成（层）气。

有下列情形之一的，可以减征资源税：

1. 从低丰度油气田开采的原油、天然气，减征 20%；

2. 高含硫天然气、三次采油和从深水油气田开采的原油、天然气，从衰竭期矿山开采的矿产品，减征 30%；

3. 稠油、高凝油，减征 40%；

4. 自 2014 年 12 月 1 日至 2023 年 8 月 31 日，充填开采置换出来的煤炭，减征 50%；

5. 自 2018 年 4 月 1 日至 2023 年 3 月 31 日，页岩气，减征 30%；

6. 自 2019 年至 2021 年，增值税小规模纳税人可以在 50% 的幅度以内减征。

根据国民经济和社会发展需要，国务院对有利于促进资源节约集约利用、保护环境等情形可以规定免征、减征资源税，报全国人民代表大会常务委员会备案。

有下列情形之一的，各省、自治区和直辖市可以决定免征、减征资源税；免征、减征的具体办法由各省、自治区和直辖市人民政府提出，报同级人民代表大会常务委员会决定，并报全国人民代表大会常务委员会和国务院备案：

1. 纳税人开采、生产应税产品过程中，由于意外事故、自然灾害等原因遭受重大损失；

2. 纳税人开采共伴生矿、低品位矿和尾矿。

例如，湖北省人民代表大会常务委员会规定：纳税人开采、生产应税产品过程中，因意外事故、自然灾害等原因遭受重大损失的，由县级人民政府提出具体减免税意见，报省人民政府决定；纳税人开采共伴生矿，共伴生矿与主矿产品销售额分开核算的，共伴生矿可以暂不征收资源税；纳税人开采尾矿的，可以免征资源税。

纳税人的免税、减税项目，应当单独核算销售额、销售数量；没有单独核算或者不能准确提供销售额、销售数量的，不能免税、减税。

纳税人开采、生产同一应税产品，其中既有享受减免待遇的，又有不享受减免税待遇的，应当按照免税、减税项目的产量占比等方法分别核算确定免税、减税项目的销售额、销售数量；同时符合两项以上减税待遇的，除了另有规定以外，只能选择享受其中的一项。

（五）纳税期限、纳税地点

纳税人销售应税产品，纳税义务发生时间为收讫销售款或者取得索取销售款凭据的当日；自用应税产品的，纳税义务发生时间为移送应税产品的当日。

纳税人应当向应税矿产品开采地、海盐生产地的税务机关申报缴纳资源税。海上开采的石油、天然气的资源税由海洋石油税务管理机构征收管理。

资源税按月或者按季申报缴纳；不能按照固定期限计算缴纳的，可以按次申报缴纳。

纳税人按月或者按季申报缴纳资源税的，应当自月度或者季度终了之日起 15 日以内，向税务机关办理纳税申报，并缴纳税款；按次申报缴纳资源税的，应当自纳税义务发生之日起 15 日以内，向税务机关办理纳税申报，并缴纳税款。

十六、

车 船 税

中国的车船税是对车辆、船舶（以下简称车船）征收的一种税收。2011年2月25日，第十一届全国人民代表大会常务委员会第十九次会议通过《中华人民共和国车船税法》，当日公布，自2012年1月1日起施行。2019年4月23日，第十三届全国人民代表大会常务委员会第十次会议修正该法，当日公布施行。2011年12月5日，国务院公布《中华人民共和国车船税法实施条例》。2019年3月2日，国务院对该条例作了修改。

车船税由税务机关负责征收管理，所得收入归地方政府所有。2020年，车船税收入为945.4亿元，占当年中国税收总额的0.6%。

（一）纳税人

车船税的纳税人为中国境内应税车船的所有人或者管理人。

从事机动车第三者责任强制保险业务的保险机构为机动车车船税的扣缴义务人，应当在收取保险费的时候依法代收车船税。

上述车船包括依法应当在车船登记管理部门登记的机动车船，

依法不需要在车船登记管理部门登记的在单位内部场所行驶、作业的机动车船。

(二) 税目、税率

　　车辆的计税单位分别为每辆、整备质量每吨，机动船舶的计税单位为净吨位每吨，游艇的计税单位为艇身长度每米，分别采用幅度定额税率和分级定额税率，详见《车船税税目、税率表》。

车船税税目、税率表

税目		计税单位	税率	备注
1. 乘用车（按发动机气缸容量即排气量分档）	(1) 不超过 1.0 升的	每辆	每年 60 元至 360 元	核定载客人数不超过 9 人
	(2) 超过 1.0 升至 1.6 升的		每年 300 元至 540 元	
	(3) 超过 1.6 升至 2.0 升的		每年 360 元至 660 元	
	(4) 超过 2.0 升至 2.5 升的		每年 660 元至 1 200 元	
	(5) 超过 2.5 升至 3.0 升的		每年 1 200 元至 2 400 元	
	(6) 超过 3.0 升至 4.0 升的		每年 2 400 元至 3 600 元	
	(7) 超过 4.0 升的		每年 3 600 元至 5 400 元	
2. 商用车	(1) 客车	每辆	每年 480 元至 1 440 元	核定载客人数超过 9 人，包括电车
	(2) 货车	整备质量每吨	每年 16 元至 120 元	包括半挂牵引车、三轮汽车、低速载货汽车和客货两用车（多用途货车）等
3. 挂车		整备质量每吨	按货车适用税率的 50% 计算	

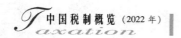

税目		计税单位	税率	备注
4. 其他车辆	（1）专用作业车	整备质量每吨	每年 16 元至 120 元	不包括拖拉机
	（2）轮式专用机械车		每年 16 元至 120 元	
5. 摩托车		每辆	每年 36 元至 180 元	
6. 船舶	（1）机动船舶	净吨位每吨	不超过 200 吨的，每吨每年 3 元；超过 200 吨至 2 000 吨的，每吨每年 4 元；超过 2 000 吨至 10 000 吨的，每吨每年 5 元；超过 10 000 吨的，每吨每年 6 元	拖船、非机动驳船的适用税率按相同净吨位机动船舶适用税率的 50% 计算，拖船的净吨位按发动机功率 1 千瓦折合 0.67 吨计算
	（2）游艇	艇身长度每米	不超过 10 米的，每米每年 600 元；超过 10 米至 18 米的，每米每年 900 元；超过 18 米至 30 米的，每米每年 1 300 元；超过 30 米的，每米每年 2 000 元；辅助动力帆艇，每米每年 600 元	

　　车辆的具体适用税率由各省、自治区和直辖市人民政府按照以上税率表规定的适用税率幅度和国务院的规定确定，并报国务院备案。确定车辆具体适用税率的原则是：乘用车按照排气量从小到大递增税率；客车按照核定载客人数 19 人以下和 20 人以上两档划分，递增税率。例如，北京市人民政府规定：发动机气缸容量不超过 1.0 升的乘用车的适用税率为每年 300 元，发动机气缸容量超过 4.0 升的乘用车的适用税率为每年 5 280 元；核定载客人数不足 20 人的中型客车的适用税率为每年 960 元，核定载客人数 20 人以上的大型客车的适用税率为每年 1 140 元；货车的适用税率为整备质量每吨每年 96 元。

　　应纳税车船的排气量、整备质量、核定载客人数、净吨位、艇身长度和发动机功率，以车船登记管理部门核发的车船登记证书或者行驶证所载数据为准。依法不需要登记的车船，依法应当登记而没有办理登记的车船，不能提供车船登记证书或者行驶证的车船，以车船出厂合格证明或者进口凭证标注的技术参数、数据为准。不能提供车船出厂合格证明或者进口凭证的，由税务机关参照国家相关标准核定；没有国家相关标准的，参照同类车船核定。

（三）计税方法

车船税以应纳税车辆的数量或者整备质量和应纳税船舶的净吨位或者艇身长度为计税依据，按照法定税率计算应纳税额。

应纳税额计算公式：

☞ 1. 应纳税额 = 应纳税车辆数量或者整备质量 × 适用税率
2. 应纳税额 = 应纳税船舶净吨位或者艇身长度 × 适用税率

[实例]

1. 某汽车运输公司拥有 20 辆大型客车和 5 辆整备质量 10 吨的货车，当地政府规定这两种汽车车船税的适用税率分别为每辆每年 1 000 元和整备质量每吨每年 100 元，该公司上述车辆全年应纳车船税税额的计算方法如下：

应纳税额 = 20 辆 × 1 000 元/辆 + 10 吨/辆 × 5 辆 × 100 元/吨
= 25 000 元

2. 某航运公司拥有净吨位为 2 000 吨、9 000 吨的轮船各 10 艘，这两种船车船税的适用税率分别为每年每吨 4 元和 5 元，该公司上述船舶全年应纳车船税税额的计算方法如下：

应纳税额 = 2 000 吨/艘 × 10 艘 × 4 元/吨
+ 9 000 吨/艘 × 10 艘 × 5 元/吨
= 530 000 元

（四）免税、减税

车船税的主要免税、减税规定如下：

1. 下列车船可以免征车船税：

（1）捕捞、养殖渔船；

（2）军队、武装警察部队专用的车船；

（3）公安机关、国家安全机关、监狱、劳动教养管理机关、人民法院和人民检察院领取警用牌照的车辆和执行警务的专用船舶；

（4）悬挂应急救援专用号牌的国家综合性消防救援车辆、专用船舶；

（5）依法免税的外国驻华使馆、领馆和国际组织驻华代表机构及其有关人员的车船。

2. 下列车船可以免征、减征车船税：

（1）使用新能源的车、船免税，节能汽车减半征税。符合规定标准的节能、新能源汽车，由工业和信息化部、国家税务总局不定期联合公布《享受车船税减免优惠的节约能源使用新能源汽车车型目录》。新能源船舶，纳税人凭标注"纯天然气动力船舶"字段的船舶检验证书享受免税待遇。

（2）受地震、洪涝等严重自然灾害影响纳税困难和有其他特殊原因需要免税、减税的车船，可以在一定期限以内免税、减税，具体期限和数额由各省、自治区和直辖市人民政府确定，报国务院备案。

（3）各省、自治区和直辖市人民政府可以根据本地的实际情况，对公共交通车船，农村居民拥有并主要在农村地区使用的摩托车、三轮汽车和低速载货汽车定期免税、减税。例如，江苏省人民政府规定：本省行政区域内的公共交通车船、校车、农村居民拥有并主要在农村地区使用的摩托车、三轮汽车和低速载货汽车，可以暂时免征车船税。

此外，临时进入中国境内的外国车船和中国香港、澳门、台湾地区的车船，中国境内单位、个人租入外国船舶的，不征收车船税。

（五）纳税期限、纳税地点

1. 纳税期限

车船税按年申报，分月计算，一次缴纳，具体申报纳税期限由各省、自治区和直辖市人民政府规定。纳税年度为公历 1 月 1 日至 12 月 31 日。例如，河南省人民政府规定：在一个纳税年度以内，纳税人可以在投保机动车第三者责任强制保险或者办理车船登记、检验以前任一征收期自行申报缴纳车船税。纳税人没有自行申报缴纳车船税的，车船税的纳税期限为纳税人投保机动车第三者责任强制保险或者办理车船登记、检验的当日。

车船税纳税义务发生时间为取得车船所有权或者管理权的当月，以购买车船的发票或者其他证明文件所载日期为准。

扣缴义务人应当及时解缴代收代缴的车船税及其滞纳金，并向税务机关申报。解缴上述款项的时候，应当同时报送明细的扣缴报告。解缴上述款项的具体期限，由各省、自治区和直辖市税务局按照有关法律、行政法规确定。

购置的新车船，购置当年的应纳税额自纳税义务发生的当月起按月计算。应纳税额为年应纳税额除以 12 再乘以应纳税月份数。

在纳税年度期间已经完税的车船被盗抢、报废或者灭失的，纳税人可以凭有关管理机关出具的证明和完税凭证，向纳税所在地的税务机关申请退还自被盗抢、报废或者灭失月份起至该纳税年度终了期间的车船税。已经办理退税的被盗抢车船失而复得的，纳税人应当自公安机关出具相关证明的当月起计算缴纳车船税。

已经缴纳车船税的车船在本纳税年度期间办理转让过户的，不另外缴纳车船税，也不退还已经缴纳的车船税。

已经缴纳车船税的车船，由于质量原因被退回生产企业或者经销商的，纳税人可以向纳税所在地的税务机关申请退还自退货月份起至该纳税年度终了期间的车船税。

2. 纳税地点

车船税的纳税地点为车船的登记地或者车船税扣缴义务人所在地。依法不需要登记的车船，车船税的纳税地点为车船的所有人或者管理人所在地。税务机关可以在车船登记管理部门、车船检验机构的办公场所集中办理车船税征收事宜。

扣缴义务人已经代收代缴车船税的，纳税人不再向车辆登记地的税务机关申报缴纳车船税；没有扣缴义务人的，纳税人应当向税务机关自行申报缴纳车船税。

纳税人缴纳车船税的时候，应当提供反映排气量、整备质量、核定载客人数、净吨位、艇身长度、发动机功率等相关信息的凭证和税务机关根据实际需要要求提供的其他资料。

车辆所有人或者管理人在申请办理车辆相关登记、定期检验手续的时候，应当向公安机关交通管理部门提交依法缴纳车船税或者免征车船税的证明，否则公安机关交通管理部门不予办理相关手续。

船舶吨税

船舶吨税是对船舶征收的一种税收。2017 年 12 月 27 日，第十二届全国人民代表大会常务委员会第三十一次会议通过《中华人民共和国船舶吨税法》，当日公布，自 2018 年 7 月 1 日起施行。2018 年 10 月 26 日，第十三届全国人民代表大会常务委员会第六次会议修正该法，当日公布施行。

船舶吨税由海关总署负责征收管理，所得收入归中央政府所有。2020 年，全国船舶吨税收入为 53.7 亿元。

（一）纳税人

船舶吨税的纳税人为自中国境外港口进入中国境内港口的船舶（以下简称应税船舶）。

（二）计税依据、税率和计税方法

1. 计税依据、税率

船舶吨税的计税依据为船舶的净吨位；采用分级分档定额税

率，包括优惠税率和普通税率两类，同类同级税率按照船舶吨税执照（以下简称执照）期限各分3档，详见《船舶吨税税目、税率表》。

船舶吨税税目、税率表

税目（按船舶净吨位划分）	税率（元/净吨）						备注
	普通税率（按执照期限划分）			优惠税率（按执照期限划分）			
	1年	90日	30日	1年	90日	30日	
1. 不超过2 000净吨的	12.6	4.2	2.1	9.0	3.0	1.5	1. 拖船的净吨位，按发动机功率1千瓦折合0.67净吨计算。
2. 超过2 000净吨至10 000净吨的	24.0	8.0	4.0	17.4	5.8	2.9	2. 无法提供净吨位证明的游艇的净吨位，按发动机功率1千瓦折合0.05净吨计算。
3. 超过10 000净吨至50 000净吨的	27.6	9.2	4.6	19.8	6.6	3.3	3. 拖船、非机动驳船的适用税率，按相同净吨位船舶适用税率的50%计算。
4. 超过50 000净吨的	31.8	10.6	5.3	22.8	7.6	3.8	

中国籍的应税船舶、船籍国（地区）与中国签订含有相互给予船舶税费最惠国待遇条款的条约或者协定的应税船舶，适用优惠税率；其他应税船舶，适用普通税率。目前，适用优惠税率的国家和地区共有78个，即阿尔巴尼亚、朝鲜、加纳、斯里兰卡、刚果（布）、巴基斯坦、刚果（金）、挪威、日本、阿尔及利亚、新西

兰、阿根廷、孟加拉国、泰国、巴西、墨西哥、马来西亚、新加坡、塞浦路斯、蒙古国、马耳他、越南、土耳其、韩国、格鲁吉亚、克罗地亚、俄罗斯、乌克兰、黎巴嫩、智利、印度、以色列、加拿大、秘鲁、埃及、摩洛哥、南非、古巴、印度尼西亚、突尼斯、伊朗、巴哈马、美国、比利时、捷克、丹麦、德国、爱沙尼亚、希腊、西班牙、法国、爱尔兰、意大利、拉脱维亚、立陶宛、卢森堡、匈牙利、荷兰、奥地利、波兰、葡萄牙、斯洛文尼亚、斯洛伐克、芬兰、瑞典、英国、保加利亚、罗马尼亚、也门、苏丹、菲律宾、埃塞俄比亚、肯尼亚、阿曼、利比里亚、巴拿马76个国家和中国的香港、澳门地区。

应税船舶在船舶吨税执照期限以内，由于修理、改造导致净吨位变化的，上述执照继续有效。应税船舶办理出入境手续的时候，应当提供其经过修理、改造的证明文件。

应税船舶在船舶吨税执照期限以内，由于税目、税率调整和船籍改变导致适用税率变化的，执照继续有效。

由于船籍改变导致适用税率变化的，应税船舶在办理出入境手续的时候，应当提供其船籍改变的证明文件。

2. 计税方法

船舶吨税的应纳税额计算公式如下：

☞　　　　应纳税额 = 应税船舶净吨位 × 适用税率

[实例]

某应税船舶净吨位为 10 万吨，适用税率为 3.8 元，该船舶应纳船舶吨税税额的计算方法如下：

应纳税额 = 10 万吨 × 3.8 元/吨
　　　　 = 38 万元

（三）免税

下列船舶可以免缴船舶吨税：

1. 船舶吨税应纳税额在 50 元以下的船舶；

2. 自中国境外以购买、受赠和继承等方式取得船舶所有权的初次进口到港的空载船舶；

3. 船舶吨税执照期满以后 24 小时之内不上下客货的船舶；

4. 非机动船舶（不包括非机动驳船）；

5. 捕捞、养殖渔船；

6. 避难、防疫隔离、修理、改造、终止运营和拆解，并不上下客货的船舶；

7. 军队、武装警察部队专用和征用的船舶；

8. 警用船舶；

9. 依法应当免税的外国驻华使馆、领馆和国际组织驻华代表机构及其有关人员的船舶；

10. 国务院规定的其他船舶，此类船舶由国务院报全国人民代表大会常务委员会备案。

符合上述第 2 项至第 4 项规定的船舶，应税船舶负责人应当向海关提供书面免税申请，申明免税的依据和理由。符合上述第 5 项至第 9 项规定的船舶，船舶负责人应当向海关提供海事、渔业船舶管理等部门、机构出具的具有法律效力的证明文件或者使用关系证明文件，申明免税的依据和理由。

（四）纳税期限、纳税地点

船舶吨税纳税义务发生时间为应税船舶进入港口的当日。

应税船舶在进入港口办理入境手续的时候，应当向海关申报缴纳船舶吨税，领取船舶吨税执照；或者交验船舶吨税执照；或者申请核验船舶吨税执照电子信息。应税船舶在离开港口办理出境手续的时候，应当交验船舶吨税执照，或者申请核验船舶吨税执照电子信息。

应税船舶由于不可抗力在没有设立海关的地点停泊，船舶负责人应当立即向附近海关报告，并在不可抗力原因消除以后依法向海关申报缴纳船舶吨税。

应税船舶负责人在每次申报缴纳船舶吨税的时候，可以按照《船舶吨税税目、税率表》选择申领1种期限的船舶吨税执照。

应税船舶负责人申领船舶吨税执照的时候，应当向海关提供船舶国籍证书或者海事部门签发的船舶国籍证书收存证明、船舶吨位证明。

应税船舶负责人应当自海关填发船舶吨税缴款凭证之日起15日以内缴清税款。没有按期缴清税款的，自滞纳税款之日起至缴清税款之日止，按日加收滞纳税款万分之五的税款滞纳金。

应税船舶负责人在缴纳船舶吨税以前申请先行签发船舶吨税执照的，应当向海关提供与其依法履行船舶吨税缴纳义务相适应的担保。

应税船舶到达港口以前，经海关核准先行申报并办结出入境手续的，应税船舶负责人应当向海关提供与其依法履行船舶吨税缴纳义务相适应的担保；应税船舶到达港口以后，依法向海关申报缴纳船舶吨税。

下列财产、权利可以用于上述担保：人民币、可自由兑换货币，汇票、本票、支票、债券和存单，银行、非银行金融机构的保函，海关依法认可的其他财产、权利。

应税船舶负责人缴纳船舶吨税或者提供担保以后，海关按照其申领的执照期限填发船舶吨税执照。

船舶吨税担保期限一般不超过6个月；特殊情况需要延期的，

应当经主管海关核准。应税船舶负责人应当在海关核准的船舶吨税担保期限以内履行纳税义务。

在船舶吨税执照期限以内，应税船舶发生下列情形之一的，海关按照实际发生的天数批注延长船舶吨税执照期限：避难、防疫隔离、修理和改造，并不上下客货；军队、武装警察部队征用。符合上述规定的船舶应当提供海事、渔业船舶管理等部门、机构出具的具有法律效力的证明文件或者使用关系证明文件，申明延长船舶吨税执照期限的依据、理由。

应税船舶负责人应当在延期事项发生地海关办理船舶吨税执照延期的海关手续，同时提交延期申请。

应税船舶在船舶吨税执照期满以后没有离开港口，应当申领新的船舶吨税执照，自上一次船舶吨税执照期满的次日起续缴船舶吨税。

十八、

印花税（上）

印花税是对经济活动中书立、领受的凭证征收的一种税收。1988 年 8 月 6 日，国务院发布《中华人民共和国印花税暂行条例》，自当年 10 月 1 日起施行。2011 年 1 月 8 日，国务院对该条例作了修改。1988 年 9 月 29 日，财政部发布《中华人民共和国印花税暂行条例实施细则》。

印花税由税务机关负责征收管理，所得收入由中央政府与地方政府共享。2020 年，印花税收入为 3 087.5 亿元，占当年中国税收总额的 2%。

（一）纳税人

印花税的纳税人，包括在中国境内书立、领受规定的经济凭证的企业、行政单位、事业单位、军事单位、社会团体、其他单位、个体工商户和其他个人。其中，各类合同以立合同人为纳税人，产权转移书据以立据人为纳税人，营业账簿以立账簿人为纳税人，权利、许可证照以领受人为纳税人。

目前，中国的印花税收入主要来自制造业、批发和零售业、资本市场服务业和房地产业等行业的股份制企业、私营企业和外商投资企业。

（二）税目、税率

应当缴纳印花税的凭证包括下列五类：

1. 依法签订的购销、加工承揽、建设工程承包、财产租赁、货物运输、仓储保管、借款、财产保险和技术合同；具有合同性质的凭证，包括具有合同效力的协议、契约、合约、单据、确认书和其他凭证；

2. 产权转移书据，包括产权买卖、继续、赠与、交换和分割等书据；

3. 营业账簿；

4. 权利、许可证照；

5. 经财政部确定征税的其他凭证。

以电子形式签订的应税凭证也应当按照规定缴纳印花税。

印花税根据不同的税目，分别采用差别比例税率和定额税率，详见《印花税税目、税率表》。

印花税税目、税率表

税目	征收范围	税率	纳税人	说明
1. 购销合同	包括供应、预购、采购、购销结合和协作、调剂、补偿、易货等合同	按购销金额 0.3‰ 贴花	立合同人	
2. 加工承揽合同	包括加工、定做、修缮、修理、印刷、广告、测绘和测试等合同	按加工或承揽收入 0.5‰ 贴花	立合同人	
3. 建设工程勘察设计合同	包括勘察、设计合同	按收取费用 0.5‰ 贴花	立合同人	

续表

税目	征收范围	税率	纳税人	说明
4. 建筑安装工程承包合同	包括建筑、安装工程承包合同	按承包金额 0.3‰ 贴花	立合同人	
5. 财产租赁合同	包括租赁房屋、船舶、飞机、机动车辆、机械、器具和设备等合同	按租赁金额 1‰ 贴花。税额不足 1 元的，按 1 元贴花	立合同人	
6. 货物运输合同	包括民用航空运输、铁路运输、海上运输、内河运输、公路运输和联运合同	按运输费用 0.5‰ 贴花	立合同人	单据作为合同使用的，按合同贴花
7. 仓储保管合同	包括仓储、保管合同	按仓储、保管费用 1‰贴花	立合同人	仓单或栈单作为合同使用的，按合同贴花
8. 借款合同	银行、其他金融组织与借款人（不包括银行同业拆借）签订的借款合同，融资租赁合同	按借款金额 0.05‰ 贴花	立合同人	单据作为合同使用的，按合同贴花
9. 财产保险合同	包括财产、责任、保证和信用等保险合同	按保险费收入 1‰ 贴花	立合同人	单据作为合同使用的，按合同贴花
10. 技术合同	包括技术开发、转让、咨询和服务等合同	按合同所载金额 0.3‰贴花	立合同人	
11. 产权转移书据	包括财产所有权、版权、商标专用权、专利权和专有技术使用权等产权转移书据，土地使用权出让、转让合同和商品房销售合同	按书据所载金额 0.5‰贴花	立据人	

续表

税目	征收范围	税率	纳税人	说明
12. 营业账簿	生产、经营用账册	记载资金的账簿，按实收资本和资本公积的合计金额 0.5‰贴花，目前减半征收；其他账簿免税	立账簿人	
13. 权利、许可证照	包括政府部门发给的房屋产权证、营业执照、商标注册证、专利证和土地使用证	按件贴花，每件 5 元	领受人	
14. 股票交易	股份制企业向社会公开发行的股票，因买卖、继承和赠与书立的股权转让书据	按书据书立时证券市场当日实际成交价格计算的金额和1‰的税率计算应纳税额	出让方	

（三）计税方法

　　印花税根据不同的征税项目，分别采用从价计征和从量计征两种方法计算应纳税额：第一种方法以应纳税凭证记载的金额、费用和收入额为计税依据，按照法定比例税率计税；第二种方法以应纳税凭证的件数为计税依据，按照法定定额税率计税。

　　应纳税额计算公式：

☞　　1. $\dfrac{\text{应纳}}{\text{税额}} = \dfrac{\text{应纳税凭证记载的}}{\text{金额（费用、收入额）}} \times \text{适用比例税率}$

　　　　2. 应纳税额 = 应纳税凭证的件数 × 适用定额税率

［实例］

1. 甲、乙两家企业签订一份购销合同，购销金额为 200 万元，印花税适用比例税率为 0.3‰，两家企业签订上述合同分别应纳印花税税额的计算方法如下：

应纳税额 = 200 万元 × 0.3‰

= 600 元

2. 某企业取得权利、许可证照 10 件，印花税适用定额税率为每件 5 元，该企业上述证照应纳印花税税额的计算方法如下：

应纳税额 = 10 件 × 5 元/件

= 50 元

印花税的应纳税额以人民币计算。应纳税凭证所载金额为其他货币的，应当先按照凭证书立当日的汇价折算成人民币，然后计算缴纳印花税。

印花税应纳税额不足 1 角的，免税。应纳税额在 1 角以上的，其尾数不满 5 分的不计，满 5 分的按照 1 角计算缴纳。

同一件应纳税凭证，由于载有两个以上经济事项而适用不同的印花税税目、税率，如果分别记载金额，应当分别计算应纳印花税税额，相加以后按照合计应纳税额纳税；如果没有分别记载金额，按照税率高的税目计算纳税。

已经缴纳印花税的凭证，修改以后所载金额增加的，其增加的部分应当补贴印花税票。

（四）免税

1. 下列凭证可以免征印花税：

（1）已经缴纳印花税的凭证的副本、抄本，但是视同正本使用者除外；

（2）财产所有人将财产赠给政府和扶养孤老、伤残人员的社会福利单位、学校所立的书据；

（3）政府指定的收购部门与村民委员会、农民个人书立的农副产品收购合同；

（4）无息、贴息贷款合同；

（5）外国政府、国际金融组织向中国政府、国家金融机构提供优惠贷款所书立的合同；

（6）企业因改制而签订的产权转移书据；

（7）农民专业合作社与本社成员签订的农业产品和农业生产资料购销合同；

（8）因农村集体经济组织和代行集体经济组织职能的村民委员会、村民小组清产核资收回集体资产而签订的产权转移书据；

（9）个人出租、承租住房签订的租赁合同涉及的印花税，经济适用住房经营管理单位与经济适用住房相关的印花税，经济适用住房购买人涉及的印花税。

开发商在商品住房项目中配套建造经济适用住房，能够提供相关材料的，可以按照经济适用住房建筑面积占总建筑面积的比例，免征开发商应当缴纳的印花税。

2. 下列项目可以暂时免征印花税：

（1）农林作物、牧业畜类保险合同；

（2）书、报、刊发行单位之间，发行单位与订阅单位、个人之间书立的凭证；

（3）铁路、公路、航运和水路承运快件行李、包裹开具的托运单据；

（4）投资者买卖证券投资基金单位；

（5）经国务院和省级人民政府决定或者批准进行政企脱钩、对企业（集团）进行改组和改变管理体制、变更企业隶属关系，国有企业改制、盘活国有企业资产，发生的国有股权无偿划转行为；

（6）个人销售、购买住房。

3. 自 2018 年至 2023 年，金融机构与小型、微型企业签订的借款合同可以免征印花税。

4. 自 2019 年至 2023 年，公租房经营管理单位，可以免征建设、管理公租房涉及的印花税。在其他住房项目中配套建设公租房，可以按照公租房建筑面积占总建筑面积的比例免征建设、管理公租房涉及的印花税。公租房经营管理单位购买住房作为公租房，可以免征印花税；公租房租赁双方，可以免征签订租赁协议涉及的印花税。

（五）纳税方式

印花税一般实行由纳税人根据税法规定自行计算应纳税额，购买并一次贴足印花税票（通常简称贴花）的缴纳方法。应纳税凭证应当在合同签订、书据立据、账簿启用和证照领受的时候贴花。在中国境外签订的合同，应当在中国境内使用的时候贴花。

一份凭证应纳税额超过 500 元的，纳税人应当向当地税务机关申请填写缴款书或者完税证，将其中一联粘贴在凭证上；或者由税务机关在凭证上加注完税标记代替贴花。

同类应纳税凭证需要频繁贴花的，纳税人可以根据实际情况自行决定是否采用按期汇总缴纳印花税的方式，汇总纳税的期限为 1 个月。采用按期汇总纳税方式的，纳税人应当事先告之税务机关。纳税方式确定以后，1 年之内不能改变。

同一件应纳税凭证，由两方以上当事人（指对凭证有直接权利、义务关系的企业、单位和个人）签订并各执一份的，应当由各方就自己所执的一份凭证全额贴花。

当事人的代理人有代理缴纳印花税的义务。

印花税票应当粘贴在应纳税凭证上，并由纳税人在每枚税票的骑缝处盖戳注销或者画销。

办理股权交割的单位应当代征代缴股票交易应纳的印花税。

印花税（下）

20_{21} 年 6 月 10 日，第十三届全国人民代表大会常务委员会第二十九次会议通过《中华人民共和国印花税法》，当日公布，自 2022 年 7 月 1 日起施行。

（一）纳税人

印花税的纳税人，包括在中国境内书立应税凭证、从事证券交易的单位和个人。在中国境外书立在中国境内使用的应税凭证的单位和个人，也应当依法缴纳印花税。

上述应税凭证，指印花税法所附《印花税税目税率表》列明的合同、产权转移书据和营业账簿。

上述证券交易，指转让在依法设立的证券交易所、国务院批准的其他全国性证券交易场所交易的股票和以股票为基础的存托凭证。证券交易印花税对证券交易的出让方征收。

（二）税目、税率

印花税根据不同的税目采用差别比例税率，详见《印花税税目、税率表》。

印花税税目、税率表

税 目		税 率	备 注
合同（指书面合同）	借款合同	借款金额的 0.05‰	指银行业金融机构、经国务院银行业监督管理机构批准设立的其他金融机构与借款人（不包括同业拆借）书立的借款合同
	融资租赁合同	租金的 0.05‰	
	买卖合同	价款的 0.3‰	指动产买卖合同（不包括个人书立的动产买卖合同）
	承揽合同	报酬的 0.3‰	
	建设工程合同	价款的 0.3‰	
	运输合同	运输费用的 0.3‰	指货运合同、多式联运合同（不包括管道运输合同）
	技术合同	价款、报酬和使用费的 0.3‰	不包括专利权、专有技术使用权转让书据
	租赁合同	租金的 1‰	
	保管合同	保管费的 1‰	
	仓储合同	仓储费的 1‰	
	财产保险合同	保险费的 1‰	不包括再保险合同

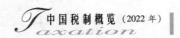

税 目		税 率	备 注
产权转移书据	土地使用权出让书据	价款的 0.5‰	转让包括买卖（出售）、继承、赠与、互换和分割
	土地使用权、房屋等建筑物和构筑物所有权转让书据（不包括土地承包经营权、土地经营权转移书据）	价款的 0.5‰	
	股权转让书据（不包括应纳证券交易印花税的书据）	价款的 0.5‰	
	商标专用权、著作权、专利权和专有技术使用权转让书据	价款的 0.3‰	
营业账簿		实收资本（股本）、资本公积合计金额的 0.25‰	
证券交易		成交金额的 1‰	

（三）计税方法

　　印花税以应纳税凭证所列、记载的金额和证券交易成交金额为计税依据，按照法定税率计算应纳税额。

　　应纳税额计算公式：

☞　　　　　应纳税额 = 计税依据 × 适用税率

　　其中，应税合同的计税依据为合同所列的金额，应税产权转移书据的计税依据为产权转移书据所列的金额，上述金额都不包括列明的增值税；应税营业账簿的计税依据为账簿记载的实收资本（股本）、资本公积合计金额；证券交易的计税依据为成交金额。

应税合同、产权转移书据没有列明金额的，印花税的计税依据按照实际结算的金额确定。计税依据按照上述规定仍然不能确定的，按照书立合同、产权转移书据时的市场价格确定；依法应当执行政府定价、政府指导价的，按照有关规定确定。

证券交易没有转让价格的，按照办理过户登记手续时该证券前一个交易日的收盘价计算确定计税依据；没有收盘价的，按照证券面值计算确定计税依据。

同一应税凭证载有两个以上税目并分别列明金额的，按照各自适用的税目、税率分别计算应纳税额；没有分别列明金额的，从高适用税率。

同一应税凭证由两方以上当事人书立的，按照各自涉及的金额分别计算应纳税额。

已经缴纳印花税的营业账簿，以后年度记载的实收资本（股本）、资本公积合计金额超过已经缴纳印花税的实收资本（股本）、资本公积合计金额的，按照增加部分计算应纳税额。

（四）免税、减税

下列凭证可以免征印花税：

1. 应税凭证的副本、抄本；

2. 按照法律应当免税的外国驻华使馆、领馆和国际组织驻华代表机构为获得馆舍书立的应税凭证；

3. 中国人民解放军、中国人民武装警察部队书立的应税凭证；

4. 农民、家庭农场、农民专业合作社、农村集体经济组织和村民委员会购买农业生产资料、销售农产品书立的买卖合同和农业保险合同；

5. 无息、贴息借款合同，国际金融组织向中国提供优惠贷款书立的借款合同；

6. 财产所有权人将财产赠与政府、学校、社会福利机构和慈善组织书立的产权转移书据；

7. 非营利性医疗卫生机构采购药品、卫生材料书立的买卖合同；

8. 个人与电子商务经营者订立的电子订单。

根据国民经济和社会发展的需要，国务院对于居民住房需求保障、企业改制重组、破产、支持小型微型企业发展等情形可以规定减征或者免征印花税，报全国人民代表大会常务委员会备案。

（五）纳税方式

纳税人为单位的，应当向其机构所在地的税务机关申报缴纳印花税；纳税人为个人的，应当向应税凭证书立地或者纳税人居住地的税务机关申报缴纳印花税。

不动产产权发生转移的，纳税人应当向不动产所在地的税务机关申报缴纳印花税。

纳税人为中国境外单位、个人，在中国境内有代理人的，以其中国境内代理人为扣缴义务人；在中国境内没有代理人的，由纳税人自行申报缴纳印花税。

证券登记结算机构为证券交易印花税的扣缴义务人，应当向其机构所在地的税务机关申报解缴税款和银行结算的利息。

印花税的纳税义务发生时间为纳税人书立应税凭证、完成证券交易的当日。

证券交易印花税扣缴义务发生时间为证券交易完成的当日。

印花税根据不同情况按季、按年、按次计征。其中，按季、按年计征的，纳税人应当自季度、年度终了之日起 15 日以内申报缴纳税款；按次计征的，纳税人应当自纳税义务发生之日起 15 日以内申报缴纳税款。

证券交易印花税按周解缴，证券交易印花税扣缴义务人应当自每周终了之日起 5 日以内申报解缴税款和银行结算的利息。

印花税可以采用粘贴印花税票和由税务机关依法开具完税凭证的方式缴纳。

印花税票粘贴在应税凭证上的，由纳税人在每枚税票的骑缝处盖戳注销或者画销。

印花税票由国家税务总局监制。

城市维护建设税

中国的城市维护建设税是为了筹集城市维护建设资金而征收的一种税收。2020 年 8 月 11 日，第十三届全国人民代表大会常务委员会第二十一次会议通过《中华人民共和国城市维护建设税法》，当日公布，自 2021 年 9 月 1 日起施行。

城市维护建设税由税务机关负责征收管理，所得收入由中央政府与地方政府共享，是地方政府税收收入的重要来源之一。2020 年，城市维护建设税收入为 4 607.6 亿元，占当年中国税收总额的 3%。

(一) 纳税人

城市维护建设税的纳税人，包括在中国境内缴纳增值税、消费税的单位和个人，应当在缴纳增值税、消费税的同时缴纳城市维护建设税。

采用委托代征、代扣代缴、代收代缴、预缴和补缴等方式缴纳增值税、消费税的，应当同时缴纳城市维护建设税。上述代扣代缴，不包括由于中国境外单位、个人向中国境内销售劳务、服务和无形资产代扣代缴增值税的情形。

城市维护建设税的扣缴义务人为负有增值税、消费税扣缴义务的单位和个人，应当在扣缴增值税、消费税的同时扣缴城市维护建设税。

由于纳税人多缴增值税、消费税发生的上述两税退税，同时退还已经缴纳的城市维护建设税。上述两税实行先征后返、先征后退和即征即退的，除了另有规定以外，不予退还随上述两税附征的城市维护建设税。

进口货物和中国境外单位、个人向中国境内销售劳务、服务和无形资产缴纳的增值税、消费税，不征收城市维护建设税。

目前，中国的城市维护建设税收入主要来自制造业、建筑业、批发和零售业、货币金融服务业、房地产业等行业的国有企业、私营企业、股份制企业和外商投资企业。

（二）计税依据、税率和计税方法

1. 计税依据

城市维护建设税的计税依据为纳税人依法缴纳的增值税、消费税税额。上述两税税额，指纳税人依法计算的应当缴纳的两税税额，加上增值税免抵税额，扣除直接减免的两税税额和期末留抵退税退还的增值税税额以后的余额。

进口货物和中国境外单位、个人向中国境内销售劳务、服务和无形资产缴纳的增值税、消费税，不征收城市维护建设税。

2. 税率

城市维护建设税按照纳税人所在地采用差别比例税率，详见《城市维护建设税税率表》。

城市维护建设税税率表

地　区	税率（％）
1. 市区	7
2. 县城、建制镇	5
3. 其他地区	1

上述纳税人所在地，指纳税人住所地和与纳税人经营活动相关的其他地点，具体地点由省、自治区和直辖市确定。例如，北京市规定：纳税人所在地在该市各区的街道办事处管辖范围以内的，税率为7％；纳税人所在地在该市各区的镇范围以内的，税率为5％；纳税人所在地不在上述范围以内的，税率为1％。

3. 计税方法

城市维护建设税应纳税额计算公式：

☞　　　　　应纳税额 = 计税依据×适用税率

[实例]

位于上海市区的某企业本月共缴纳增值税、消费税 8 000 万元，城市维护建设税适用税率为 7％，该企业本月应纳城市维护建设税税额的计算方法如下：

应纳税额 = 8 000 万元×7％
　　　　 = 560 万元

（三）免税、减税

城市维护建设税的主要免税、减税规定如下：

1. 国家重大水利工程建设基金可以免征城市维护建设税。

2. 自 2019 年至 2025 年，符合重点群体创业就业规定条件的个体工商户和企业，可以按照规定减征城市维护建设税。

此外，根据国民经济和社会发展的需要，国务院对重大公共基础设施建设、特殊产业和群体以及重大突发事件应对等情形可以规定减征、免征城市维护建设税，报全国人民代表大会常务委员会备案。

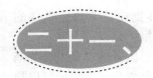

烟 叶 税

中国的烟叶税是对烟叶征收的一种税收。2017 年 12 月 27 日，第十二届全国人民代表大会常务委员会第三十一次会议通过《中华人民共和国烟叶税法》，当日公布，自 2018 年 7 月 1 日起施行。

烟叶税由税务机关负责征收管理，所得收入归地方政府所有。2020 年，烟叶税收入为 108.7 亿元，不足当年中国税收总额的 0.1%。

烟叶税以按照《中华人民共和国烟草专卖法》的规定在中国境内收购烟叶（包括烤烟叶、晾晒烟叶）的单位为纳税人，以纳税人收购烟叶的时候支付的价款为计税依据，税率为 20%。

上述价款，包括纳税人支付给烟叶生产销售单位和个人的烟叶收购价款和价外补贴。其中，价外补贴统一按照烟叶收购价款的 10% 计算。

应纳税额计算公式：

☞　　　应纳税额 = 纳税人收购烟叶时支付的价款 × 20%

烟叶税的纳税义务发生时间为纳税人收购烟叶的当日。

烟叶税按月计征，纳税人应当于纳税义务发生月终了之日起 15 日以内申报并缴纳税款。

纳税人应当向烟叶收购地的税务机关申报缴纳烟叶税。

二十二、

环境保护税

中国的环境保护税是对污染物征收的一种税收。2016 年 12 月 25 日，第十二届全国人民代表大会常务委员会第二十五次会议通过《中华人民共和国环境保护税法》，当日公布，自 2018 年 1 月 1 日起施行。2018 年 10 月 26 日，第十三届全国人民代表大会常务委员会第六次会议修正该法，当日公布施行。2017 年 12 月 25 日，国务院公布《中华人民共和国环境保护税法实施条例》。

环境保护税由税务机关按照税收征管法和环境保护税法征收管理，环境保护主管部门按照环境保护税法和有关环境保护的法律、法规负责污染物的监测管理。2020 年，环境保护税收入为 207.1 亿元，占当年中国税收总额的 0.1%。

（一）纳税人

环境保护税的纳税人，包括在中国领域和中国管辖的其他海域，直接向环境排放应税污染物的企业、事业单位和其他生产、经营者。

目前，中国的环境保护税收入主要来自采矿业，制造业，电力、热力生产和供应业，房地产业等行业的股份制企业、私营企业和外商投资企业。

（二）税目、税率

环境保护税的征税对象是应税污染物，包括《环境保护税税目、税率表》《应税污染物和当量值表》规定的大气污染物、水污染物、固体废物和噪声。

有下列情形之一的，不属于直接向环境排放污染物，不缴纳相应污染物的环境保护税：

1. 企业、事业单位和其他生产、经营者向依法设立的污水集中处理、生活垃圾集中处理场排放应税污染物的；

2. 企业、事业单位和其他生产、经营者在符合国家、地方环境保护标准的设施、场所贮存、处置固体废物的。

依法设立的城乡污水集中处理、生活垃圾集中处理场所超过国家、地方规定的排放标准向环境排放应税污染物的，企业、事业单位和其他生产、经营者贮存、处置固体废物不符合国家、地方环境保护标准的，应当缴纳环境保护税。

上述城乡污水集中处理场所，指为公众提供生活污水处理服务的场所，不包括为工业园区、开发区等工业聚集区域内的企业、事业单位和其他生产、经营者提供污水处理服务的场所，企业、事业单位和其他生产、经营者自建自用的污水处理场所。

达到省级人民政府确定的规模标准并且有污染物排放口的畜禽养殖场，应当依法缴纳环境保护税；依法对畜禽养殖废弃物进行综合利用和无害化处理的，不属于直接向环境排放污染物，不缴纳环境保护税。

环境保护税税目、税率表

税　　　目		计税单位	税率	备注
大气污染物		每污染当量	1.2 元至 12 元	
水污染物		每污染当量	1.4 元至 14 元	
固体废物	煤矸石	每吨	5 元	
	尾矿	每吨	15 元	
	危险废物	每吨	1 000 元	
	冶炼渣、粉煤灰、炉渣和其他固体废物（含半固态、液态废物）	每吨	25 元	
噪声	工业噪声	超标 1～3 分贝	每月 350 元	1. 一个单位边界上有多处噪声超标，按最高一处超标声级计算应纳税额；沿边界长度超过 100 米有两处以上噪声超标，按两个单位计算应纳税额。 2. 一个单位有不同地点作业场所的，分别计算应纳税额，合并计征。 3. 昼、夜均超标的环境噪声，昼、夜分别计算应纳税额，累计计征。 4. 声源一个月内超标不足 15 天的，减半计算应纳税额。 5. 夜间频繁突发和夜间偶然突发厂界超标噪声，按等效声级和峰值噪声两种指标中超标分贝值高的一项计算应纳税额。
		超标 4～6 分贝	每月 700 元	
		超标 7～9 分贝	每月 1 400 元	
		超标 10～12 分贝	每月 2 800 元	
		超标 13～15 分贝	每月 5 600 元	
		超标 16 分贝以上	每月 11 200 元	

应税污染物和当量值表

一、第一类水污染物污染当量值

污染物	污染当量值（千克）
1. 总汞	0.0005
2. 总镉	0.005
3. 总铬	0.04
4. 六价铬	0.02
5. 总砷	0.02
6. 总铅	0.025
7. 总镍	0.025
8. 苯并（a）芘	0.0000003
9. 总铍	0.01
10. 总银	0.02

二、第二类水污染物污染当量值

污染物	污染当量值（千克）	备注
11. 悬浮物（SS）	4	同一排放口中的化学需氧量、生化需氧量和总有机碳，只征收一项
12. 生化需氧量（BOD_5）	0.5	
13. 化学需氧量（COD_{cr}）	1	
14. 总有机碳（TOC）	0.49	
15. 石油类	0.1	
16. 动植物油	0.16	
17. 挥发酚	0.08	
18. 总氰化物	0.05	
19. 硫化物	0.125	
20. 氨氮	0.8	
21. 氟化物	0.5	
22. 甲醛	0.125	
23. 苯胺类	0.2	
24. 硝基苯类	0.2	
25. 阴离子表面活性剂（LAS）	0.2	

续表

污染物	污染当量值（千克）	备注
26. 总铜	0.1	
27. 总锌	0.2	
28. 总锰	0.2	
29. 彩色显影剂（CD-2）	0.2	
30. 总磷	0.25	
31. 单质磷（以 P 计）	0.05	
32. 有机磷农药（以 P 计）	0.05	
33. 乐果	0.05	
34. 甲基对硫磷	0.05	
35. 马拉硫磷	0.05	
36. 对硫磷	0.05	
37. 五氯酚及五氯酚钠（以五氯酚计）	0.25	
38. 三氯甲烷	0.04	
39. 可吸附有机卤化物（AOX）（以 Cl 计）	0.25	
40. 四氯化碳	0.04	
41. 三氯乙烯	0.04	
42. 四氯乙烯	0.04	
43. 苯	0.02	
44. 甲苯	0.02	
45. 乙苯	0.02	
46. 邻—二甲苯	0.02	
47. 对—二甲苯	0.02	
48. 间—二甲苯	0.02	

续表

污染物	污染当量值（千克）	备注
49. 氯苯	0.02	
50. 邻二氯苯	0.02	
51. 对二氯苯	0.02	
52. 对硝基氯苯	0.02	
53. 2, 4 – 二硝基氯苯	0.02	
54. 苯酚	0.02	
55. 间—甲酚	0.02	
56. 2, 4 – 二氯酚	0.02	
57. 2, 4, 6 – 三氯酚	0.02	
58. 邻苯二甲酸二丁酯	0.02	
59. 邻苯二甲酸二辛酯	0.02	
60. 丙烯腈	0.125	
61. 总硒	0.02	

三、pH 值、色度、大肠菌群数、余氯量水污染物污染当量值

污染物		污染当量值	备注
1. pH 值	1. 0~1, 13~14	0.06 吨污水	pH 值 5~6 指 5 以上，小于 6；pH 值 9~10 指大于 9, 10 以下，其余类推
	2. 1~2, 12~13	0.125 吨污水	
	3. 2~3, 11~12	0.25 吨污水	
	4. 3~4, 10~11	0.5 吨污水	
	5. 4~5, 9~10	1 吨污水	
	6. 5~6	5 吨污水	
2. 色度		5 吨水·倍	
3. 大肠菌群数（超标）		3.3 吨污水	大肠菌群数和余氯量只征收一项
4. 余氯量（用氯消毒的医院废水）		3.3 吨污水	

四、禽畜养殖业、小型企业和第三产业水污染物污染当量值

类型		污染当量值	备注
1. 禽畜养殖场	（1）牛	0.1 头	仅对存栏规模超过 50 头牛、500 头猪和 5 000 羽鸡、鸭等的禽畜养殖场征收
	（2）猪	1 头	
	（3）鸡、鸭等家禽	30 羽	
2. 小型企业		1.8 吨污水	
3. 饮食娱乐服务业		0.5 吨污水	
4. 医院	（1）消毒	0.14 床	医院病床数超过 20 张的按照本表计算污染当量数
		2.8 吨污水	
	（2）不消毒	0.07 床	
		1.4 吨污水	

注：本表仅适用于计算无法实际监测或者物料衡算的禽畜养殖业、小型企业和第三产业等小型排污者的水污染物污染当量数。

五、大气污染物污染当量值

污染物	污染当量值（千克）
1. 二氧化硫	0.95
2. 氮氧化物	0.95
3. 一氧化碳	16.7
4. 氯气	0.34
5. 氯化氢	10.75
6. 氟化物	0.87
7. 氰化氢	0.005
8. 硫酸雾	0.6
9. 铬酸雾	0.0007
10. 汞及其化合物	0.0001

续表

污染物	污染当量值（千克）
11. 一般性粉尘	4
12. 石棉尘	0.53
13. 玻璃棉尘	2.13
14. 炭黑尘	0.59
15. 铅及其化合物	0.02
16. 镉及其化合物	0.03
17. 铍及其化合物	0.0004
18. 镍及其化合物	0.13
19. 锡及其化合物	0.27
20. 烟尘	2.18
21. 苯	0.05
22. 甲苯	0.18
23. 二甲苯	0.27
24. 苯并（a）芘	0.000002
25. 甲醛	0.09
26. 乙醛	0.45
27. 丙烯醛	0.06
28. 甲醇	0.67
29. 酚类	0.35
30. 沥青烟	0.19
31. 苯胺类	0.21
32. 氯苯类	0.72
33. 硝基苯	0.17
34. 丙烯腈	0.22

污染物	污染当量值（千克）
35. 氯乙烯	0.55
36. 光气	0.04
37. 硫化氢	0.29
38. 氨	9.09
39. 三甲胺	0.32
40. 甲硫醇	0.04
41. 甲硫醚	0.28
42. 二甲二硫	0.28
43. 苯乙烯	25
44. 二硫化碳	20

应税大气污染物、水污染物的具体适用税率的确定和调整，由省级人民政府统筹考虑本地区环境承载能力、污染物排放现状和经济社会生态发展目标要求，在《环境保护税税目、税率表》规定的适用税率的幅度以内提出，报同级人民代表大会常务委员会决定，并报全国人民代表大会常务委员会和国务院备案。

（三）计税方法

应税污染物的计税依据按照下列方法确定：应税大气污染物、水污染物按照污染物排放量折合的污染当量数确定，应税固体废物按照固体废物的排放量确定，应税噪声按照超过国家规定标准的分贝数确定。

应税大气污染物、水污染物的污染当量数，以该污染物的排放量除以该污染物的污染当量值计算。每种应税大气污染物、水污染物的具体污染当量值，按照《应税污染物和当量值表》执行。

从两个以上排放口排放应税污染物的，对每一排放口排放的应税污染物分别计算征收环境保护税；纳税人持有排污许可证的，其污染物排放口按照排污许可证载明的污染物排放口确定。

每一排放口或者没有排放口的应税大气污染物，按照污染当量数从大到小排序，对前三项污染物征收环境保护税。

每一排放口的应税水污染物，按照《应税污染物和当量值表》，区分第一类水污染物和其他类水污染物，按照污染当量数从大到小排序，对第一类水污染物按照前五项征收环境保护税，对其他类水污染物按照前三项征收环境保护税。

省级人民政府根据本地区污染物减排的特殊需要，可以增加同一排放口征收环境保护税的应税污染物项目数，报同级人民代表大会常务委员会决定，并报全国人民代表大会常务委员会和国务院备案。

纳税人有下列情形之一的，以其当期应税大气污染物、水污染物的产生量作为污染物的排放量：

1. 没有依法安装使用污染物自动监测设备，或者没有将污染物自动监测设备与环境保护主管部门的监控设备联网；

2. 损毁或者擅自移动、改变污染物自动监测设备；

3. 篡改、伪造污染物监测数据；

4. 通过暗管、渗井、渗坑、灌注、稀释排放和不正常运行防治污染设施等方式违法排放应税污染物；

5. 进行虚假纳税申报。

固体废物的排放量为当期应税固体废物的产生量减去当期应税固体废物的贮存量、处置量和综合利用量以后的余额。

纳税人非法倾倒应税固体废物、进行虚假纳税申报的，以其当期应税固体废物的产生量作为固体废物的排放量。

应税大气污染物、水污染物、固体废物的排放量和噪声的分贝数，按照下列方法和顺序计算：

1. 纳税人安装使用符合国家规定、监测规范的污染物自动监测设备的，按照污染物自动监测数据计算。

2. 纳税人没有安装使用污染物自动监测设备的，按照监测机构出具的符合国家规定、监测规范的监测数据计算；纳税人自行监测污染物获取的监测数据，符合国家规定和监测规范的，视同上述监测机构出具的监测数据。

3. 由于排放污染物种类多等原因不具备监测条件的，按照国务院生态环境主管部门规定的排污系数、物料衡算方法计算。

4. 不能按照上述方法计算的，按照省级人民政府生态环境主管部门规定的抽样测算的方法核定计算，由税务机关会同生态环境主管部门核定污染物排放种类、数量和应纳税额。

环境保护税的应纳税额计算公式如下：

☞ 1. 应税大气污染物的应纳税额 = 污染当量数 × 适用税率
2. 应税水污染物的应纳税额 = 污染当量数 × 适用税率
3. 应税固体废物的应纳税额 = 固体废物排放量 × 适用税率

应税噪声的应纳税额，为超过国家规定标准的分贝数对应的适用税率。

(四) 免税、减税

下列情形可以暂时免征环境保护税：

1. 农业生产（不包括规模化养殖）排放应税污染物的；

2. 机动车、铁路机车、非道路移动机械、船舶和航空器等流动污染源排放应税污染物的；

3. 依法设立的城乡污水集中处理场所，生活垃圾集中处理场所（包括生活垃圾焚烧发电厂、填埋场和堆肥厂）排放相应应税污染物，不超过国家、地方规定的排放标准的；

4. 纳税人综合利用的固体废物，符合国家、地方环境保护标准的；

5. 国务院批准免税的其他情形，此类免税规定由国务院报全国人民代表大会常务委员会备案。

纳税人排放应税大气污染物、水污染物的浓度值低于国家、地方规定的污染物排放标准 30% 的，可以减按 75% 征收环境保护税；纳税人排放应税大气污染物、水污染物的浓度值低于国家、地方规定的污染物排放标准 50% 的，可以减按 50% 征收环境保护税。上述浓度值应当按照每一排放口排放的不同应税污染物分别计算。

（五）纳税期限、纳税地点

环境保护税的纳税义务发生时间为纳税人排放应税污染物的当日。

纳税人应当向应税污染物排放地的税务机关申报缴纳环境保护税。上述排放地包括应税大气污染物、水污染物排放口所在地，应税固体废物产生地，应税噪声产生地。

纳税人跨区域排放应税污染物，税务机关对环境保护税征收管辖有争议的，由争议各方按照有利于征收管理的原则协商解决；不能协商一致的，报请共同的上级税务机关决定。

环境保护税按月计算，按季申报缴纳。不能按固定期限计算缴纳的，可以按次申报缴纳。

纳税人申报缴纳环境保护税的时候，应当向税务机关报送排放应税污染物的种类、数量，大气污染物、水污染物的浓度值，税务机关根据实际需要要求纳税人报送的其他纳税资料。

纳税人按季申报缴纳环境保护税的，应当自季度终了之日起 15 日以内向税务机关办理纳税申报并缴纳税款。纳税人按次申报缴纳环境保护税的，应当自纳税义务发生之日起 15 日以内向税务机关办理纳税申报，并缴纳税款。

税务机关应当将纳税人的环境保护税纳税申报数据资料与生态环境主管部门交送的相关数据资料比对。税务机关发现纳税人申报的上述资料异常或者纳税人没有按照规定期限办理纳税申报，可以提请生态环境主管部门复核。生态环境主管部门应当自收到税务机关提交的上述资料之日起 15 日以内向税务机关出具复核意见，税务机关应当按照生态环境主管部门复核的资料调整纳税人的应纳税额。

二十三、

主要税收优惠

为了充分发挥税收的调节作用，更好地促进国家的经济建设和各项事业的发展，全国人民代表大会及其常务委员会、国务院、财政部、国家税务总局和国务院关税税则委员会在税收法律、行政法规、部门规章和规范性文件中作出了许多税收优惠规定。

（一）农业、林业、牧业、渔业和水利业

1. 下列项目可以免征增值税：

（1）农业生产单位和个人销售的自产初级农业产品；

（2）农民专业合作社销售本社成员生产的农业产品，视同农业生产者销售自产农业产品；

（3）从事蔬菜和部分鲜活肉蛋产品批发、零售的纳税人销售的蔬菜和部分鲜活肉蛋产品；

（4）农业机耕、排灌、病虫害防治、植物保护、农牧保险和相关的技术培训业务，家禽、牲畜、水生动物的配种、疾病防治，

将土地使用权转让给农业生产者用于农业生产，将国有农用土地租给农业生产者用于农业生产。

2. 种子、种苗、农用塑料薄膜、有机肥产品和规定范围以内的农业机械、农药、饲料，可以暂时免征增值税。

农民专业合作社向本社成员销售的种子、种苗、农药、农用塑料薄膜和农业机械，可以免征增值税。

3. 进口用于农业、林业、牧业、渔业生产和科学研究的种子（苗）、种畜（禽）、鱼种（苗）和种用野生动植物种源，可以定期免征进口环节的增值税。

4. 改良种用马、驴、牛、猪、羊、家禽，鱼苗，种用大麦、燕麦、原木，进口关税的最惠国税率为0；钾肥、磷肥进口关税的最惠国税率分别为3%、4%（2022年暂定税率均为1%）；乳品加工机器进口关税的最惠国税率为6%（2022年暂定税率为2%）。

5. 直接用于农业科学研究、试验的进口仪器、设备，可以免征关税和进口环节的增值税。

6. 增值税一般纳税人购进农产品，除了取得增值税专用发票、海关进口增值税专用缴款书和另有规定者以外，可以按照农产品收购发票、销售发票上注明的农产品买价和9%的扣除率计算的进项税额。纳税人购进用于生产、委托加工13%税率货物的农产品，可以按照10%的扣除率计算进项税额。

7. 农村信用社、村镇银行、农村资金互助社、由银行业机构全资发起设立的贷款公司、法人机构在县（市、区、旗）以下地区的农村合作银行和农村商业银行提供金融服务取得的收入，可以选择适用简易计税方法，按照3%的征收率计算缴纳增值税。

8. 企业从事蔬菜、谷物、薯类、油料、豆类、棉花、麻类、糖料、水果和坚果的种植，农作物新品种的选育，中药材的种植，林木的培育和种植，牲畜、家禽的饲养，林产品的采集，灌溉、农产品初加工、兽医、农技推广、农机作业和维修等农、林、牧、渔服务业项目，远洋捕捞的所得，可以免征企业所得税；企业从事花卉、茶、其他饮料作物和香料作物的种植，海水养殖、内陆养殖的所得，可以减半征收企业所得税。

9. 企业从事《公共基础设施项目企业所得税优惠目录》规定的水利项目投资经营的所得，可以自项目建成并投入运营以后取得第一笔生产、经营收入所属纳税年度起，第一年至第三年免征企业所得税，第四年至第六年减半征收企业所得税。

10. 个人向中国绿化基金会捐赠，可以全额从其个人所得税应纳税所得额中扣除。

11. 直接用于农业、林业、牧业和渔业的生产用地，水利设施及其管护用地，可以免征城镇土地使用税。

12. 水利工程占用耕地，可以减按每平方米 2 元的适用税率征收耕地占用税。

13. 农村居民在规定用地标准以内占用耕地新建自用住宅，可以按照当地适用税率减半征收耕地占用税。其中，农村居民经批准搬迁，新建自用住宅占用耕地不超过原宅基地面积的部分，可以免征耕地占用税。

14. 承受荒山、荒沟、荒丘和荒滩土地使用权，用于农业、林业、牧业和渔业生产的，可以免征契税。

15. 捕捞、养殖渔船，可以免征车船税。各省、自治区和直辖市人民政府可以根据本地的实际情况，对农村居民拥有并主要在农村地区使用的摩托车、三轮汽车和低速载货汽车定期免征、减征车船税。

16. 防汛、森林消防部门用于指挥、检查、调度、报汛（警）和联络，由指定厂家生产的设有固定装置的指定型号的车辆，可以免征车辆购置税。

17. 政府指定的收购部门与村民委员会、农民个人书立的农副产品收购合同，农民专业合作社与本社成员签订的农业产品和农业生产资料购销合同，因农村集体经济组织和代行集体经济组织职能的村民委员会、村民小组清产核资收回集体资产而签订的产权转移书据，可以免征印花税；农林作物、牧业畜类保险合同，可以暂时免征印花税。

18. 国家重大水利工程建设基金，可以免征城市维护建设税。

19. 自 2019 年至 2023 年，农村饮水安全工程运营管理单位可以享受下列税收优惠：为建设上述工程承受土地使用权，免征契税；为建设上述工程取得土地使用权签订的产权转移书据、与施工单位签订的建设工程承包合同，免征印花税；自用的生产、办公用房产、土地，免征房产税、城镇土地使用税；向农村居民提供生活用水取得的自来水销售收入，免征增值税。其中既向城镇居民供水，又向农村居民供水的单位，依据向农村居民供水收入占总供水收入的比例免征增值税；依据向农村居民供水量占总供水量的比例免征契税、印花税、房产税和城镇土地使用税。

此外，上述单位从事《公共基础设施项目企业所得税优惠目录》规定的饮水工程新建项目投资经营的所得，自项目取得第一笔经营收入所属纳税年度起，第一年至第三年免征企业所得税，第四年至第六年减半征收企业所得税。

20. 自 2019 年至 2023 年，农产品批发市场、农贸市场专门用于经营农产品的房产、土地，可以免征房产税、城镇土地使用税；同时经营其他产品的农产品批发市场、农贸市场使用的房产、土地，可以按照其他产品与农产品交易场地面积的比例确定征免房产税、城镇土地使用税。

21. 自 2020 年至 2023 年，金融机构、小额贷款公司取得的农户小额贷款利息，可以按照规定享受增值税、企业所得税优惠；保险公司为种植业、养殖业提供保险业务取得的保费，可以按照规定享受企业所得税优惠。

22. 自 2020 年至 2023 年，纳税人为农户借款、发行债券提供融资担保取得的担保费和为上述担保提供再担保取得的再担保费，可以按照规定免征增值税。

（二）能源、交通、物流和通信

1. 下列项目可以免征增值税：

（1）农村电管站、电网公司和农电公司等单位在收取电费的时候向用户收取的农村电网维护费；

（2）铁路系统内部单位为本系统修理货车的业务；

（3）青藏铁路公司提供的铁路运输服务；

（4）台湾航运公司从事海峡两岸海上直航业务，台湾航空公司从事海峡两岸空中直航业务，从大陆取得的运输收入；

（5）国际货物运输代理服务；

（6）中国境内的单位和个人向中国境外的单位提供电信业服务；

（7）中国邮政集团公司及其所属邮政企业提供的邮政普遍服务、邮政特殊服务，为中国邮政速递物流股份有限公司及其子公司（含各级分支机构）代办速递、物流、国际包裹、快递包裹和礼仪业务等速递物流类业务取得的代理收入，为金融机构代办金融保险业务取得的代理收入。

2. 中国境内的单位、个人提供的国际运输服务，中国境内的单位提供的航天运输服务，可以适用增值税零税率。

3. 下列项目可以按照规定即征即退部分增值税：

（1）飞机维修劳务实际税负超过 6% 的部分。

（2）一般纳税人提供管道运输服务，实际税负超过 3% 的部分。

（3）纳税人销售自产的利用风力生产的电力，即征即退 50%。

4. 排气量在 1.0 升以下的小汽车，排气量超过 1.0 升、不超过 1.5 升的小汽车，排气量超过 1.5 升、不超过 2.0 升的小汽车，分别可以按照 1%、3% 和 5% 的低税率征收消费税。

5. 排气量不足 250 毫升的摩托车，可以免征消费税；排气量 250 毫升的摩托车，可以按照 3% 的低税率征收消费税。

6. 航空煤油可以暂时缓征消费税。

7. 下列项目可以按照规定享受进口税收优惠：

（1）石油原油、天然气进口关税的最惠国税率为 0，无烟煤进口关税的最惠国税率为 3%，焦炭、车用汽油进口关税的最惠国税率均为 5%（2022 年暂定税率分别为 0、1%）。

（2）铁道机车和铁道用客车、货车进口关税的最惠国税率为 3%。

（3）客货运飞机进口关税的最惠国税率从 1% 至 5% 不等。国内航空公司进口的空载重量 25 吨以上的客货运飞机，减按 5% 征收进口环节的增值税。

（4）客货运机动船舶进口关税的最惠国税率为 5%，载重量超过 30 万吨的原油船和可载标准集装箱超过 6 000 箱的机动集装箱船进口关税的最惠国税率为 6%，挖泥船进口关税的最惠国税率为 3%。

（5）有线电话、电报设备和无线电话、电报、无线电广播、电视发送设备进口关税的最惠国税率为 0。

（6）城市轨道交通项目进口的自用设备及其配套技术、配件和备件，免征关税。

8. 城市公交企业购置的公共汽电车辆、2021 年至 2022 年期间购置的新能源汽车，可以免征车辆购置税。

9. 企业从事《公共基础设施项目企业所得税优惠目录》规定的港口码头、机场、铁路、公路、城市公共交通和电力项目投资经营的所得，可以自项目建成并投入运营以后取得第一笔生产、经营收入所属纳税年度起，第一年至第三年免征企业所得税，第四年至第六年减半征收企业所得税。

10. 铁路、公路线路，飞机场跑道、停机坪，港口和航道占用耕地，可以减按每平方米 2 元的适用税率征收耕地占用税。

11. 铁路运输企业经国务院批准进行股份制改革成立的企业，由中国铁路总公司及其所属铁路运输企业与地方政府、企业和其他投资者共同出资成立的合资铁路运输企业自用的房产、土地，可以免征房产税、城镇土地使用税。

12. 民用航空机场飞行区用地、场内外通信导航设施用地、飞行区周围的排水防洪设施用地和场外道路用地，可以免征城镇土地使用税。

13. 港口的码头用地，可以免征城镇土地使用税；港口的露天堆货场用地，如果企业缴纳城镇土地使用税确有困难，经过所在省（自治区、直辖市）税务局批准，可以定期免税、减税。

14. 煤炭、石油、天然气和电力企业可以暂免征收部分城镇土地使用税。

15. 核电站用地在基本建设期间可以减半征收城镇土地使用税。

16. 下列情形可以减征资源税：

（1）从低丰度油气田开采的原油、天然气，减征 20%；

（2）高含硫天然气，三次采油，从深水油气田开采的原油、天然气，减征 30%；

（3）稠油、高凝油，减征 40%；

（4）自 2014 年 12 月 1 日至 2023 年 8 月 31 日，充填开采置换出来的煤炭，减征 50%；

（5）自 2018 年 4 月 1 日至 2021 年 3 月 31 日，页岩气，减征30%。

17. 下列车船可以免征、减征车船税：

（1）使用新能源的车、船免税，节能汽车减半征税。

（2）受地震、洪涝等严重自然灾害影响纳税困难和有其他特殊原因需要免税、减税的车船，可以在一定期限以内免税、减税。

（3）各省、自治区和直辖市人民政府可以根据本地的实际情况，对公共交通车船，农村居民拥有并主要在农村地区使用的摩托车、三轮汽车和低速载货汽车定期免税、减税。

18. 煤层气抽采企业的增值税一般纳税人抽采销售煤层气缴纳的增值税可以先征后退，地面抽采煤层气暂不征收资源税。

19. 铁路、公路、航运和水路承运快件行李、包裹开具的托运单据，可以暂免征收印花税。

20. 核力发电企业生产销售电力，自核电机组正式商业投产次月起 15 个年度以内缴纳的增值税可以先征后退，返还比例分 3 个阶段逐级递减。自 2008 年起，核力发电企业取得的增值税退税专项用于还本付息，不征收企业所得税。

21. 自 2019 年至 2023 年，城市公交场站、道路客运场站和城市轨道交通系统运营用地，可以免征城镇土地使用税。

22. 企业投资者持有 2019 年至 2023 年发行的铁路债券取得的利息，可以减半征收企业所得税；个人投资者持有上述债券取得的利息，可以减按 50% 计入应纳税所得额计征个人所得税。

23. 关于民用航空发动机、新支线飞机和大型客机的税收优惠：

（1）自 2018 年至 2023 年，纳税人从事大型民用客机发动机、中大功率民用涡轴涡桨发动机研制项目形成的增值税期末留抵税额予以退还；上述纳税人及其全资子公司从事上述项目自用的科研、生产和办公房产、土地，可以免征房产税、城镇土地使用税。

（2）自 2019 年至 2023 年，纳税人生产销售新支线飞机，可以暂时减按 5% 征收增值税，其因生产销售上述飞机形成的增值税期末留抵税额予以退还。

（3）自 2019 年至 2023 年，纳税人从事大型客机研制项目形成的增值税期末留抵税额予以退还，上述纳税人及其全资子公司自用的科研、生产和办公房产、土地，可以免征房产税、城镇土地使用税。

24. 自 2019 年至 2023 年，一个纳税年度中在船航行时间累计满 183 天的远洋船员取得的工资、薪金，可以减按 50% 计入应纳税所得额。

25. 自 2020 年至 2022 年，物流企业自有和承租的大宗商品仓储设施用地，可以减按所属土地等级适用税率的 50% 计征城镇土地使用税。

26. 自 2021 年至 2025 年，完善能源产供储销体系、加强国内油气勘探开发和支持天然气进口利用的进口税收如下：

（1）在中国陆上特定地区进行石油、天然气勘探开发作业的自营项目，进口国内不能生产或者国内产品性能不能满足需求并直接用于勘探开发作业的设备、仪器、零附件和专用工具等，可以免征关税；在国家批准的陆上石油、天然气中标区块内进行石油、天然气勘探开发作业的中外合作项目，进口国内不能生产或者国内产品性能不能满足需求并直接用于勘探开发作业的设备、仪器、零附件和专用工具，可以免征关税和进口环节增值税。

（2）在中国海洋进行石油、天然气勘探开发作业的项目和海上油气管道应急救援项目，进口国内不能生产或者国内产品性能不能满足需求并直接用于勘探开发作业、应急救援的设备、仪器、零附件和专用工具，可以免征关税和进口环节增值税。

（3）在中国境内进行煤层气勘探开发作业的项目，进口国内不能生产或者国内产品性能不能满足需求并直接用于勘探开发作业的设备、仪器、零附件和专用工具，可以免征关税和进口环节增值税。

（4）经国家发展改革委核（批）准建设的跨境天然气管道和进口液化天然气接收储运装置项目，经省级人民政府核准的进口液化天然气接收储运装置扩建项目进口的天然，可以按照一定比例返还进口环节增值税。

27. 自 2021 年至 2030 年，民用飞机整机设计制造企业、国内航空公司、维修单位和航空器材分销商进口国内不能生产或者国内产品性能不能满足需求的维修用航空器材，可以免征关税。

28. 节能服务公司实施合同能源管理项目，可以享受下列税收优惠：

（1）符合条件的节能服务公司实施合同能源管理项目取得的收入，免征增值税。上述项目符合企业所得税税法有关规定的，自项目取得第一笔生产、经营收入所属纳税年度起，第一年至第三年免征企业所得税，第四年至第六年按照 25% 的法定税率减半征收企业所得税。

（2）节能服务公司实施符合条件的合同能源管理项目，将项目中的增值税应税货物转让给用能企业，暂时免征增值税。

（3）符合条件的节能服务公司和与其签订节能效益分享型合同的用能企业，实施合同能源管理项目有关资产的企业所得税税务处理按照下列规定执行：

① 用能企业按照能源管理合同支付给节能服务公司的合理支出，可以在计算当期企业所得税应纳税所得额的时候扣除，不再区分服务费用和资产价款。

② 能源管理合同期满以后，节能服务公司转让给用能企业的由于实施合同能源管理项目形成的资产，按照折旧或者摊销期满的资产处理，用能企业从节能服务公司接受有关资产的计税基础也按照折旧或者摊销期满的资产处理。

③ 能源管理合同期满以后，节能服务公司与用能企业办理有关资产权属转移的时候，用能企业已经支付的资产价款不再计入节能服务公司的收入。

（三）高新技术产业、产品

1. 下列项目可以免征关税、增值税：

（1）企业为生产中国科学技术部制定的《国家高新技术产品目录》中所列的产品而进口规定的自用设备和随同设备进口的技术及配套件、备件，企业为引进上述目录中所列的先进技术而向境外支付的软件费；

（2）承担国家重大科技专项、国家科技计划重点项目、国家重大技术装备研究开发项目和重大引进技术消化吸收再创新项目的企业进口国内不能生产的关键设备、原材料和零部件；

（3）符合规定的国内企业为生产国家支持发展的重大技术装备、产品确有必要进口部分关键零部件、原材料；

（4）符合规定的集成电路生产企业进口自用的原材料、消耗品。

2. 拥有核心自主知识产权并符合规定条件的国家需要重点扶持的高新技术企业、经过认定的技术先进型服务企业，可以减按15% 的税率征收企业所得税。

3. 居民企业取得技术转让所得，一个纳税年度以内所得不超过 500 万元的部分，可以免征企业所得税；超过 500 万元的部分，可以减半征收企业所得税。

4. 企业使用的由于技术进步，产品更新换代较快的固定资产，可以按照规定缩短折旧年限或者加速折旧。

5. 企业在研发活动中发生的研发费用，可以在计算企业所得税应纳税所得额的时候加计扣除或者摊销：

（1）上述费用没有形成无形资产计入当期损益的，可以在据实扣除的基础上，按照本年度实际发生额的 50% 加计扣除；形成无形资产的，可以按照无形资产成本的 150% 摊销。

（2）自 2018 年至 2023 年期间发生的上述费用，没有形成无形资产计入当期损益的，可以在据实扣除的基础上，按照本年度实际发生额的 75% 加计扣除；形成无形资产的，可以按照无形资产成本的 175% 摊销。

（3）自 2021 年起，制造业企业发生的上述费用，没有形成无形资产计入当期损益的，可以在据实扣除的基础上，按照本年度实际发生额的 100% 加计扣除；形成无形资产的，可以按照无形资产成本的 200% 摊销。

6. 创业投资企业采取股权投资方式投资于未上市的中小高新技术企业 2 年以上的，可以按照其投资额的 70%，在股权持有满 2 年的当年抵扣该创业投资企业的企业所得税应纳税所得额；当年该创业投资企业的企业所得税应纳税所得额不足抵扣的，可以在以后纳税年度结转抵扣。

7. 软件、集成电路产业可以享受下列税收优惠：

（1）增值税一般纳税人销售其自行开发生产的软件产品和本地化改造后的进口软件产品，按照法定税率征收增值税以后，对其增值税实际税负超过3%的部分实行即征即退。

（2）国家鼓励的集成电路线宽不超过28纳米，且经营期15年以上的集成电路生产企业或者项目，第一年至第十年免征企业所得税；不超过65纳米，且经营期15年以上的集成电路生产企业或者项目，第一年至第五年免征企业所得税，第六年至第十年按照25%的法定税率减半征收企业所得税；不超过130纳米，且经营期10年以上的集成电路生产企业或者项目，第一年至第二年免征企业所得税，第三年至第五年按照25%的法定税率减半征收企业所得税。

（3）国家鼓励的线宽不超过130纳米的集成电路生产企业，属于国家鼓励的集成电路生产企业清单年度以前5个纳税年度发生的尚未弥补的亏损，可以向以后年度结转，总结转年限最长不得超过10年。

（4）国家鼓励的集成电路设计、装备、材料、封装、测试企业和软件企业，自获利年度起，第一年至第二年免征企业所得税，第三年至第五年按照25%的法定税率减半征收企业所得税。

（5）国家鼓励的重点集成电路设计企业、软件企业，自获利年度起，第一年至第五年免征企业所得税，接续年度减按10%的税率征收企业所得税。

（6）符合条件的软件企业依法取得的即征即退增值税款，由企业专项用于软件产品研发和扩大再生产并单独核算，作为不征税收入，可以在计算企业所得税应纳税所得额的时候从收入总额中减除。

（7）集成电路设计企业和符合条件软件企业的职工培训费用，应当单独核算，并按照实际发生额在计算企业所得税应纳税所得额的时候扣除。

（8）企业外购的软件，符合固定资产或者无形资产确认条件的，按照固定资产或者无形资产核算，其折旧或者摊销年限可以适当缩短，最短为 2 年。

（9）集成电路生产企业的生产设备，折旧年限可以适当缩短，最短为 3 年。

8. 当年具备高新技术企业、科技型中小企业资格的企业，其具备资格年度以前 5 个年度发生的尚未弥补的亏损，可以结转以后年度弥补，最长结转年限由 5 年延长至 10 年。

9. 非居民企业没有在中国境内设立机构、场所，取得来源于中国境内的特许权使用费所得；或者虽然在中国境内设立机构、场所，但是取得来源于中国境内的上述所得与其在中国境内所设机构、场所没有实际联系，可以减按 10% 的税率征收企业所得税。中国政府与外国政府签订的有关税收协定有更优惠规定的，可以按照有关税收协定的规定执行。

10. 高新技术企业转化科技成果，给予本企业相关技术人员的股权奖励，个人一次缴纳个人所得税有困难的，可以根据实际情况自行制定分期缴税计划，在不超过 5 个公历年度以内分期缴纳。

11. 动漫企业可以享受下列税收优惠：

（1）动漫企业自主开发、生产动漫产品，可以申请享受国家现行鼓励软件产业发展的企业所得税优惠。

（2）自 2018 年至 2023 年，动漫企业增值税一般纳税人销售其自主开发生产的动漫软件，按照法定税率征收增值税以后，其增值税实际税负超过 3% 的部分即征即退。动漫软件出口免征增值税。

12. 自 2019 年至 2023 年，内资研发机构、外资研发中心采购国产设备，可以全额退还增值税。

13. 自 2019 年至 2023 年，国家级、省级科技企业孵化器，大学科技园、国家备案众创空间自用和无偿、通过出租等方式提供给在孵对象使用的房产、土地，可以免征房产税、城镇土地使用税；其向在孵对象提供孵化服务取得的收入，可以免征增值税。

14. 自 2020 年 7 月 27 日至 2030 年 12 月 31 日，下列情形可以免征进口关税：

（1）集成电路线宽不超过 65 纳米的逻辑电路、存储器生产企业和线宽不超过 0.25 微米的特色工艺集成电路生产企业，进口国内不能生产或者国内产品性能不能满足需求的自用生产性原材料、消耗品，净化室专用建筑材料、配套系统和集成电路生产设备零配件；

（2）集成电路线宽不超过 0.5 微米的化合物集成电路生产企业和先进封装测试企业，进口国内不能生产或者国内产品性能不能满足需求的自用生产性原材料、消耗品；

（3）集成电路产业的关键原材料、零配件生产企业，进口国内不能生产或者国内产品性能不能满足需求的自用生产性原材料、消耗品；

（4）集成电路用光刻胶、掩模版、8 英寸以上硅片生产企业，进口国内不能生产或者国内产品性能不能满足需求的净化室专用建筑材料、配套系统和生产设备零配件。

此外，承建集成电路重大项目的企业在上述期间进口新设备，除了国家另有规定者以外，未缴纳的税款提供海关认可的税款担保，准予在首台设备进口以后 6 年（连续 72 个月）期间分期缴纳进口环节增值税，其中第二年至第六年每年（连续 12 个月）分别缴纳进口环节增值税总额的 20%，自首台设备进口之日起已经缴纳的税款不予退还。在分期纳税期间，海关对准予分期缴纳的税款不予征收滞纳金。

（四）科技、教育、文化、宣传、卫生和体育

1. 下列项目可以免征增值税：

（1）避孕药品和用具。

（2）向社会收购的古旧图书。

（3）中国境外的捐赠人按照规定捐赠的直接用于各类职业学校、高中、初中、小学和幼儿园教育的教学仪器、图书、资料和一般学习用品（同时可以免征关税）。

（4）直接用于科学研究、科学试验和教学的进口仪器、设备。

（5）国家体育总局所属的国家专业体育运动队进口的（包括国际体育组织赠送和国外厂商赞助的）特需体育器材和特种比赛专用服装（同时可以免征关税）。

（6）医疗机构提供的医疗服务，血站供给医疗机构的临床用血，非营利性医疗机构自产自用的制剂。

（7）托儿所、幼儿园提供的保育、教育服务；从事学历教育的学校提供的教育服务；学生勤工俭学提供的服务；政府举办的从事学历教育的高等学校、中等学校和初等学校（不包括下属单位）举办进修班、培训班取得的全部归本校所有的收入；政府举办的职业学校设立的主要为在校学生提供实习场所并由学校出资自办、经营管理、经营收入归学校所有的企业，从事规定的现代服务、生活服务业务活动取得的收入，国家助学贷款利息。

（8）纪念馆、博物馆、文化馆、文物保护单位管理机构、美术馆、展览馆、书画院、图书馆在自己的场所提供文化服务取得的第一道门票收入。

（9）寺院、宫观、清真寺和教堂举办文化、宗教活动的门票收入。

（10）提供技术转让、技术开发和与之相关的技术咨询、技术服务，个人转让著作权。

（11）体育彩票的发行收入。

2. 增值税一般纳税人提供非学历教育服务，可以选择适用简易计税方法，按照3%的征收率计算缴纳增值税。

3. 增值税一般纳税人生产销售和批发、零售抗癌药品、罕见病药品，可以选择适用简易办法，按照3%的征收率计算缴纳增值税。进口抗癌药品、罕见病药品，可以减按3%征收进口环节的增值税。

4. 书籍、报刊，教学专用的幻灯片、电影胶片，具有考古学、历史学、动物学、植物学、矿物学和解剖学等学科意义的收集品和珍藏品，进口关税税率为0；人用疫苗、遗传物质和基因修饰生物体、其他人血、治病用动物血制品进口关税的最惠国税率为3%（2022年暂定税率为0），抗癌药原料进口关税的最惠国税率为4%至9%（2022年暂定税率为0）；超过100年的油画进口关税的最惠国税率为4%（2022年暂定税率为0）。

5. 国有公益性收藏单位以从事永久收藏、展示和研究等公益性活动为目的，以接受境外捐赠、归还、追索和购买等方式进口的藏品，可以免征关税和进口环节增值税、消费税。

6. 由人力资源和社会保障部、教育部及其授权部门认定的高层次出国留学人才和海外科技专家，回国定居或者来华工作连续1年以上，以随身携带、分离运输、邮递和快递等方式进境规定范围以内合理数量的下列物品，可以免税：

（1）科研、教学物品，包括小型仪器、仪表及其附件，小型实验设备，图书、报刊、讲稿和计算机软件，标本、模型，幻灯片，实验用材料；

（2）自用物品，包括首次进境的个人生活、工作自用的家用摄像机、照相机、便携式收录机、便携式激光唱机和便携式计算机各1件，衣物、床上用品和厨房用品等日常生活用品，等等。

7. 企业按照国务院有关主管部门或者省级人民政府规定的范围和标准为职工缴纳的基本医疗保险费、工伤保险费和生育保险费，可以在计算企业所得税应纳税所得额的时候扣除。

企业按照规定为个人缴纳的基本医疗保险费，可以免征个人所得税；个人按照规定缴纳的基本医疗保险费，可以在计算个人所得税应纳税所得的时候扣除；基本医疗保险基金的利息，也可以免征个人所得税。

企业为投资者和职工支付的补充医疗保险费，在规定的范围和标准以内，可以在计算企业所得税应纳税所得额的时候扣除。

个人购买符合规定的商业健康保险产品的支出、单位统一为雇员购买上述产品的支出，可以按照规定在计算应纳税所得额的时候扣除。

8. 企业、个人依法捐赠教育、科学、文化、卫生和体育事业等公益事业和慈善活动，可以按照规定从捐赠者的所得税应纳税所得额中扣除。

9. 下列项目可以免征个人所得税：

（1）省级人民政府、国务院部委、中国人民解放军军以上单位和外国组织、国际组织颁发的科学、技术、文化、卫生和体育等方面的奖金；

（2）按照国务院的规定发给的政府特殊津贴和院士津贴；

（3）生育妇女按照县级以上人民政府根据国家有关规定制定的生育保险办法，取得的生育津贴、生育医疗费和其他生育保险性质的津贴、补贴。

10. 下列项目可以暂时免征个人所得税：

（1）已经达到离休、退休年龄，由于工作需要而留任的享受政府特殊津贴的专家、学者，在延缓办理离休、退休期间取得的工资、薪金所得；

（2）符合规定的外国专家取得的工资、薪金所得；

（3）个人购买体育彩票，一次中奖所得不超过 10 000 元的。

11. 依法设立的非营利性研究开发机构和高等学校根据的中国促进科技成果转化法，从职务科技成果转化收入中给予科技人员的现金奖励，可以减按 50% 计入科技人员当月的工资、薪金所得，计算缴纳个人所得税。

12. 与中国签订避免对所得双重征税协定的国家的居民取得来源于中国的特许权使用费所得，可以按照协定规定享受优惠税率或者免税待遇。

13. 学校、幼儿园和医疗机构占用耕地，可以免征耕地占用税。

14. 回国服务的在外留学人员用现汇购买 1 辆个人自用的国产小汽车，可以免征车辆购置税。

15. 财产所有人将财产赠给学校所立的书据；书、报、刊发行单位之间，发行单位与订阅单位、个人之间书立的凭证，可以免征或者暂时免征印花税。

16. 事业单位承受土地、房屋权属，用于办公、教学、医疗和科研；非营利性的学校、医疗机构和社会福利机构承受土地、房屋权属，用于办公、教学、医疗、科学研究、养老和救助，可以免征契税。

17. 由财政部门拨付事业经费的科学、技术、教育和文化等事业单位自用的房产、土地，可以免征房产税、城镇土地使用税。企业办的学校、托儿所和幼儿园自用的房产、土地，也可以免征房产税、城镇土地使用税。

18. 非营利性医疗机构按照政府规定的价格取得的医疗服务收入，可以免征企业所得税以外的各项税收。非营利性医疗机构自产自用的制剂，可以免征增值税。非营利性医疗机构自用的房产、土地，可以免征房产税、城镇土地使用税。规定的疾病控制机构、妇幼保健机构等卫生机构按照政府规定的价格取得的卫生服务收入和其他经营收入，自用的房产、土地，也可以享受上述税收优惠。营利性医疗机构取得的收入直接用于改善医疗条件的，自其取得执业登记之日起 3 年以内，可以享受上述房产税、城镇土地使用税的优惠。

19. 非营利性科学研究机构自用的房产、土地，可以免征房产税、城镇土地使用税。

20. 国家机关、军队、人民团体、财政补助事业单位、居民委员会和村民委员会拥有的体育场馆；经费自理事业单位、体育社会团体、体育基金会和体育类民办非企业单位拥有并运营管理的体育场馆，符合规定条件的，用于体育活动的房产、土地，可以免征房产税、城镇土地使用税。企业拥有并运营管理的大型体育场馆用于体育活动的房产、土地，可以减半征收房产税、城镇土地使用税。

21. 自 2021 年至 2023 年，报刊、图书等出版物可以享受下列增值税优惠：

（1）下列出版物在出版环节先征后退：中国共产党和各民主党派的各级组织，各级人民代表大会、人民政治协商会议、人民政府、工会、共产主义青年团、妇女联合会、残疾人联合会和科学技术协会，新华社，军事部门的机关报刊；专为少年儿童、老年人出版发行的报刊，中学、小学教科书；少数民族文字出版物；盲文图书、期刊（每个单位一报一刊）；经批准在内蒙古、广西、西藏、宁夏和新疆 5 个自治区注册的出版单位出版的出版物；规定的其他图书、报刊。

（2）其他图书、报刊和音像制品、电子出版物，在出版环节先征后退 50%。

（3）少数民族文字出版物的印刷、制作业务，规定的新疆维吾尔自治区印刷企业的印刷业务，先征后退。

（4）图书批发、零售环节免税。

22. 自 2019 年至 2023 年，高校学生公寓可以免征房产税，与高校学生签订的高校学生公寓租赁合同可以免征印花税。

23. 自 2019 年至 2023 年，文化事业单位转制为企业，可以享受下列税收优惠：

（1）经营性文化事业单位转制为企业，自转制注册之日起 5 年以内免征企业所得税。2018 年以前已经完成转制的企业，自 2019 年起继续免征企业所得税 5 年。

（2）由财政部门拨付事业经费的文化单位转制为企业，自转制注册之日起 5 年以内自用房产免征房产税。2018 年以前已经完成转制的企业，自 2019 年起自用房产继续免征房产税 5 年。

上述转制企业到 2023 年底享受上述税收优惠不满 5 年的，可以继续享受至 5 年期满为止。

（3）党报、党刊将其发行、印刷业务和相应的经营性资产剥离组建的文化企业，自注册之日起取得的党报、党刊发行、印刷收入免征增值税。

24. 自 2019 年至 2023 年，下列影视收入可以免征增值税：

（1）电影各级主管部门按照各自职能权限批准从事电影制片、发行、放映的电影集团公司（含成员企业）、电影制片厂和其他电影企业取得的销售电影拷贝（含数字拷贝）收入、转让电影版权（包括转让和许可使用）收入、电影发行收入和在农村取得的电影放映收入；

（2）广播电视运营服务企业收取的有线数字电视基本收视维护费和农村有线电视基本收视费。

25. 自 2019 年至 2023 年，国产抗艾滋病病毒药品可以免征生产环节和流通环节的增值税。

26. 自 2020 年至 2023 年，参加新型冠状病毒传染的肺炎疫情防治工作的医务人员、防疫工作者按照规定取得的临时性工作补助和奖金，可以免征个人所得税。

27. 自 2021 年至 2023 年，科普单位的门票收入，县级以上党政部门和科学技术协会开展科普活动的门票收入，可以免征增值税。

28. 自 2021 年至 2025 年，科学研究机构、技术开发机构、学校、党校（行政学院）和图书馆进口国内不能生产或者国内产品性能性能不能满足需求的科研、科技开发和教学用品，可以免征关税和进口环节增值税、消费税。出版物进口单位为科研院所、学校、党校（行政学院）和图书馆进口用于科研、教学的图书、资料等，可以免征进口环节增值税。

29. 自 2021 年至 2025 年，对公众开放的科技馆，自然博物馆，天文馆（站、台），气象台（站），地震台（站）；高校和科研机构所属对外开放的科普基地，进口以下商品免征关税和进口环节增值税：

（1）为从境外购买自用科普影视作品播映权而进口的拷贝、工作带、硬盘和以其他形式进口自用的承载科普影视作品的拷贝、工作带、硬盘。

（2）国内不能生产或者国内产品性能不能满足需求的自用科普仪器设备、科普展品和科普专用软件等科普用品。

30. 自 2021 年至 2030 年，国家卫生健康委员会委托进口的抗艾滋病病毒药物，可以免征关税和进口环节增值税。

（五）就业、社会保障、民政和民族

1. 社会保险基金（包括基本养老保险基金、基本医疗保险基金、失业保险基金、工伤保险基金和生育保险基金）不征收税、费。

2. 全国社会保障基金理事会（以下简称社保基金会）管理的全国社会保障基金（以下简称社保基金）有关投资业务可以享受下列税收优惠：

（1）社保基金会、社保基金投资管理人在运用社保基金投资过程中提供贷款服务取得的利息、利息性质的收入和金融商品转让收入，免征增值税。

（2）社保基金取得的直接股权投资收益、股权投资基金收益，作为企业所得税不征税收入。

（3）社保基金会、社保基金投资管理人管理的社保基金转让非上市公司股权，免征社保基金会、社保基金投资管理人应当缴纳的印花税。

3. 基本养老保险基金有关投资业务可以享受下列税收优惠：

（1）社保基金会和养老基金投资管理机构在国务院批准的投资范围以内运用养老基金投资的过程中，提供贷款服务取得的利息、利息性质的收入和金融商品转让收入，免征增值税。

（2）社保基金会和养老基金投资管理机构在国务院批准的投

税，具体减免税的比例和管理办法由省级财税主管部门确定。

6. 关于随军家属、军队转业干部和退役士兵就业的税收优惠：

（1）为了安置随军家属就业新开办的企业，随军家属占企业总人数 60% 以上的，可以自办理税务登记证之日起，3 年以内免征应税服务的增值税。

从事个体经营的随军家属，可以自办理税务登记事项之日起，3 年以内免征应税服务的增值税、个人所得税。

（2）为了安置自主择业的军队转业干部就业新开办的企业，安置自主择业的军队转业干部占企业总人数 60% 以上的，可以自办理税务登记证之日起，3 年以内免征应税服务的增值税。

从事个体经营的军队转业干部，可以自办理税务登记证之日起，3 年以内免征应税服务的增值税、个人所得税。

（3）自主就业退役士兵从事个体经营的，自办理个体工商户登记当月起，3 年以内每户每年 12 000 元为限，可以依次扣减其当年应当缴纳的增值税、城市维护建设税、教育费附加、地方教育附加和个人所得税。限额标准最高可以上浮 20%，各省、自治区和直辖市人民政府可以根据本地区的情况，在此幅度以内确定具体的限额标准。

企业招用自主就业退役士兵，与其签订 1 年以上期限劳动合同并依法缴纳社会保险费的，自签订劳动合同并缴纳社会保险费当月起，3 年以内可以按照招用人数定额依次扣减增值税、城市维护建设税、教育费附加、地方教育附加和企业所得税。定额标准为每人每年 6 000 元，最高可以上浮 50%，各省、自治区和直辖市人民政府可以根据本地区的情况，在此幅度以内确定具体的定额标准。

上述关于自主就业退役士兵的税费优惠规定的执行期限为 2019 年至 2023 年。纳税人在 2023 年底享受上述优惠不满 3 年的，可以继续享受至 3 年期满为止。

7. 关于养老、托育和家政等社区家庭服务业的税收优惠：

（1）家政服务企业由员工制家政服务员提供家政服务取得的

收入，可以免征增值税。

（2）为社区提供养老、托育和家政服务的机构提供上述服务取得的收入，可以免征增值税；在计算应纳税所得额的时候，可以减按 90% 计入收入总额。上述机构 承受房屋、土地用于提供上述服务的，可以免征契税。

（3）为社区提供养老、托育和家政服务的机构自有和通过承租、无偿使用等方式取得并用于提供上述服务的房产、土地，可以免征房产税、城镇土地使用税。

（4）符合规定条件的家政服务企业提供家政服务取得的收入，也可以免征增值税。

上述后 3 项规定的执行期限为 2019 年 6 月 1 日至 2025 年 12 月 31 日。

8. 国内生产的供残疾人专用的假肢、轮椅、矫形器和符合规定的进口的供残疾人专用的物品，可以免征增值税（进口产品同时免征关税和进口环节的消费税）。

9. 中国境外的自然人、法人和其他组织按照规定向受赠人捐赠进口的直接用于慈善事业的物资，可以免征关税和进口环节的增值税。

10. 养老机构提供的养老服务、残疾人福利机构提供的育养服务、婚姻介绍服务和殡葬服务，可以免征增值税。

11. 福利彩票的发行收入可以免征增值税；个人购买福利彩票，一次中奖所得不超过 10 000 元的，可以暂时免征个人所得税。

12. 政府部门、企业、事业单位、社会团体和个人投资兴办的福利性、非营利性老年服务机构自用的土地和房产，可以免征城镇土地使用税和房产税。

13. 民族自治地方的企业，需要鼓励和照顾的，经过所在省（自治区、直辖市）人民政府批准，可以定期减征、免征企业所得税。

14. 企业按照国务院有关主管部门或者省级人民政府规定的范

围和标准为职工缴纳的基本养老保险费、基本医疗保险费、失业保险费、工伤保险费、生育保险费和住房公积金，可以在计算企业所得税应纳税所得额的时候扣除。

企业按照规定为个人缴纳的基本养老保险费、基本医疗保险费和失业保险费，可以免征个人所得税；个人按照规定缴纳的基本养老保险费、基本医疗保险费和失业保险费，单位、个人分别按照规定缴纳的住房公积金，可以在计算个人所得税应纳税所得额的时候扣除；基本养老保险基金、基本医疗保险基金和失业保险基金的利息，也可以免征个人所得税。

企业为投资者和职工支付的补充养老保险费、补充医疗保险费，在财政部、国家税务总局规定的范围和标准以内，可以在计算企业所得税应纳税所得额的时候扣除。

企业参加雇主责任险、公众责任险等责任保险，按照规定缴纳的保险费，也可以在计算企业所得税应纳税所得额的时候扣除。

15. 单位根据有关规定，为在本单位任职、受雇的职工缴付的企业年金或者职业年金（以下统称年金）单位缴费部分，计入个人账户的时候可以暂不缴纳个人所得税。个人根据有关规定缴付的年金个人缴费部分，不超过本人缴费工资计税基数的4%以内的部分，可以在计算个人当期应纳税所得额的时候扣除。年金基金投资运营收益分配计入个人账户的时候，可以暂不缴纳个人所得税。

16. 企业、个人依法捐赠救助灾害、救济贫困、扶助残疾人等困难的社会群体和个人等公益事业；扶贫、济困，扶老、救孤、恤病、助残和优抚，救助自然灾害、事故灾难和公共卫生事件等突发事件造成的损害等慈善活动，可以按照规定从捐赠者的所得税应纳税所得额中扣除。

17. 婚姻关系存续期间夫妻之间变更土地、房屋权属；夫妻离婚分割共同财产，变更土地、房屋权属；法定继承人通过继承承受土地、房屋权属，可以免征契税。

公租房经营管理单位购买住房作为公租房；承受房屋、土地权属，用于提供社区养老、托育和家政服务；农村饮水安全工程运营管理单位为建设饮水工程承受土地使用权，可以按照规定免征契税。

由于土地、房屋被县级以上人民政府征收、征用，重新承受土地、房屋权属；由于不可抗力灭失住房，重新承受住房权属，可以按照所在省、自治区和直辖市的规定免征、减征契税。

18. 棚户区改造，可以按照规定享受企业所得税、个人所得税、土地增值税、城镇土地使用税、契税和印花税的优惠待遇。

19. 经济适用房建设、经营，可以按照规定享受土地增值税、城镇土地使用税、契税和印花税的优惠待遇。

20. 生育妇女按照县级以上人民政府的有关规定取得的生育保险性质的津贴、补贴，可以免征个人所得税。

21. 工伤职工及其近亲属按照《工伤保险条例》取得的工伤保险待遇，可以免征个人所得税。

22. 依法宣告破产的企业的职工从本企业取得的一次性安置费，个人因与用人单位解除劳动关系而取得的一次性的补偿收入，可以享受一定的免征个人所得税的照顾。

23. 民政部门发给个人的抚恤金、救济金，可以免征个人所得税。

24. 乡以上人民政府，经县以上人民政府主管部门批准成立的有机构、有章程的见义勇为基金会和类似组织奖励见义勇为者的奖金、奖品，经过税务机关核准，可以免征个人所得税。

25. 残疾、孤老人员和烈士家属的所得，由于严重自然灾害受到重大损失的个人，可以按照规定减征个人所得税。

26. 个人将其所得通过中国境内的公益性社会组织、国家机关捐赠扶贫和济困等公益、慈善事业，捐赠额不超过其申报的个人所得税应纳税所得额 30% 的部分，可以从上述应纳税所得额中扣除；国务院规定全额税前扣除的，从其规定。

27. 社会福利机构占用耕地，可以免征耕地占用税。

28. 农村烈士遗属、因公牺牲军人遗属、残疾军人和符合农村最低生活保障条件的农村居民在规定用地标准以内占用耕地新建自用住宅，可以免征耕地占用税。

29. 财产所有人将财产赠给抚养孤老、伤残人员的社会福利单位所立的书据，可以免征印花税。

30. 自 2018 年至 2023 年，易地扶贫搬迁的有关税收优惠如下：

（1）易地扶贫搬迁贫困人口按照规定取得的住房建设补助资金、拆旧复垦奖励资金等与易地扶贫搬迁相关的货币化补偿和易地扶贫搬迁安置住房（以下简称安置住房），可以免征个人所得税、契税。

（2）易地扶贫搬迁项目实施主体（以下简称项目实施主体）取得用于建设安置住房的土地，可以免征契税、印花税；免征安置住房建设和分配过程中应由项目实施主体、项目单位缴纳的印花税；安置住房用地免征城镇土地使用税；在商品住房等开发项目中配套建设安置住房的，按照安置住房建筑面积占总建筑面积的比例计算应当免征的安置住房用地相关的契税、城镇土地使用税和项目实施主体、项目单位相关的印花税；项目实施主体购买商品住房、回购保障性住房作为安置住房房源的，免征契税、印花税。

31. 自 2019 年至 2021 年，增值税小规模纳税人可以享受下列税收优惠：

（1）月销售额 10 万元以下的增值税小规模纳税人（以一个季度为一个纳税期的，季度销售额 30 万元以下），免征增值税。自 2021 年 4 月 1 日至 2022 年 12 月 31 日，上述月、季销售额分别增加到 15 万元、45 万元。

（2）各省、自治区和直辖市人民政府可以根据本地区的实际情况和宏观调控的需要，对增值税小规模纳税人在 50% 的税额幅度以内减征资源税、城市维护建设税、房产税、城镇土地使用税、印花税（不包括证券交易印花税）和耕地占用税，目前各地均按 50% 的幅度减征上述税收。

（3）增值税小规模纳税人已经依法享受资源税、城市维护建设税、房产税、城镇土地使用税、印花税和耕地占用税其他优惠待遇的，可以叠加享受上述优惠待遇。

32. 自2019年至2025年，单位、个体工商户将自产、委托加工和购买的货物，通过公益性社会组织、县级以上人民政府及其组成部门和直属机构或者直接无偿捐赠国家扶贫开发工作重点县、集中连片特困地区县、建档立卡贫困村的单位和个人，可以免征增值税；企业通过公益性社会组织、县级以上人民政府及其组成部门和直属机构用于上述地区的扶贫捐赠支出，可以在计算企业所得税应纳税所得额的时候据实扣除。在上述期限以内，上述地区实现脱贫的，可以继续适用上述规定。

33. 自2019年6月1日至2025年12月31日，为社区提供养老、托育和家政等服务的机构，可以享受下列税收优惠：

（1）提供养老、托育和家政服务取得的收入可以免征增值税，在计算应纳税所得额时减按90%计入收入总额；承受房屋、土地用于提供社区养老、托育、家政服务的，可以免征契税。

（2）自有和通过承租、无偿使用等方式取得并用于提供社区养老、托育和家政服务的房产、土地，可以免征房产税、城镇土地使用税。

此外，符合下列条件的家政服务企业提供家政服务取得的收入，可以按照规定免征增值税：与家政服务员、接受家政服务的客户就提供家政服务行为签订三方协议；向家政服务员发放劳动报酬，并对家政服务员进行培训管理；通过建立业务管理系统对家政服务员进行登记管理。

34. 自2021年至2022年，小型微利企业年应纳税所得额不超过100万元的部分，可以减按12.5%计入应纳税所得额；2021年应纳税所得额超过100万元不超过300万元的部分，可以减按50%计入应纳税所得额。

自2021年至2022年，个体工商户经营所得年应纳税所得额不超过 100 万元的部分，可以在现行优惠政策的基础上减半征收个人所得税。

35. 自 2021 年至 2023 年，符合规定条件的生产、装配伤残人员专门用品的居民企业，可以免征企业所得税。

36. 自 2021 年至 2023 年，规定的边销茶生产企业销售自产的边销茶和经销企业销售的边销茶，可以免征增值税。

（六）环境保护、资源综合利用

1. 滴灌带、滴灌管产品，可以免征增值税。

2. 纳税人销售自产的资源综合利用产品和提供资源综合利用劳务，可以按照规定享受增值税即征即退的待遇，退税比例分为 4 档：100%（如利用煤炭开采过程中产生的煤层气生产的电力），70%（如垃圾、污水处理劳务），50%（如利用建筑废物、煤矸石生产的建筑砂石骨料）和 30%（如利用报废汽车、摩托车和船舶生产的炼钢炉料）。

3. 一般纳税人销售自己使用过的不能抵扣进项税额且没有抵扣进项税额的固定资产，纳税人销售旧货，可以按照 3% 的征收率减按 2% 征收增值税，但是不能抵扣进项税额。

4. 小规模纳税人销售自己使用过的固定资产，可以减按 2% 的征收率征收增值税，但是不能抵扣进项税额。

5. 排气量在 1.0 升以下的小汽车，排气量超过 1.0 升、不超过 1.5 升的小汽车，排气量超过 1.5 升、不超过 2.0 升的小汽车，分别可以按照 1%、3% 和 5% 的低税率征收消费税；排气量不足 250 毫升的摩托车可以免征消费税，排气量 250 毫升的摩托车可以按照 3% 的低税率征收消费税。

6. 利用废弃动植物油脂生产的纯生物柴油，2018 年 11 月 1 日至 2023 年 10 月 31 日期间以回收的废矿物油为原料生产的润滑油基础油、汽油和柴油等工业油料，可以免征消费税。

7. 扫路车、洒水车、清洗车、垃圾车和消防车等车辆，可以免征车辆购置税。

8. 铁、锰、铜、镍、钴、铝、铅、锌、锡、铬、钨、铀、钼、钛和贵金属等矿砂及其精矿，进口关税的税率为0；石油原油、天然气和原木进口关税的最惠国税率为0，焦炭、氧化铝进口关税的最惠国税率为5%（2022年暂定税率为0），大理石、花岗石进口关税的最惠国税率为4%（2022年暂定税率为0）。

9. 病虫害防治、植物保护和相关的技术培训，可以免征增值税。

10. 企业以《资源综合利用企业所得税优惠目录》规定的资源作为主要原材料，生产非国家限制和禁止并符合国家和行业相关标准的产品取得的收入，可以减按90%计入收入总额。

11. 企业购置并使用《环境保护专用设备企业所得税优惠目录》《节能节水专用设备企业所得税优惠目录》《安全生产专用设备企业所得税优惠目录》规定的环境保护、节能节水、安全生产等专用设备的，该专用设备的投资额的10%可以抵免企业本纳税年度的应纳企业所得税税额；本纳税年度的应纳企业所得税税额不足抵免的，可以在以后5个纳税年度结转抵免。

12. 企业、个人依法捐赠环境保护等公益事业，防治污染和其他公害、保护和改善生态环境等慈善活动，可以按照规定从捐赠者的所得税应纳税所得额中扣除。

13. 中国清洁发展机制基金（以下简称清洁基金）取得的下列收入可以免征企业所得税：清洁发展机制项目（以下简称CDM项目）温室气体减排量转让收入上缴国家的部分，国际金融组织赠款收入，清洁基金资金存款利息收入、购买国债利息收入，国内外机构、组织和个人的捐赠收入。

CDM项目实施企业按照国家发展和改革委员会等部门制定的《清洁发展机制项目运行管理办法》将温室气体减排量的转让收入按照以下比例上缴国家的部分，可以在计算应纳税所得额的时候扣除：氢氟碳化物（HFC）和全氟碳化物（PFC）类项目，为温室气体减排量转让收入的 65%；氧化亚氮（N_2O）类项目，为温室气体减排量转让收入的 30%；《清洁发展机制项目运行管理办法》第四条规定的重点领域和植树造林项目等类清洁发展机制项目，为温室气体减排量转让收入的 2%。

企业实施的将温室气体减排量转让收入的 65% 上缴国家的 HFC 和 PFC 类 CDM 项目，将温室气体减排量转让收入的 30% 上缴国家的 N_2O 类 CDM 项目，其实施该类 CDM 项目的所得，自项目取得第一笔减排量转让收入所属纳税年度起，第一年至第三年免征企业所得税，第四年至第六年减半征收企业所得税。

14. 省级人民政府、国务院部委、中国人民解放军军以上单位和外国组织、国际组织颁发的环境保护方面的奖金，可以免征个人所得税。

15. 个人将其所得捐赠中国绿化基金会、中国生物多样性保护基金会和中华环境保护基金会等机构的，可以全额从其个人所得税应纳税所得额中扣除。

16. 水利设施及其保护用地、林业系统的林区及有关保护用地，可以免征城镇土地使用税。

17. 改造的废弃土地，可以免征城镇土地使用税 5 年至 10 年。

18. 下列情形可以减征资源税：

（1）从低丰度油气田开采的原油、天然气，减征 20%；

（2）高含硫天然气、三次采油和从深水油气田开采的原油、天然气，减征 30%；

（3）从衰竭期矿山开采的矿产品，减征 30%；

（4）自 2014 年 12 月 1 日至 2023 年 8 月 31 日，充填开采置换出来的煤炭，减征 50%。

19. 煤层气抽采企业的增值税一般纳税人抽采销售煤层气缴纳的增值税可以先征后退，地面抽采煤层气暂时不缴纳资源税。

20. 自 2019 年至 2023 年，受排污企业或者政府委托，负责环境污染治理设施运营维护的企业，符合规定条件的，可以减按15%的税率缴纳企业所得税。

（七）金融、保险和证券

1. 下列项目可以免征增值税：

（1）规定的债务利息，如国家助学贷款、国债、地方政府债、人民银行对金融机构贷款、住房公积金管理中心用住房公积金在指定的委托银行发放的个人住房贷款和外汇管理部门从事国家外汇储备经营过程中委托金融机构发放的外汇贷款；

（2）规定的金融商品转让收入，如证券投资基金管理人运用基金买卖股票、债券和个人转让金融商品收入；

（3）金融同业往来利息；

（4）保险公司开办一年期以上返还本利的人寿保险、养老年金保险和健康保险取得的保费；

（5）中国境内保险公司向中国境外保险公司提供的完全在中国境外消费的再保险服务。其他纳税人提供再保险服务，再保险合同对应多个原保险合同的，所有原保险合同均适用免征增值税规定的，该再保险合同适用免征增值税规定。

2. 农村信用社、村镇银行、农村资金互助社、由银行业机构全资发起设立的贷款公司、法人机构在县（市、区、旗）以下地区的农村合作银行和农村商业银行提供金融服务取得的收入，可以选择适用简易计税方法，按照3%的征收率计算缴纳增值税。

3. 下列项目可以免征企业所得税：

（1）企业购买国债取得的利息和2009年以后年度发行的地方政府债券利息；

（2）外国政府向中国政府提供贷款取得的利息；

（3）国际金融组织向中国政府、居民企业提供优惠贷款取得的利息。

4. 下列证券投资基金相关收入可以暂不征收企业所得税：

（1）证券投资基金从证券市场取得的收入，包括买卖股票、债券取得的差价收入，股权投资取得的股息、红利，债券投资取得的利息，其他收入；

（2）投资者从证券投资基金分配中取得的收入；

（3）证券投资基金管理人运用基金买卖股票、债券取得的差价收入。

5. 全国社保基金会、社会保障基金投资管理人管理的社会保障基金银行存款利息收入和社会保障基金从证券市场取得的收入，可以作为企业所得税不征税收入。

6. 基本养老保险基金的有关投资业务可以按照规定享受增值税、企业所得税和印花税的优惠待遇。

7. 银行业金融机构根据国务院发布的《存款保险条例》交纳的存款保险保费，可以在企业所得税税前扣除。

8. 非居民企业没有在中国境内设立机构、场所，取得来源于中国境内的股息、利息；或者虽然在中国境内设立机构、场所，但是取得来源于中国境内的上述所得与其在中国境内所设机构、场所没有实际联系，可以减按 10% 的税率征收企业所得税。中国政府与外国政府签订的有关税收协定有更优惠规定的，可以按照有关税收协定的规定执行。

9. 下列项目可以免征个人所得税：

（1）国债利息，2009 年以后年度发行的地方政府债券利息；

（2）财政部门确定的其他专项储蓄存款、储蓄性专项基金存款利息；

（3）保险赔款。

10. 下列项目可以暂时免征个人所得税：

（1）来自中国境内储蓄机构的储蓄存款利息；

（2）证券市场个人投资者取得的证券交易结算资金利息；

（3）中国境内上市公司股票、证券投资基金单位转让所得；

（4）从封闭式证券投资基金分配中取得的国债利息、买卖股票价差收入和从开放式证券投资基金分配中取得的收入；

（5）外国人从外商投资企业取得的股息。

11. 个人通过公开发行和转让市场取得中国境内上市公司股票，其股息、红利所得，持股期限超过 1 个月至 1 年的，可以暂时减按 50% 计入个人所得税应纳税所得额；持股期限超过 1 年的，可以暂时免征个人所得税。

12. 股权激励和技术入股递延缴纳所得税的规定：

（1）非上市公司授予本公司员工的股票期权、股权期权、限制性股票和股权奖励，符合规定条件的，经向主管税务机关备案，可以递延缴纳个人所得税，即员工在取得股权激励时暂不纳税，递延至转让该股权的时候，按照股权转让收入减除股权取得成本、合理税费以后的差额和财产转让所得计算纳税。股权转让的时候，股票（权）期权取得成本按照行权价确定，限制性股票取得成本按照实际出资额确定，股权奖励取得成本为零。

（2）上市公司授予个人的股票期权、限制性股票和股权奖励，经向主管税务机关备案，个人可以自股票期权行权、限制性股票解禁和取得股权奖励之日起，在 12 个月以内缴纳个人所得税。

（3）企业、个人以技术成果投资入股中国境内居民企业，被投资企业支付的对价全部为股票（权）的，企业、个人可以选择就评估增值部分缴纳所得税，在 5 年以内分期缴纳；也可以选择适用递延纳税。选择后者的，经向主管税务机关备案，投资入股当期可以暂不纳税，递延至转让该股权的时候，按照股权转让收入减除技术成果原值和合理税费以后的差额计算纳税。

13. 个人购买符合规定的商业健康保险产品的支出，可以在计算个人所得税应纳税所得额的时候扣除，扣除限额为每年 2 400 元（每月 200 元）。单位统一为雇员购买符合规定的商业健康保险产品的支出，应当分别计入雇员的工资、薪金，视同个人购买，按照上述限额扣除。

14. 与中国签订避免对所得双重征税协定的国家的居民个人取得来源于中国的利息、股息和红利，可以按照协定规定享受优惠税率或者免税待遇。

15. 下列项目可以免征印花税：

（1）无息、贴息贷款合同；

（2）外国政府、国际金融组织向中国政府、国家金融机构提供优惠贷款所书立的合同。

16. 下列项目可以暂时免征印花税：

（1）农林作物、牧业畜类保险合同；

（2）投资者买卖证券投资基金单位。

17. 黄金交易的主要税收优惠如下：

（1）黄金生产、经营单位销售黄金（不包括规定的标准黄金）和黄金矿砂，可以免征增值税。

（2）进口黄金、黄金矿砂，关税最惠国税率为零，并可以免征进口环节增值税。黄金出口不退税；出口黄金饰品，对黄金原料部分不予退税，只对加工增值部分退税。

（3）上海黄金交易所会员单位通过黄金交易所销售标准黄金，未发生实物交割的，可以免征增值税；发生实物交割的，可以由税务机关按照实际成交价格代开增值税专用发票，并实行增值税即征即退，同时可以免征城市维护建设税、教育费附加。上海期货交易所黄金期货交易发生实物交割的时候，比照上述规定办理。

18. 自 2018 年至 2023 年，中国保险保障基金有限责任公司可以享受下列免税待遇：

（1）公司根据《保险保障基金管理办法》取得的下列收入免征企业所得税：中国境内保险公司依法缴纳的保险保障基金；依法从撤销、破产保险公司清算财产中获得的受偿收入和向有关责任方追偿所得，依法从保险公司风险处置中获得的财产转让所得；接受

捐赠收入；银行存款利息；购买政府债券、中央银行、中央企业和中央级金融机构发行的债券的利息；国务院批准的其他资金运用取得的收入。

（2）公司的下列应税凭证免征印花税：新设立的资金账簿、对保险公司进行风险处置和破产救助过程中签订的产权转移书据、对保险公司进行风险处置过程中与中国人民银行签订的再贷款合同、以保险保障基金自有财产和接收的受偿资产与保险公司签订的财产保险合同（与公司签订上述产权转移书据、应税合同的其他当事人不能免税）。

19. 自 2018 年至 2023 年，金融机构与小型、微型企业签订的借款合同可以免征印花税。

20. 企业、个人投资者持有 2019 年至 2023 年期间发行的铁路债券取得的利息，可以分别按照规定减征企业所得税、个人所得税。

21. 自 2020 年至 2023 年，金融机构向农户、小型企业、微型企业和个体工商户发放小额贷款取得的利息，可以按照规定免征增值税；金融机构农户小额贷款的利息和保险公司为种植业、养殖业提供保险业务取得的保费，可以在计算应纳税所得额时减按 90% 计入收入总额；经省级金融管理部门批准成立的小额贷款公司取得的农户小额贷款利息可以按照规定免征增值税，在计算应纳税所得额时减按 90% 计入收入总额，上述公司按照年末贷款余额的 1% 计提的贷款损失准备金可以在企业所得税前扣除。

22. 自 2020 年至 2023 年，纳税人为农户、小型企业、微型企业和个体工商户借款、发行债券提供融资担保取得的担保费和为上述担保提供再担保取得的再担保费，可以按照规定免征增值税。

23. 自 2022 年至 2025 年，中国境内单位和个人发生的以出口货物为保险标的的产品责任保险和产品质量保证保险，可以按照规定免征增值税。

（八）房地产

1. 增值税一般纳税人以营业税改征增值税以前取得的有形动产为标的物提供的经营租赁服务，在营业税改征增值税以前签订的尚未执行完毕的有形动产租赁合同，以清包工方式提供的建筑服务，为甲供工程提供的建筑服务，销售 2016 年 4 月 30 日以前取得、自建的不动产，出租 2016 年 4 月 30 日以前取得的不动产，房地产开发企业出租自行开发的房地产老项目，2016 年 4 月 30 日以前签订的不动产融资租赁合同、以 2016 年 4 月 30 日以前取得的不动产提供的融资租赁服务；纳税人转让 2016 年 4 月 30 日以前取得的土地使用权，可以选择适用简易计税方法计算缴纳增值税。

2. 下列项目可以免征增值税：

（1）将土地使用权转让给农业生产者用于农业生产。

（2）县级以上地方人民政府和自然资源行政主管部门出让、转让和收回自然资源使用权（不包括土地使用权）。

（3）配合住房制度改革，企业、行政单位和事业单位按照房改成本价、标准价出售住房的收入。

（4）个人销售自建自用住房。

（5）涉及家庭财产分割的个人无偿转让不动产、土地使用权，包括离婚财产分割；无偿赠与配偶、父母、子女、祖父母、外祖父母、孙子女、外孙子女和兄弟姐妹；无偿赠与对其承担直接抚养或者赡养义务的抚养人或者赡养人；房屋产权所有人死亡，法定继承人、遗嘱继承人和受遗赠人依法取得房屋产权。

（6）土地所有者出让土地使用权，土地使用者将土地使用权归还土地所有者。

3. 在北京、上海、广州和深圳 4 个城市以外的地区，个人出售购买 2 年以上的住房，可以免征增值税。

在北京、上海、广州和深圳 4 个城市，个人出售购买 2 年以上的非普通住房，按照销售收入扣除购买住房价款后的差额和 5% 的征收率缴纳增值税；出售购买 2 年以上的普通住房，可以免征增值税。

4. 企业按照国务院有关主管部门或者省级人民政府规定的范围和标准为职工缴纳的住房公积金，可以在计算企业所得税应纳税所得额的时候扣除；个人按照规定缴纳的住房公积金，可以在计算个人所得税应纳税所得额的时候扣除。

5. 下列项目可以免征个人所得税：

（1）国家机关、企业、事业单位和其他组织在住房制度改革期间，按照所在地县级以上人民政府规定的房改成本价格向职工出售公有住房，职工因支付的房改成本价格低于房屋建造成本价格或者市场价格取得的差价收益。

（2）个人按照政府有关城镇房屋拆迁管理办法规定的标准取得的拆迁补偿款。

（3）企业、个人按照规定缴纳的住房公积金的利息。

（4）个人转让自用 5 年以上并且是家庭唯一生活用房取得的所得，暂免征税。

6. 下列单位自用的房产、土地可以免征房产税、城镇土地使用税：社会团体、国家机关和部队，由国家部门拨付事业经费的单位，非营利性医疗机构、疾病控制机构和妇幼保健机构等医疗、卫生机构，非营利性科研机构，政府部门、企业、事业单位、社会团体和个人投资兴办的福利性、非营利性老年服务机构，公益性未成年人校外活动场所，企业办的学校、托儿所和幼儿园，宗教寺庙、公园和名胜古迹。

体育场馆用于体育活动的房产、土地，可以按照规定免征、减征房产税、城镇土地使用税。

7. 下列房产可以免征房产税：

（1）铁路运输企业自用的房产、个人所有非营业用的房产、经过有关部门鉴定停止使用的毁损房屋和危险房屋，免税。

（2）按照政府规定价格出租的公有住房，暂免征税。

8. 下列房产可以定期免征房产税：

（1）在基建工地建造的为工地服务的各种临时性房屋，在施工期间免税。

（2）房屋大修停用半年以上的，在大修期间免税。

（3）营利性医疗机构取得的收入直接用于改善医疗卫生条件的，自其取得执业登记之日起 3 年以内，自用的房产免税。

9. 下列有特定用途的土地可以免征城镇土地使用税：市政街道、广场和绿化地带等公共用地，直接用于农业、林业、牧业和渔业的生产用地（不包括农副产品加工场地和生活、办公用地），水利设施及其护管用地，国家规定可以免征城镇土地使用税的能源、交通用地。

10. 下列土地可以暂时免征城镇土地使用税：石油、天然气生产建设用地；城市、县城和建制镇以外工矿区之内的消防、防洪排涝、防风和防沙设施用地；各类危险品仓库、厂房所需的防火、防爆和防毒等安全防范用地，经过省级税务局批准的；铁路运输企业经国务院批准进行股份制改革成立的企业，由中国铁路总公司及其所属铁路运输企业与地方政府、企业和其他投资者成立的合资铁路运输企业自用的土地。

11. 下列土地可以定期免征城镇土地使用税：

（1）营利性医疗机构取得的收入直接用于改善医疗卫生条件的，自其取得执业登记之日起 3 年以内，自用的土地免税。

（2）经批准开山填海整治的土地和改造的废弃土地，自使用的月份起，免税 5 年至 10 年。

12. 军事设施、学校、幼儿园、养老院和医院占用耕地，可以免征耕地占用税。

铁路、公路线路，飞机场跑道、停机坪，港口和航道占用耕地，可以减按每平方米 2 元的适用税率征收耕地占用税。根据实际需要，财政部、国家税务总局商国务院有关部门并报国务院批准以后，可以对上述情形免征、减征耕地占用税。

13. 农村居民在规定用地标准以内占用耕地新建自用住宅，可以按照当地适用税率减半征收耕地占用税。其中，农村居民经批准搬迁，新建自用住宅占用耕地不超过原宅基地面积的部分，可以免征耕地占用税。

农村烈士遗属、因公牺牲军人遗属、残疾军人和符合农村最低生活保障条件的农村居民在规定用地标准以内占用耕地新建自用住宅，可以免征耕地占用税。

14. 下列项目经过纳税人申请，税务机关审批，可以免征土地增值税：建造普通标准住宅出售，增值额未超过各项规定扣除项目金额 20% 的；由于城市实施规划、国家建设需要依法征用、收回的房地产，由于城市实施规划、国家建设需要而搬迁，由纳税人自行转让的房地产；个人之间互换自有居住用房地产的；个人因工作调动、改善居住条件而转让原自用住房，在原住房居住满 5 年的（居住满 3 年不满 5 年者减半征税）。

15. 下列项目可以暂时免征土地增值税：合作建房，一方出土地，一方出资金，建成后按照比例分房自用的；个人销售住房。

自 2021 年至 2023 年，除了房地产开发企业以外，企业改制重组，可以按照规定暂不征收土地增值税。

16. 房地产所有人将房地产赠给政府、扶养孤老伤残人员的社会福利单位、学校所立的书据，可以免征印花税。

17. 个人销售、购买住房，可以暂时免征印花税。

18. 下列项目可以免征、减征契税：

（1）国家机关、事业单位、社会团体和军事单位承受土地、房屋权属，用于办公、教学、医疗、科学研究和军事设施；非营利性的学校、医疗机构和社会福利机构承受土地、房屋权属，用于办公、教学、医疗、科学研究、养老和救助；承受荒山、荒地和荒滩土地使用权，用于农业、林业、牧业和渔业生产。

婚姻关系存续期间夫妻之间变更土地、房屋权属；夫妻离婚分割共同财产，变更土地、房屋权属；法定继承人通过继承承受土地、房屋权属；城镇职工按照规定第一次购买公有住房、已购公有住房补缴土地出让价款成为完全产权住房，免税。

公有制单位为了解决职工住房采取集资建房方式建成的普通住房和由单位购买的普通商品住房，经县级以上地方人民政府住房改革部门批准，按照国家住房改革政策出售给本单位职工的，如果属于职工首次购买住房，比照公有住房免税。

（2）个人购买家庭唯一住房，面积90平方米以下的，减按1%的税率征税；超过90平方米的，减按1.5%的税率征税。除了北京、上海、广州和深圳4个市以外，个人购买家庭第二套改善性住房，面积90平方米以下的，减按1%的税率征税；超过90平方米的，减按2%的税率征税。

（3）股份合作制改革以后的农村集体经济组织承受原集体经济组织的土地、房屋权属，因农村集体经济组织和代行集体经济组织职能的村民委员会、村民小组清产核资收回集体资产而承受土地、房屋权属，免税。

（4）由于土地、房屋被县级以上人民政府征收、征用，重新承受土地、房屋权属；由于不可抗力灭失住房，重新承受住房权属，可以按照所在省、自治区和直辖市的规定免征、减征契税。

19. 配合棚户区改造的税收优惠措施如下：

（1）企业参与政府统一组织的工矿棚户区改造、林区棚户区改造和垦区危房改造，并同时符合法定条件的棚户区改造支出，可以在计算企业所得税应纳税所得额的时候扣除。

（2）改造安置住房建设用地，可以免征城镇土地使用税。免征改造安置住房经营管理单位、开发商与改造安置住房相关的印花税和购买安置住房的个人涉及的印花税。

商品住房等开发项目中配套建造安置住房的，根据政府部门出具的相关材料、房屋征收（拆迁）补偿协议或者棚户区改造合同

（协议），可以按照改造安置住房建筑面积占总建筑面积的比例免征城镇土地使用税、印花税。

（3）企业、事业单位、社会团体和其他组织转让旧房作为改造安置住房，且增值额不超过扣除项目金额 20% 的，可以免征土地增值税。

（4）经营管理单位回购已经分配的改造安置住房，继续作为改造安置住房的，可以免征契税。

（5）个人首次购买 90 平方米以下改造安置住房，可以按照 1% 的税率计征契税；购买超过 90 平方米，但是符合普通住房标准的改造安置住房，可以按照法定税率减半计征契税。

（6）个人因房屋被征收取得货币补偿，并用于购买改造安置住房；因房屋被征收调换房屋产权，并取得改造安置住房，可以按照规定免征、减征契税。个人取得的拆迁补偿款，可以按照规定免征个人所得税。

20. 经济适用住房的建设、经营的税收优惠措施如下：

（1）企业、事业单位、社会团体和其他组织转让旧房作为经济适用住房，增值额不超过规定扣除项目金额 20% 的，可以免征土地增值税。

（2）经济适用住房建设用地，可以免征城镇土地使用税。开发商在商品住房项目中配套建造经济适用住房，能够提供相关材料的，可以按照经济适用住房建筑面积占总建筑面积的比例，免征开发商应当缴纳的城镇土地使用税。

（3）经济适用住房经营管理单位回购经济适用住房，继续作为经济适用住房的，可以免征契税。个人购买经济适用住房，可以在法定税率的基础上减半征收契税。

（4）经济适用住房经营管理单位与经济适用住房相关的印花税，经济适用住房购买人涉及的印花税，可以免征。

开发商在商品住房项目中配套建造经济适用住房，能提供相关材料的，可以按照经济适用住房建筑面积占总建筑面积的比例免征开发商应当缴纳的印花税。

21. 住房租赁的税收优惠措施如下：

（1）在住房租赁企业（指按照规定向住房城乡建设部门进行开业报告或者备案的从事住房租赁经营业务的企业）中，增值税一般纳税人向个人出租住房取得的收入，可以选择适用简易计税方法，按照 5% 的征收率减按 1.5% 计算缴纳增值税；小规模纳税人向个人出租住房取得的收入，可以按照 5% 的征收率减按 1.5% 计算缴纳增值税。

（2）企业、事业单位、社会团体和其他组织向个人、专业化、规模化住房租赁企业出租住房的，个人出租住房的，可以减按 4% 的税率征收房产税。

利用非居住存量土地、非居住存量房屋建设的保障性租赁住房，取得保障性租赁住房项目认定书以后，比照适用上述规定。

（3）个人出租住房取得的租金收入，可以减按 1.5% 的征收率征收增值税。

（4）个人出租住房取得的所得，可以减按 10% 的税率缴纳个人所得税。

（5）个人出租住房，可以免征城镇土地使用税。

（6）个人出租、承租住房签订的租赁合同，可以免征印花税。

22. 自 2019 年至 2023 年，公租房可以按照规定享受多方面的税收优惠，涉及增值税、企业所得税、个人所得税、土地增值税、房产税、城镇土地使用税、契税和印花税。

23. 自 2019 年 6 月 1 日至 2025 年 12 月 31 日，为社区提供养老、托育和家政服务的机构承受房屋、土地用于提供上述服务的，可以免征契税；上述机构自有和通过承租、无偿使用等方式取得并用于提供上述服务的房产、土地，可以免征房产税、城镇土地使用税。

24. 自 2021 年至 2023 年，企业、事业单位改制重组，包括企业、事业单位改制，公司合并、分立，企业破产，资产划转，债权

转股权，可以按照规定免征、减征契税。

（九）规定区域

1. 经济特区和上海浦东新区

在深圳、珠海、汕头、厦门、海南经济特区和上海浦东新区登记的国家需要重点扶持的高新技术企业，在上述经济特区和上海浦东新区取得的所得，可以自取得第一笔生产、经营收入所属纳税年度起，第一年至第二年免征企业所得税，第三年至第五年按照25%的法定税率减半征收企业所得税。

2. 经济不发达地区

（1）民族自治地方的自治机关对本民族自治地方的企业应当缴纳的企业所得税中地方分享的部分，可以决定减征、免征。

（2）革命老根据地、少数民族聚居区、边远贫困山区生活困难的农村居民，在规定用地标准以内新建住宅缴纳耕地占用税确有困难的，经所在地乡（镇）人民政府审核，报经县级人民政府批准以后，可以免征、减征耕地占用税。

（3）符合中西部地区利用外资优势产业和优势项目目录的项目，在投资总额以内进口的规定的自用设备和按照合同随同设备进口的配套技术、配件和备件，可以免征关税。在投资总额以外利用自有资金进口上述物资和技术者，也可以享受一定的关税优惠。

（4）边境居民通过互市贸易进口的生活用品，每人每日价值人民币8 000元以下的部分，可以免征关税和进口环节的增值税、消费税。

（5）自2021年至2030年，在新疆困难地区新办的属于《新疆困难地区重点鼓励发展产业企业所得税优惠目录》以内的企业，可以自取得第一笔生产、经营收入所属的纳税年度起，第一年至第二年免征企业所得税，第三年至第五年减半征收企业所得税。

上述期间在新疆喀什、霍尔果斯两个特殊经济开发区新办的属于上述目录以内的企业，可以自取得第一笔生产、经营收入所属的纳税年度起，5 年免征企业所得税。

3. 西部地区

自 2021 年至 2030 年，设在西部地区的鼓励类产业企业减按 15% 的税率征收企业所得税。上述鼓励类产业企业，指以《西部地区鼓励类产业目录》中规定的产业项目为主营业务，且其主营业务收入占企业收入总额 60% 以上的企业。上述西部地区包括内蒙古自治区、广西壮族自治区、重庆市、四川省、贵州省、云南省、西藏自治区、陕西省、甘肃省、青海省、宁夏回族自治区、新疆维吾尔自治区和新疆生产建设兵团。湖南省湘西土家族苗族自治州、湖北省恩施土家族苗族自治州、吉林省延边朝鲜族自治州和江西省赣州市，可以比照西部地区的企业所得税政策执行。

西部地区内资鼓励类产业、外商投资鼓励类产业和优势产业的项目在投资总额以内进口的自用设备，可以在规定的范围以内免征关税。

4. 海南自由贸易港

（1）企业所得税。

注册在海南自由贸易港并实质性运营的鼓励类产业企业，可以减按 15% 的税率征收企业所得税。

总机构设在海南自由贸易港的符合条件的企业，其设在海南自由贸易港的总机构和分支机构的所得可以适用 15% 税率；总机构设在海南自由贸易港以外的企业，其设在海南自由贸易港的符合条件的分支机构的所得可以适用 15% 税率。

在海南自由贸易港设立的旅游业、现代服务业和高新技术产业企业新增境外直接投资取得的所得，可以免征企业所得税。

在海南自由贸易港设立的企业，新购置（包括自建、自行开发，下同）固定资产（不包括房屋、建筑物，下同）和无形资产单位价值不超过 500 万元的，可以一次性计入当期成本、费用，在计算应纳税所得额的时候扣除；新购置固定资产、无形资产单位价值超过 500 万元的，可以缩短折旧、摊销年限，或者采取加速折旧、摊销的方法。

（2）个人所得税。

在海南自由贸易港工作的高端人才和紧缺人才，其个人所得税实际税负超过 15% 的部分可以免征。享受上述优惠政策的所得包括来源于该自由贸易港的综合所得、经营所得和经海南省认定的人才补贴性所得。纳税人可以在海南省办理个人所得税年度汇算清缴的时候享受上述优惠政策。

（十）进出口

1. 生产企业自营出口和委托外贸企业代理出口的自产货物，除了国家规定的若干种货物和禁止出口的货物以外，可以在货物报关出口并在财务上作销售处理以后，持有关凭证向税务机关申请免征、抵顶或者退还增值税、消费税和关税。

生产企业承接国外修理、修配业务；利用国际金融组织、外国政府贷款，采用国际招标方式，国内企业中标，或者外国企业中标以后分包给国内企业的机电产品，可以比照上述规定免征、抵顶和退还增值税。

承揽国内外航空公司飞机维修业务的企业从事国外航空公司飞机维修业务，可以免征本环节的增值税，退还相应增值税进项税额。

2. 下列企业的货物特准退还或者免征增值税、消费税和关税：

（1）对外承包工程公司运出中国境外，用于对外承包项目的货物、应税消费品；

（2）企业在国内采购，运往中国境外，作为在中国境外投资的货物、应税消费品；

（3）中国境外带料加工装配业务使用的出境设备、原材料和散件；

（4）利用中国政府的援外优惠贷款和援外合资合作项目基金方式出口的货物、应税消费品；

（5）对外补偿贸易、易货贸易和小额贸易出口的应税消费品；

（6）外轮供应公司、远洋运输公司销售给外轮、远洋国轮，并收取外汇的货物、应税消费品；

（7）出境口岸免税店销售的货物；

（8）出口企业从小规模纳税人购进并且持普通发票的特殊货物，如抽纱、工艺品、渔具、山货和纸制品等；

（9）保税区内的企业按照规定从保税区外购进货物、应税消费品，用于出口和加工以后出口的；

（10）出口加工区外的企业销售给出口加工区内的企业，并运入出口加工区供区内企业使用的国产设备、原材料和零部件等；

（11）出口加工区内的生产企业生产出口货物所耗用的水、电、气；

（12）外商投资企业在投资总额以内采购国家规定的免税范围内的国产设备（包括随设备购进的部分料、件）；

（13）经国务院批准设立、享有进出口经营权的中外合资商业企业收购自营出口的国产货物、应税消费品；

（14）外贸企业对外承接修理、修配业务，用于对外承接修理、修配业务的应税消费品。

3. 下列出口货物可以免征增值税、消费税和关税：

（1）来料加工复出口的货物；

（2）避孕药品和用具；

（3）古旧图书；

（4）卷烟；

（5）军用品；

（6）增值税小规模纳税人出口的自产货物。

上述免税的货物不能办理出口退税。

4. 下列进口货物可以免征关税和进口环节的增值税：

（1）企业为生产中国科学技术部制定的《国家高新技术产品目录》中所列的产品进口规定的自用设备和按照合同随同设备进口的技术及配套件、备件。

（2）规定的科学研究、科学实验和教学用品。

（3）承担国家重大科技专项、国家科技计划重点项目、国家重大技术装备研究开发项目和重大引进技术消化吸收再创新项目的企业进口国内不能生产的关键设备、原材料和零部件。

（4）符合规定条件的国内企业为生产国家支持发展的重大技术装备、产品确有必要进口部分关键零部件、原材料。

（5）企业为引进中国科学技术部制定的《国家高新技术产品目录》中所列的先进技术向境外支付的软件费。

（6）符合规定的进口的供残疾人专用的物品（同时免征进口环节的消费税）。

（7）外国政府、国际组织无偿援助、赠送的进口物资和设备（同时免征进口环节的消费税）。

（8）中国境外的自然人、法人和其他组织按照规定无偿向受赠人捐赠进口的直接用于慈善事业的物资。

（9）中国境外的捐赠人按照规定捐赠的直接用于各类职业学校、高中、初中、小学和幼儿园教育的教学仪器、图书、资料和一般学习用品。

（10）在利用外国政府贷款、国际金融组织贷款的项目中，参与国际招标并中标的中国机电制造企业为生产中标的机电设备进口的国内不能生产或者性能不能满足需要的零部件。

5. 从中国境外进入保税区的货物，在关税和进口环节的增值税、消费税方面可以享受下列优惠：

（1）区内生产性的基础设施建设项目所需的机器、设备和其他物资，免税。

（2）区内企业自用的生产、管理设备和自用合理数量的办公用品及其所需的维修零配件，生产用燃料，建设生产厂房、仓储设施所需的物资、设备，免税。

（3）区内企业加工出口产品所需的原材料、零部件、元器件和包装物料，保税。

6. 边境居民通过互市贸易进口规定范围以内的生活用品，每人每日价值人民币 8 000 元以下的部分，可以免征关税和进口环节的增值税、消费税。

7. 进口用于农业、林业、牧业、渔业生产和科学研究的种子（苗）、种畜（禽）和鱼种（苗），可以定期免征进口环节的增值税。

8. 下列项目可以享受进口关税优惠：

（1）改良种用马、驴、牛、猪、羊和家禽，鱼苗，种用大麦、燕麦，进口关税的最惠国税率为 0；钾肥、磷肥进口关税的最惠国税率分别为 3%、4%（2022 年暂定税率均为 1%）。

（2）铁、锰、铜、镍、钴、铝、铅、锌、锡、铬、钨、铀、钼、钛和贵金属等矿砂及其精矿，进口关税的税率为 0；原木进口关税的最惠国税率为 0；大理石、花岗石进口关税的最惠国税率为 4%（2022 年暂定税率为 0）。

（3）石油原油、天然气进口关税的最惠国税率为 0，无烟煤进口关税的最惠国税率为 3%，焦炭、车用汽油进口关税的最惠国税率为 5%（2022 年暂定税率分别为 0、1%）。

（4）铁道机车、铁道用客车和货车，客货运飞机，客货运机动船舶，进口关税的最惠国税率从 1% 至 5% 不等。

（5）有线电话、电报设备和无线电话、电报、无线电广播和电视发送设备，进口关税的最惠国税率为 0。

（6）书籍、报刊，教学专用的幻灯片、电影胶片，具有考古学、历史学、动物学、植物学、矿物学和解剖学等学科意义的收集品和珍藏品，进口关税税率为 0；超过 100 年的油画进口关税的最惠国税率为 4%（2022 年暂定税率为 0）。

（7）心电图记录仪、血管支架进口关税的最惠国税率为 0，人用疫苗、遗传物质和基因修饰生物体、其他人血、治病用动物血制品进口关税的最惠国税率为 3%（2022 年暂定税率为 0），抗癌药原料进口关税的最惠国税率为 4% 至 9%（2022 年暂定税率为 0）。

（8）符合规定的非洲最不发达国家的对华出口货物，享受零关税待遇。

9. 由人力资源和社会保障部、教育部及其授权部门认定的高层次出国留学人才和海外科技专家，回国定居或者来华工作连续 1 年以上，进境规定范围以内合理数量的科研、教学物品和自用物品，可以免税。

10. 中国境内的单位、个人向中国境外的单位提供的完全在境外消费的研发服务、合同能源管理服务、设计服务、广播影视节目（作品）的制作和发行服务、软件服务、电路设计和测试服务、信息系统服务、业务流程管理服务、离岸服务外包业务、转让技术，可以适用增值税零税率。

11. 中国境内的单位、个人销售的下列服务和无形资产可以免征增值税，适用增值税零税率的除外：

（1）工程项目在中国境外的建筑、工程监理服务，工程、矿产资源在中国境外的工程勘察、勘探服务，会议展览地点在中国境外的会议展览服务，存储地点在中国境外的仓储服务，标的物在中国境外使用的有形动产租赁服务，在中国境外提供的广播影视节目（作品）的播映服务，在中国境外提供的文化、体育、教育、医疗和旅游服务。

（2）为出口货物提供的邮政、收派和保险服务。

（3）向中国境外的单位提供的完全在中国境外消费的电信服务，知识产权服务，物流辅助服务（仓储、收派服务除外），鉴证咨询服务，专业技术服务，商务辅助服务，广告投放地在中国境外的广告服务，无形资产。

（4）以无运输工具承运方式提供的国际运输服务。

（5）为中国境外的单位之间的货币资金融通和其他金融业务提供的直接收费金融服务，且该服务与中国境内的货物、无形资产和不动产无关。

（6）财政部、国家税务总局规定的其他服务。

12. 自 2020 年 7 月 27 日至 2030 年 12 月 31 日，集成电路产业和软件产业的相关企业进口国内不能生产或者国内产品的性能不能满足需求的自用生产性原材料、消耗品等，可以按照规定免征进口关税。承建集成电路重大项目的企业在上述期间进口新设备，可以按照规定分期缴纳进口环节增值税。

（十一）外商投资企业、外国企业（非居民企业）和外国人

1. 在中国境内设立机构、场所的非居民企业从居民企业取得的与上述机构、场所有实际联系的股息、红利等权益性投资收益，为免税收入。上述股息、红利等权益性投资收益，不包括连续持有居民企业公开发行并上市流通的股票不足 12 个月取得的投资收益。

2. 非居民企业没有在中国境内设立机构、场所，取得来源于中国境内的所得；或者虽然在中国境内设立机构、场所，但是取得来源于中国境内的所得与其在中国境内所设机构、场所没有实际联系，可以减按 10% 的税率征收企业所得税。中国政府与外国政府签订的有关税收协定有更优惠规定的，可以按照有关税收协定的规

定执行。

3. 外国政府向中国政府提供贷款取得的利息所得，国际金融组织向中国政府、居民企业提供优惠贷款取得的利息所得，经国务院批准的其他所得，可以免征企业所得税。

4. 中国境外投资者从中国境内居民企业分配的利润直接投资于非禁止外商投资的项目和领域，符合规定条件的，可以暂不征收企业所得税。上述投资者享受上述待遇以后，被投资企业发生重组符合特殊性重组条件，并按照特殊性重组进行税务处理的，可以继续享受暂不征收企业所得税的待遇。

5. 外国人的下列所得可以暂时免征个人所得税：

（1）以非现金形式或者实报实销形式取得的住房补贴、伙食补贴、搬迁费和洗衣费；

（2）按照合理标准取得的出差补贴；

（3）取得的探亲费、语言训练费和子女教育费等；

（4）从外商投资企业取得的股息、红利。

自 2019 年至 2023 年，外国人符合居民个人条件的，也可以选择享受个人所得税专项附加扣除，放弃上述住房补贴、语言训练费和子女教育费等补贴的免税待遇。

6. 下列外国专家取得的工资、薪金所得，可以暂时免征个人所得税：

（1）根据世界银行专项贷款协议，由世界银行直接派往中国工作的外国专家；

（2）联合国组织直接派往中国工作的外国专家；

（3）为联合国援助项目来华工作的外国专家；

（4）援助国派往中国专为该国无偿援助项目工作的外国专家；

（5）根据中国与外国政府签订的文化交流项目，来华工作 2 年以内的外国文化、教育专家，其工资、薪金所得由外国负担的；

（6）根据中国大专院校国际交流项目，来华工作 2 年以内的文教专家，其工资、薪金所得由外国负担的；

（7）根据民间科研协定来华工作的外国专家，其工资、薪金所得由外国政府机构负担的。

7. 与中国签订避免对所得双重征税协定的国家的居民取得来源于中国的特许权使用费、利息、股息和红利所得，可以享受协定规定的优惠税率或者免税待遇。

8. 外国在华常驻人员在华居住超过 1 年者，在签证有效期以内初次来华携带进境的个人自用的家用摄像机、照相机、便携式收录机、激光唱机和计算机，报经所在地海关审核，在每个品种 1 台的数量限制以内，可以免征进境物品进口税。其中，外国专家携运进境的图书资料、科研仪器、工具、样品和试剂等教学、科研物品，在自用合理数量范围以内的，可以免税。

9. 长期来华定居的专家进口 1 辆自用的小汽车，可以免征车辆购置税。

10. 在中国境内连续居住不超过 183 天的外国人在退税商店购买的退税物品，在离境口岸离境的时候，可以按照规定退还增值税。

11. 自 2018 年 11 月 7 日至 2021 年 11 月 6 日，中国境外机构投资中国境内债券市场取得的债券利息收入，可以免征企业所得税和增值税。

香港、澳门、台湾同胞和华侨投资兴办的企业，香港、澳门、台湾同胞和华侨，可以参照外商投资企业、外国企业（非居民企业）和外国人，享受有关的税收优惠待遇。

（十二）外交税收豁免

根据中国政府参加的有关国际公约和中国的有关法律、行政法规，外国驻华使馆和外交代表可以享受下列税收待遇：

1. 使馆馆舍（包括使馆使用和使馆馆长官邸的建筑物及其附

属的土地）免税（目前包括房产税、城镇土地使用税等）。

2. 使馆办理公务所收规费和手续费免税。

3. 使馆运进的公务用品、外交代表运进的自用物品和使馆行政技术人员到任以后半年之内运进的安家物品，免纳关税和其他税收。

4. 中国政府在互惠、对等原则的基础上，对外国驻华使馆、外交代表和行政技术人员（中国公民和在中国永久居留者除外）在中国境内购买的合理自用范围以内的生活、办公类货物和服务实行增值税退税。上述货物和服务应当符合下列要求：

（1）除了自来水、电、燃气、暖气、汽油和柴油以外，购买货物申请退税单张发票的销售金额（含税价格，下同）应当在 800 元（人民币，下同）以上，购买服务申请退税单张发票的销售金额应当在 300 元以上。

（2）外交代表购买货物和服务，除了车辆和房租以外，每人每年申报退税销售金额（含税价格）不超过 18 万元。

（3）非增值税免税货物和服务。

增值税退税额，为发票注明的增值税税额。购买电力、燃气、汽油和柴油，发票没有注明增值税税额的，增值税退税额为按照不含税销售额和相关货物增值税适用税率计算的增值税税额；其他发票没有注明增值税税额的，为按照不含税销售额和增值税征收率计算的增值税税额。

5. 使馆和外交代表自用的车辆、船舶，可以按照规定免征车辆购置税、车船税和船舶吨税。

6. 使馆和外交代表在中国境内承受土地、房屋权属的，可以按照规定免征契税。

7. 外交代表可以免税，但是下列各项除外：

（1）通常计入商品、服务价格以内的税收（如消费税、城市维护建设税）；

（2）有关遗产的各种税收，但是外交代表亡故，其在中国境内的动产不在此限；

（3）对来源于中国境内的私人收入所征的税收。

与外交代表共同生活的配偶和未成年子女，如果不是中国公民，可以同外交代表一样享有上述税收豁免。

8. 使馆行政技术人员和与其共同生活的配偶、未成年子女，如果不是中国公民并且不是在中国永久居住的，也可以享有上述税收豁免。

9. 来华访问的外国国家元首、政府首脑、外交部长和其他具有同等身份的官员，可以享有上述税收豁免。

如果外国给予中国驻该国使馆、使馆人员和临时去该国的有关人员的税收豁免低于中国给予该国驻华使馆、使馆人员和临时来华的有关人员的税收豁免，中国政府根据对等原则，可以给予该国驻华使馆、使馆人员和临时来华的有关人员相应的税收豁免。

10. 外国驻华领馆、领事官员和领馆行政技术人员等可以享受的税收待遇大体同上。

11. 国际组织驻华机构及其拥有外国国籍的国际职员可以享受的税收待遇大体同上。

12. 在外国驻华使馆和领馆、国际组织驻华机构工作的不具有外交代表身份的外国雇员，可以暂不缴纳个人所得税（在任职机构以外从事非公务活动取得的收入除外）。

二十四、

税收征收管理制度

中国税收征收管理的基本法律依据是 1992 年 9 月 4 日第七届全国人民代表大会常务委员会第二十七次会议通过；2001 年 4 月 28 日第九届全国人民代表大会常务委员会第二十一次会议修订；2015 年 4 月 24 日第十二届全国人民代表大会常务委员会第十四次会议第三次修正，自当日起施行的《中华人民共和国税收征收管理法》；国务院 2002 年 9 月 7 日公布，2016 年 2 月 6 日第三次修正，自当日起施行的《中华人民共和国税收征收管理法实施细则》；1979 年 7 月 1 日第五届全国人民代表大会第二次会议通过、1997 年 3 月 14 日第八届全国人民代表大会第五次会议修订、后经全国人民代表大会常务委员会十一次修正的《中华人民共和国刑法》等法律和行政法规，其宗旨是加强税收征收管理，规范税收征收和缴纳行为，保障国家税收收入，维护纳税人的合法权益，促进经济和社会发展。

（一）税收执法依据、税务机关和税务人员

1. 税收的开征、停征、减税、免税、退税和补税，按照法律

执行；法律授权国务院规定的，按照国务院制定的行政法规执行。税务机关有权拒绝执行与税收法律、行政法规相抵触的决定。

2. 任何机关、单位和个人不得违反法律、行政法规，擅自作出税收开征、停征、减税、免税、退税、补税和其他与税收法律、行政法规抵触的决定。任何部门、单位和个人作出的与税收法律、行政法规相抵触的决定一律无效，税务机关不得执行，并应当向上级税务机关报告。

3. 国务院税务主管部门主管全国税收征收管理工作，各地税务机关应当按照国务院规定的税收征收管理范围分别征收管理。

4. 地方各级人民政府应当依法加强对于本行政区域内税收征收管理工作的领导或者协调，支持税务机关依法执行职务。

5. 税务机关、海关依法执行职务，各有关部门、单位应当支持、协助，任何单位、个人不得阻挠。

6. 税务机关应当广泛宣传税收法律、行政法规，普及知识，无偿地为纳税人提供纳税咨询服务。

7. 税务机关应当加强队伍建设，提高税务人员的政治素质和业务素质。

税务机关、税务人员必须秉公执法，忠于职守，清正廉洁，礼貌待人，文明服务，尊重和保护纳税人、扣缴义务人的权利，依法接受监督。

税务人员不得索贿受贿，徇私舞弊，玩忽职守，不征、少征应征税款；不得滥用职权多征税款，刁难纳税人、扣缴义务人。

8. 各级税务机关应当建立、健全内部制约和监督管理制度。

上级税务机关应当依法监督下级税务机关的执法活动。上级税务机关发现下级税务机关的税收违法行为，应当及时纠正；下级税务机关应当按照上级税务机关的决定及时改正。

下级税务机关发现上级税务机关的税收违法行为，应当向上级税务机关或者有关部门报告。

各级税务机关应当监督检查其工作人员执行法律、行政法规和廉洁自律准则的情况。

9. 税务机关负责征收、管理、稽查和行政复议的人员的职责应当明确，并相互分离、相互制约。

10. 税务人员征收税款和查处税收违法案件，与纳税人、扣缴义务人和税收违法案件有利害关系的，应当回避。

税务人员在核定应纳税额、调整税收定额、实施税务检查、实施税务行政处罚和办理税务行政复议的时候，与纳税人、扣缴义务人或者其法定代表人、直接责任人有下列关系之一的，应当回避：夫妻关系、直系血亲关系、三代以内旁系血亲关系、近姻亲关系和可能影响公正执法的其他利害关系。

11. 海关及其工作人员应当依照法定职权、法定程序履行关税征管职责，维护国家利益，保护纳税人合法权益，依法接受监督。

（二）纳税人、扣缴义务人和代征人

1. 法律、行政法规规定负有纳税义务的单位、个人为纳税人。

2. 法律、行政法规规定负有代扣代缴、代收代缴税款义务的单位、个人为扣缴义务人。

3. 纳税人、扣缴义务人应当分别按照法律、行政法规缴纳税款和代扣代缴、代收代缴税款，也可以委托税务代理人代为办理税务事宜。

4. 纳税人应当按照税收法律、行政法规履行纳税义务。纳税人签订的合同、协议等与税收法律、行政法规相抵触的，一律无效。

5. 纳税人、扣缴义务人和其他有关单位应当按照国家的有关规定，如实向税务机关提供与纳税和代扣代缴税款、代收代缴税款有关的信息。

6. 纳税人、扣缴义务人有权向税务机关了解税收法律、行政法规和与纳税程序有关的情况。

7. 纳税人、扣缴义务人有权要求税务机关为纳税人、扣缴义务人的情况（指商业秘密和个人隐私，不包括税收违法行为）保密，税务机关应当为纳税人、扣缴义务人的情况保密。

8. 纳税人依法享有申请减税、免税和退税的权利。

9. 纳税人、扣缴义务人对税务机关所作出的决定，享有陈述权、申辩权，依法享有申请行政复议、提起行政诉讼和请求国家赔偿等权利。

10. 纳税人、扣缴义务人有权控告和检举税务机关、税务人员的违法违纪行为。

11. 任何单位、个人都有权检举违反税收法律、行政法规的行为。税务机关应当为检举人保密，并按照举报人的贡献大小给予相应的奖励。

12. 纳税人有权要求海关对其商业秘密保密，但是不得以商业秘密为理由拒绝向海关提供有关资料，海关应当依法为纳税人保密。海关对检举、协助查获违反进出口关税条例行为的单位、个人，应当按照规定给予奖励，并负责保密。

13. 依法接受税务机关委托、行使代征税款权利并承担《委托代征协议书》规定义务的单位、个人为代征人。

(三) 税务登记

税务登记是税务机关登记纳税人的经济活动，并据此对纳税人实施税务管理的一项法定制度。

企业，企业在外地设立的分支机构和从事生产、经营的场所，个体工商户和从事生产、经营的事业单位，都应当依法办理税务登记。其他纳税人，除了国家机关、个人和无固定生产、经营场所的流动性农村小商贩以外，也应当依法办理税务登记。

新设立的企业、农民专业合作社（以下统称企业）领取由市场监管部门核发加载法人和其他组织统一社会信用代码的营业执照以后，税务部门不再发给税务登记证。企业办理涉税事项的时候，在完成补充信息采集以后，加载上述代码的营业执照可以代替税务登记证使用。

新设立的个体工商户领取的市场监管部门核发的加载统一社会信用代码的营业执照，同时具有原营业执照和税务登记证的功能，税务部门不再发给税务登记证。税务机关在个体工商户办理涉税事宜时，确认其统一社会信用代码等相关信息，进行税务管理。

在机构编制、民政部门登记设立并取得统一社会信用代码的纳税人，以 18 位统一社会信用代码为其纳税人识别号，按照现行规定办理税务登记，发放税务登记证件。

税务部门与民政部门之间能够建立省级统一的信用信息共享交换平台、政务信息平台和部门间数据接口，并实现登记信息实时传递的，可以参照企业、农民专业合作社的做法，由民政部门受理申请，只发放标注统一社会信用代码的社会组织（社会团体、基金会和民办非企业单位）法人登记证，赋予其税务登记证件的功能，不再另行发放税务登记证件。

依法负有扣缴税款义务的扣缴义务人（不包括国家机关），应当依法办理扣缴税款登记。

县以上税务局（分局）是税务登记的主管机关，负责税务登记的设立登记、变更登记、注销登记和税务登记证验证、换证以及非正常户处理、报验登记等有关事项。

税务登记证件包括税务登记证及其副本、临时税务登记证及其副本，扣缴税款登记证件包括扣缴税款登记证及其副本。

县以上税务局（分局）按照国务院规定的税收征收管理范围，实施属地管理。在有条件的城市，可以按照各区分散受理、全市集中处理的原则办理税务登记。

纳税人识别号由省、自治区、直辖市和计划单列市税务局按照纳税人识别号代码行业标准编制，统一下发各地执行。

已经领取组织机构代码的纳税人，其纳税人识别号共 15 位，由纳税人登记所在地 6 位行政区划码加 9 位组织机构代码组成。以业主身份证件为有效身份证明的组织，即未取得组织机构代码证书的个体工商户和持回乡证、通行证、护照办理税务登记的纳税人，其纳税人识别号由身份证件号码加 2 位顺序码组成。

纳税人在开立银行账户、领取发票的时候，必须提供税务登记证件；在办理其他税务事项的时候，应当出示税务登记证件，经税务机关核准相关信息以后办理。

1. 设立登记

企业，企业在外地设立的分支机构和从事生产、经营的场所，个体工商户和从事生产、经营的事业单位（以下统称从事生产、经营的纳税人），应当向生产、经营所在地税务机关申报办理税务登记：

（1）从事生产、经营的纳税人领取营业执照的，应当自领取营业执照之日起 30 日以内申报办理税务登记，税务机关发放税务登记证及副本。

（2）从事生产、经营的纳税人没有办理营业执照，经有关部门批准设立的，应当自有关部门批准设立之日起 30 日以内申报办理税务登记，税务机关发放税务登记证及副本。

（3）从事生产、经营的纳税人没有办理营业执照，也没有经有关部门批准设立的，应当自纳税义务发生之日起 30 日以内申报办理税务登记，税务机关发放临时税务登记证及副本。

（4）有独立的生产经营权、在财务上独立核算并定期向发包人、出租人上交承包费、租金的承包承租人，应当自承包承租合同签订之日起 30 日以内，向其承包承租业务发生地税务机关申报办理税务登记，税务机关发放临时税务登记证及副本。

（5）中国境外的企业在中国境内承包建筑、安装、装配、勘探工程和提供劳务的，应当自项目合同（协议）签订之日起 30 日以内，向项目所在地税务机关申报办理税务登记，税务机关发放临时税务登记证及副本。

其他纳税人，除了国家机关、个人和无固定生产、经营场所的流动性农村小商贩以外，都应当自纳税义务发生之日起 30 日以内，向纳税义务发生地税务机关申报办理税务登记，税务机关发放税务登记证及副本。

从事生产、经营的个人应办未办营业执照，发生纳税义务的，可以按照规定申请办理临时税务登记。

税务机关对纳税人税务登记地点发生争议的，由其共同的上级税务机关指定管辖。

纳税人在申报办理税务登记的时候，应当根据不同情况向税务机关提供营业执照或者其他核准执业证件，有关合同、章程和协议书，组织机构统一代码证书，法定代表人或者负责人、业主的居民身份证、护照或者其他合法证件。其他需要提供的有关证件、资料，由省级税务机关确定。

纳税人提交的证件、资料齐全且税务登记表的填写内容符合规定的，税务机关应当当日办理，并发放税务登记证件。纳税人提交的证件、资料不齐全，税务登记表的填写内容不符合规定的，税务机关应当当场通知其补正或者重新填报。

税务登记证件的主要内容包括：纳税人名称，税务登记代码，法定代表人或者负责人，生产、经营地址，登记类型，核算方式，生产、经营范围（主营、兼营），发证日期，证件有效期等。

已经办理税务登记的扣缴义务人，应当自扣缴税款义务发生之日起 30 日以内，向税务登记地税务机关申报办理扣缴税款登记。税务机关在其税务登记证件上登记扣缴税款事项，税务机关不再发给扣缴税款登记证件。

依法可以不办理税务登记的扣缴义务人，应当自扣缴税款义务发生之日起 30 日以内，向机构所在地税务机关申报办理扣缴税款登记。税务机关发放扣缴税款登记证件。

2. 变更登记

纳税人税务登记内容发生变化的，应当向原税务登记机关申报办理变更税务登记。

（1）纳税人已经在市场监管机关办理变更登记的，应当自市场监管机关变更登记之日起 30 日以内，向原税务登记机关提供登记变更表、纳税人变更登记内容的有关证明文件、税务机关发放的原税务登记证件和其他有关资料，申报办理变更税务登记。

（2）纳税人按照规定不需要在市场监管机关办理变更登记，或者其变更登记的内容与工商登记内容无关的，应当自税务登记内容实际发生变化之日起 30 日以内，或者自有关机关批准、宣布变更之日起 30 日以内，持纳税人变更登记内容的有关证明文件、税务机关发放的原税务登记证件和其他有关资料，到原税务登记机关申报办理变更税务登记。

纳税人提交的有关变更登记的证件、资料齐全的，应当填写税务登记变更表，符合规定的，税务机关应当当日办理；不符合规定的，税务机关应当通知其补正。

纳税人税务登记表和税务登记证中的内容都发生变更的，税务机关按照变更以后的内容重新发放税务登记证件；纳税人税务登记表的内容发生变更而税务登记证中的内容没有发生变更的，税务机关不重新核发税务登记证件。

3. 停业、复业登记

实行定期定额征收方式的个体工商户需要停业的，应当在停业以前向税务机关申报办理停业登记。纳税人的停业期限不得超过 1 年。

纳税人在申报办理停业登记的时候，应当填写《停业复业报告书》，说明停业理由、停业期限、停业以前的纳税情况和发票的领、用、存情况，并结清应纳税款、滞纳金和罚款。税务机关应当收存其税务登记证件及副本、发票领取簿、没有使用完的发票和其他税务证件。

纳税人在停业期间发生纳税义务的，应当依法申报纳税。

纳税人应当在恢复生产、经营以前向税务机关申报办理复业登记，填写《停业复业报告书》，领回并启用税务登记证件、发票领取簿及其停业以前领取的发票。

纳税人停业期满以后不能及时恢复生产、经营的，应当在停业期满以前到税务机关办理延长停业登记申请，并填写《停业复业报告书》。

4. 注销登记

纳税人发生解散、破产、撤销和其他情形，依法终止纳税义务的，应当在向市场监管机关或者其他机关办理注销登记以前，持有关证件、资料向原税务登记机关申报办理注销税务登记；按照规定不需要在市场监管机关或者其他机关办理注册登记的，应当自有关机关批准或者宣告终止之日起15日以内，持有关证件和资料向原税务登记机关申报办理注销税务登记。

纳税人被市场监管机关吊销营业执照或者被其他机关撤销登记的，应当自吊销营业执照或者被撤销登记之日起15日以内，向原税务登记机关申报办理注销税务登记。

纳税人由于住所、经营地点变动，涉及改变税务登记机关的，应当在向市场监管机关或者其他机关申请办理变更、注销登记以前，或者住所、经营地点变动以前，持有关证件、资料，向原税务登记机关申报办理注销税务登记，并自注销税务登记之日起30日以内，向迁达地税务机关申报办理税务登记。

中国境外的企业在中国境内承包建筑、安装、装配、勘探工程和提供劳务的，应当在项目完工、离开中国以前15日以内，持有关证件、资料，向原税务登记机关申报办理注销税务登记。

纳税人办理注销税务登记以前，应当向税务机关提交相关证明文件、资料，结清应纳税款、多退（免）税款、滞纳金和罚款，缴销发票、税务登记证件和其他税务证件，经税务机关核准以后，办理注销税务登记手续。

5. 外出经营报验登记

纳税人到外县（市）临时从事生产、经营活动的，应当在外出生产、经营以前，持税务登记证到税务机关开具《外出经营活动税收管理证明》（以下简称证明）。

税务机关按照一地一证的原则发放证明，有效期限一般为 30 日，最长不得超过 180 日。

纳税人应当在证明注明地开始生产、经营以前向当地税务机关报验登记，并提交证明和税务登记证件副本。纳税人在证明注明地销售货物的，除了提交以上证明、证件以外，还应当填写《外出经营货物报验单》，申报查验货物。

纳税人外出经营活动结束，应当向经营地税务机关填报《外出经营活动情况申报表》，并结清税款，缴销发票。

纳税人应当在证明有效期届满之后 10 日以内，持证明回原税务登记地税务机关办理证明缴销手续。

6. 证件管理

税务机关应当加强税务登记证件的管理，采取实地调查、上门验证等方法管理税务登记证件。

税务登记证式样改变，需要统一换发税务登记证的，由国家税务总局确定。

纳税人、扣缴义务人遗失税务登记证件的，应当自遗失税务登记证件之日起 15 日以内，书面报告税务机关，填写《税务登记证件遗失报告表》，并将纳税人的名称、税务登记证件名称、税务登

记证件号码、税务登记证件有效期和发证机关名称在税务机关认可的报刊上作遗失声明，凭报刊上刊登的遗失声明到税务机关补办税务登记证件。

7. 非正常户处理

已经办理税务登记的纳税人没有按照规定的期限申报纳税，在税务机关责令其限期改正以后，逾期不改正的，税务机关应当派员实地检查，查无下落并且无法强制其履行纳税义务的，由检查人员制作非正常户认定书，存入纳税人档案，税务机关暂停其税务登记证件、发票领取簿和发票的使用。

纳税人被列入非正常户超过 3 个月的，税务机关可以宣布其税务登记证件失效，其应纳税款的追征仍然按照税收征收管理法的规定执行。

（四）账簿、凭证管理

纳税人、扣缴义务人应当按照有关法律、行政法规和财政部、国家税务总局的规定设置账簿，根据合法、有效凭证记账、核算。

1. 从事生产、经营的纳税人应当自领取营业执照或者发生纳税义务之日起 15 日以内，按照国家的有关规定设置账簿（包括总账、明细账、日记账和其他辅助性账簿）。

2. 生产、经营规模小又确无建账能力的纳税人，可以聘请经批准从事会计代理记账业务的专业机构或者财会人员代为建账和办理账务。

3. 达不到建账标准而采用定期定额征收方式征收税款的个体工商户，应当建立收支凭证粘贴簿、进销货登记簿。在税控装置推广使用范围以内的纳税人，必须按照规定安装、使用税控装置。

4. 从事生产、经营的纳税人的财务、会计制度或者财务、会计处理办法，应当自领取税务登记证件之日起 15 日以内，报送税务机关备案。

纳税人使用计算机记账的，应当在使用以前将会计电算化系统的会计核算软件、使用说明书和有关资料报送税务机关备案。

纳税人建立的会计电算化系统应当符合国家的有关规定，并能够正确、完整地核算其收入和所得。

5. 扣缴义务人应当自税收法律、行政法规规定的扣缴义务发生之日起 10 日以内，按照所代扣、代收的税种分别设置代扣代缴、代收代缴税款账簿。

6. 纳税人、扣缴义务人会计制度健全，能够通过计算机正确、完整地核算其收入、所得或者代扣代缴、代收代缴税款情况的，其计算机输出的完整的书面会计记录可以视同会计账簿。纳税人、扣缴义务人会计制度不健全，不能通过计算机正确、完整地核算其收入、所得或者代扣代缴、代收代缴税款情况的，应当建立总账和与纳税或者代扣代缴、代收代缴税款有关的其他账簿。

7. 纳税人、扣缴义务人的财务、会计制度或者财务、会计处理办法与国务院或者财政部、国家税务总局有关税收的规定抵触的，应当按照国务院或者财政部、国家税务总局有关税收的规定计算应纳税款、代扣代缴税款和代收代缴税款。

8. 账簿、会计凭证和报表应当使用中文，民族自治地方可以同时使用当地通用的一种民族文字，外商投资企业、外国企业可以同时使用一种外国文字。

9. 纳税人应当按照税务机关的规定安装、使用税控装置，并报送有关资料，不得毁损和擅自改动税控装置。

10. 纳税人、扣缴义务人应当按照财政部、国家税务总局规定的保管期限保管账簿、记账凭证、完税凭证和其他有关资料，账簿、记账凭证、报表、完税凭证、发票、出口凭证和其他有关涉税资料应当合法、真实、完整，一般规定保存期为 10 年。

11. 账簿、记账凭证、完税凭证和其他有关资料不得伪造、变

造和擅自损毁。

12. 从事生产、经营的纳税人应当按照国家的有关规定，持税务登记证件，在银行或者其他金融机构开立基本存款账户和其他存款账户，并自开立账户之日起 15 日以内向税务机关书面报告其全部账号；开立的账户发生变化的，应当自变化之日起 15 日以内向税务机关书面报告。

银行和其他金融机构应当在从事生产、经营的纳税人的账户中登录税务登记证件号码，并在税务登记证件中登录从事生产、经营的纳税人的账户账号。

在税务机关依法查询从事生产、经营的纳税人开立账户情况的时候，有关银行和其他金融机构应当协助。

（五）发票管理

发票，指购销货物、提供或者接受劳务和其他经营活动中开具、收取的收付款凭证。中国现行的《中华人民共和国发票管理办法》是国务院 1993 年 12 月 12 日批准，当年 12 月 23 日由财政部发布，自当日起施行的。2019 年 3 月 2 日，国务院对该办法作了第二次修改。凡在中国境内印制、领取、开具、取得、保管、缴销发票的单位和个人（以下称印制、使用发票的单位和个人），都应当遵守该办法。

国家税务总局统一负责全国的发票管理工作，规定发票的种类、联次、内容和使用范围。该局还可以根据增值税专用发票管理的特殊需要，制定该种发票的具体管理办法；可以根据有关行业特殊的经营方式和业务需求，会同国务院有关主管部门制定该行业的发票管理办法。各省、自治区和直辖市税务局负责本行政区域的发票管理工作。

财政、审计、市场监管和公安等有关部门在各自的职责范围内，配合税务机关做好发票管理工作。

对违反发票管理法规的行为，任何单位、个人都可以举报。税务机关应当为检举人保密，并酌情奖励。

1. 发票的式样、联次和内容

全国统一式样的发票，由国家税务总局确定。各省、自治区和直辖市统一式样的发票，由省级税务机关确定。

发票的基本联次包括存根联、发票联和记账联，存根联由收款方或者开票方留存备查，发票联由付款方或者受票方作为付款原始凭证，记账联由收款方或者开票方作为记账原始凭证。

省以上税务机关可以根据发票管理情况、纳税人经营业务需要增减除了发票联以外的其他联次，并确定其用途。

发票的基本内容包括：发票的名称、发票代码和号码、联次和用途、客户名称、开户银行和账号、商品名称或者经营项目、计量单位、数量、单价、大小写金额、开票人、开票日期和开票单位（个人）名称（章）等。

省以上税务机关可以根据经济活动和发票管理需要，确定发票的具体内容。

用票单位可以书面向税务机关要求使用印有本单位名称的发票，税务机关根据用票单位的经营范围和规模，确认印有该单位名称发票的种类和数量。

2. 发票的印制

增值税专用发票，由国家税务总局确定的企业印制；其他发票，按照国家税务总局的规定，由省级税务机关确定的企业印制。禁止私自印制、伪造和变造发票。

印制发票的企业应当具备下列条件：取得印刷经营许可证和营业执照，设备、技术水平能够满足印制发票的需要，有健全的财务制度和严格的质量监督、安全管理、保密制度。

税务机关应当以招标方式确定印制发票的企业，并发给发票准印证。发票准印证由国家税务总局统一监制，省级税务机关核发。

税务机关应当对印制发票企业实施监督管理，对于不符合条件者，应当取消其印制发票的资格。

全国统一的发票防伪措施由国家税务总局确定，省级税务机关可以根据需要增加本地区的发票防伪措施，并向国家税务总局备案。

印制发票应当使用国家税务总局确定的全国统一的发票防伪专用品。禁止非法制造发票防伪专用品。

发票防伪专用品应当按照规定专库保管，不得丢失。次品、废品应当在税务机关监督下集中销毁。

全国统一发票监制章是税务机关管理发票的法定标志，发票应当套印全国统一发票监制章。全国统一发票监制章的式样和发票版面印刷的要求由国家税务总局规定。发票监制章由省级税务机关制作。禁止伪造发票监制章。

发票实行不定期换版制度。全国发票换版由国家税务总局确定，各省、自治区和直辖市发票换版由各地省级税务机关确定。发票换版的时候应当公告。

印制发票的企业按照税务机关的统一规定，建立发票印制管理制度和保管措施。

发票监制章、发票防伪专用品的使用和管理实行专人负责制度。

监制发票的税务机关根据需要下达发票印制通知书，发票印制通知书应当载明印制发票企业名称、用票单位名称、发票名称、发票代码、种类、联次、规格、印色、印制数量、起止号码、交货时间和地点等内容，印制发票的企业必须按照税务机关批准的式样和数量印制发票。

印制发票应当使用中文。民族自治地方的发票，可以加印当地一种通用的民族文字。有实际需要的，可以同时使用中外两种文字印制。

各省、自治区和直辖市辖区以内的单位和个人使用的发票，除了增值税专用发票以外，应当在本省（自治区、直辖市）印制；确有必要到外省（自治区、直辖市）印制的，应当由当地省级税务机关商印制地省级税务机关同意，由印制地省级税务机关确定的企业印制。禁止在中国境外印制发票。

印制发票企业印制完毕的发票，应当按照规定验收以后专库保管，不得丢失。废品应当及时销毁。

3. 发票的领取

需要领取发票的单位、个人，应当持税务登记证件、经办人身份证明和按照国家税务总局规定式样制作的发票专用章的印模，向税务机关办理发票领取手续。税务机关根据领取单位、个人的经营范围和规模，确认领取发票的种类、数量和领取方式，在5个工作日以内发给发票领取簿。

上述经办人身份证明，指居民身份证、护照和其他能够证明经办人身份的证件；发票专用章，指用票单位、个人在其开具发票的时候加盖的有其名称、税务登记号和发票专用章字样的印章，税务机关对于领取发票单位、个人提供的发票专用章的印模应当留存备查；领取方式，指批量供应、交旧领新和验旧领新等方式；发票领取簿的内容，应当包括用票单位、个人的名称、所属行业、领票方式、核准领票种类、开票限额、发票名称、领取日期、准领数量、起止号码、违章记录、领取人签字（盖章）和核发税务机关（章）等内容。

单位、个人领取发票时，应当按照税务机关的规定报告发票领、用、存情况和相关开票数据，税务机关应当按照规定查验。

需要临时使用发票的单位、个人，可以凭购销货物、提供或者接受劳务、从事其他经营活动的书面证明（指有关业务合同、协议和税务机关认可的其他资料）和经办人身份证明，直接向经营地税务机关申请代开发票。按照税收法律、行政法规规定应当缴纳税款的，税务机关应当先征收税款，再开具发票。

税务机关根据发票管理的需要，可以按照国家税务总局的规定委托其他单位代开发票。税务机关应当与受托代开发票的单位签订协议，明确代开发票的种类、对象、内容和相关责任等内容。

禁止非法代开发票。

临时到本省（自治区、直辖市）以外从事经营活动的单位、个人，应当凭所在地税务机关的证明，向经营地税务机关领取经营地的发票。

临时在本省（自治区、直辖市）以内跨市、县从事经营活动领取发票的办法，由省级税务机关规定。

外省（自治区、直辖市）来本省（自治区、直辖市）从事临时经营活动的单位、个人领取发票的，本省（自治区、直辖市）税务机关可以要求其提供保证人（指在中国境内具有担保能力的公民、法人和其他经济组织），或者根据领取发票的票面限额和数量交纳不超过 1 万元的保证金，并限期缴销发票。提供保证人和交纳保证金的范围，由省级税务机关规定。

保证人同意为领取发票的单位、个人提供担保的，应当填写担保书，担保书的内容包括担保对象、范围、期限、责任和其他有关事项。担保书须经领票人、保证人和税务机关签字盖章以后方为有效。

税务机关收取保证金，应当开具资金往来结算票据。

按期缴销发票的，解除保证人的担保义务，或者退还保证金；未按期缴销发票的，由保证人缴纳罚款，或者以保证金缴纳罚款。

4. 发票的开具、保管

销售货物、提供劳务和从事其他经营活动的单位、个人，对外发生经营业务收取款项，收款方应当向付款方开具发票；收购单位、扣缴义务人向个人支付款项，其他国家税务总局认为需要由付款方向收款方开具发票的，由付款方向收款方开具发票。

所有单位和从事生产、经营活动的个人在购买货物、接受劳务和从事其他经营活动支付款项的时候，应当向收款方取得发票。向消费者个人零售小额商品和提供零星服务的，是否可以免予逐笔开具发票，由省级税务机关确定。取得发票时，不得要求变更品名、金额。

填开发票的单位、个人必须在发生经营业务、确认营业收入的时候开具发票。没有发生经营业务一律不准开具发票。

不符合规定的发票，不得作为财务报销凭证，任何单位、个人都有权拒收。

开具发票应当按照规定的时限、顺序和栏目，全部联次一次性如实开具，必须做到按照号码顺序填开，填写项目齐全，内容真实，字迹清楚，全部联次一次打印，内容完全一致，并在发票联和抵扣联加盖发票专用章。

开具发票应当使用中文。民族自治地方可以同时使用当地通用的一种民族文字。

任何单位、个人不得有下列虚开发票行为：为他人、为自己开具与实际经营业务情况不符的发票，让他人为自己开具与实际经营业务情况不符的发票，介绍他人开具与实际经营业务情况不符的发票。

安装税控装置的单位、个人，应当按照规定使用税控装置开具发票，并按期向税务机关报送开具发票的数据。

使用非税控电子器具开具发票的单位、个人，应当将非税控电子器具使用的软件程序说明资料报税务机关备案，并按照规定保存和报送开具发票的数据。

开具发票以后，发生销货退回，需要开具红字发票的，必须收回原发票，并注明"作废"字样，或者取得对方有效证明；发生销售折让的，必须收回原发票，并注明"作废"字样，重新开具销售发票，或者在取得对方有效证明以后开具红字发票。

任何单位、个人都应当按照发票管理规定使用发票，不得有下列行为：转借、转让、介绍他人转让发票、发票监制章和发票防伪专用品，知道或者应当知道是私自印制、伪造、变造、非法取得或者废止的发票而受让、开具、存放、携带、邮寄和运输上述发票，拆本使用发票，扩大发票使用范围，以其他凭证代替发票使用。

税务机关应当提供查询发票真伪的便捷渠道。

除了国家税务总局规定的特殊情形以外，发票限于领取单位、个人在本省（自治区、直辖市）辖区以内开具。

省级税务机关可以规定跨市、县开具发票的办法。

除了国家税务总局规定的特殊情形以外，任何单位、个人都不得跨越国家税务总局和省级税务机关规定的区域携带、邮寄、运输空白发票。

禁止携带、邮寄和运输空白发票出入中国国境。

开具发票的单位、个人应当建立发票使用登记制度，设置发票登记簿，并定期向税务机关报告发票使用情况。

开具发票的单位、个人应当在办理变更或者注销税务登记的同时，办理发票和发票领取簿的变更、缴销手续。

开具发票的单位、个人应当按照税务机关的规定存放和保管发票，不得擅自损毁。已经开具的发票存根联和发票登记簿，应当保存 5 年。保存期满，报税务机关查验以后销毁。

使用发票的单位、个人应当妥善保管发票。丢失发票的时候，应当于发现丢失当日书面报告税务机关。

5. 发票的检查

税务机关在发票管理中有权实施下列检查：检查印制、领取、开具、取得、保管和缴销发票的情况；调出发票查验；查阅、复制与发票有关的凭证、资料；向当事各方询问与发票有关的问题；在查处发票案件的时候，对于与案件有关的情况和资料，可以记录、录音、录像、照相和复制。

印制、使用发票的单位、个人，必须接受税务机关依法检查，如实反映情况，提供有关资料，不得拒绝和隐瞒。

税务人员实施发票检查的时候，应当出示税务检查证。

税务机关需要将已经开具的发票调出查验的时候，应当向被查验的单位、个人开具发票换票证。发票换票证与调出查验的发票具有同等效力，被调出查验发票的单位、个人不得拒绝接受。发票换票证仅限于在本县（市）使用。需要调出外县（市）发票查验的时候，应当提请该县（市）税务机关调取发票。

税务机关需要将空白发票调出查验的时候，应当开具收据；经查无问题的，应当及时退还。

单位、个人从中国境外取得的与纳税有关的发票和其他凭证，税务机关在纳税审查的时候有疑义的，可以要求其提供中国境外公证机构或者注册会计师的确认证明，经税务机关审核认可以后才能作为记账和核算的凭证。

税务机关在发票检查中需要核对发票存根联与发票联填写情况的时候，可以向持有发票或者发票存根联的单位发出发票填写情况核对卡，有关单位应当如实填写，按期报回。

用票单位、个人有权申请税务机关鉴别发票的真伪。收到申请的税务机关应当受理并负责鉴别发票的真伪；鉴别有困难的，可以提请发票监制税务机关协助鉴别。在伪造、变造现场和买卖地、存放地查获的发票，由当地税务机关鉴别。

6. 网络发票的管理

网络发票指符合国家税务总局统一标准，并通过国家税务总局和省、自治区、直辖市税务局公布的网络发票管理系统开具的发票。

税务机关应当根据开具发票的单位、个人的经营情况，核定其在线开具网络发票的种类、行业类别和开票限额等内容。

开具发票的单位、个人需要变更网络发票核定内容的，可以向税务机关提出书面申请，经税务机关确认以后变更。

开具发票的单位、个人开具网络发票，应当登录网络发票管理系统，如实完整填写发票的相关内容，确认保存以后打印发票。

开具发票的单位、个人在线开具的网络发票，经系统自动保存数据以后，即完成开票信息的确认和查验。

单位、个人取得网络发票的时候，应当及时查询验证网络发票信息的真实性和完整性。不符合规定的发票不得作为财务报销凭证，任何单位和个人有权拒收。

开具发票的单位、个人需要开具红字发票的，必须收回原网络发票全部联次或者取得受票方出具的有效证明，通过网络发票管理系统开具金额为负数的红字网络发票。

开具发票的单位、个人作废开的网络发票，应当收回原网络发票全部联次，注明"作废"，并在网络发票管理系统中作出相应处理。

开具发票的单位、个人应当在办理变更、注销税务登记的同时，办理网络发票管理系统的用户变更、注销手续，并缴销空白发票。

税务机关根据发票管理的需要，可以按照国家税务总局的规定，委托其他单位通过网络发票管理系统代开网络发票。

税务机关应当与受托代开发票的单位签订协议，明确代开网络发票的种类、对象、内容和相关责任等内容。

开具发票的单位、个人必须如实在线开具网络发票，不得利用网络发票从事转借、转让、虚开发票和其他违法活动。

开具发票的单位、个人在网络出现故障，无法在线开具发票的时候，可以离线开具发票。

开具发票以后，不得改动开票信息，应当在 48 小时以内上传开票信息。

省级以上税务机关在确保网络发票电子信息正确生成、可靠存储、查询验证和安全唯一等条件的情况下，可以试行电子发票。

（六）纳税申报

关于纳税申报的规定，分别由税务机关和海关作出。

1. 税务机关的规定

（1）纳税申报是纳税人、扣缴义务人依法向税务机关提交有关纳税事项书面报告的一项制度。纳税人应当按照法律、行政法规或者税务机关按照法律、行政法规确定的申报期限和申报内容，如实办理纳税申报，向税务机关报送纳税申报表、财务会计报表和税务机关根据实际需要要求纳税人报送的其他纳税资料（如财务会计报表及其说明材料，与纳税有关的合同、协议书和凭证，税控装置的电子报税资料，外出经营活动税收管理证明和异地完税凭证，公证机构出具的有关证明等）。扣缴义务人应当按照法律、行政法规或者税务机关按照法律、行政法规确定的申报期限和申报内容，如实向税务机关报送代扣代缴、代收代缴税款报告表，代扣代缴、代收代缴税款的合法凭证，以及税务机关根据实际需要要求扣缴义务人报送的其他有关资料（如与代扣代缴、代收代缴税款有关的经济合同等）。

采取简易申报方式的定期定额户，在规定期限以内通过财税库银电子缴税系统批量扣税或者委托银行扣缴核定税款的，当期可以不办理纳税申报手续，以缴代报。

（2）纳税人可以直接到税务机关办理纳税申报，扣缴义务人可以直接到税务机关报送代扣代缴、代收代缴税款报告表；纳税人、扣缴义务人也可以按照规定采取邮寄、数据电文（指税务机关确定的电话语音、电子数据交换和网络传输等电子方式）和其他方式（如委托他人代理）办理上述事宜。

纳税人、扣缴义务人采取数据电文方式办理纳税申报的，其申报日期以税务机关计算机网络系统收到该数据电文的时间为准，与数据电文相对应的纸质申报资料的报送期限由税务机关确定。

纳税人采取邮寄方式办理纳税申报的，应当使用统一的纳税申报专用信封，并以邮政部门的收据作为申报凭据，以寄出的邮戳为实际申报日期。

（3）实行定期定额缴纳税款的纳税人，可以实行简易申报、简并征期等申报纳税方式。

简易申报，指实行定期定额缴纳税款的纳税人在法律、行政法规规定的期限或者在税务机关按照法律、行政法规的规定确定的期限以内缴纳税款的，可以视同申报。

简并征期，指实行定期定额缴纳税款的纳税人，经过税务机关批准，可以采取将纳税期限合并为按季、半年、年的方式缴纳税款，具体期限由各地省级税务机关根据具体情况确定。

（4）纳税人在纳税期内没有应纳税款的，也应当按照规定办理纳税申报。

纳税人享受免税、减税待遇的，在免税、减税期间也应当按照规定办理纳税申报。

（5）纳税人、扣缴义务人的纳税申报或者代扣代缴、代收代缴税款报告表的主要内容包括：税种、税目，应纳税项目或者应代扣代缴、代收代缴税款项目，计税依据，扣除项目及其标准，适用税率、税额标准，应退税项目及其税额，应减免税项目及其税额，应纳税额或者应代扣代缴、代收代缴税额，税款所属期限，延期缴纳税款、欠税和滞纳金等。

（6）纳税人、扣缴义务人按照规定的期限办理纳税申报或者报送代扣代缴、代收代缴税款报告表确有困难（如受到不可抗力的影响、财务会计处理上有特殊情况等），需要延期的，应当在规定的期限以内向税务机关书面申请延期；经过税务机关核准，可以在核准的期限（一般不超过 3 个月）以内办理。

经过核准延期办理上述申报、报送事项的，应当在纳税期以内按照上期实际缴纳的税额或者税务机关核定的税额预缴税款，并在核准的延期内办理税款结算。结算的时候，预缴税额大于应纳税额的；税务机关退还多缴的税款，但是不支付利息；预缴税额小于应纳税额的，税务机关补征少缴的税款，但是不加收滞纳金。

纳税人、扣缴义务人由于不可抗力，不能按期办理纳税申报或者报送代扣代缴、代收代缴税款报告表的，可以延期办理。但是，应当在不可抗力情形消除以后立即向税务机关报告。税务机关应当查明事实，予以核准。

2. 海关的规定

（1）进口货物的纳税人应当自运输工具申报进境之日起 14 日以内；出口货物的纳税人除了海关特准的以外，应当在货物运抵海关监管区以后、装货的 24 小时以前，向货物的进出境地海关申报。

纳税人在货物实际进出口以前，可以按照有关规定向海关申请对进出口货物进行商品预归类、价格预审核和原产地预确定。海关审核确定以后，应当书面通知纳税人，并在货物实际进出口时认可。

（2）纳税人应当依法如实向海关申报，并按照海关的规定提供有关确定完税价格、商品归类、确定原产地和采取反倾销、反补贴、保障措施等所需的资料。必要时，海关可以要求纳税人补充申报，纳税人也可以主动要求补充申报。

（3）纳税人应当按照进出口税则规定的目录条文和归类总规则、类注、章注、子目注释和其他归类注释，对其申报的进出口货物进行商品归类，并归入相应的税则号列；海关应当依法审核确定该货物的商品归类。

（4）海关应当按照法律、行政法规和海关规章，审核纳税人申报的进出口货物商品名称、规格型号、税则号列、原产地、价格、成交条件和数量等资料。

海关可以根据口岸通关和货物进出口的具体情况，在货物通关环节仅对申报内容进行程序性审核，在货物放行以后再进行申报价格、商品归类和原产地等是否真实、正确的实质性核查。

海关为审核确定进出口货物的商品归类、完税价格和原产地等，可以对进出口货物进行查验，组织化验、检验和核查相关企业，并将海关认定的化验、检验结果作为商品归类的依据。

经审核，海关发现纳税人申报的进出口货物税则号列有误的，应当按照商品归类的有关规则、规定重新确定。

经审核，海关发现纳税人申报的进出口货物价格不符合成交价格条件，或者成交价格不能确定的，应当按照审定进出口货物完税价格的有关规定另行估价。

经审核，海关发现纳税人申报的进出口货物原产地有误的，应当通过审核纳税人提供的原产地证明、实际查验货物和审核其他相关单证等方法，按照海关原产地管理的有关规定确定。

经审核，海关发现纳税人提交的减税、免税申请和申报的内容不符合有关减税、免税规定的，应当按照规定计征税款。

纳税人违反海关规定，涉嫌伪报、瞒报的，应当按照规定移交海关缉私部门处理。

（5）海关为审查申报价格的真实性和准确性，可以查阅、复制与进出口货物有关的合同、发票、账册、结付汇凭证、单据、业务函电、录音录像制品和其他反映买卖双方关系及交易活动的资料。

海关对纳税人申报的价格有怀疑并且所涉关税数额较大的，经过直属海关关长或者其授权的隶属海关关长批准，凭海关总署统一格式的协助查询账户通知书和有关工作人员的工作证件，可以查询纳税人在银行和其他金融机构开立的单位账户的资金往来情况，并向银行业监督管理机构通报有关情况。

（6）海关对纳税人申报的价格有怀疑的，应当将怀疑的理由书面告知纳税人，要求其在规定的期限以内书面作出说明，提供有关资料。

纳税人在规定的期限以内没有作出说明、提供有关资料的，或者海关仍然有理由怀疑申报价格的真实性、准确性的，海关可以不接受纳税人申报的价格，并按照规定估定完税价格。

（7）海关审查确定进出口货物的完税价格以后，纳税人可以以书面形式要求海关就如何确定其进出口货物的完税价格作出书面说明，海关应当向纳税人作出书面说明。

（七）税款征收

1. 税务机关应当按照法律、行政法规征收税款，不得违反法律、行政法规开征、停征、多征、少征、提前征收、延缓征收和摊派税款。

税务机关可以采取查账征收、定期定额征收、核定征收、代扣代缴和代收代缴等方式征收税款；县级以上税务机关还可以根据有利于税收控管和方便纳税的原则，按照国家的有关规定委托有关单位、人员代征零星、分散和异地缴纳的税收。

税务机关应当按照规定的税收征收管理范围、税款入库预算科目和预算级次将征收的各项税款、滞纳金和罚款及时缴入国库，不得占压、挪用和截留，不得缴入国库以外和国家规定的税款账户以外的任何账户。

对于审计机关、财政机关依法查出的税收违法行为，税务机关应当根据有关机关的决定、意见书，依法将应收的税款、滞纳金按照规定的税收征管范围和税款入库预算级次缴入国库，并自收到有关机关的决定、意见书之日起30日以内将执行情况书面回复有关机关。

有关机关不得将其履行职责过程中发现的税款、滞纳金自行征收入库，或者以其他款项的名义自行处理、占压。

2. 扣缴义务人应当按照法律、行政法规履行代扣、代收税款的义务。对法律、行政法规没有规定负有代扣、代收税款义务的单位、个人，税务机关不得要求其履行代扣、代收税款义务。

负有代扣代缴义务的单位、个人，应当在支付款项的时候，依法将取得款项的纳税人应当缴纳的税款代为扣缴。纳税人拒绝扣缴税款的，扣缴义务人应当暂停支付相当于纳税人应纳税款的款项，并在 1 日以内报告税务机关。

负有代收代缴义务的单位、个人，应当在收取款项的时候，依法将支付款项的纳税人应当缴纳的税款代为收缴。纳税人拒绝给付的，扣缴义务人应当在 1 日以内报告税务机关。

代征人按照税务机关发给的《委托代征证书》的要求，以税务机关的名义依法征收税款，纳税人不得拒绝；纳税人拒绝的，代征人应当及时报告税务机关。

税务机关不得将法律、行政法规确定的代扣代缴、代收代缴税收委托他人代征，代征人也不得将其受托代征税款事项委托其他单位和人员办理。

除了税务机关、税务人员和经税务机关按照法律、行政法规委托的单位、人员以外，任何单位、个人不得从事税款征收活动。

3. 纳税人、扣缴义务人应当分别按照法律、行政法规或者税务机关按照法律、行政法规确定的期限，缴纳、解缴税款。

如果纳税人有特殊困难（指因不可抗力，导致纳税人发生较大损失，正常的生产、经营活动受到较大影响的；纳税人当期的货币资金在扣除应付职工工资、社会保险费以后不足以缴纳税款的），不能按期缴纳税款，应当在规定的缴纳期限以内向税务机关书面申请延期纳税，并提供有关资料、证明。经过当地省级税务机关批准，可以延期缴纳税款，并免缴滞纳金，但是最长不能超过 3 个月。

纳税人需要延期缴纳税款的，应当在缴纳税款期限届满以前向税务机关提出申请，并报送申请延期缴纳税款报告、当期货币资金余额和所有银行存款账户的对账单、资产负债表、应付职工工资和社会保险费等税务机关要求提供的支出预算。

税务机关应当自收到纳税人提交的申请延期缴纳税款报告之日起 20 日以内，作出批准或者不予批准的决定；不予批准的，应当从缴纳税款期限届满次日起加收滞纳金。

关税的纳税人因不可抗力和国家税收政策调整不能按期缴纳税款的，按照规定提供税款担保以后，可以延期缴纳税款。延期缴纳税款的期限，自货物放行之日起最长不超过 6 个月。

货物实际进出口时，纳税人要求海关先放行货物的，应当向海关提供税款担保。

4. 纳税人没有按照规定期限缴纳税款的，扣缴义务人没有按照规定期限解缴税款的，由税务机关发出《限期纳税通知书》，责令其限期（最多以 5 日为限）缴纳、解缴税款，并自规定的税款缴纳期限届满次日起至纳税人、扣缴义务人实际缴纳、解缴税款之日止，按日加收滞纳税款 0.5‰的滞纳金。

纳税人逾期缴纳关税和进口环节增值税、消费税的，自规定的税款缴纳期限届满之日起至纳税人缴清税款之日止，按日加收滞纳税款 0.5‰的滞纳金（起征点为 50 元）。

没有履行税款给付义务的纳税人，符合下列情形之一的，海关可以依法减免税款滞纳金：

（1）由于经营困难，自海关填发税款缴款书之日起在规定期限以内难以缴纳税款，但是在规定期限届满以后 3 个月之内补缴税款的；

（2）因不可抗力和国家政策调整原因导致纳税人自海关填发税款缴款书之日起在规定期限以内无法缴纳税款，但是在相关情形解除以后 3 个月之内补缴税款的；

（3）货物放行以后，纳税人通过自查发现少缴、漏缴税款，并主动补缴的；

（4）经海关总署认可的其他特殊情形。

5. 税务机关在征收税款的时候，必须给纳税人开具完税凭证（包括各种完税证、缴款书、印花税票、扣税凭证和收税凭证等）。

纳税人通过银行缴纳税款的，税务机关可以委托银行开具完税凭证。

未经税务机关指定，任何单位、个人不得印制完税凭证。完税凭证不得转借、倒卖、变造和伪造。

扣缴义务人在代扣、代收税款的时候，纳税人要求扣缴义务人开具代扣、代收税款凭证的，扣缴义务人应当开具。

纳税人遗失完税凭证以后，经纳税人申请，税务机关核实税款已经缴纳的，可以向其提供原完税凭证的复印件；也可以为其补开完税凭证，并在补开的完税凭证上注明原完税凭证遗失作废。

纳税人缴纳关税以后遗失税款缴款书的，可以自缴纳关税之日起 1 年以内向填发海关提出确认其已经缴清税款的书面申请。海关经审查核实以后应当确认，但是不补发税款缴款书。

6. 纳税人、扣缴义务人和纳税担保人对税务机关确定纳税主体、征税对象、征税范围、免税、减税、退税、适用税率、计税依据、纳税环节、纳税期限、纳税地点和税款征收方式等具体行政行为有异议，与税务机关发生争议的，应当先按照税务机关的纳税决定缴纳、解缴税款、滞纳金，或者提供相应的担保，然后可以依法申请行政复议。对行政复议决定不服的，可以依法向人民法院起诉。

7. 纳税人有下列情形之一的，税务机关有权核定其应纳税额：

（1）按照法律、行政法规可以不设置账簿的；

（2）按照法律、行政法规应当设置账簿，但是没有设置账簿的；

（3）擅自销毁账簿，拒不提供纳税资料的；

（4）虽然设置账簿，但是账目混乱或者成本资料、收入凭证、费用凭证残缺不全，难以查账的；

（5）发生纳税义务，没有按照规定的期限办理纳税申报，经过税务机关责令限期申报，逾期仍然不申报的；

（6）纳税人申报的计税依据明显偏低，又无正当理由的；

（7）没有按照规定办理税务登记的从事生产、经营的纳税人，临时从事经营的纳税人。

税务机关在核定纳税人的应纳税额的时候，可以参照当地同行业或者类似行业中经营规模和收入水平相近的纳税人的税负水平核定，按照营业收入或者成本加合理的费用和利润的方法核定，按照耗用的原材料、燃料和动力等推测核定，或者按照其他合理方式核定。如果采用一种方法不能正确地核定应纳税额，可以同时采用两种以上的方法核定。

纳税人对税务机关采取上述方法核定的应纳税额有异议的，应当提供相关的证据，经过税务机关认定以后调整应纳税额。

8. 企业和外国企业在中国境内设立的从事生产、经营的机构、场所与其关联企业（指在资金、经营和购销等方面存在直接或者间接地拥有或者控制关系等情况的企业）之间的业务往来，应当按照独立企业之间的业务往来（即无关联关系的企业之间按照公平成交价格和营业常规所进行的业务往来）收取或者支付价款、费用。不按照独立企业之间的业务往来收取或者支付价款、费用，从而减少其应纳税的收入、所得的，税务机关可以合理调整。

纳税人可以向税务机关提出与其关联企业之间的业务往来的定价原则和计算方法，税务机关审核、批准以后，与纳税人预先约定有关定价事项，监督纳税人执行。

纳税人与其关联企业之间的业务往来有下列情形之一的，税务机关可以调整其应纳税额：

（1）购销业务没有按照独立企业之间的业务往来作价；

（2）融通资金所支付的利息超过或者收取的利息低于没有关联关系的企业之间所能同意的数额，或者利率超过或者低于同类业务的正常利率；

（3）提供劳务没有按照独立企业之间的业务往来收取或者支付费用；

（4）转让财产、提供财产使用权等业务往来没有按照独立企

业之间的业务往来作价或者收取、支付费用；

（5）没有按照独立企业之间的业务往来作价的其他情形。

纳税人与其关联企业之间的业务往来有上述情形之一的，税务机关可以按照下列方法调整其计税收入、所得额：

（1）按照独立企业之间相同或者类似业务活动的价格；

（2）按照再销售给无关联关系的第三者的价格应当取得的收入和利润水平；

（3）按照成本加合理的费用和利润；

（4）按照其他合理方法。

纳税人与其关联企业之间的业务往来没有按照独立企业之间的业务往来支付价款、费用的，税务机关可以自该业务往来发生的纳税年度起 3 年以内调整。纳税人在以前年度与其关联企业之间的业务往来累计达到 10 万元以上的；经过税务机关案头审计分析，纳税人在以前年度与其关联企业之间的业务往来，预计需要调增其应纳税收入或者所得额达到 50 万元以上的；纳税人在以前年度与设在避税地的关联企业有业务往来的；纳税人在以前年度没有按照规定进行关联企业之间业务往来年度申报，或者经过税务机关审查核实，关联企业之间业务往来年度申报内容不实，不履行提供有关价格、费用标准等资料义务的，可以自该业务往来发生的年度起 10 年以内调整。

纳税人有义务就其与关联企业之间的业务往来情况向当地税务机关提供有关的价格、费用标准等资料。

9. 对于没有按照规定办理税务登记的从事生产、经营的纳税人（包括到外县、市从事生产、经营而没有向经营地税务机关报验登记的纳税人）和从事临时经营的纳税人，由税务机关核定其应纳税额，责令缴纳。不缴纳的，税务机关可以扣押其价值相当于应纳税款的商品、货物。扣押上述商品、货物以后缴纳应纳税款的，税务机关应当立即解除扣押，并归还所扣押的商品、货物；仍然不缴纳应纳税款的（以 15 日为限），经过县级以上税务局局长批准，依法拍卖或者变卖所扣押的商品、货物，以拍卖或者变卖所得抵缴应纳税款。对于扣押的鲜活、容易腐烂变质和失效的商品、货物，可以缩短扣押期限。

10. 税务机关有根据认为从事生产、经营的纳税人有逃避纳税义务行为的，可以在规定的纳税期以前，责令纳税人限期缴纳应纳税款。在限期以内发现纳税人有明显的转移、隐匿其应纳税的商品、货物、其他财产（包括纳税人的房地产、现金、有价证券等不动产和动产，下同）和应纳税的收入的迹象的，税务机关可以责成纳税人提供纳税担保（包括经税务机关认可的纳税担保人为纳税人提供的纳税担保、纳税人和第三人以其没有设置或者没有全部设置担保物权的财产提供的担保）。如果纳税人不能提供纳税担保，经过县级以上税务局局长批准，税务机关可以采取下列税收保全措施：

（1）书面通知纳税人开户银行和其他金融机构冻结纳税人的金额相当于应纳税款的存款。

（2）扣押、查封纳税人的价值相当于应纳税款的商品、货物和其他财产。税务机关在采取这项措施的时候，应当由 2 名以上税务人员执行，并通知被执行人。被执行人是公民的，应当通知被执行人本人或者其成年家属到场；被执行人是法人和其他组织的，应当通知其法定代表人或者主要负责人到场；拒不到场的，不影响执行。税务机关在扣押商品、货物和其他财产的时候，应当开付收据；在查封商品、货物和其他财产的时候，应当开付清单。

纳税人在税务机关采取税收保全措施以后按照规定的限期缴纳税款的，税务机关应当自收到税款或者银行转回的完税凭证之日起 1 日以内解除税收保全措施。限期期满仍然没有缴纳税款的，经过县级以上税务局局长批准，税务机关可以书面通知纳税人开户银行和其他金融机构从其冻结的存款中扣缴应纳税款；或者依法拍卖、变卖所扣押、查封的商品、货物和其他财产，以拍卖或者变卖所得抵缴应纳税款。

个人及其所扶养家属维持生活必需的住房和用品（不包括机动车辆、金银饰品、古玩字画、豪华住宅和一处以外的住房，下同），不在税收保全措施的范围以内。

税务机关采取税收保全措施的期限一般不得超过6个月；遇有重大案件，需要延长税收保全措施期限的，应当报国家税务总局批准。

在税收保全期以内，已经采取税收保全措施的财物有下列情形之一的，税务机关可以通知纳税人及时协助处理：鲜活、易腐烂变质和易失效的商品、货物，商品保质期临近届满的商品、货物，季节性的商品、货物，价格有可能急速下降的商品、货物，保管困难和需要保管费用过大的商品、货物，其他不宜长期保存的商品、货物。纳税人没有按规定期限协助处理的，经县级以上税务局局长批准，税务机关通知纳税人以后，可以参照抵税财物拍卖、变卖的程序和方式拍卖、变卖。拍卖、变卖所得由税务机关保存价款，继续实施税收保全措施，并通知纳税人。税务机关依法作出税务处理决定以后，应当及时办理税款、滞纳金和罚款的入库手续。拍卖、变卖所得抵缴应纳税款、滞纳金和罚款以后有余额的，税务机关应当自办理入库手续之日起3个工作日以内退还纳税人。拍卖、变卖所得不足抵缴应纳税款、滞纳金和罚款的，税务机关应当继续追缴。

进出口货物的纳税人在规定的纳税限期以内有明显的转移、隐匿其应税货物和其他财产的迹象的，海关可以责令纳税人提供纳税担保；纳税人不能提供纳税担保的，经过海关总署直属海关关长或其授权的隶属海关关长批准，海关可以采取下列税收保全措施：

（1）书面通知纳税人开户银行和其他金融机构冻结纳税人的金额相当于应纳税款的存款；

（2）扣留纳税人价值相当于应纳税款的货物和其他财产。

纳税人在规定的期限以内缴纳应纳税款的，海关必须立即解除税收保全措施；期限届满仍然没有缴纳应纳税款的，经过海关总署直属海关关长或其授权的隶属海关关长批准，海关可以书面通知纳税人开户银行和其他金融机构从其冻结的存款中扣缴应纳税款；或者依法变卖所扣留的货物和其他财产，以变卖所得抵缴应纳税款。

11. 有下列情形之一，纳税人要求海关先放行货物的，应当按照海关初步确定的应缴税款向海关提供足额税款担保：海关尚未确定商品归类、完税价格和原产地等征税要件的；正在海关办理减免税审批手续的；申请延期缴纳税款的；暂时进出境的；进境修理、出境加工的，按照保税货物管理的除外；由于残损、品质不良和规格不符，纳税人申报进口、出口无代价抵偿货物时，原进口货物尚未退运出境或者尚未放弃交由海关处理的，原出口货物尚未退运进境的；其他按照有关规定需要提供税款担保的。在一般情况下，海关应当对上述货物收取全额税款保证金或者金融机构保函以后放行。应企业申请，海关可以先根据企业申报征收税款，同时按照海关认定的应征税款和已征税款的差额部分收取税款担保以后放行。

税款担保期限一般不超过 6 个月，特殊情况经直属海关关长或者其授权人批准可以酌情延长。

税款担保一般应为保证金、银行和非银行金融机构的保函。银行、非银行金融机构的税款保函，其保证方式应当是连带责任保证。税款保函明确规定保证期间的，保证期间应当不短于海关批准的担保期限。

在海关批准的担保期限以内，纳税人履行纳税义务的，海关应当自纳税人履行纳税义务之日起 5 个工作日以内办结解除税款担保的相关手续。纳税人未履行纳税义务，收取税款保证金的，海关应当自担保期限届满之日起 5 个工作日以内完成保证金转为税款的相关手续；银行、非银行金融机构提供税款保函的，海关应当自担保期限届满之日起 6 个月以内，或者在税款保函规定的保证期间，要求担保人履行相应的纳税义务。

12. 从事生产、经营的纳税人、扣缴义务人没有按照规定的期限缴纳、解缴税款，纳税担保人没有按照规定的期限缴纳所担保的税款，由税务机关发出限期缴纳税款通知书，责令缴纳、解缴税款的最长期限不得超过 15 日。逾期仍然没有缴纳的，经过县级以上税务局局长批准，税务机关可以采取下列税收强制执行措施：

（1）书面通知纳税人、扣缴义务人、纳税担保人的开户银行和其他金融机构从纳税人、扣缴义务人、纳税担保人的存款中扣缴应纳税款。如果纳税人、扣缴义务人、纳税担保人在银行和其他金融机构的存款不足以同时支付应纳税款和应收贷款，应当先扣缴税款，后扣收贷款。有关银行和其他金融机构在规定的期限以内无法扣缴应纳税款的，应当书面通知税务机关，以便税务机关采取其他强制执行措施。

（2）依法扣押、查封、拍卖或者变卖纳税人、扣缴义务人和纳税担保人的价值相当于应纳税款的商品、货物和其他财产，以拍卖、变卖所得抵缴应纳税款。税务机关将依法扣押、查封的商品、货物和其他财产变价抵缴应纳税款的时候，应当交由依法成立的拍卖机构拍卖；无法委托拍卖或者不适于拍卖的，可以交由当地商业企业代为销售，也可以责令纳税人限期处理；无法委托商业企业销售，纳税人也无法处理的，可以由税务机关变价处理。国家禁止自由买卖的物品，应当交由有关单位按照国家规定的价格收购。

对于价值超过应纳税额且不可分割的商品、货物和其他财产，税务机关在纳税人、扣缴义务人和纳税担保人没有其他可供强制执行的财产的情况下，可以整体扣押、查封和拍卖。

税务机关在采取税收强制执行措施的时候，对纳税人、扣缴义务人和纳税担保人没有缴纳的滞纳金同时强制执行。

拍卖、变卖所得抵缴应纳税款、滞纳金、罚款和拍卖、变卖等费用以后，剩余部分应当在 3 日以内退还被执行人。

个人及其所扶养家属维持生活必需的住房和用品，不在税收强制执行措施的范围以内。

税务机关在依法扣押、查封纳税人的价值相当于应纳税款的商品、货物和其他财产的时候，参照同类商品的市场价、出厂价和评估价估算，并应当包括应纳税款的滞纳金和拍卖、变卖有关商品、货物和其他财产的时候发生的费用。

税务机关在依法实施上述扣押、查封措施的时候，对于有产权证件的动产和不动产，可以责令当事人将有关产权证件交税务机关保管，同时向有关机关发出协助执行通知，有关机关在税务机关扣押、查封期间不再办理有关财产的过户手续。

对于被查封的商品、货物和其他财产，税务机关可以指令被执行人负责保管，保管责任由被执行人承担。

继续使用被查封的财产不会减少其价值的，税务机关可以允许被执行人继续使用；由于被执行人保管和使用的过错造成的损失，由被执行人承担。

采取税收保全措施、强制执行措施的权力，不得由法定的税务机关以外的单位、个人行使。

税务机关滥用职权，违法采取税收保全措施、强制执行措施，或者采取税收保全措施、强制执行措施不当，使纳税人、扣缴义务人和纳税担保人的合法权益遭受损失的，应当依法承担赔偿责任。

当事人对税务机关采取的税收保全措施、强制执行措施不服的，可以依法申请行政复议，或者向人民法院起诉。

进出口货物的纳税人、担保人逾期3个月没有按照规定纳税的，经过海关总署直属海关关长或其授权的隶属海关关长批准，海关可以采取下列税收强制措施：

（1）书面通知纳税人、担保人的开户银行和其他金融机构从纳税人、担保人的存款中扣缴应纳税款；

（2）将应税货物依法变卖，以变卖所得抵缴应纳税款；

（3）扣留并依法变卖纳税人、担保人的价值相当于应纳税款的货物和其他财产，以变卖所得抵缴应纳税款。

海关在采取税收强制措施的时候，对纳税人、担保人没有缴纳的滞纳金同时强制执行。

13. 税务机关征收税款，税收优先于无担保债权，法律另有规定的除外。纳税人欠缴的税款发生在纳税人以其财产设定抵押、质押以前和纳税人的财产被留置以前，税收应当先于抵押权、质权和留置权执行。

纳税人欠缴税款，同时被行政机关决定处以罚款、没收违法所得的，税收优先于罚款、没收违法所得。

县级以上各级税务机关应当定期将纳税人欠缴税款的情况在办税场所或者广播、电视、报刊和网络等新闻媒体公告，海关也可以公告关税纳税人欠缴税款的情况。

纳税人有欠税情形而以其财产设定抵押、质押的，应当向抵押权人、质权人说明其欠税情况。抵押权人、质权人可以请求税务机关提供有关的欠税情况。

纳税人有合并、分立情形的，应当向税务机关报告，并依法缴清税款。纳税人在合并的时候没有缴清税款的，应当由合并以后的纳税人继续履行没有履行的纳税义务。纳税人在分立的时候没有缴清税款的，分立以后的纳税人对于没有履行的纳税义务应当承担连带责任。

欠缴税款5万元以上的纳税人在处分其不动产和大额资产以前，应当向税务机关报告。

欠缴税款的纳税人由于怠于行使到期债权，放弃到期债权，无偿转让财产，以明显不合理的低价转让财产而受让人知道该情形，对于税收造成损害的，税务机关可以按照合同法的有关规定行使代位权、撤销权。税务机关依法行使上述权力的，不免除欠缴税款的纳税人尚未履行的纳税义务和应当承担的法律责任。

纳税人有解散、撤销和破产情形的，应当在清算以前报告税务机关；没有结清税款的，由税务机关参加清算。

欠缴关税的纳税人有合并、分立情形的，应当在合并、分立以前报告海关，依法缴清税款。纳税人在合并的时候没有缴清税款的，应当由合并以后的法人和其他组织继续履行没有履行的纳税义务。纳税人在分立的时候没有缴清税款的，分立以后的法人和其他组织应当对没有履行的纳税义务承担连带责任。

关税的纳税人在减免税货物、保税货物监管期间有合并、分立和其他资产重组情形的，应当报告海关。按照规定需要缴税的，应当依法缴清税款；按照规定可以继续享受减免税、保税待遇的，应当到海关办理变更纳税人的手续。

纳税人欠税或者在减免税货物、保税货物监管期间有撤销、解散、破产和其他依法终止经营情形的，应当在清算以前报告海关，海关应当依法清缴纳税人的应缴税款。

14. 欠缴税款的纳税人或者其代表人需要出境的时候，应当在出境以前向税务机关结清应纳税款、滞纳金，或者提供纳税担保。

经过税务机关调查核实，欠税人没有按照规定结清应纳税款、滞纳金，又没有提供纳税担保，且准备出境的，税务机关应当首先依法向欠税人申明不准出境。对于已经取得出境证件，执意出境的，税务机关可以按照规定函请公安机关阻止其出境。

对于已经结清阻止出境时欠缴的全部税款，或者已经向税务机关提供相当全部欠缴税款的纳税担保，或者欠税企业已经依法宣告破产并按照破产法规定的程序清偿终结者，税务机关必须按照规定函请公安机关撤控放行，允许其出境。

纳税人以其拥有的没有设置抵押权的财产作为纳税担保的，应当就担保财产的监督和处分权等事项在中国境内委托代理人，并将担保财产的清单和委托代理协议书的副本交税务机关。

已经移送法院审理的欠税人，由法院依法处理。

15. 纳税人超过应纳税额缴纳的税款，税务机关应当自发现之日起 10 日以内办理退还手续。纳税人自结算缴纳税款之日起 3 年以内发现的，可以向税务机关要求退还多缴的税款，并加算银行同期存款利息。税务机关应当自接到纳税人提交的退税申请之日起 30 日以内查实，并办理退还手续，退税利息按照税务机关办理退税手续当天中国人民银行规定的活期存款利率计算。上述多缴的税款不包括依法预缴税款而形成的结算退税、出口退税和免税、减税退税。

如果纳税人既有应退税款，又有欠缴税款，税务机关可以先从应退税款及其利息中抵扣欠缴税款；抵扣以后有余额的，应当退还纳税人。

由于税务机关适用税收法律、行政法规不当，或者执法行为违法，致使纳税人、扣缴义务人未缴、少缴税款的，税务机关在 3 年以内可以要求纳税人、扣缴义务人补缴税款，但是不得加收滞纳金。

由于纳税人、扣缴义务人计算错误等失误，未缴、少缴，未扣、少扣，未收、少收税款的，税务机关在 3 年以内可以追征税款、滞纳金。涉及税款累计 10 万元以上的，追征期可以延长到 5 年。纳税人不进行纳税申报造成不缴、少缴税款的，也按此处理。

对于偷税、抗税和骗税的，税务机关追征其未缴、少缴的税款、滞纳金和所骗取的税款，不受上述规定期限的限制。

补缴和追征税款、滞纳金的期限，自纳税人、扣缴义务人应缴未缴或者少缴税款之日起计算。

16. 海关发现多征税款的，应当立即通知纳税人办理退还手续。纳税人应当自收到海关通知之日起 3 个月以内办理有关退税手续。纳税人发现多缴税款的，自缴纳税款之日起 1 年以内，可以以书面形式要求海关退还多缴的税款，并加算银行同期活期存款利息。应退利息按照海关填发收入退还书之日中国人民银行规定的活期储蓄存款利率计算，计算应退利息的期限自纳税人缴纳税款之日起至海关填发收入退还书之日止。海关应当自受理纳税人提交的退税申请之日起 30 日以内查实，并通知纳税人办理退还手续。纳税人应当自收到通知之日起 3 个月以内办理有关退税手续。

进出口货物放行以后，海关发现少征、漏征税款的，应当自缴纳税款或者货物放行之日起 1 年以内向纳税人补征。由于纳税人违反规定而造成少征、漏征税款的，海关可以自缴纳税款或者货物放行之日起 3 年以内追征，并自缴纳税款或者货物放行之日起至海关发现纳税人的违规行为之日止，按日加收少征、漏征税款的滞纳金。

由于纳税人违反规定而造成海关监管货物少征、漏征税款的，海关应当自纳税人应当缴纳税款之日起3年以内追征税款，并自应当缴纳税款之日起至海关发现纳税人的违规行为之日止，按日加收少征、漏征税款的滞纳金。上述应缴纳税款之日，指纳税人违反规定的行为发生之日；该行为发生之日不能确定的，以海关发现该行为之日作为应缴纳税款之日。

海关补征、追征税款，应当制发《海关补征税款告知书》，纳税人应当自收到该告知书之日起15日以内到海关办理补缴税款的手续。纳税人没有在上述规定期限以内办理补税手续的，海关应当在规定期限届满之日填发税款缴款书。

17. 承包人、承租人拥有独立的生产、经营权，财务独立核算，并定期向发包人、出租人缴纳承包费、租金的，承包人、承租人应当就其生产、经营收入和所得纳税，并接受税务管理，法律、行政法规另有规定者除外。

发包人、出租人应当自发包、出租之日起30日以内将承包人、承租人的有关情况向税务机关报告，否则发包人、出租人与承包人、承租人承担纳税连带责任。

（八）税务检查

1. 税务检查是税务机关依法对纳税人、扣缴义务人的税务事项实施的检查。税务机关有权实施下列税务检查：

（1）检查纳税人的账簿、记账凭证、报表和有关资料，检查扣缴义务人代扣代缴、代收代缴税款账簿、记账凭证和有关资料。此项检查可以在纳税人、扣缴义务人的业务场所实施；必要的时候，经过县级以上税务局局长批准，可以将纳税人、扣缴义务人以前会计年度的账簿、记账凭证、报表和其他有关资料调回税务机关

检查，但是税务机关必须向纳税人、扣缴义务人开付清单，并在 3 个月以内完整退还；有特殊情况的（指涉及增值税专用发票检查的，纳税人涉嫌税收违法行为情节严重的，纳税人和其他当事人可能毁灭、藏匿、转移账簿等证据资料等），经过设区的市、自治州、盟、地区和直辖市的区以上税务局局长批准，税务机关可以将纳税人、扣缴义务人当年的账簿、记账凭证、报表和其他有关资料调回税务机关检查，但是必须在 30 日以内退还。

（2）到纳税人的生产、经营场所和货物存放地检查纳税人应纳税的商品、货物和其他财产，检查扣缴义务人与代扣代缴、代收代缴税款有关的经营情况。

（3）责成纳税人提供与纳税有关的文件、证明材料和有关资料，责成扣缴义务人提供与代扣代缴、代收代缴税款有关的文件、证明材料等资料。

（4）询问纳税人与纳税有关的问题，询问扣缴义务人与代扣代缴、代收代缴税款有关的问题。

（5）到车站、码头、机场、邮政企业及其分支机构检查纳税人托运、邮寄应纳税商品、货物和其他财产的有关单据、凭证等资料。

（6）经过县级以上税务局局长批准，指定专人负责，凭全国统一格式的检查存款账户许可证明，查询从事生产、经营的纳税人、扣缴义务人在银行和其他金融机构的存款账户余额和资金往来情况。税务机关在调查税收违法案件的时候，经过设区的市、自治州、盟、地区和直辖市的区以上税务局局长批准，可以查询案件涉嫌人员的储蓄存款。税务机关查询所获得的资料，不得用于税收以外的用途。

（7）对于采用电算化会计系统的纳税人，税务机关有权查验其会计电算化系统；对于纳税人会计电算化系统处理、储存的会计记录和其他有关的纳税资料，税务机关有权进入其电算化系统检查，并复制与纳税有关的电子数据作为证据。检查时，税务机关有责任保证纳税人会计电算化系统的安全性，并保守纳税人的商业秘密。

税务机关派出人员实施税务检查的时候，应当出示税务检查证和税务检查通知书（否则被检查人有权拒绝检查），并有责任为被检查人保守秘密。

税务机关对于从事生产、经营的纳税人以前纳税期的纳税情况依法检查的时候，发现纳税人有逃避纳税义务行为，并有明显的转移、隐匿其应纳税的商品、货物和其他财产或者应纳税的收入的迹象的，可以依法采取税收保全措施或者强制执行措施。

2. 纳税人、扣缴义务人应当接受税务机关依法实施的税务检查，如实反映情况，提供有关资料，不得拒绝、隐瞒。

3. 税务机关在依法实施税务检查的时候，有权向有关单位、个人调查纳税人、扣缴义务人和其他当事人与纳税、代扣代缴税款和代收代缴税款有关的情况，有关单位、个人有义务向税务机关如实提供有关资料和证明材料（如市场监管机关可以提供有关纳税人办理营业执照、法定代表人、经营地点、经营方式和经营范围等方面的信息，银行可以提供有关纳税人开设账户、资金往来等方面的信息，运输部门可以提供有关纳税人运输货物等方面的信息，与纳税发生购销关系的单位、个人可以提供有关纳税人购销货物、劳务等方面的信息）。

4. 海关可以行使下列权力：

（1）检查进出境运输工具，查验进出境货物、物品；对违反海关法和其他有关法律、行政法规的，可以扣留。

（2）查阅进出境人员的证件；查问违反海关法和其他有关法律、行政法规的嫌疑人，调查其违法行为。

（3）查阅、复制与进出境运输工具、货物、物品有关的合同、发票、账册、单据、记录、文件、业务函电、录音录像品和其他资料；对其中与违反海关法规和其他有关法律、行政法规的进出境运输工具、货物和物品有牵连的，可以扣留。

（4）在海关监管区和海关附近沿海沿边规定地区，检查有走私嫌疑的运输工具和有藏匿走私货物、物品嫌疑的场所，检查走私嫌疑人的身体；对有走私嫌疑的运输工具、货物、物品和走私犯罪嫌疑人，经过海关总署直属海关关长或者其授权的隶属海关关长批准，可以扣留；对走私犯罪嫌疑人，扣留时间不超过 24 小时，在特殊情况下可以延长至 48 小时。

在海关监管和海关附近沿海沿边规定地区以外，海关在调查走私案件的时候，对有走私嫌疑的运输工具和除了公民住处以外的有藏匿走私货物、物品嫌疑的场所，经过海关总署直属海关关长或者其授权的隶属海关关长批准，可以检查，有关当事人应当到场；当事人没有到场的，在有见证人在场的情况下可以检查，对有证据证明有走私嫌疑的运输工具、货物和物品可以扣留。

（5）在调查走私案件的时候，经过海关总署直属海关关长或者其授权的隶属海关关长批准，可以查询案件涉嫌单位和涉嫌人员在金融机构、邮政企业的存款、汇款。

（6）进出境运输工具和个人违抗海关监管逃逸的，海关可以连续追至海关监管区和海关附近沿海沿边规定地区以外，将其带回处理。

（7）海关为履行职责，可以配备武器。

（8）法律、行政法规规定由海关行使的其他权力。

（九）税务稽查

税务稽查指税务机关的稽查部门依法对纳税人、扣缴义务人和其他涉税当事人履行纳税义务、扣缴义务情况和涉税事项进行检查处理及相关工作。税务稽查的基本任务是：依法查处税收违法行为，保障税收收入，维护税收秩序，促进依法纳税。为此，税务稽查应当以事实为根据，以法律为准绳，坚持公平、公开、公正、效率的原则，依靠人民，加强与有关部门、单位的联系和配合。

税务稽查由税务局稽查局依法实施，稽查局在所属税务局领导下开展税务稽查工作。上级稽查局管理、指导、考核和监督下级稽查局的稽查业务，指挥、协调执法办案。

1. 税务稽查的管辖

稽查局应当在所属税务局的征收管理范围以内实施税务稽查。上述规定以外的税收违法行为，由违法行为发生地或者发现地的稽查局查处。税收法律、行政法规和国家税务总局对税务稽查管辖另有规定的，从其规定。税务稽查管辖有争议的，由争议各方本着有利于案件查处的原则逐级协商解决；不能协商一致的，报请共同的上级税务机关协调或者决定。

上级稽查局可以根据税收违法案件性质、复杂程度、查处难度和社会影响等，组织查处或者直接查处管辖区域以内发生的税收违法案件；下级稽查局查处重大税收违法案件有困难的，可以报请上级稽查局查处。

2. 税务稽查的选案

稽查局应当通过多种渠道获取案源信息，集体研究，合理、准确地选择和确定稽查对象。选案部门负责稽查对象的选取，并跟踪管理税收违法案件查处情况。

稽查局必须有计划地实施稽查，严格控制对纳税人、扣缴义务人的税务检查次数。稽查局应当在年度终了以前制订下一年度的稽查工作计划，经所属税务局领导批准以后实施，并报上一级稽查局备案。年度稽查工作计划中的税收专项检查内容，应当根据上级税务机关税收专项检查安排，结合工作实际确定。经所属税务局领导批准，年度稽查工作计划可以适当调整。

选案部门应当建立案源信息档案，对所获取的案源信息实行分类管理。案源信息主要包括：财务指标、税收征管资料、稽查资料、情报交换和协查线索，上级税务机关交办的税收违法案件，上级税务机关安排的税收专项检查，税务局相关部门移交的税收违法信息，检举的涉税违法信息，其他部门和单位转来的涉税违法信息，社会公共信息，其他相关信息。

国家税务总局和省以下各级税务局在稽查局设立税收违法案件举报中心，负责受理单位和个人对税收违法行为的检举。单位和个人实名检举税收违法行为并经查实，为国家挽回税收损失的，根据其贡献大小，按照国家税务总局的规定给予相应的奖励。

选案部门对案源信息采取计算机分析、人工分析和人机结合分析等方法筛选，发现有税收违法嫌疑的，应当确定为待查对象。待查对象确定以后，填制《税务稽查立案审批表》，附有关资料，经稽查局局长批准以后立案检查。税务机关相关部门移交的税收违法信息，稽查局经筛选未立案检查的，应当及时告知移交信息的部门；移交信息的部门仍然认为需要立案检查的，经所属税务局领导批准以后，由稽查局立案检查。上级税务机关指定和税收专项检查安排的检查对象，应当立案检查。

3. 税务稽查的检查

检查人员实施检查以前，应当查阅被查对象纳税档案，了解被查对象的生产、经营情况，所属行业特点，财务、会计制度和会计核算软件，熟悉相关税收法规，确定相应的检查方法。同时，应当告知被查对象检查时间、需要准备的资料等，但是预先通知有碍检查者除外。

检查应当由 2 名以上检查人员共同实施，并向被查对象出示税务检查证和《税务检查通知书》。检查应当自实施检查之日起 60 日以内完成；确需延长检查时间的，应当经稽查局局长批准。

实施检查的时候，按照法定权限和程序，可以采取实地检查、调取账簿资料、询问、查询存款账户和储蓄存款、异地协查等方法。

对采用电子信息系统管理和核算的被查对象，可以要求其打开该电子信息系统，或者提供与原始电子数据、电子信息系统技术资料一致的复制件。被查对象拒不打开上述系统或者拒不提供上述复制件的，经稽查局局长批准，可以采用适当的技术手段直接检查上述系统，或者提取、复制电子数据检查，但是所采用的技术手段不得破坏上述系统原始电子数据或者影响上述系统正常运行。

调取纳税人、扣缴义务人以前会计年度的账簿、记账凭证、报表和其他有关资料的，应当经所属税务局局长批准，并在 3 个月以内退还；调取纳税人、扣缴义务人当年的账簿、记账凭证、报表和其他有关资料的，应当经所属设区的市、自治州以上税务局局长批准，并在 30 日以内退还。

查询从事生产、经营的纳税人、扣缴义务人存款账户的，应当经所属税务局局长批准，凭《检查存款账户许可证明》向相关银行和其他金融机构查询。查询案件涉嫌人员储蓄存款的，应当经所属设区的市、自治州以上税务局局长批准，凭《检查存款账户许可证明》向相关银行和其他金融机构查询。

检查从事生产、经营的纳税人以前纳税期的纳税情况时，发现纳税人有逃避纳税义务行为，并有明显的转移、隐匿其应纳税的商品、货物和其他财产或者应纳税收入迹象的，经所属税务局局长批准，可以依法采取税收保全措施。

采取税收保全措施的期限一般不得超过 6 个月；在查处重大税收违法案件的时候，有下列情形之一，需要延长税收保全期限的，应当逐级报请国家税务总局批准：案情复杂，在税收保全期限以内难以查明案件事实的；被查对象转移、隐匿、销毁账簿、记账凭证和其他证据材料的；被查对象拒不提供相关情况和以其他方式拒绝、阻挠检查的；解除税收保全措施可能使纳税人转移、隐匿、损毁和违法处置财产，从而导致税款无法追缴的。

检查完毕，检查部门应当在 5 个工作日以内将《税务稽查报告》和有关资料移交审理部门，并办理交接手续。

有下列情形之一，致使检查暂时无法实施的，经稽查局局长批准以后中止检查：当事人被有关机关依法限制人身自由；账簿、记账凭证和有关资料被其他国家机关依法调取，尚未归还；法定的其他情形。中止检查的情形消失以后，经稽查局局长批准以后恢复检查。

有下列情形之一，致使检查无法实施的，经稽查局局长批准以后终结检查：被查对象死亡或者被依法宣告死亡、依法注销，且无财产可以抵缴税款，无法定税收义务承担主体；被查对象税收违法行为已经超过法定追究期限；法定的其他情形。

4. 税务稽查审理

审理部门接到检查部门移交的《税务稽查报告》和有关资料以后，应当及时安排人员审理。审理人员应当依法审核检查部门移交的《税务稽查报告》和相关材料，提出书面审理意见，提交审理部门负责人审核。案情复杂的，稽查局应当集体审理；案情重大的，稽查局应当按照国家税务总局的规定报请所属税务局集体审理。

审理意见应当在接到检查部门移交的《税务稽查报告》和有关资料之后 15 日以内提出，但是检查人员补充调查的时间和向上级机关请示、向相关部门征询政策问题的时间不计算在内。案情复杂，需要延长审理时间的，经稽查局局长批准以后可以适当延长。

拟对被查对象和其他涉税当事人作出税务行政处罚的，向其送达《税务行政处罚事项告知书》，告知其依法享有陈述、申辩和要求听证的权利。对被查对象和其他涉税当事人的陈述、申辩意见，审理人员应当认真对待，提出判断意见。被查对象和其他涉税当事人要求听证的，应当依法组织听证，听证主持人由审理人员担任。

审理结束以后，审理部门根据下列情形分别处理：认为有税收违法行为，应当作出税务处理的，拟制《税务处理决定书》；认为有税收违法行为，应当给予税务行政处罚的，拟制《税务行政处罚决定书》；认为税收违法行为轻微，依法可以不予税务行政处罚的，拟制《不予税务行政处罚决定书》；认为没有税收违法行为的，拟制《税务稽查结论》。《税务处理决定书》《税务行政处罚决定书》《不予税务行政处罚决定书》《税务稽查结论》经稽查局局长或者所属税务局领导批准以后由执行部门送达执行。税收违法行为涉嫌犯罪的，填制《涉嫌犯罪案件移送书》，并附有关资料，经所属税务局局长批准以后依法移送公安机关。

5. 税务稽查的执行

执行部门接到《税务处理决定书》《税务行政处罚决定书》《不予税务行政处罚决定书》《税务稽查结论》等税务文书以后，应当依法及时将税务文书送达被执行人。

被执行人没有按照《税务处理决定书》确定的期限缴纳、解缴税款的，稽查局经所属税务局局长批准，可以依法采取强制执行措施，或者依法申请人民法院强制执行。经稽查局确认的纳税担保人没有按照确定的期限缴纳所担保的税款、滞纳金的，责令其限期缴纳；逾期仍然没有缴纳的，经所属税务局局长批准，可以依法采取强制执行措施。

被执行人对《税务行政处罚决定书》确定的行政处罚事项，逾期不申请行政复议，也不向人民法院起诉，又不履行的，稽查局经所属税务局局长批准，可以依法采取强制执行措施，或者依法申请人民法院强制执行。

稽查局对被执行人采取强制执行措施的时候，应当向被执行人送达《税收强制执行决定书》，告知其采取强制执行措施的内容、理由、依据和依法申请行政复议、提起行政诉讼的权利。

执行过程中发现涉嫌犯罪的，执行部门应当及时将有关情况通知审理部门，并提出向公安机关移送的建议。

执行过程中发现有下列情形之一的，经稽查局局长批准以后中止执行：被执行人死亡或者被依法宣告死亡，没有确定可执行财产的；被执行人进入破产清算程序没有终结的；可执行财产被司法机关或者其他国家机关依法查封、扣押和冻结，致使执行暂时无法实施的；其他法定可以中止执行的情形。中止执行情形消失以后，经稽查局局长批准以后恢复执行。

被执行人没有财产抵缴税款，按照破产清算程序无法清缴税款，或者有其他法定终结执行情形的，经税务局相关部门审核并报所属税务局局长批准以后终结执行。

6. 海关稽查

自进出口货物放行之日起 3 年以内，在保税货物、减免税进口货物的海关监管期以内及其后的 3 年以内，海关可以对与进出口货物直接有关的企业、单位的会计账簿、会计凭证、报关单证、其他有关资料和有关进口货物实施稽查。

（十）法律责任

1. 纳税人有下列行为之一的，由税务机关责令限期改正，可以处 2 000 元以下罚款；情节严重的，处 2 000 元以上 1 万元以下罚款：

（1）没有按照法定期限申报办理税务登记、变更登记和注销登记的，没有依法办理出口货物退（免）税认定、变更和注销认定手续的。

（2）没有依法设置、保管账簿，保管记账凭证和有关资料的。

隐匿、故意销毁依法应当保存的会计凭证、会计账簿和财务会计报告，情节严重的，处 5 年以下有期徒刑或者拘役，并处或者单处 2 万元以上 20 万元以下罚金。单位犯此罪的，对单位判处罚金，并对其直接负责的主管人员和其他直接责任人员按照上述规定处罚。

（3）没有依法将财务、会计制度或者财务、会计处理办法和会计核算软件报送税务机关备查的。

（4）没有依法将全部银行账号向税务机关报告的。

（5）没有依法安装、使用税控装置和损毁、擅自改动税控装置的。

纳税人不办理税务登记的，由税务机关责令限期改正；逾期不改正的，由税务机关提请市场监管机关吊销其营业执照。

纳税人没有依法使用税务登记证件，转借、涂改、损毁、买卖和伪造税务登记证件的，处 2 000 元以上 1 万元以下罚款；情节严重的，处 1 万元以上 5 万元以下罚款。

纳税人通过提供虚假的证明资料等手段骗取税务登记证的，处 2 000 元以下罚款；情节严重的，处 2 000 元以上 10 000 元以下罚款。

2. 扣缴义务人没有依法办理扣缴税款登记的，税务机关应当自发现之日起 3 日以内责令其限期改正，可以处 1 000 元以下罚款。

扣缴义务人没有依法设置、保管代扣代缴、代收代缴税款账簿，保管代扣代缴、代收代缴税款记账凭证和有关资料的，由税务机关责令限期改正，可以处 2 000 元以下罚款；情节严重的，处 2 000 元以上 5 000 元以下罚款。

纳税人、扣缴义务人违反税务登记管理办法的规定，拒不接受税务机关处理的，税务机关可以收缴其发票，或者停止向其发放发票。

3. 违反发票管理法规的处理：

税务机关处罚违反发票管理法规的行为，应当将行政处罚决定书面通知当事人；对于违反发票管理法规的案件，应当立案查处；对于违反发票管理法规的行政处罚，由县以上税务机关决定。

（1）纳税人违反发票管理办法，有下列情形之一的，由税务机关责令改正，可以处 1 万元以下罚款；有违法所得的，没收违法

所得：

① 应当开具而没有开具发票；或者没有按照规定的时限、顺序和栏目，全部联次一次性开具发票；或者没有加盖发票专用章的。

② 使用税控装置开具发票，没有按期向税务机关报送开具发票的数据的。

③ 使用非税控电子器具开具发票，没有将非税控电子器具使用的软件程序说明资料报税务机关备案，或者没有按照规定保存、报送开具发票的数据的。

④ 拆本使用发票的。

⑤ 扩大发票使用范围的。

⑥ 以其他凭证代替发票使用的。

⑦ 跨规定区域开具发票的。

⑧ 没有依法缴销、存放和保管发票的。

（2）跨规定的使用区域携带、邮寄和运输空白发票，携带、邮寄和运输空白发票出入中国国境的，由税务机关责令改正，可以处 1 万元以下罚款；情节严重的，处 1 万元以上 3 万元以下罚款；有违法所得的，没收违法所得。丢失、擅自损毁发票的，按照上述规定处罚。

（3）违反发票管理办法虚开发票的，由税务机关没收违法所得；虚开金额在 1 万元以下的，可以并处 5 万元以下罚款；虚开金额超过 1 万元的，并处 5 万元以上 50 万元以下罚款；构成犯罪的，依法追究刑事责任。非法代开发票的，按照上述规定处罚。

（4）私自印制、伪造和变造发票，非法制造发票防伪专用品，伪造发票监制章的，由税务机关没收违法所得，没收、销毁作案工具和非法物品，并处 1 万元以上 5 万元以下罚款；除了非法印制发票者以外，情节严重的，并处 5 万元以上 50 万元以下罚款；对于印制发票的企业，可以并处吊销发票准印证；构成犯罪的，依法追究刑事责任。

（5）有下列情形之一的，由税务机关处 1 万元以上 5 万元以下罚款；情节严重的，处 5 万元以上 50 万元以下罚款；有违法所得的，没收违法所得：转借、转让、介绍他人转让发票、发票监制章和发票防伪专用品的，知道或者应当知道是私自印制、伪造、变造、非法取得和废止的发票而受让、开具、存放、携带、邮寄、运输的。

（6）违反发票管理法规，导致其他单位、个人未缴、少缴和骗取税款的，由税务机关没收违法所得，可以并处未缴、少缴和骗取的税款 1 倍以下罚款。

（7）对于违反发票管理法规情节严重，构成犯罪的案件，税务机关应当依法移送司法机关处理。

此外，对于违反发票管理规定两次以上或者情节严重的单位和个人，税务机关可以向社会公告，即在办税场所或者广播、电视、报刊和网络等新闻媒体上公告纳税人发票违法的情况，包括纳税人名称、纳税人识别号、经营地点和违反发票管理法规的具体情况。

4. 关于惩治虚开、伪造、非法出售增值税专用发票和其他发票犯罪的规定：

（1）个人犯虚开增值税专用发票和用于骗取出口退税、抵扣税款的其他发票（指增值税专用发票以外的，具有出口退税、抵扣税款功能的收付款凭证和完税凭证，如海关代征增值税专用缴款书、农业产品收购发票等，下同）罪的，处 3 年以下有期徒刑或者拘役，并处 2 万元以上 20 万元以下罚金；虚开的税款数额较大或者有其他严重情节的，处 3 年以上 10 年以下有期徒刑，并处 5 万元以上 50 万元以下罚金；虚开的税款数额巨大或者有其他特别严重情节的，处 10 年以上有期徒刑或者无期徒刑，并处 5 万元以上 50 万元以下罚金或者没收财产。

单位犯此罪的，对单位判处罚金，并对其直接负责的主管人员和其他直接责任人员处 3 年以下有期徒刑或者拘役；虚开的税款数额较大或者有其他严重情节的，处 3 年以上 10 年以下有期徒刑；虚开的税款数额巨大或者有其他特别严重情节的，处 10 年以上有

期徒刑或者无期徒刑。

个人虚开上述规定以外的其他发票，情节严重的，处2年以下有期徒刑、拘役或者管制，并处罚金；情节特别严重的，处2年以上7年以下有期徒刑，并处罚金。

单位犯此罪的，对单位判处罚金，并按照上述规定处罚其直接负责的主管人员和其他直接责任人员。

（2）个人犯伪造、出售伪造的增值税专用发票罪的，处3年以下有期徒刑、拘役或者管制，并处2万元以上20万元以下罚金；数量较大或者有其他严重情节的，处3年以上10年以下有期徒刑，并处5万元以上50万元以下罚金；数量巨大或者有其他特别严重情节的，处10年以上有期徒刑或者无期徒刑，并处5万元以上50万元以下罚金或者没收财产。

单位犯此罪的，对单位判处罚金，并对其直接负责的主管人员和其他直接责任人员处3年以下有期徒刑、拘役或者管制；数量较大或者有其他严重情节的，处3年以上10年以下有期徒刑；数量巨大或者有其他特别严重情节的，处10年以上有期徒刑或者无期徒刑。

（3）个人犯非法出售增值税专用发票罪的，处3年以下有期徒刑、拘役或者管制，并处2万元以上20万元以下罚金；数量较大的，处3年以上10年以下有期徒刑，并处5万元以上50万元以下罚金；数量巨大的，处10年以上有期徒刑或者无期徒刑，并处5万元以上50万元以下罚金或者没收财产。

单位犯此罪的，对单位判处罚金，并按照上述规定处罚其直接负责的主管人员和其他直接责任人员。

（4）个人犯非法购买增值税专用发票、伪造的增值税专用发票罪的，处5年以下有期徒刑或者拘役，并处或者单处2万元以上20万元以下罚金。

个人非法购买增值税专用发票、伪造的增值税专用发票又虚开、出售的，分别按照虚开增值税专用发票、出售伪造的增值税专用发票和非法出售增值税专用发票定罪处罚。

单位犯上述罪的，对单位判处罚金，并按照上述规定处罚其直接负责的主管人员和其他直接责任人员。

（5）个人犯伪造、擅自制造和出售伪造、擅自制造的可以用于骗取出口退税、抵扣税款的其他发票，非法出售可以用于骗取出口退税、抵扣税款的其他发票罪的，处 3 年以下有期徒刑、拘役或者管制，并处 2 万元以上 20 万元以下罚金；数额巨大的，处 3 年以上 7 年以下有期徒刑，并处 5 万元以上 50 万元以下罚金；数额特别巨大的，处 7 年以上有期徒刑，并处 5 万元以上 50 万元以下罚金或者没收财产。

个人犯伪造、擅自制造和出售伪造、擅自制造的上述规定以外的其他发票，非法出售上述规定以外的其他发票罪的，处 2 年以下有期徒刑、拘役或者管制，并处或者单处 1 万元以上 5 万元以下罚金；情节严重的，处 2 年以上 7 年以下有期徒刑，并处 5 万元以上 50 万元以下罚金。

单位犯上述罪的，对单位判处罚金，并按照上述规定处罚其直接负责的主管人员和其他直接责任人员。

（6）个人盗窃增值税专用发票和可以用于骗取出口退税、抵扣税款的其他发票，数额较大的，或者多次盗窃、入户盗窃、携带凶器盗窃、扒窃的，处 3 年以下有期徒刑、拘役或者管制，并处或者单处罚金；数额巨大或者有其他严重情节的，处 3 年以上 10 年以下有期徒刑，并处罚金；数额特别巨大或者有其他特别严重情节的，处 10 年以上有期徒刑或者无期徒刑，并处罚金或者没收财产。

（7）个人使用欺骗手段骗取增值税专用发票和可以用于骗取出口退税、抵扣税款的其他发票，数额较大的，处 3 年以下有期徒刑、拘役或者管制，并处或者单处罚金；数额巨大或者有其他严重情节的，处 3 年以上 10 年以下有期徒刑，并处罚金；数额特别巨大或者有其他特别严重情节的，处 10 年以上有期徒刑或者无期徒刑，并处罚金或者没收财产。

（8）个人明知是伪造的发票而持有，数量较大的，处2年以下有期徒刑、拘役或者管制，并处罚金；数量巨大的，处2年以上7年以下有期徒刑，并处罚金。

单位犯此罪的，对单位判处罚金，并按照上述规定处罚其直接负责的主管人员和其他直接责任人员。

（9）个人有伪造、出售伪造的增值税专用发票，非法出售增值税专用发票，非法购买增值税专用发票、购买伪造的增值税专用发票，伪造、擅自制造和出售伪造、擅自制造的可以用于骗取出口退税、抵扣税款的其他发票的行为，情节显著轻微，没有构成犯罪的，由公安机关处15日以下拘留、5 000元以下罚款。

（10）追缴犯虚开、伪造和非法出售增值税专用发票之罪的犯罪分子的非法抵扣和骗取的税款，由税务机关上交国库，其他违法所得和供犯罪使用的财物一律没收。

供虚开、伪造和非法出售增值税专用发票犯罪使用的发票和伪造的发票一律没收。

5. 纳税人没有按照法定期限办理纳税申报和报送纳税资料的，扣缴义务人没有按照法定期限向税务机关报送代扣代缴、代收代缴税款报告表和有关资料的，由税务机关责令限期改正，可以处2 000元以下罚款；情节严重的，可以处2 000元以上1万元以下罚款。

进出口货物的品名、税则号列、数量、规格、价格、贸易方式、原产地、启运地、运抵地、最终目的地和其他应当向海关申报的项目，没有申报或者申报不实，影响税款征收的，处漏缴税款30%以上2倍以下罚款；影响出口退税管理的，处申报价格10%以上50%以下罚款；有违法所得的，没收违法所得。

报关企业、报关人员对委托人所提供情况的真实性没有合理审查，或者因工作疏忽致使发生上述情形的，可以对报关企业处货物价值10%以下罚款，暂停其6个月以内从事报关业务或者执业；情节严重的，撤销其报关注册登记，取消其报关从业资格。

报关企业、报关人员和海关准予从事海关监管货物的运输、储存、加工、装配、寄售、展示等业务的企业，拖欠税款或者不履行纳税义务的，报关企业出让其名义供他人办理进出口货物报关纳税事宜的，责令改正，给予警告，可以暂停其6个月以内从事有关业务或者执业。被海关暂停从事有关业务或者执业，恢复从事有关业务或者执业以后1年之内再次发生上述情形的，海关可以撤销其注册登记，取消其报关从业资格。

个人运输、携带和邮寄超过合理数量的自用物品进出境，没有向海关申报的；个人运输、携带和邮寄超过规定数量但是属于自用的国家限制进出境物品进出境，没有向海关申报，但是没有以藏匿、伪装等方式逃避海关监管的；个人运输、携带和邮寄物品进出境，申报不实的，予以警告，可以处物品价值20%以下罚款；有违法所得的，没收违法所得。

个人携带、邮寄超过合理数量的自用物品进出境，没有依法向海关申报的，责令补缴关税，可以处以罚款。

6. 纳税人在法定期限以内不缴、少缴应纳税款，扣缴义务人在法定期限以内不缴、少缴应解缴税款，经过税务机关责令限期缴纳，逾期仍然没有缴纳的，税务机关除了依法采取强制执行措施追缴其不缴、少缴的税款以外，可以处不缴、少缴税款50%以上5倍以下罚款。

纳税人拒绝代扣、代收税款的，扣缴义务人应当向税务机关报告，由税务机关直接向纳税人追缴税款、滞纳金；纳税人拒不缴纳的，税务机关除了依法采取强制执行措施追缴其不缴、少缴的税款以外，可以处不缴、少缴税款50%以上5倍以下罚款。

扣缴义务人应扣未扣、应收未收税款的，由税务机关向纳税人追缴税款，责成扣缴义务人限期补扣、补收应扣未扣、应收未收的税款，对扣缴义务人处应扣未扣、应收未收税款50%以上3倍以下罚款。

7. 纳税人、扣缴义务人逃避、拒绝和以其他方式阻挠税务机关检查的；不如实反映情况，提供虚假资料，拒绝提供有关资料的；拒绝、阻止税务机关记录、录音、录像、照相、复制与案件有关的情况、资料的；在税务检查期间转移、隐匿和销毁有关资料的；有不依法接受税务检查的其他情形的，由税务机关责令改正，可以处 1 万元以下罚款；情节严重的，可以处 1 万元以上 5 万元以下罚款。

8. 非法印制、转借、倒卖、变造和伪造完税凭证的，由税务机关责令改正，处 2 000 元以上 1 万元以下罚款；情节严重的，处 1 万元以上 5 万元以下罚款；构成犯罪的，依法追究刑事责任。

伪造、变造和买卖税款缴款书、进出口货物征免税证明等海关单证的，处 5 万元以上 50 万元以下罚款；有违法所得的，没收违法所得；构成犯罪的，依法追究刑事责任。

9. 纳税人伪造、变造、隐匿、擅自销毁账簿和记账凭证；在账簿上多列支出，不列、少列收入；经税务机关通知申报而拒不申报，或者进行虚假的纳税申报，不缴、少缴应纳税款的，是偷税。对于偷税的纳税人，由税务机关追缴其不缴、少缴的税款、滞纳金，并处偷税数额 50% 以上 5 倍以下罚款。

扣缴义务人采取上述手段，不缴、少缴已扣、已收税款的，由税务机关追缴其不缴、少缴的税款、滞纳金，并处不缴、少缴的税款 50% 以上 5 倍以下罚款。

纳税人采取欺骗、隐瞒手段进行虚假纳税申报或者不申报，逃避缴纳税款数额较大并且占应纳税额 10% 以上的，除了由税务机关追缴其逃避缴纳的税款、滞纳金以外，处 3 年以下有期徒刑或者拘役，并处罚金；数额巨大并且占应纳税额 30% 以上的，处 3 年以上 7 年以下有期徒刑，并处罚金。

有上述行为，税务机关依法下达追缴通知以后，补缴应纳税款，缴纳滞纳金，已经接受行政处罚的，不予追究刑事责任，5 年以内由于逃避缴纳税款受过刑事处罚或者被税务机关给予两次以上行政处罚的除外。

扣缴义务人采取上述手段,不缴或者少缴已扣、已收税款,数额较大的,按照上述规定处罚。

对多次实施上述行为,未经处理的,按照累计数额计算。

纳税人、扣缴义务人因同一逃避缴纳税款犯罪行为受到行政处罚,又被移送起诉的,人民法院应当依法受理。依法定罪并判处罚金的,行政罚款折抵罚金。

纳税人、扣缴义务人编造虚假计税依据的,由税务机关责令限期改正,并处 5 万元以下罚款。

纳税人不进行纳税申报,不缴、少缴应纳税款的,由税务机关追缴其不缴、少缴的税款、滞纳金,并处不缴、少缴的税款 50% 以上 5 倍以下罚款。

10. 以暴力、威胁方法拒不缴纳税款的,是抗税。对于抗税者,除了由税务机关追缴拒缴的税款、滞纳金以外,处 3 年以下有期徒刑或者拘役,并处拒缴税款 1 倍以上 5 倍以下罚金。情节严重的,处 3 年以上 7 年以下有期徒刑,并处拒缴税款 1 倍以上 5 倍以下罚金。情节轻微,未构成犯罪的,由税务机关追缴其拒缴的税款、滞纳金,并处拒缴税款 1 倍以上 5 倍以下罚款。

实施抗税行为具有下列情形之一的,属于刑法规定的"情节严重":聚众抗税的首要分子,抗税数额在 10 万元以上的,多次抗税的,故意伤害致人轻伤的,具有其他严重情节的。

实施抗税行为,构成故意伤害罪的,除了刑法另有规定的以外,致人重伤的,处 3 年以上 10 年以下有期徒刑;致人死亡或者以特别残忍手段致人重伤造成严重残疾的,处 10 年以上有期徒刑、无期徒刑或者死刑。构成故意杀人罪的,处死刑、无期徒刑或者 10 年以上有期徒刑;情节较轻的,处 3 年以上 10 年以下有期徒刑。

与纳税人、扣缴义务人共同实施抗税行为的,以抗税罪的共犯依法处罚。

11. 纳税人欠缴应纳税款,采取转移、隐匿财产的手段,妨碍税务机关追缴欠缴的税款的,由税务机关追缴欠缴的税款、滞纳金，并处欠缴税款 50% 以上 5 倍以下罚款。致使税务机关无法追缴欠缴的税款，数额在 1 万元以上不满 10 万元的，除了由税务机关追缴欠缴的税款、滞纳金以外，处 3 年以下有期徒刑或者拘役，并处或者单处欠缴税款 1 倍以上 5 倍以下罚金；数额在 10 万元以上的，处 3 年以上 7 年以下有期徒刑，并处欠缴税款 1 倍以上 5 倍以下罚金。

12. 以假报出口和其他欺骗手段骗取出口退税的，由税务机关追缴骗取的退税款，并处骗取退税款 1 倍以上 5 倍以下罚款。骗取退税款数额较大的，除了由税务机关追缴其骗取的退税款以外，处 5 年以下有期徒刑或者拘役，并处骗取税款 1 倍以上 5 倍以下罚金；数额巨大或者有其他严重情节的，处 5 年以上 10 年以下有期徒刑，并处骗取税款 1 倍以上 5 倍以下罚金；数额特别巨大或者有其他特别严重情节的，处 10 年以上有期徒刑或者无期徒刑，并处骗取税款 1 倍以上 5 倍以下罚金或者没收财产。国家工作人员参与实施骗取出口退税犯罪活动的，按照上述规定从重处罚。

上述假报出口，指以虚构已税货物出口事实为目的，具有下列情形之一的行为：伪造或者签订虚假的买卖合同，以伪造、变造和其他非法手段取得出口货物报关单、出口收汇核销单和出口货物专用缴款书等有关出口退税单据、凭证，虚开、伪造、非法购买增值税专用发票和其他可以用于出口退税的发票，其他虚构已税货物出口事实的行为。

具有下列情形之一的，应当认定为上述其他欺骗手段：骗取出口货物退税资格的；将未纳税和免税货物作为已税货物出口的；虽然有货物出口，但是虚构该出口货物的品名、数量和单价等要素，骗取未实际纳税部分出口退税的；以其他手段骗取出口退税的。

骗取出口退税 5 万元以上的，为数额较大；骗取出口退税 50 万元以上的，为数额巨大；骗取出口退税 250 万元以上的，为数额特别巨大。

具有下列情形之一的，属于上述其他严重情节：造成税款损失

30 万元以上，并且在第一审判决宣告以前无法追回的；因骗取出口退税行为受过行政处罚，2 年以内又骗取出口退税，数额在 30 万元以上的；情节严重的其他情形。

具有下列情形之一的，属于上述其他特别严重情节：造成税款损失 150 万元以上，并且在第一审判决宣告以前无法追回的；因骗取出口退税行为受过行政处罚，2 年以内又骗取出口退税，数额在 150 万元以上的；情节特别严重的其他情形。

纳税人缴纳税款以后，采取上述欺骗手段，骗取所缴纳的税款的，按照偷税处罚；骗取税款超过所缴纳的税款的部分，按照上述规定处罚。

有进出口经营权的公司、企业，明知他人意欲骗取出口退税，仍然违反有关进出口经营的规定，允许他人自带客户、自带货源、自带汇票并自行报关，骗取出口退税的，按照上述规定和单位犯罪的有关规定定罪处罚。

实施骗取出口退税行为，没有实际取得出口退税的，可以比照既遂犯从轻或者减轻处罚。

实施骗取出口退税犯罪，同时构成虚开增值税专用发票罪等其他犯罪的，按照刑法处罚较重的规定定罪处罚。

此外，出口企业骗取出口退税的，经所在省（自治区、直辖市、计划单列市）税务局批准，按照下列规定处理：

（1）骗取出口退税不满 5 万元的，可以停止为其办理出口退税半年以上 1 年以下。

（2）骗取出口退税 5 万元以上不满 50 万元的，可以停止为其办理出口退税 1 年以上 1 年半以下。

（3）骗取出口退税 50 万元以上不满 250 万元，或者由于骗取出口退税受过行政处罚、2 年以内又骗取出口退税 30 万元以上不满 150 万元的，可以停止为其办理出口退税 1 年半以上 2 年以下。

（4）骗取出口退税 250 万元以上，或者由于骗取出口退税受过行政处罚、2 年以内又骗取出口退税 150 万元以上的，可以停止

为其办理出口退税 2 年以上 3 年以下。

出口企业违反有关进出口经营的规定，以自营名义出口货物，实质上依靠非法出售、购买权益牟利，情节严重的，税务机关可以比照上述规定，在一定期限以内停止为其办理出口退税。

13. 单位逃避缴纳税款；以转移、隐匿财产的手段妨碍税务机关追缴欠税；骗取出口退税；非法出售增值税专用发票和其他发票；非法购买增值税专用发票（包括伪造的增值税专用发票，下同）；非法购买增值税专用发票又虚开、出售；伪造、擅自制造和出售伪造、擅自制造的增值税专用发票以外的其他发票，构成犯罪的，除了由税务机关追缴其不缴、少缴和骗取的税款以外，对单位判处罚金，并对其直接负责的主管人员和其他直接责任人员，分别按照刑法的有关规定处罚。

14. 犯逃避缴纳税款，抗税，逃避追缴欠税，骗取出口退税，虚开增值税专用发票和用于骗取出口退税、抵扣税款的其他发票等罪，被判处罚金、没收财产的，在执行以前，应当先由税务机关追缴应纳的有关税款和骗取的出口退税。公安机关、人民检察院和人民法院在办理涉税刑事案件中追缴的税款、滞纳金，都应当及时交由税务机关办理上缴国库的手续。税务机关移送公安机关处理的涉税刑事案件，移送以前可以先依法追缴有关税款，并将收款证明随案移送公安机关。公安机关侦结向人民检察院移送审查起诉，人民检察院向人民法院提起公诉，都应当将税务机关已收税款的证明随案移送。案件经人民法院判决应当追缴或者退回的税款，判决生效以后，由税务机关依据判决书收缴或者退回，被告人和其他当事人及有关单位拒绝依据判决书缴纳或者划拨税款的，由人民法院强制执行。

15. 纳税人、扣缴义务人有非法印制发票、逃避缴纳税款、抗税、以转移、隐匿财产的手段妨碍税务机关追缴欠税和骗取出口退税行为，涉嫌犯罪的，税务机关应当移交司法机关追究刑事责任。

16. 从事生产、经营的纳税人、扣缴义务人有税收违法行为，拒不接受税务机关处理的；已经办理税务登记的纳税人没有按照规定期限进行纳税申报，税务机关依法责令其限期改正，纳税人逾期不改正的，税务机关可以收缴其发票，或者停止向其发放发票。

纳税人负有纳税申报义务，连续三个月没有进行纳税申报的，税收征管系统自动将其认定为非正常户，并停止其发票领用簿和发票使用。

对欠税的非正常户，税务机关依法追征税款和滞纳金。

认定为非正常户的纳税人，就其逾期未申报行为接受处罚，缴纳罚款，并补办纳税申报的，税收征管系统自动解除非正常状态。

17. 银行和其他金融机构没有依法在从事生产、经营的纳税人的账户中登录税务登记证件号码，没有依法在从事生产、经营的纳税人的税务登记证件中登录账户账号的，由税务机关责令其限期改正，处 2 000 元以上 2 万元以下罚款；情节严重的，处 2 万元以上 5 万元以下罚款。

18. 纳税人、扣缴义务人的开户银行和其他金融机构拒绝接受税务机关依法检查纳税人、扣缴义务人的存款账户，拒绝执行税务机关作出的冻结存款、扣缴税款的决定，在接到税务机关的书面通知以后帮助纳税人、扣缴义务人转移存款，造成税款流失的，由税务机关处 10 万元以上 50 万元以下罚款，对直接负责的主管人员和其他直接责任人员处 1 000 元以上 1 万元以下罚款。

19. 税务机关依法到车站、码头、机场和邮政企业及其分支机构检查纳税人有关情况的时候，有关单位拒绝的，由税务机关责令改正，可以处 1 万元以下罚款；情节严重的，处 1 万元以上 5 万元以下罚款。

20. 为纳税人、扣缴义务人非法提供银行账户、发票、证明和其他方便，导致未缴、少缴税款和骗取出口退税的，税务机关除了没收其违法所得以外，并可以处未缴、少缴和骗取的税款 1 倍以下罚款。

21. 税务代理人超越代理权限、违反税收法规，造成纳税人未缴、少缴税款的，除了由纳税人缴纳、补缴应纳税款、滞纳金以外，对税务代理人处纳税人未缴、少缴税款50%以上3倍以下罚款。

22. 公民、法人和其他组织违反税收管理秩序的行为，依法应当给予行政处罚的，税务机关应当在查明事实以后处罚。

税务机关在作出行政处罚决定以前，应当告知当事人税务机关对其作出行政处罚决定的事实、理由和依据，并告知当事人依法享有的权利（如陈述、申辩）。

违法事实确凿并有法定依据，对公民处50元以下、对法人和其他组织处1 000元以下罚款的，税务执法人员可以当场作出处罚决定。除此以外，税务机关必须在调查（在必要的时候也可以检查）以后才能处理。

税务机关对公民作出2 000元以上罚款、对法人和其他组织作出1万元以上罚款的行政处罚以前，应当告知当事人有要求举行听证的权利。当事人要求听证的，税务机关应当组织听证，并在听证以后依法作出决定。上述听证的有关费用由税务机关支付。

海关作出暂停从事有关业务，暂停报关执业，撤销海关注册登记，取消报关从业资格，对公民处1万元以上罚款、对法人和其他组织处10万元以上罚款，没收有关货物、物品和走私运输工具等行政处罚决定以前，应当告知当事人有要求举行听证的权利。当事人要求听证的，海关应当组织听证。

税收征收管理法规定的行政处罚，罚款金额在2 000元以下的，可以由税务分局税务所决定。

税务行政处罚决定依法作出以后，当事人应当在规定的期限以内履行。当事人逾期不履行处罚决定的，税务机关可以采取下列措施：

（1）到期不缴纳罚款的，每日按照罚款数额的3%加处罚款；

（2）依法将查封、扣押的财物拍卖、变卖，或者将冻结的存款划拨抵缴税款；

（3）申请人民法院强制执行。

当事人确有经济困难，需要延期或者分期缴纳罚款的，经过当事人申请和税务机关批准，可以暂缓或者分期缴纳。

当事人逾期不履行海关行政处罚决定的，海关可以每日按照罚款数额的3%加处罚款；依法将扣留的货物、物品和运输工具变价抵缴，或者以当事人提供的担保抵缴；申请人民法院强制执行。当事人确有经济困难，申请延期或者分期缴纳罚款的，经过海关批准，也可以暂缓或者分期缴纳。

当事人对税务机关作出的行政处罚决定不服的，可以依法申请行政复议，或者提起行政诉讼。

当事人对税务机关作出的行政处罚决定逾期不申请行政复议，也不提起行政诉讼，又不履行的，作出行政处罚决定的税务机关可以依法采取强制执行措施，或者申请人民法院强制执行。

当事人对税务机关、海关实施查封、扣押财物，冻结存款，加处罚款、滞纳金，拍卖或者依法处理查封、扣押的财物等行政强制，享有陈述权、申辩权；有权依法申请行政复议，或者提起行政诉讼；由于上述机关违法实施行政强制受到损害的，有权依法要求赔偿。

税务机关对纳税人、扣缴义务人和其他当事人处罚款、没收违法所得的时候，应当开付罚没凭证，否则纳税人、扣缴义务人和其他当事人有权拒绝给付。

税务机关和司法机关的涉税罚没收入，应当按照税款入库预算级次上缴国库。

税务机关以公告文体和其他形式公告已经生效的税务违法案件行政处理决定，接受社会监督。上述决定一般由省、地（市）、县（市）级税务稽查局或者其主管税务局在办公场所设立的专栏内张贴公告；重大案件和其他具有典型意义的案件可以通过印发新闻通稿和召开新闻发布会公告。

违反税收法律、行政法规，应当给予行政处罚的行为，在5年以内未被发现的，不再给予行政处罚。

此外，首次发生国家税务总局公布的税务行政处罚"首违不罚"事项清单中所列事项，危害后果轻微，在税务机关发现以前主动改正，或者在税务机关责令限期改正的期限以内改正的，不予行政处罚。

23. 税务机关的工作人员违法违纪的，应当依法处理：

（1）税务机关的工作人员徇私舞弊，对于依法应当移交司法机关追究刑事责任的不移交，情节严重的，处 3 年以下有期徒刑或者拘役；造成严重后果的，处 3 年以上 7 年以下有期徒刑。

（2）税务机关、税务人员查封、扣押纳税人个人及其所扶养家属维持生活必需的住房和用品的，责令退还，依法给予行政处分；构成犯罪的，依法追究刑事责任。

（3）税务机关的工作人员私分所扣押、查封的商品、货物和其他财产的，必须退回，并依法给予行政处分；构成犯罪的，依法追究刑事责任。

（4）税务机关的工作人员与纳税人、扣缴义务人勾结，唆使、协助纳税人、扣缴义务人犯逃避缴纳税款和骗取出口退税罪的，依法追究刑事责任；未构成犯罪的，依法给予行政处分。

（5）税务机关的工作人员利用职务上的便利，收受、索取纳税人、扣缴义务人的财物，牟取其他不正当的利益，构成犯罪的，依法追究刑事责任；未构成犯罪的，依法给予行政处分。其中，个人受贿金额 10 万元以上的，处 10 年以上有期徒刑或者无期徒刑，可以并处没收财产；情节特别严重的，处死刑，并处没收财产。个人受贿金额 5 万元以上不满 10 万元的，处 5 年以上有期徒刑，可以并处没收财产；情节特别严重的，处无期徒刑，并处没收财产。个人受贿金额 5 000 元以上不满 5 万元的，处 1 年以上 7 年以下有期徒刑；情节严重的，处 7 年以上 10 年以下有期徒刑。个人受贿金额不满 5 000 元，情节较重的，处 2 年以下有期徒刑或者拘役；情节较轻的，由其所在单位或者上级主管机关酌情给予行政处分。

索贿的，从重处罚。

（6）税务机关的工作人员滥用职权，致使国家、人民利益遭受重大损失的；玩忽职守，不征、少征应征税款，致使税收遭受重大损失的，处 3 年以下有期徒刑或者拘役；情节特别严重的，处 3 年以上 7 年以下有期徒刑；未构成犯罪的，依法给予行政处分。

（7）税务机关的工作人员徇私舞弊，滥用职权，玩忽职守，致使国家、人民利益遭受重大损失的，处 5 年以下有期徒刑或者拘役；情节特别严重的，处 5 年以上 10 年以下有期徒刑。

（8）税务机关的工作人员徇私舞弊，不征、少征应征税款，致使税收遭受重大损失的，处 5 年以下有期徒刑或者拘役；造成特别重大损失的，处 5 年以上有期徒刑；未构成犯罪的，依法给予行政处分。

（9）税务机关的工作人员违反法律、行政法规，在办理发放发票、抵扣税款和出口退税工作中徇私舞弊，致使国家利益遭受重大损失的，处 5 年以下有期徒刑或者拘役；致使国家利益遭受特别重大损失的，处 5 年以上有期徒刑；未构成犯罪的，依法给予行政处分。

（10）税务机关的工作人员滥用职权，刁难纳税人、扣缴义务人的，调离税收工作岗位，并依法给予行政处分。

（11）税务人员利用职权之便，刁难印制、使用发票的单位和个人，违反发票管理法规，依法给予行政处分；构成犯罪的，依法追究刑事责任。

（12）税务机关的工作人员打击报复控告、检举税收违法违纪行为的纳税人、扣缴义务人和其他人员的，依法给予行政处分；构成犯罪的，依法追究刑事责任。

（13）税务机关的工作人员在征收税款、查处税收违法案件的时候没有依法回避的，对直接负责的主管人员和其他直接责任人员依法给予行政处分。

（14）没有依法为纳税人、扣缴义务人和检举人保密的，对直接负责的主管人员和其他直接责任人员，由所在单位或者有关单位依法给予行政处分。

24. 违反法律、行政法规，擅自作出税收的开征、停征、减税、免税、退税、补税的决定和其他与税收法律、行政法规抵触的决定的，除了依法撤销其擅自作出的决定以外，补征应征未征税款，退还不应征收而征收的税款，并由上级机关追究直接负责的主管人员和其他直接责任人员的行政责任；构成犯罪的，依法追究刑事责任。

违反法律、行政法规提前征收、延缓征收和摊派税款的，由其上级机关或者行政监察机关责令改正，对直接负责的主管人员和其他直接责任人员依法给予行政处分。

税务机关违反规定擅自改变税收征收管理范围和税款入库预算级次的，责令限期改正，对直接负责的主管人员和其他直接责任人员依法给予降级或者撤职的行政处分。

未经税务机关依法委托征收税款的，责令退还收取的财物，依法给予行政处分或者行政处罚；致使他人合法权益受到损失的，依法承担赔偿责任；构成犯罪的，依法追究刑事责任。

25. 代征人在《委托代征协议书》授权范围内的代征税款行为引起纳税人的争议和法律纠纷的，由税务机关解决，并承担相应的法律责任；税务机关拥有事后向代征人追究法律责任的权利。

由于代征人的责任未征、少征税款的，税务机关应当向纳税人追缴税款，并可以按照《委托代征协议书》的约定向代征人按日加收未征、少征税款万分之五的违约金，代征人按照规定将纳税人拒绝缴纳税款等情况报告税务机关的除外。

代征人违规多征税款的，由税务机关承担相应的法律责任，并责令代征人立即退还；税款已入库的，由税务机关按照规定办理退库手续。代征人由于违规多征税款多取得代征手续费的，应当及时退回。代征人违规多征税款致使纳税人合法权益受到损失的，由税务机关赔偿，税务机关拥有事后向代征人追偿的权利。

代征人造成印有固定金额的税收票证损失的，应当按照票面金额赔偿；没有按照规定领取、保管、开具、结报缴销税收票证的，税务机关应当根据情节轻重适当扣减代征手续费。

代征人没有按照规定期限解缴税款的，由税务机关责令限期解缴，并可以从税款滞纳之日起按日加收未解缴税款万分之五的违约金。

税务机关工作人员玩忽职守，不按照规定对代征人履行管理职责，给委托代征工作造成损害的，按照规定追究相关人员的责任。

26. 偷逃应纳税款但是没有逃避许可证件管理，走私依法应当缴纳税款的货物、物品的，没收走私货物、物品和违法所得，可以并处偷逃应纳税款 3 倍以下罚款。专门用于走私的运输工具和掩护走私的货物、物品，2 年以内 3 次以上用于走私的运输工具和掩护走私的货物、物品，应当没收。藏匿走私货物、物品的特制设备、夹层和暗格，应当没收或者责令拆毁。

由于走私被判处刑罚或者被海关行政处罚以后在 2 年之内再次走私的，应当从重处罚。

走私武器、淫秽物品、毒品和国家禁止出口的文物、黄金、珍贵动物和珍稀植物等物品以外的货物、物品，构成犯罪的，分别按照下列规定处罚：

（1）走私货物、物品偷逃应缴税额 10 万元以上不满 50 万元的，或者 1 年以内曾因走私被给予 2 次行政处罚以后再次走私的，处 3 年以下有期徒刑或者拘役，并处偷逃应缴税额 1 倍以上 5 倍以下罚金。

（2）走私货物、物品偷逃应缴税额 50 万元以上不满 250 万元或者有其他严重情节的，处 3 年以上 10 年以下有期徒刑，并处偷逃应缴税额 1 倍以上 5 倍以下罚金。

（3）走私货物、物品偷逃应缴税额 250 万元以上或者有其他特别严重情节的，处 10 年以上有期徒刑或者无期徒刑，并处偷逃应缴税额 1 倍以上 5 倍以下罚金，或者没收财产。

具有下列情形之一，偷逃应缴税额 30 万元以上不满 50 万元的，应当认定为上述"其他严重情节"；偷逃应缴税额 150 万元以上不满 250 万元的，应当认定为上述"其他特别严重情节"：犯罪集团的首要分子；使用特种车辆从事走私活动的；为实施走私犯罪，向国家机关工作人员行贿的；教唆、利用未成年人、孕妇等特殊人群走私的；聚众阻挠缉私的。

单位犯走私普通货物、物品罪，偷逃应缴税额 20 万元以上不满 100 万元的，对单位判处罚金，并对其直接负责的主管人员和其他直接责任人员处 3 年以下有期徒刑或者拘役；偷逃应缴税额 100 万元以上不满 500 万元的，处 3 年以上 10 年以下有期徒刑；偷逃应缴税额 500 万元以上的，处 10 年以上有期徒刑。

多次走私未经处理的，按照累计走私货物、物品的偷逃应缴税额处罚。

此外，没有经过海关许可并且没有补缴应缴税额，擅自将批准进口的来料加工、来料装配、补偿贸易的原材料、零件、制成品和设备等保税货物，特定免税、减税进口的货物、物品，在中国境内销售牟利，构成犯罪的，也按照上述规定定罪处罚。

人民法院判决没收的走私货物、物品、违法所得、走私运输工具和特制设备，海关决定没收、收缴的货物、物品、违法所得、走私运输工具和特制设备，由海关依法统一处理，所得价款和海关收缴的罚款全部上缴中央国库。

27. 报关企业接受纳税人的委托，以纳税人的名义办理报关纳税手续，由于报关企业违反规定而造成海关少征、漏征税款的，报关企业对少征、漏征的税款、滞纳金与纳税人承担纳税的连带责任。

报关企业接受纳税人的委托，以报关企业的名义办理报关纳税手续的，报关企业与纳税人承担纳税的连带责任。

除了不可抗力以外，在保管海关监管货物期间，海关监管货物损毁、灭失的，对海关监管货物负有保管义务的人应当承担相应的纳税责任。

28. 海关的工作人员必须秉公执法，廉洁自律，忠于职守，文明服务，不得有下列行为：包庇、纵容走私和与他人串通走私；非法限制他人人身自由，非法检查他人身体、住所或者场所，非法检查、扣留进出境运输工具、货物和物品；利用职权为自己和他人谋取私利；索取、收受贿赂；泄露国家秘密、商业秘密和海关工作秘密；滥用职权，刁难，拖延监管、查验；购买、私分和占用没收的走私货物、物品；参与营利性经营活动；违反法定程序和超越权限执行职务；其他违法行为。

海关的工作人员有上述行为之一的，依法给予行政处分；有违法所得的，依法没收违法所得；构成犯罪的，依法追究刑事责任。

29. 对人民法院的判决、裁定有能力执行而拒不执行，情节严重的，处 3 年以下有期徒刑、拘役或者罚金；情节特别严重的，处 3 年以上 7 年以下有期徒刑，并处罚金。

单位犯上述罪的，对单位判处罚金，并对其直接负责的主管人员和其他直接责任人员，按照上述规定处罚。

30. 罚金应当在人民法院判决指定的期限以内一次缴纳，或者分期缴纳。期满不缴纳的，强制缴纳。不能全部缴纳罚金的，人民法院在发现被执行人有可以执行的财产的时候，应当随时追缴。

由于遭遇不能抗拒的灾祸等原因，缴纳罚金确实有困难的，经人民法院裁定，可以延期缴纳、酌情减少或者免除。

财政、税务、海关组织机构和
税收征收管理范围划分

目前，中国的税收管理工作分别由财政部、国家税务总局和海关总署负责。

(一) 财政部

财政部是中国国务院的组成部门，其主要职责中与税收直接相关的内容包括：拟订财税发展战略、规划、政策和改革方案，并组织实施；分析预测宏观经济形势，参与制定宏观经济政策，提出运用财税政策实施宏观调控和综合平衡社会财力的建议；拟订中央与地方、国家与企业的分配政策；完善鼓励公益事业发展的财税政策；负责组织起草税收法律、行政法规草案及其实施细则和税收政策调整方案，参加涉外税收谈判，签订涉外税收协议、协定草案，提出关税和进口税收政策，组织制定免税行业政策和有关管理制度；拟订关税谈判方案，参加有关关税谈判，提出征收特别关税的建议，承担国务院关税税则委员会的具体工作。该部的部长由国家主席任命，副部长、部长助理由国务院任命。

税政管理职责分工如下：

1. 财政部负责提出税收立法建议，与国家税务总局等部门提出税种增减、税目和税率调整、减免税等建议。财政部负责组织起草税收法律、行政法规草案和实施细则、税收政策调整方案；国家税务总局具体起草税收法律、行政法规草案和实施细则，并提出税收政策建议，由财政部组织审议以后，与国家税务总局共同上报和下发。国家税务总局负责对税收法律、行政法规执行过程中的征收管理和一般性税政问题进行解释，事后向财政部备案。

2. 财政部负责组织起草关税法律、行政法规草案和实施细则，海关总署等部门参与起草，由财政部组织审议以后，与海关总署共同上报。关税税目、税率调整由国务院关税税则委员会负责，关税政策调整方案由财政部会同有关部门研究提出。

税政司是财政部内主管税收业务的职能部门，其主要职责是：组织起草税收法律、行政法规草案和实施细则；提出税种增减、税目和税率调整、减免税等建议和税收政策调整方案；承担涉外税收谈判相关工作，拟订国际税收协议和协定范本；开展税源调查分析；组织拟订政府非税收入管理制度和政策，承担政府性基金、行政事业性收费管理等相关工作。该司下设办公室、综合处、增值税处、企业所得税处、个人所得税处、财产税处、环境资源与行为税处、税源调查分析处、国际税收协调处和收费基金处10个处（室）。

关税司（国务院关税税则委员会办公室）是财政部内主管关税业务的职能部门，其主要职责是：组织起草关税法律、行政法规草案和实施细则；提出关税税目、税率调整建议；提出关税和进口税收政策建议；拟订关税谈判方案，承担有关关税谈判工作，提出征收特别关税建议，承担国务院关税税则委员会的具体工作。该司下设办公室、综合处、税则处、产业处、国际处、区域处、制度处和公平贸易处8个处（室）。

（二）国家税务总局

国家税务总局是中国国务院主管税收工作的部级直属机构，其主要职责是：

1. 起草税收法律、法规草案及其实施细则，提出税收政策建议，与财政部共同上报和下发，制订贯彻落实的措施。负责解释税收法律、法规执行过程中的征收管理和一般性税政问题，事后向财政部备案。

2. 组织实施税收、社会保险费和其他规定的非税政府收入的征收管理。

3. 参与研究宏观经济政策、中央与地方的税权划分，提出完善分税制的建议；研究税负总水平，提出运用税收手段进行宏观调控的建议。

4. 组织实施税收征收管理体制改革；起草税收征收管理法律、法规草案，制定实施细则；制定和监督执行税收业务、征收管理的规章制度，监督、检查税收法律、法规和政策的贯彻执行。

5. 规划和组织实施纳税服务体系建设，制定纳税服务管理制度，规范纳税服务行为，制定和监督执行纳税人权益保障制度，保护纳税人的合法权益，履行提供便捷、优质、高效纳税服务的义务，组织实施税法宣传，拟订注册税务师管理政策并监督实施。

6. 组织实施纳税人分类管理和专业化服务、大企业的纳税服务和税源管理。

7. 编报税收收入中长期规划和年度计划，开展税源调查，加强税收收入的分析和预测，组织办理税收减免等具体事项。

8. 制定税收管理信息化制度，拟订税收管理信息化建设中长期规划，组织实施金税工程建设。

9. 开展税收领域的国际交流和合作，参加国家（地区）间税收关系谈判，草签和执行有关的协议、协定。

10. 办理进出口货物的增值税、消费税征收和退税业务。

11. 以国家税务总局为主、与各省、自治区、直辖市党委和政府对全国税务系统实行双重领导。

12. 承办中共中央、国务院交办的其他事项。

国家税务总局局长、副局长均由国务院任命，另有总经济师、总会计师和总审计师编制各 1 名。局内设置 18 个司级部门，每个部门下设若干个处级单位。

1. 办公厅（党委办公室）。该厅是国家税务总局主管日常公务、文秘和总局机关行政管理事务的综合职能部门，主要职责是负责机关文电、机要、会务、档案、信访、保密和保卫等工作，承担税收宣传、政务公开和新闻发布工作，管理机关其他行政事务，下设局长办公室、办公室、综合调研处、信息处、新闻宣传和政务公开办公室、督办一处、督办二处、绩效管理处、文秘处、保密处、信访处 11 个处（室）。

2. 政策法规司。该司是国家税务总局主管税收政策和税收法制工作的综合职能部门，主要职责是起草税收法律、法规草案，部门规章和规范性文件；研究提出税制改革建议；拟订税收业务的规章制度；研究、承办涉及世界贸易组织的有关税收事项；承办重大税收案件的审理和行政处罚工作；承担总局有关规范性文件的合法性审核工作；承办税务行政复议、行政应诉工作，下设综合处、税制改革处、法制处、复议应诉处、世贸税收办公室、备案审查处和重大税收案件审理处 7 个处（室）。

3. 货物和劳务税司。该司是国家税务总局主管增值税、消费税、车辆购置税、进出口税收政策和征收管理的职能部门，主要职责是组织实施增值税、消费税（不包括海关代征部分）和车辆购置税征收管理工作，拟订具体征收管理政策和办法；解释和处理有关法律、法规执行中的一般性问题；组织实施出口退税管理工作，下设综合处、增值税一处、增值税二处、增值税三处、增值税四处、消费税处、进出口税收处、车辆购置税处和出口退税管理处 9 个处。

4. 所得税司。该司是国家税务总局主管企业所得税、个人所得税政策和征收管理的职能部门，主要职责是组织实施企业所得税和个人所得税征收管理工作，拟订具体征收管理政策和办法；解释和处理有关法律、法规执行中的一般性问题，下设综合处、企业所得税一处、企业所得税二处、企业所得税三处、个人所得税一处、个人所得税二处和个人所得税三处 7 个处。

5. 财产和行为税司。该司是国家税务总局主管财产和行为各税政策，指导、监督财产和行为各税征收管理工作的职能部门，主要职责是组织实施房产税、城镇土地使用税、城市维护建设税、印花税、资源税、土地增值税、车船税、烟叶税、契税、耕地占用税和环境保护税的业务管理，拟订具体征收管理政策和办法；解释和处理有关法律、法规执行中的一般性问题；指导财产和行为各税种的征管业务，下设综合处、财产和行为税一处、财产和行为税二处、财产和行为税三处、财产和行为税四处 5 个处。

6. 国际税务司（港澳台办公室）。该司是国家税务总局主管国际税收、国际税务交流和合作、外事工作的职能部门，主要职责是研究拟订国家（地区）间反避税措施，组织实施反避税调查；参加国家（地区）间税收协议、协定谈判，承办草签和执行有关协议、协定等工作；承办与国际机构、国家（地区）间税务机关的交流和合作业务；管理税务系统的外事工作，下设综合处、国际税收协定处、反避税一处、反避税二处、非居民税收管理处、国际税收征管协作处、境外税务处、外事处（台港澳处）和国际合作处 9 个处。

7. 社会保险费司（非税收入司）。该司是国家税务总局主管社会保险费和其他规定的非税政府收入征收管理工作的职能部门，主要职责是负责上述收入的征管职责划转、落实和后续的征管工作；负责与相关部门的信息共享和工作协调；参与相关政策的制定和法律、法规调整，下设综合处、社会保险费一处、社会保险费二处、社会保险费三处、非税收入一处、非税收入二处、统计分析处和征管服务处 8 个处。

8. 收入规划核算司。该司是国家税务总局主管组织税收收入、税款缴纳入库、税收分析预测、重点税源监控、税收会计和统计核算、税收数据管理应用工作的综合职能部门，主要职责是编制税收收入中长期规划、年度税收任务和出口退税指标；参与起草税款征缴退库制度，监督、检查税款缴、退库情况；承办税收收入的分析、预测和重点税源监控管理工作；拟订税收收入规划和税收会计、统计等制度；管理税收数据；组织实施税收统计工作，下设综合处、规划处、会计处、统计处、税源监控处、数据管理处和税收分析处 7 个处。

9. 纳税服务司。该司是国家税务总局主管纳税服务工作的综合职能部门，主要职责是组织实施纳税服务体系建设；拟订纳税服务工作规范和操作规程；组织协调、实施纳税辅导、咨询服务和税收法律救济等工作，受理纳税人投诉；组织实施税收信用体系建设；指导税收争议的调解；起草注册税务师管理政策，并监督实施，下设综合处、涉税服务监管处、税法宣传处、办税服务处、纳税人权益保护处、纳税信用和服务规范管理处、小微企业服务处 7 个处。

10. 征管和科技发展司。该司是国家税务总局主管税收征收管理和税收管理信息化建设的综合职能部门，主要职责是起草综合性税收征管规范性文件；拟订税收征收管理的长期规划和综合性方案；管理税收发票和票证；拟订和组织实施税收管理信息化的总体规划和实施方案，承办税收管理信息化建设中业务需求整合和流程优化的综合管理工作，下设综合处、征管制度处、征管质量监控处、发票管理处、需求与标准管理处、业务规范管理处、规划设计处、项目管理处、技术开发设计管理处和开发与应用管理处 10 个处。

11. 大企业税收管理司。该司是国家税务总局主管大企业税收服务和管理的职能部门，主要职责是大企业税收风险分析、税收经济分析和税源监控，指导税务系统大企业税收风险分析应对工作，组织开展大企业个性化纳税服务，指导海洋石油税收管理业务，下设综合处、数据管理处、制度规划处、评审质控处、考核服务处和经济分析处 6 个处。

12. 稽查局。该局是国家税务总局主管税务稽查工作的职能部门，主要职责是起草税务稽查法律、法规草案，部门规章和规范性文件；办理重大税收案件的立案、调查的有关事项，提出处理意见；指导和协调税务系统的稽查工作，下设综合处、制度处、案源管理处、组织检查一处、组织检查二处、组织检查三处、组织检查四处、合作协调处、涉税违法联合惩戒管理处、质效管理处和公安部联络室 11 个处（室）。

13. 财务管理司。该司是国家税务总局主管税务系统经费、装备、固定资产和基本建设的职能部门，主要职责是拟订税务系统的财务和基本建设管理办法，管理税务系统的经费、财务、装备和固定资产，审核汇编税务系统的财务预算和决算，办理各项经费的领拨，下设综合处、预算管理处、支出管理处、国库集中支付处、资产管理处、基本建设管理处和机关财务处 7 个处。

14. 督察内审司。该司是国家税务总局主管税收执法监督检查、内部财务审计和领导干部经济责任审计的职能部门，主要职责是组织实施税收法律、法规、部门规章、规范性文件执行情况的监督和检查；承办税务系统的财务、基本建设、大宗物品采购审计和领导干部经济责任审计工作，下设综合处、计划和制度处、内控管理处、执法督察处、审计监督处、质效管理处、联络协助处 7 个处。

15. 人事司（党委组织部）。该司是国家税务总局主管人事和机构编制工作的职能部门，主要职责是拟订税务系统的人事制度并组织实施，管理税务系统的人事和机构编制工作，组织实施税务系统的思想政治工作和精神文明建设，下设综合处（干部监督处）、机关人事处、系统人事处、事业单位人事管理处、调配处、工资福利处、公务员管理处、人才管理处和特派办联络处9个处。

16. 党建工作局（党委宣传部、巡视工作办公室）。该局是国家税务总局主管税务系统党的建设、思想政治建设和巡视巡察等工作的职能部门，主要职责是协助总局党委落实全面从严治党主体责任；督促税务系统各级党组织落实管党治党责任，宣传、执行党的路线、方针和政策；统筹税务系统思想政治建设、意识形态建设、税务文化建设、精神文明建设和统战工作；组织总局党委的巡视工作，指导和检查税务系统的巡察工作，下设综合宣传处、基层工作处、监督检查处、巡视一处和巡视二处5个处。

17. 机关党委。机关党委是国家税务总局主管党群工作的职能部门，主要职责是负责总局机关和在京直属单位的党群工作，下设办公室、组织处、宣传处、机关工会、机关团委、机关妇工委、机关纪委综合审理室和机关纪委纪律审查室8个处级单位。

18. 离退休干部局。该局是国家税务总局主管离退休干部工作的职能部门，主要职责是负责总局机关离退休干部工作，指导税务系统离退休干部工作，下设综合处、生活待遇处和本局党委办公室3个处（室）。

国家税务总局直属单位设有教育中心、机关服务中心、电子税务管理中心、集中采购中心、税收科学研究所、税收宣传中心、税务干部学院、中国税务杂志社、中国税务报社和中国税务出版社。

国家税务总局派出机构设有税收大数据和风险管理局，驻北京、沈阳、上海、广州、重庆和西安特派员办事处（稽查局）。

税收大数据和风险管理局是国家税务总局主管组织指导全国税收大数据和风险管理相关工作的机构，主要职责是负责云平台建设、相关业务需求和运行管理、相关系统应用和业务层面运维工作；组织实施税收大数据和风险管理战略规划；管理税收数据，负责税收数据交换和共享；统筹开展全国性、综合性风险管理特征库

和分析模型建设、验证、推广。

上述特派员办事处（稽查局）是国家税务总局向地方派驻开展跨区域税务稽查和督查内审工作的机构，分别承担规定范围以内税务机关贯彻执行中共中央、国务院决策部署情况的督查、税收执法合规性检查、财务内审和跨区域涉税大案要案稽查等任务。其中，驻北京特派员办事处（稽查局）的工作范围为北京市、天津市、河北省、山西省和内蒙古自治区；驻沈阳特派员办事处（稽查局）的工作范围为辽宁省、吉林省和黑龙江省；驻上海特派员办事处（稽查局）的工作范围为上海市、江苏省、浙江省、安徽省、福建省、江西省和山东省；驻广州特派员办事处（稽查局）的工作范围为河南省、湖北省、湖南省、广东省、广西壮族自治区和海南省；驻重庆特派员办事处（稽查局）的工作范围为重庆市、四川省、贵州省、云南省和西藏自治区；驻西安特派员办事处（稽查局）的工作范围为陕西省、甘肃省、青海省、宁夏回族自治区和新疆维吾尔自治区。

中共中央纪律检查委员会和国家监察委员会在国家税务总局派驻纪检监察组。

（三）省以下税务机构

中国省以下税务机构实行以国家税务总局为主、与省、自治区、直辖市党委和政府双重领导的管理体制。

国家税务总局负责任免各省级税务局领导班子成员，事前按照程序征求省、自治区和直辖市党委的意见。省级以下税务局领导班子成员由上一级税务局任免，事前按照程序征求所在地党委的意见。

国家税务总局统一管理省级以下税务局的机构编制，地方政府根据行政区划变动情况等对税务机构设置提出意见。

是：审议关税工作重大规划，拟订关税改革发展方案，并组织实施；负责《中华人民共和国进出口税则》《中华人民共和国进境物品进口税税率表》的税目、税率的调整和解释，报国务院批准以后执行；负责编纂、发布《中华人民共和国进出口税则》；决定实行暂定税率的货物、税率和期限，关税配额税率，特殊情况下税率的适用，征收反倾销税、反补贴税、保障措施关税、报复性关税和实施其他关税措施；审议上报国务院的重大关税政策和对外关税谈判方案；履行国务院规定的其他职责。

现任国务院关税税则委员会主任由国务委员兼国务院秘书长肖捷担任，副主任和委员由财政部、国务院办公厅、国家发展和改革委员会、工业和信息化部、司法部、农业农村部、商务部、海关总署和国家税务总局的负责人担任。该委员会办公室设在财政部，承担该委员会日常工作。

（六）税收征收管理范围划分

根据国务院的规定，国家税务总局和海关总署的税收征收管理范围划分如下：

1. 国家税务总局负责征收和管理 16 种税收，即增值税、消费税（其中进口环节的增值税、消费税由海关负责代征），车辆购置税，企业所得税，个人所得税，土地增值税，房产税，城镇土地使用税，耕地占用税，契税，资源税，车船税，印花税，城市维护建设税，烟叶税，环境保护税。

到 2020 年底，全国税务管理户为 6 980.5 万户，其中 92.4%为各省、自治区、直辖市和计划单列市电子税务局的企业类用户。

2. 海关总署负责征收和管理 2 种税收，即关税、船舶吨税。此外，负责代征进口环节的增值税、消费税。

（七）中央政府与地方政府税收收入划分

根据国务院关于实行分税制财政管理体制的规定，中国的税收收入分为中央政府固定收入、地方政府固定收入和中央政府与地方政府共享收入。

1. 中央政府固定收入包括下列 4 种税收（中央税）：消费税、车辆购置税、关税和船舶吨税。

2. 地方政府固定收入包括下列 8 种税收（地方税）：房产税、城镇土地使用税、耕地占用税、契税、土地增值税、车船税、烟叶税和环境保护税。

3. 中央政府与地方政府共享收入包括下列 6 种税收（中央与地方共享税）：

（1）增值税：海关代征的部分，归中央政府。其余部分，中央政府分享 50%，地方政府按照缴纳地点分享 50%。

（2）企业所得税：国有邮政企业、中国工商银行股份有限公司、中国农业银行股份有限公司、中国银行股份有限公司、中国建设银行股份有限公司、国家开发银行股份有限公司、中国农业发展银行、中国进出口银行、中国投资有限责任公司、中国建银投资有限责任公司、中国信达资产管理股份有限公司、中国石油天然气股份有限公司、中国石油化工股份有限公司、海洋石油天然气企业和中国长江电力股份有限公司等企业总分机构缴纳的部分归中央政府；其余部分中央政府分享 60%，地方政府分享 40%。

（3）个人所得税：中央政府分享 60%，地方政府分享 40%。

（4）资源税：海洋石油企业缴纳的部分归中央政府，其余部分归地方政府。

（5）印花税：股票交易印花税收入归中央政府，其他印花税收入归地方政府。

（6）城市维护建设税：各银行总行、保险公司总公司集中缴纳的部分归中央政府，其余部分归地方政府。

此外，在西藏自治区，除了关税和进口环节的增值税、消费税以外，在该自治区征收的其他税收全部留给该自治区。

2020年，中国的中央税、地方税和中央与地方共享税收入分别为18 780.6亿元、20 948.3亿元和114 583.4亿元，上述三类收入占全国税收收入的比重分别约为12.2%、13.6%和74.3%。

同年，中央政府的税收收入（包括中央税收入和中央政府分得的中央与地方共享税收入）为79 644.2亿元，占全国税收收入的51.6%；地方政府的税收收入（包括地方税收入和地方政府分得的中央与地方共享税收入）为74 668.1亿元，占全国税收收入的48.4%。

同年，中央政府、地方政府的税收收入占本级财政收入的比重分别为96.2%、74.6%。地方政府的全部财政收入为183 361.1亿元，其中40.7%来自来本级政府的税收收入，45.4%自中央政府的转移支付。

附　　录

（一）中国税制体系图（分税种类别）

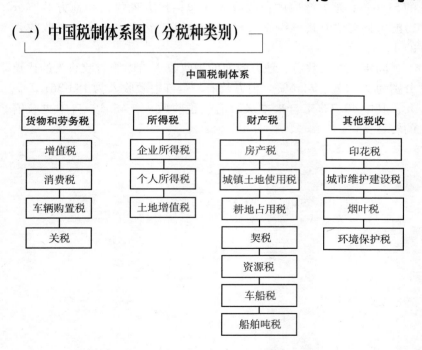

注：车辆购置税、企业所得税、个人所得税、耕地占用税、契税、资源税、车船税、船舶吨税、印花税、城市维护建设税、烟叶税和环境保护税12种税收已经分别由全国人民代表大会及其常务委员会制定法律，其他6种税收已经由国务院制定行政法规。

（二）中国税制体系图（分收入级次）

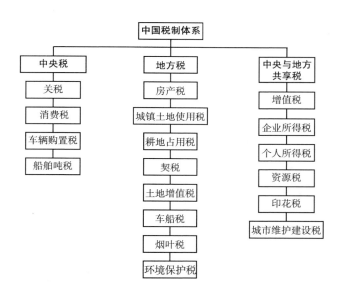

注：

1. 中央与地方共享税的收入划分大体如下：

（1）增值税：海关代征的部分归中央政府；其余部分，中央政府分享 50%，地方政府按照缴纳地点分享 50%。

（2）企业所得税：除了规定的中央政府收入以外，其余部分中央政府分享 60%，地方政府分享 40%。

（3）个人所得税：中央政府分享 60%，地方政府分享 40%。

（4）资源税：海洋石油企业缴纳的部分归中央政府，其余部分归地方政府。

（5）印花税：股票交易印花税收入归中央政府，其他印花税收入归地方政府。

（6）城市维护建设税：各银行总行、保险公司总公司集中缴纳的部分归中央政府，其余部分归地方政府。

2. 在西藏自治区，除了关税和进口环节的增值税、消费税以外，在该自治区征收的其他税收全部留给该自治区。

（三）部分年份中国经济、财政和税收主要指标统计表

年份	国内生产总值（亿元）	财政收入（亿元）	税收收入（亿元）	税收收入占财政收入的比重（%）	税收收入占国内生产总值的比重（%）
1952	679.1	173.9	97.7	56.2	14.4
1955	911.6	249.3	127.5	51.1	14.0
1960	1 470.1	572.3	203.7	35.6	13.9
1965	1 734.0	473.3	204.3	43.2	11.8
1970	2 279.7	662.9	281.2	42.4	12.3
1975	3 039.5	815.6	402.8	49.4	13.3
1978	3 678.7	1 132.3	519.3	45.9	14.2
1980	4 587.6	1 159.9	571.7	49.3	12.5
1985	9 098.9	2 004.8	2 040.8	101.8	22.4
1990	18 872.9	2 937.1	2 821.9	96.1	15.0
1995	61 339.9	6 242.2	6 038.0	96.7	9.8
2000	100 280.1	13 395.2	12 581.5	93.9	12.5
2005	187 318.9	31 649.3	28 778.5	90.9	15.4
2010	412 119.3	83 101.5	73 210.8	88.1	17.8
2011	487 940.2	103 874.4	89 738.4	86.4	18.4
2012	538 580.0	117 253.5	100 614.3	85.8	18.7
2013	592 963.2	129 209.6	110 530.7	85.5	18.6
2014	643 563.1	140 370.0	119 175.3	84.9	18.5
2015	688 858.2	152 269.2	124 922.2	82.0	18.1
2016	746 395.1	159 605.0	130 360.7	81.7	17.5
2017	832 035.9	172 592.8	144 369.9	83.6	17.4
2018	919 281.1	183 359.8	156 402.9	85.3	17.0
2019	986 515.2	190 390.1	158 000.5	83.0	16.0
2020	1 013 567.0	182 913.9	154 312.3	84.4	15.2
2021	1 143 670.0	202 539.0	172 731.0	85.3	15.1

注：

1. 本表中的财政收入、税收收入数据源于财政部，国内生产总值数据源于国家统计局，其中 2021 年的数据为初步统计数据。

2. 1985 年税收收入超过财政收入，原因是企业亏损补贴抵减财政收入金额偏大。

3. 本书中的各项统计数据均不包括香港、澳门和台湾地区的统计数据。

(四) 2020 年中国分税类、分税种收入统计表

税类	税种	收入额 (亿元)	占税收总额的 比重 (%)
1. 货物和劳务税	(1) 增值税	57 094.1	37.0
	(2) 消费税	12 631.7	8.2
	(3) 车辆购置税	3 530.9	2.3
	(4) 关税	2 564.3	1.7
	小计	75 821.0	49.1
2. 所得税	(1) 企业所得税	36 425.8	23.6
	(2) 个人所得税	11 568.3	7.5
	(3) 土地增值税	6 468.5	4.2
	小计	54 462.6	35.3
3. 财产税	(1) 房产税	2 841.8	1.8
	(2) 城镇土地使用税	2 058.2	1.3
	(3) 耕地占用税	1 257.6	0.8
	(4) 契税	7 061.0	4.6
	(5) 资源税	1 754.8	1.1
	(6) 车船税	945.4	0.6
	(7) 船舶吨税	53.7	—
	小计	15 972.5	10.4
4. 其他税收	(1) 印花税	3 087.5	2.0
	(2) 城市维护建设税	4 607.6	3.0
	(3) 烟叶税	108.7	0.1
	(4) 环境保护税	207.1	0.1
	(5) 其他	45.5	—
	小计	8 056.4	5.2
总计		154 312.3	100.0

注: 本表根据财政部公布的 2020 年全国财政决算数据编制, 由于小数点以后一位四舍五入, 各项、各类税收收入数据之和与总计、小计数据略有差异, 各项、各类税收收入占税收总额比重的计算也如此。

（五）中国税务系统组织机构图

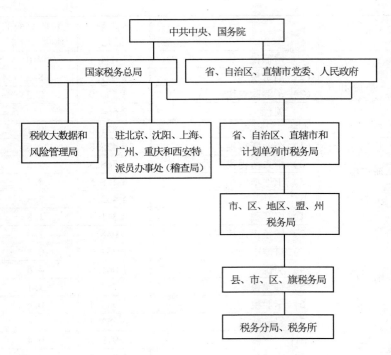

注：

1. 中国税务系统实行以国家税务总局为主，与省、自治区和直辖市党委、政府双重领导的管理体制。

2. 各省、自治区、直辖市和大连、青岛、宁波、厦门、深圳 5 个计划单列市税务局，国家税务总局税收大数据和风险管理局，国家税务总局驻北京、沈阳、上海、广州、重庆和西安特派员办事处（稽查局），均为厅级机构；沈阳、长春、哈尔滨、南京、武汉、广州、成都、西安、杭州和济南 10 个省会城市税务局，均为副厅级机构。

3. 省、市（地）级税务局也设有稽查局等派出机构。

4. 中共中央纪律检查委员会和国家监察委员会在国家税务总局派驻纪检监察组。

（六）国家税务总局组织机构图

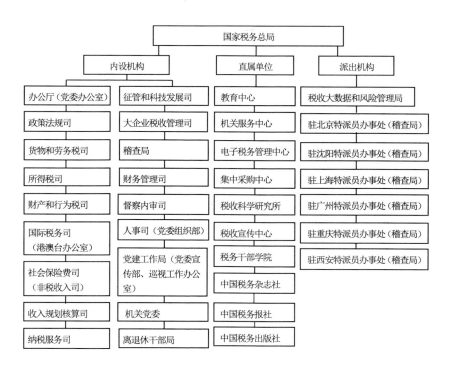

国家税务总局

内设机构	直属单位	派出机构

办公厅（党委办公室）	征管和科技发展司	教育中心	税收大数据和风险管理局
政策法规司	大企业税收管理司	机关服务中心	驻北京特派员办事处（稽查局）
货物和劳务税司	稽查局	电子税务管理中心	驻沈阳特派员办事处（稽查局）
所得税司	财务管理司	集中采购中心	驻上海特派员办事处（稽查局）
财产和行为税司	督察内审司	税收科学研究所	驻广州特派员办事处（稽查局）
国际税务司（港澳台办公室）	人事司（党委组织部）	税收宣传中心	驻重庆特派员办事处（稽查局）
社会保险费司（非税收入司）	党建工作局（党委宣传部、巡视工作办公室）	税务干部学院	驻西安特派员办事处（稽查局）
收入规划核算司	机关党委	中国税务杂志社	
纳税服务司	离退休干部局	中国税务报社	
		中国税务出版社	

主要资料来源

    1. 全国人民代表大会常务委员会、国务院、财政部、国家税务总局和海关总署网站。

    2.《中华人民共和国税收基本法规（2022 年版）》，国家税务总局编辑，中国税务出版社 2022 年版。

    3.《中国统计年鉴》《中国财政年鉴》《中国税务年鉴》《中国财政》《中国税务》《中国财经报》《中国税务报》等报刊。

    资料截止日期：2022 年 2 月 1 日。

图书在版编目（CIP）数据

2022 年中国税制概览／刘佐著．—北京：经济
科学出版社，2022.3
ISBN 978 - 7 - 5218 - 3422 - 2

Ⅰ.①2…　Ⅱ.①刘…　Ⅲ.①税收制度 - 中国 -
2022　Ⅳ.① F812.422

中国版本图书馆 CIP 数据核字（2022）第 021481 号

责任编辑：初少磊　杨　梅
责任校对：刘　昕
责任印制：范　艳

2022 年中国税制概览
（第 26 版）
刘　佐　著
经济科学出版社出版、发行　新华书店经销
社址：北京市海淀区阜成路甲 28 号　邮编：100142
总编部电话：010 - 88191217　发行部电话：010 - 88191540
网址：www. esp. com. cn
电子邮箱：esp@ esp. com. cn
天猫网店：经济科学出版社旗舰店
网址：http://jjkxcbs. tmall. com
北京季蜂印刷有限公司印装
880 × 1230　32 开　14.5 印张　390000 字
2022 年 3 月第 1 版　2022 年 3 月第 1 次印刷
ISBN 978 - 7 - 5218 - 3422 - 2　定价：56.00 元
（图书出现印装问题，本社负责调换。电话：010 - 88191510）
（版权所有　侵权必究　打击盗版　举报热线：010 - 88191661
QQ：2242791300　营销中心电话：010 - 88191537
电子邮箱：dbts@ esp. com. cn）